# 붓다의 연기법과 인공지능

이 책의 목적은 일반시스템이론과 불교라는
두 사상 체계를 활용해서 상호인과율의 특성을 밝히고
자연 시스템의 법칙(Dharma)을 드러내기 위한 것이다. …
나아가 우리들이 가지고 있는 자아라는 개념과
그 자아의 경험에 인과의 과정들이 어떤 관련이 있는지를
연구할 것이다. 그리고 권능과 도덕적 상벌의 궁극적인
소재를 차지하는 어떤 절대자도 존재하지 않는
세계관 속에 내재하는 윤리적 명령들을 탐색할 것이다.

**MUTUAL CAUSALITY IN BUDDHISM AND**
**GENERAL SYSTEM THEORY:**
**THE DHARMA OF NATURAL SYSTEMS**
**by Joanna Macy**

The Korean translation of this book is made possible by permission of the State
University of New York Press © 1991, and may be sold Worldwide.

Korean translation copyright © 2020, by Bulkwang Media Co.
This Korean edition was published by arrangement through Sibylle Books Literary Agency.

# 붓다의 연기법과 인공지능

일반시스템이론은 생명·생태·윤리
문제를 어떻게 해결하는가

조애너 메이시  지음
이중표  옮김

현대 서양 사상과 고대 동양철학의 만남은 20세기의 매우 유익한 양상들 가운데 하나다. 불교는 직접적인 경험에 대한 신뢰와 정교한 심리학적 분석으로 서구의 학문 탐구에 특별한 보답을 하고 있다. 불교는 현대의 사상과 과학에서 일어나고 있는 주요한 변화와 두드러진 관련성이 있음을 드러내고 있다. 그 변화란 실재(reality)를 역동적이고 시스템적인 과정으로 보는 것을 말한다.

　　나는 25년 전 인도에 있는 티베트 사람들과의 만남으로 불교를 처음 접하게 되었다. 서구에서 박사과정을 보내는 동안에도 계속해서 불교를 공부했는데, 처음부터 나를 강하게 사로잡은 것은 자아의 과정적 본성을 지적한 교리였다. 그 교리들은 자아가 마음의 역동적인 힘들에 의해 만들어지는, 끊임없이 변화하는 유동적 구조물임을 밝히고 있다. 이들 가르침은 역동적인 힘들을 주의 깊게 바라봄으로써 초자연적인 실체나 절대자에 의지하지 않고, 괴로움은 우리가 만든 것이고, 속박도 두려움과 탐욕을 통해 우리가 만들었으며, 그리고 그것들로부터 해탈할 수 있는 가능성을 설명하고 있다. 처음에 나는 이것을 무아설(無我說, the doctrine of anattā)을 통해서 이해했고, 내면의 명상법인 위빠싸나(Vipassanā) 교육을 받아 이해를 촉진했다. 그 후에 초기경전을 연구하면서, 나는 이 자아관이 보다 포괄적인 실재관 속에서 어느 정도의 크기로 나타나는지를 깨달았다.

　　자아의 의존적 본성, 그리고 그에 따르는 자아의 광대함과 자아 체험의 실행 가능성은 모든 현상의 근본적인 상호의존성에 근거를 두고 있으며, 인과율에 대한 붓다의 핵심 교리, 즉 연기설(緣起說, paṭicca samuppāda) 속에서 설명되고 있다는 것을 나는 깨닫게 되었다. 붓다가 다르마(dharma, 진리)와 동일시했던 이 교리 속에서, 가르침 그 자체를 제외하고, 모든 것은 상호작용하는 가운데 서로 조건이 되어 나타난다. 실로 '다르마'라는 단어는 실체나 본질을 나타내는 것이 아니라 질서정연한 과정 그 자체, 즉 사물들이 작용하는 방식을 나타낸다.

　　이러한 사실이 처음에는 이해가 되지 않았는데, 그 까닭은 지난 2,500년 동안의 모든 중요한 종교에서의 두드러진 경향, 즉 형이상학적 절대자들을 영적인 삶의 가치와 목적의 근원으로 설정하는 경향 때문이었다. 불교에서조차 연기설이라는 근본 가르침에도 불구하고 다양한 역사적 시기에 초현상적인 실재가 가정되었고, 그 결과 가치는 정신적인 영역과 물질적인 영역으로 구분되었다. 나아가 그것은 많은 서양 학자들로 하여금, 내가 이 책 3장에서 지적했듯이, 연기설의 독특한 의미를 무시하거나 곡해하게 만들었는데, 이는 아마도 계층적 실재관과 그에 부수적인 이론들, 즉 인과관계를 선형적이고 단일 방향으로 보는 견해가 서양 사상의 주류를 이루기 때문일 것이다.

그래서 계층적 실재관이 붓다의 초기 가르침의 진실이 아니라는 것을 내가 깨닫기까지는 상당 기간의 고집스러운 초기경전 연구가 필요했다. 의존적 상호발생(dependent co-arising)으로부터 독립된 실재의 양상은 하나도 없으며, 열반(涅槃, nibbāna), 즉 괴로움이 멸진한 상태도 예외는 아니다. 괴로움뿐만 아니라 괴로움으로부터의 해탈도 상호인과율이라고 하는 법칙[dharma]에 의해 나타나며, 초현상적인 절대자는 필요가 없다. 나는 많은 서양 사상과 힌두 철학을 오염시킨 인과를 단일 방향으로 보는 생각들로부터 철저하게 벗어난 이 상호인과율에 깊은 감명을 받았다.

이러한 인식은 내가 불교를 접한 지 약 8년 후에 만났던 일반시스템이론에 의해 촉진되었다. 실재를 과정으로 보는 시스템 철학의 시각, 물질적 또는 정신적 사건들의 자기조직화 패턴에 대한 시스템 철학의 인식, 그리고 이들 자연 시스템의 역동성 속에 법칙이 있다고 인정하는 점이 붓다의 가르침과 놀랄 만큼 일치한다는 인상을 주었다. 연기설과 마찬가지로 시스템이론은 인과율을, 속발(續發)하는 사건이 그물처럼 짜여 있는 회로에서 발생하는 상호적인 것으로 본다.

나아가 일반시스템이론은 그 데이터를 현대의 물질과학과 생명과학에 의존하고 있기 때문에 이런 상호적 인과율이 관측 가능한 우주 전체에서 작용하고 있음을 밝히고 있다. 이것은 내가 초기 불경 속에서 연기설의 폭과 중요성을 알아내는 데 도움을 주었다. 시스템이론은 몸과 마음의 관계, 과거 행동의 현재 선택과의 관계, 사회와 자연에 대한 자아의 관계에 관한 붓다의 독특한 가르침을 밝혀 준다. 역으로 나는 또한 불교 교리가 시스템이론의 개념들의 중요성을 조명해 준다는 것을 알게 되었다.

따라서 나는 불교를 활용해서 시스템이론을 해석하고, 시스템이론을 이용해서 불교를 해석하면서, 나 자신이 두 사상 체계 사이의 상호 해석을 수행하고 있다는 것을 알게 되었다. 초기불교와 현대의 시스템이론은 그 기원과 목적의 명백한 차이에도 불구하고, 각기 양편이 이야기하고 있는 것을 해명할 수 있는 것이다.

이러한 상호 해석을 통해서 질서의 복잡하고도 포괄적인 패턴들과 원리들이 드러난다. 그것들이 자연 시스템의 법칙(dharma)을 구성하는데, 나는 그것을 우리 시대에 나타나고 있는 생태학적 세계관의 철학적 토대와 도덕적 근거로 파악하고 있다. 이렇게 생겨나는 법칙은 도덕적 가치가 신이 내린 계율이나 인간만이 존엄하다는 가설에서 비롯되는 것이 아니라, 근본적으로 모든 현상들이 인과적으로 서로 연결되어 있다는 사실에 내재해 있는 가치들을 드러낸다. 이 상호 의존성은 실재에 대한 우리의 의도적 참여의 한계와 범위를 결정해 준다. 나는 우리 시대의 전 세계적 위기가 종교적이고 철학적인 염려를 하지 않을 수 없게 재촉했기 때문에 이 책을 썼다. 우리 생태계의 점진적 파괴, 인간의 결핍과 좌절의 가속화, 계획적이거나 우연적인 핵무기 사용의 위험 등이 이 작업의 배경을 이루고 있다. 이러한 위기의 증가는 우리 모두의 삶에 어두운 그림자를 드리우고 있다. 미국과 해외에서 연구자와 조직가로서 이 문제들에 관해 30여 년 동안 내가 가졌던 적극적 관심은 이 책에서 나의 학문적 작업과 궤를 같이하며, 또한 내가 해명하려고 하는 몇 가지 의문을 제기했다.

실재는 어떻게 조직되어 있을까? 나는 우리 세계를 치유하는 데 효과적인 행동을 하기 위해서 그 답을 알고자 했다. 우리는 서로 간에, 그리고 모든 존재들과 어떻게 연결되어 있을까? 내가 불교 수행 중에 어렴풋이 감지했던, 우리를 자기중심에서 벗어나게 할 수 있는 원동력이 자연의 패턴들과 사회의 패턴들 속에 마찬가지로 나타나 있는 것은 아닐까? 이 시스템적 패턴들은 우리의 행동할 권리와 심각한 정치적·경제적 혼란에 대한 반발에 대해 무엇을 말해 주는가?

나는 가치의 원천과 힘의 소재에 관한 도덕적·철학적 편견들을 가지고 이러한 물음들을 탐구했었다. 실재에 대한 계층적 견해에서 보면, 그리고 이러한 관점이 귀착되는 인과율을 선형적이고 단일 방향으로 보는 관점에서 보면, 가치와 힘은 모두 현상들의 작용에 영향받지 않고 어떤 절대자, 실체 또는 본질을 원인으로 한다. 나는 이 점을 이 책의 1장에서 기술하고 있는데, 거기에서 비록 절대자에 대한 믿음이 침식되더라도 단일 방향의 시각에서 자라난 사고의 습관들은 '힘은 위에서 아래로 작용한다'는 가정과 함께 여전히 유지된다는 것을 밝혔다. 이러한 생각은 전 세계적으로 분열과 결핍이 증가하고 있는 시대에 특히 위험스럽게 된다. 그것은 사람들로 하여금 개인적 자유는 공동의 생존에 적대적이며, 그 질서는 위로부터 부과되어야만 한다고 믿도록 부추긴다. 실제로 우리 시대의 정치적 열광과 종교적 근본주의는 공동의 의지와 통합적 행위가 특별한 지도자나 신에게 복종할 것을 요구한다는 믿음을 표명하고 있다.

불교와 일반시스템이론을 탐구하면서, 나는 힘의 원천과 본성에 관해 근본적으로 다른 관점을 밝혀냈다. 이들 두 사상 체계가 명백하게 밝혀 주듯이, 질서는 위로부터, 즉 마음이 생명이 없는 물질적 힘에 그 의지를 행사함으로써 부과되는 것이 아니다. 질서는 현상계 자체의 자기 조직화하는 본성에 고유한 것이다. 우리는 우리 자신이 그 상호발생적 패턴들에 참여하고 있음을 인정할 때, 우리의 행동할 권리를 주장할 수 있다. 그때 우리는, 우리의 선택을 통해, 다양한 생활 방식 속에서 작용하는 조화로움을 표현하고 발휘할 수 있다. 이 책에서는 정보의 자유로운 흐름과 다양성의 수용이라는 관점에서 이러한 견해의 정치적 의미가 불교와 시스템이론의 시각에서 상세히 다루어지고 있다. 우리의 세계를 치유하기 위해서, 우리는 계층적 실재관과 단일 방향적 인과 패러다임으로부터 물려받은 물질에 대한 두려움과 증오로부터 벗어나야만 한다. 이 점에 관한 나 자신의 편견은 불교와 일반시스템이론이 물질계에 대한 평가를 어떻게 변화시켰는지를 인식하는 데 도움이 되었다. 사실 불교와 시스템이론은 물질계가 이미 마음과 분리된 영역이 아니라 정신적 사건들과 인과적으로 함께 발생하는, 또는 그것들이 분리할 수 없는 상호관계를 맺고 있는 것임을 보여준다. 나는 이러한 시각이 인간의 의식을 구원하고 폭넓게 한다는 사실이 이 책을 통해 전달되기를 희망한다.

여기에 소개된 생명 시스템의 다르마는 그것의 가장 특색 있는 모습, 즉 모든 현상의 상호인과성에 초점을 맞추고 있다. 즉 상호인과 패러다임을 가장 분명하게 나타내고 있는 이들 두 사상 체계에서 얻은 학술 용어로 모든 현상의 상호인과율을 조명하고 있는 것이다. 내가 이렇게 학술적인 접근을 한 것은 세 가지 이유에서이다. 나는 가장 폭넓은 철학적 용어로 상호인과율의 진상을 드러내려고 했으며, 붓다의 연기설의 학문적 이해를 바로잡고 증진시키려고 했다. 나아가 일반시스템이론의 철학적·도덕적 함의들을 드러내려고 했다.

학술적 목적에 초점을 맞춤으로써 나는 상호인과율에 대한 나의 연구에 수반되면서 동시에 나의 연구를 자극했던 정치적·사회적 활동들에 대한 논의는 제외했다. 이 책을 준비하는 수년 동안 내가 미국과 해외에서 수행했던 일들은 상호인과율의 원동력을 실천적인 관점에서 볼 수 있게 해 주었다. 이 일이 어떤 일들이었는지는 세 권의 책에 기술되어 있는데, 내가 지금 그것에 관해 언급하는 것은 나의 생각과 체험의 맥락을 다소 더 폭넓게 독자들에게 전달하고, 상호인과율의 특정한 적용 사례들을 알리기 위해서이다.

1970년대 말과 1980년대 초에 나는 스리랑카에서 사르보다야 샤라마다나(Sarvodaya Sharamadana)라고 불리는 불교에 감화된 공동체 개발운동에 참여해 연구했다. 나는 포드 재단의 보조금을 지원받아 중앙 집중화되고, 기계화되고, 자본집약적인 서양의 주도적인 발전 모형과는 달리, 이 운동이 불교 교리를 이용해서 어떻게 지역 주민들을 자립으로 유도하는지를 조사 연구했다. 나는 농촌 조직가들을 위한 연수 프로그램에 참가해서 사르보다야에 있는 작업 캠프에서 길을 내고 화장실을 만들었으며, 주민들과 지방 사르보다야 승려들, 그리고 조직가들의 회합에 셀 수 없이 참가했다. 이러한 보람 있는 일에 관해 내가 알게 된 것들은 나의 저서 『다르마와 발전』[01]에 상세히 언급했다. 그 책에서 이야기했듯이, 나는 그 운동이 내가 기대했던 것보다 훨씬 충분하고 분명하게 불교 교리를 응용하는 것을 발견했다. 특히 나는 연기설이라는 붓다의 가르침이 주민들에게 그들의 삶을 돌볼 수 있도록 하는 방식으로 전달되는 모습을 보았다.

사르보다야 마을 중심부의 담장에는 연기의 가르침이 그려져 있는데, 거기에서 사성제(四聖諦)는 인과의 수레바퀴로 묘사되어 있다. 이 수레바퀴들은 현상들의 상호의존성을 예시한다. 질병, 문맹, 궁핍, 그리고 갈등과 같은 요소들은 서로 연결되어 함께 발생하는 타락의 원인들을 표현하고 있다. 긍정적인 쪽에는, 인과의 수레바퀴가 의료진과 선생님들, 그리고 협력하고 있는 어머니들과 농부들의 무리와 젊은이들이 상호작용하는 모습을 보여 줌으로써 그들이 어떻게 각기

---

**01**    Macy, *Dharma and Development.*

서로를 상호 보강하는지, 또 어떻게 깨달음의 과정이 언제든지 시작될 수 있는지를 밝히고 있다. 사르보다야의 조직화 방식은, 협동 작업 캠프와 자립 계획을 통해, 연기설의 이해를 위한 실제적이고 설득력 있는 근거를 제공한다. 나는 그 운동의 지도자인 아리야라뜨네(A. T. Ariyaratne)가 다음과 같은 말로 표현했던 것이 살아 움직이는 것을 거듭해서 목격했다. "사르보다야의 일꾼들은 삶의 세계의 상이한 표현들 사이에 존재하는 상호관계를 이해하고 체험하는 것을 배운다."**02**

『다르마와 발전』에서 인용한 다음 구절은 그들이 사용하는 몇몇 개념들을 나타내고 있다. "실재는 의존적으로 함께 발생하는 것으로, 또는 본성상 시스템적인 것으로 간주되기 때문에, 개별적인 모든 행동은 보다 큰 생명의 연결망에 영향을 주는 것으로 이해되며, 발전의 과정은 다차원적인 것으로 파악된다. 어떤 사람의 개인적인 깨달음(purushodaya)은 그 사람의 마을의 깨달음(gramodaya)에 불가결한 것이며, 양자는 그 사람의 국가의 깨달음(deshodaya)과 세계의 깨달음(vishvodaya)에 불가결한 역할을 한다. 이들 발전은 상호의존적이기

---

**02**　　Ibid., p. 33.

때문에 순서대로, 즉 선형적으로 일어나지 않고, 동시 발생적으로, 각양각색의 접촉과 유동을 통해 서로 상대를 부추기고 보강하면서, 각자가 다른 사건들이 일어나고 있는 상황을 미묘하게 변화시키면서 나타난다."**03**

내가 지방에서 사르보다야 운동에 참여한 이래 수년 동안 참변이 스리랑카를 휩쓸었다. 참변과 내란은, 실론 사람과 타밀 소수민족 주민이 갈등하는 가운데 과격주의자들에 의해 빚어졌고, 외세가 개입하여 무기를 공급함으로써 악화되어 그 사회를 뿔뿔이 갈라놓았다. 이런 와중에 사르보다야 운동이 화해와 부흥을 주도하는 세력으로 존속해 온 것은 대체로 상호의존을 이해하고 가르쳤기 때문이라고 나는 믿는다. 서구에서의 사회 변혁 운동도 마찬가지로 상호인과율의 원동력을 파악하고 적용하는 데 유익한 활동 무대를 제공했다. 원자력 발전 설비들이 건강에 끼치는 영향에 경악하여, 나는 여러 해를 환경 보호를 위한 행동을 취하도록 동료 시민들을 조직화하는 데 힘썼다. 이 과정에서 나는, 사람들이 자신들의 삶에서 그것들로 인해

---

**03**    Ibid., p. 33.

고통받을 때조차도, 우리 시대의 대규모적 위험에 그들이 대응하는 것을 가로막고 있는 심리적 요소들이 존재한다는 것을 점차 강하게 의식하게 되었다. 이들 가운데 가장 명백한 것은 회피와 거부, 그리고 정신적 마비 상태다.

불교의 체험을 통해 나는 이러한 현상들과 그것들이 야기한 무기력이 개별적 자아라고 하는 기능 장애적 관념에 의한 것임을 이해하게 되었다. 나는 불교 수행과 일반시스템이론의 관점으로부터 집단 처치와 훈련의 형태를 취한, '절망과 득력(得力) 작업(despair and empowerment work)'으로 알려지게 된 하나의 입문법(入門法)을 개발했다. 이 입문법은 사람들이 세계를 향한 그들의 고통을 자인함으로써 거부 심리를 극복하고, 생명의 연결망 속에서 그들이 서로 연결되어 있다는 건강한 증거로서 이 고통을 체험하며, 이 시스템적 상호의존이 효과적인 활동을 할 수 있는 힘의 원천이라는 것을 깨닫도록 돕는다. 이 작업의 이론과 방법은 나의 저서 『핵 시대의 절망과 개인의 힘』[04]에 적혀 있다.

---

**04**    Macy, *Despair and Personal Power in Nuclear Age*.

그 책은 "현재 지구상의 위기에 대해 에너지와 창조적으로 대응하기 위한 비전을 산출하는 방식으로 우리의 지식과 감정을 다루는 심리학적이고 정신적인 작업"을 다루고 있으며, "이 작업은, [이 위기가] 우리 안에서 야기하는 불안, 고뇌, 분노, 그리고 무력감에 압도당하고 있다는 느낌 없이, 이 위기의식에 대한 의식을 증진시키는 데 도움을 준다."[05]

"세계를 향한 우리의 모든 고통이 우리가 모든 생명과 서로 연결되어 있다는 사실에 뿌리를 두고 있듯이, 우리의 권력도 그렇다는 것이 분명하다. 그러나 생명의 연결망 속에서, 열린 시스템 안에서, 그리고 열린 시스템을 통해서 작용하는 힘은 우리가 통상적으로 받아들이는 권력 개념과는 전혀 다르다."[06] 그러한 힘을 정교하게 이론화하고 그것을 파악할 수 있는 집단적 방법을 제공하는 일을, 나는 이 책 속에 기술된 상호인과율에 대한 고찰에서 직접 이끌어냈다.

나는 미국 등 여러 나라에서 수백 차례의 워크숍에서 수천 명의 사람들과 함께 일하면서 우리의 의존적 상호발생에 관해 많은 것을

---

**05**　Ibid., p. 13.

**06**　Ibid., p. 30.

배웠다. 나는 우리의 세계를 위한 고민을 인정하는 것이 우리가 서로 연결되어 있다는 사실의 증거로 이해될 때, 어떻게 사람들을 변화시켜 그들이 서로에게 깊숙이 속해 있는지를 깨닫게 할 수 있는지, 나아가 그러한 깨달음이 어떻게 그들의 사회 변혁을 위한 창조적이고 협동적인 계획을 자극하는지를 알게 되었다.

　　노르웨이의 철학자 앤 네스(Arne Naess)는 서로에게 속해 있는 현상의 범위가 개인이나 가족, 또는 종(種)의 경계마저 넘어서 있음을 나타내기 위해 '심층생태학(deep ecology)'이라는 용어를 새로 만들었다. 나는 이 용어가 '의존적 상호발생(dependent co-arising)'을 가리키는 데 적절한 현실적 지시어라는 것, 그리고 그것이 말로 표현하기에 더 용이하다는 것을 알게 되었다. 나는 나와 나의 동료들이 개발하고 있었던, 건설적인 사회 운동을 하도록 사람을 자유롭게 만드는 방법들과 연관해서 그 용어를 점점 더 많이 사용하기 시작했다. 이 방법들은 불교 수행과 일반시스템이론에 지속적으로 나오며, 심층생태학에 대한 개인적 경험 — 우리의 전 지구적 위기에 적절한 공동체 형태의 처방을 구하는 네스(Naess)의 요청과 일치하는 — 을 제공해 준다. 널리 알려진 것처럼 심층생태학적 운동은 자아의 관념을 에고(ego)와 개인사의 경계를 넘어서 확장하고, 이기(利己)의 의미를 모든 생명의 복리를 포함할 수 있도록 확장하려고 한다.

　이 운동에 접근하는 대중적인 방법은, 집단적인 방법과 함께, 내가 앤 네스, 열대우림 운동가인 존 시드(John Seed), 그리고 패트 플레밍(Pat Fleming)과 함께 저술한 『산처럼 생각하기: 모든 생명의 협의체를 향하여』[07]라는 책에 제시되어 있다. 그 책이 출판된 이후, 이 책이 제시하는 방법들이 널리 퍼졌으며, 특히 북아메리카, 오스트레일리아, 그리고 동구와 서구의 여러 나라에서 활동하는 환경운동가들 사이에 널리 퍼졌다.

　"일단 우리가 우리의 정체성을 자연 속으로 확장함으로써 그에 수반되는 격정적인 삶의 환희를 체험하게 되면, 일단 우리가 자연의 내부와 자연의 외부가 단절 없이 연속되어 있음을 깨닫게 되면, 우리도 자연 세계에 깃들인 더할 나위 없는 아름다움과 무위(無爲, effortless)의 기품에 동참할 수 있을 것이다."[08] 이러한 존 시드의 이야기는 내가 심층생태학을 촉진할 때마다, 그리고 사람들이 자신들을 다른 사람들과, 그리고 세계와 이어 주는 역동적 상호 연결을 지향할

---

**07**　　Seed, *et al., Thinking Like a Mountain*.

**08**　　Ibid., p. 16.

때 나타나는 치유와 득력(得力)을 볼 때마다 그것은 나에게 더욱 실감이 났다.

사르보다야, 절망과 득력 운동, 그리고 심층생태학 운동이라는 행위의 이 세 영역은 나에게 상호인과율에 대한 새로운 안목을 열어 주었다. 그렇지만 특정한 정치적·사회적 관심사를 반영하고 있다는 점에서 그것들은 이 책의 철학적 의도에서 벗어난다. 이 책에서 나의 목적은 보다 근본적인 것이다. 즉 그것은 현상들의 시스템적 상호발생의 본성과 인과적 함의들을 탐색하는 것이다. 이 자연 시스템의 다르마는 그것이 시스템이론과 불교학뿐만 아니라 우리들 공공의 복리를 위해서도 공헌할 것이라는 희망과 함께 제시되고 있다.

일러두기

- 경전, 책 등은 『 』로, 경전 속 소제목은 「 」로 구분했고, 영문 책은 이탤릭, 논문은 큰따옴표로 표기했다.
- 본문에 역자가 보충 설명을 [ ] 안에 넣은 부분이 있는데, 그 부분은 모두 각주에 표기했다.
- 참고문헌 표기는 원서를 따랐다.

目 차

붓다의 연기법과 인공지능

일반적으로 원인과 결과의 상호관계로 정의되는 인과율(causality)은 어떻게 해서 사물이 생기고, 변화가 일어나고, 사건들이 관계를 맺게 되는지에 관한 것이다. 불교에서는 다르마(Dharma, 法)라는 말이 같은 의미를 지니고 있다. 붓다의 모든 가르침은 그의 인과율에 대한 핵심 교리에서 유래하고 있기 때문에 다르마는 붓다의 가르침을 총체적으로 지칭하기도 한다. 왜냐하면 삶을 이해하고 살아가는 방식은 인과적 가정에 근거를 두고 있기 때문이다.

우리 시대에 일어나고 있는 주요한 변화 가운데 하나는 선형적이며 단일 방향적인 것으로 생각되던 인과율을 현상들이 호혜적, 또는 상호적인 방식으로 서로 간에 영향을 주는 역동적 상호의존성으로 파악하게 된 것이다. 상호인과적 패러다임이 생겨나고 있는데, 그것을 이해하기 위한 개념적 도구들은 과학에서 비롯된 하나의 학제적 접근방식인 일반시스템이론에서 찾아볼 수 있다. 한편 인과 과정에 대한 시스템 철학의 견해는 연기(緣起, paṭicca samuppāda) 또는 의존적 상호발생(dependent co-arising)이라고 불리는 붓다의 인과율에 대한 가르침과 뚜렷한 일치를 보이고 있다. 비록 시간적·문화적으로, 그리고 자료와 방법 등에서 서로 거리가 먼 사상 체계들 사이에서 생기는 것이지만 이 일치들은 매우 계몽적인 것이다.

이 책의 목적은 일반시스템이론과 불교라는 두 사상 체계를 활용해서 상호인과율의 특성을 밝히고 자연 시스템의 법칙(Dharma)을 드러내기 위한 것이다. 이 책은 역동적으로 상호의존하고 있는 세계 속에서 작용하고 있는 인과의 과정들을 고찰할 것이다. 나아가 우리들이 가지고 있는 자아라는 개념과 그 자아의 경험에 인과의 과정들이 어떤 관련이 있는지를 연구할 것이다. 그리고 권능과 도덕적 상벌의 궁극적인 소재를 차지하는 어떤 절대자도 존재하지 않는 세계관 속에 내재하는 윤리적 명령들을 탐색할 것이다.

초기불교의 가르침과 현대의 시스템이론이 이 책에 토대를 제공하고 있는데, 그 까닭은 나는 이 이론들이 상호적 인과 과정에 대해 우리에게 주어진 것들 중에 가장 명확하고도 완벽한 해명을 제공해 준다는 것을 발견했기 때문이다. 하나는 고대 동양에서 나왔고, 하나는 현대 서양에서 나왔는데, 이들 두 사상 체계는 상호인과율에 대한 보완적 관점들을 제공하고 있을 뿐만 아니라, 서로를 이해하고 해석하는 방법을 제공하고 있다. 기원, 방법, 그리고 목적이 다름에도 불구하고 그것들 사이에는 유용하면서도 상호 보완적인 해석이 가능한 것이다.

시스템적 사고는 선형적 인과의 관점에서는 접근하기 쉽지 않은 불교 사상을 조명할 수 있는 설명과 유비를 제공한다. 시스템이론은 또한 붓다가 가르쳤던 인과의 원리가 현상 세계에 두루 작용하고 있다는 것을 보여 주는 폭넓은 자료를 제공한다. 한편 불교는 과정에 대한 시스템 철학의 견해가 함축하고 있는 실존적·종교적·윤리적 의미를 드러내 준다. 불교는 자기 조직적 시스템들의 발생과 상호작용 속에서 고통의 원인이 무엇이고 고통으로부터 해탈할 수 있는 원인이 무엇인가를 우리에게 알려 준다.

인과율에 대한 붓다의 가르침을 고찰하는 데 내가 주로 의존하고 있는 것은 빠알리 성전(Pāli Canon)의 경장(Sutta Pitakas)과 율장(Vinaya

Pitakas)이다. 이 경전들은 일반적으로 아비다르마(Abhidharma) 이전의 사상을 나타내고 있는 것으로 간주되기 때문에, 나는 그것들을 '초기불교의 가르침(early Buddhist teachings)'이라고 부른다. 이 문헌들은 장구하고 방대하며, 다문화적인 불교 전통 속에서 모든 사람들로부터 권위 있는 것으로 받아들여진다. 나는 이 문헌들에 초점을 맞추고 있는데, 그 까닭은 우선 연기에 대한 초기불교의 설명이 포착하기는 힘들지만 아비다르마와 중요한 점에서 차이가 있으며, 그 차이점이 내가 3장에서 말하고 있듯이 우리가 상호인과율을 이해하는 데 중요한 의미를 함축하고 있기 때문이다. 이 차이들은 아비다르마가 이후의 빠알리 성전 전반에 걸친 해석, 특히 연기에 대한 해석에 빈번히 영향을 주었기 때문에 자주 간과되었다. 후에 대승불교의 공(空, śunyatā)이라는 개념이 초기 교리에서 발견되는 철저한 상호의존을 다시 강조했지만, 그러한 [초기불교와 대승불교의] 유사성은 이 책의 주요 관심사가 아니다.

불교 용어는 빠알리 성전에서 인용했기 때문에 일반적으로 빠알리 형태로 표기한다. 나는 다르마(dharma, 法)와 까르마(karma, 業)라는 단어를 사용하고 있는데, 서양에서 뒤에 이 말의 산스크리트 형태가 널리 쓰이게 되었기 때문에 빠알리 형태(dhamma와 kamma)를 사용하는 것은 불필요한 전문화로 생각되어, 예외적으로 산스크리트 형태로 사용했다.

일반시스템이론에 대한 나의 설명은 시스템이론의 선구적 사상가들의 생명과학과 시스템적 사이버네틱스(인공두뇌학) 분야의 기초적인 저작에 근거하고 있다. 나의 논의가 시스템이론의 인과율적 전제들을 보다 폭넓게 함축하도록 하기 위해, 철학, 심리학, 그리고 사회과학을 전공하는 다양한 분야의 시스템이론가들을 인용하고 있다. 아마 일반 독자들에게는 다행이겠지만, 시스템적 특성의 수학 공식화와 도표화, 그리고 회로 등은 이 책에서 다루지 않는다.

패러다임 전환의 과정 속에서, 우리가 사용하는 단어들은 이전의 용법으로 각인되어 있기 때문에 용어가 어색할 수 있다. 이와 같은 현상은 내가 2장에서 보여 주고 있듯이, 대부분의 인과관계는 선형적이라고 정의하는 선형적·단일 방향적 패러다임 속에서 축적된 의미를 지닌 '인과율(causality)'이라는 단어의 경우에 특히 그렇다. 이 패러다임에서 인과율은 어떤 결과의 원인이 역으로 바로 그 결과에 의해서 영향을 받을 수 있다는 생각을 배제한다. 그러한 관점에서 상호인과율이라는 말은 용어상 일종의 모순이다. 그러나 많은 시스템이론가들이 그렇듯이 나는 계속해서 인과율이라는 술어를 가장 폭넓은 의미에서 현상들 사이의 영향의 흐름, 즉 어떤 사물이 다른 것에 어떻게 작용하는가를 언급하는 데 사용하고 있다. 나는 인과율(causality), 인과관계(causation), 결정성(determinacy), 결정(determination)이라는 개념들을 동의어로 사용한다. 상호인과율(mutual causality), 호혜적 인과율(reciprocal causality), 의존적 상호발생(dependent co-arising), 상호의존성(interdependance), 상호결정(interdetermination) 등의 표현은 이 책의 의도상 대략 동등한 의미로 사용된다.

일반시스템이론(general systems theory)이라는 용어의 경우, 그것은 일련의 주어진 현상에 관한 단일한 가설이라는 의미에서 하나의 통상적 이론이라기보다는 환원 불가능한 통일체들에 적용되는 정합적인 원리들의 집합이다. 이 통일체들은, 그것들이 분자이건, 세포이건, 유기체이건, 사람이건, 또는 사회적 체제이건 간에 우리가 그것들을 자기 조직적 시스템으로 간주할 때, [그러한 관점에서의] 이해에 따르는 공통된 원리들과 특징들을 드러낸다. 우리가 일반시스템이론에서 다루는 것은 일반시스템에 대한 이론이 아니라, 시스템의 역동성과 특징들을 이해할 수 있게 해 주는 시스템에 대한 일반 이론(또는 일련의 원리들)이다. 일반시스템이론은 일반적으로 컴퓨터 과학과 조직 관리에 응용되는 것으로 널리 알려져 있지만, 그 연관성은 심리학, 정치학, 생태학, 철학과 같은 분야에서 볼 수 있듯이 훨씬 광범위하다.

어떤 사상가들은 스스로 조절하는 시스템에 관한 개념과 과정에 대해 인공두뇌학(cybernetics)이라는 용어를 선호한다. 내가 이 책에서 그 용어를 사용할 때는 그것을 시스템적 인공두뇌학(systems-cybernetics)이라는 의미로 확장해서, 생명과학과 정보 및 컴퓨터 과학에서 도출된 좀 더 포괄적인 용어인 일반시스템이론(general systems theory)과 상호 대체 가능한 것으로 사용하고 있다.

　이 책은 초기불교의 인과율에 대한 교리와 일반시스템이론의 견해가 따로따로 나타나서, 그것들의 함의들이 탐구되면서 상호작용하도록 구성되어 있다. 첫 장은 서양에서의 인과율에 대한 선형적이고 단일 방향적인 견해의 기원과 본성에 중점을 두고 인과적 사고들을 개관하고 있다. 이 책의 본론 부분은 두 부분으로 나누어진다. 처음 부분은 초기불교와 시스템 철학의 관점에서 상호인과율을 설명하고 있다.

　이 책 마지막 부분은 인식론, 존재론, 그리고 가치론의 시각에서 상호인과율의 함의들을 다루고 있다. 여기에서는 우리가 차례로 자아의 이미지, 자아의 인지작용의 본성, 마음과 신체의 관계, 선택 또는 까르마의 자기 조직적 특성, 그리고 마지막 세 장에서 상호인과율이 함축하는 사회 윤리를 고찰함으로써 불교와 시스템 철학의 견해는 보다 직접적으로 상호작용함을 알 수 있게 된다.

# 제1부

# 배경

# 제1장

---

## 인과율에 대한 고찰

중심에 있는 맑은 구슬이
모든 것을 변화시킨다.

_ 루미◆

◆  Barks, *Open Secrets*, *Versions of Rumi*, 4행시 511.

인과관계에 대한 가정들은 우리의 모든 선택에 기본이 된다. 우리가 양치질을 하든 투표를 하든 그 가정들이 우리의 예상과 행위에 영향을 미친다. 그러나 원인과 결과의 상호관계성에 대한 이론들이 교실이나 철학자의 연구실 밖에서 주의를 끄는 경우는 거의 없다. 그러한 이론들은 너무나 추상적이기 때문에 어떤 일이 왜, 그리고 어떻게 해서 그렇게 되었을까와 같은 보다 긴박한 문제들에 관심이 집중된 우리가 속해 있는 구체적인 상황들과는 관련이 없는 것처럼 보인다.

그렇지만 잠시 물러서서 생각해보면, 우리는 '왜', 그리고 '어떻게'라는 그 질문 자체가 인과 이론의 본질이며, 그 질문은 사물들은 왜 지금처럼 존재하며, 그리고 그것들은 어떻게 변화하는가를 알고자 하는 근원적인 인간의 욕구에서 나온 것임을 알아차리게 된다. 이처럼 이론들이 가지각색이듯이, 어떤 문제에 접근하는 방법도 각기 다를 수 있다. 일단 우리가 우리의 사고의 초점 거리를 바꿔 이러한 근본적인 가정들을 포함시키면 우리가 우리의 세계를 이해하는 방식과 우리가 그것에 대응하는 방식에 새로운 가능성들이 생겨난다. 그리하여 루미(Rumi)가 이야기한 '중심에 있는 맑은 구슬'처럼 이 가능성들이 "모든 것을 변화시킨다."

## 우리가 호흡하는 공기처럼

원인과 결과에 대한 가정들은 우리가 호흡하는 공기처럼 보이지 않게 곳곳에 스며들어 있다. 그것들은 모든 세계관에 내재하며, 모든 기획에서 작용하고 있다.

과학에서는 그것들이 경험적 데이터를 선택하고 선택된 데이터를 적용해서 실험하는 데 영향을 준다. 의학에서 그것들은 질병의 진단과 치료를 위한 처방에 대해 알려준다. 그것들은 종교적 신념 체계의 목적과 그 목적이 부과하는 실천을 고취한다. 그것들은 한 문화의 힘에 대한 인식뿐만 아니라 그 힘을 성취하고 발휘하는 수단 또한 구성해 준다.

원인과 결과에 대한 가정들은 우리의 개인적인 삶 속에서도 마찬가지로 작용한다. 그 가정들은 정합성에 대한 우리의 인식의 근거, 즉 우리가 세계를 이해하는 방식과 그 세계와 우리의 관계를 설정하는 방식을 제공한다. 우리는 사건들을 우발적이고, 비연속적이며, 우리가 통제할 수 없는 것으로 보아야 하는가? 아니면 우리의 행위에 효력을 발휘하는 유효한 관계들로 보아야 하는가? 이러한 물음은 근본적으로 인과관계에 관한 물음들로서 우리들의 태도와 행동을 결정한다. 우리는 그 가정들에 기초해서 어떤 것은 의무라고 생각하고, 어떤 것은 비난하며 유죄라고 생각한다. 우리가 갈등에 대처하는 데 영향을 주고, 해결책을 찾기 위해 노력하도록 인도하는 것도 인과율적 가정들이다. 인과율적 가정은 심지어 우리가 우리 자신들과 우리의 세계 탓으로 돌리는 상대적 실재(relative reality)에 영향을 주기도 한다. 왜냐하면 우리가 경험의 정신적 영역과 물질적 영역 사이에서 보는 관계들은 우리에게 중요한 결정 요인으로서 정신이나 물질 중 어느 하나를 무시하도록 할 수도 있기 때문이다.

세계관이 도전받지 않고 있는 시기에는 인과관계에 대한 기존의 생각들이 당연한 것으로 여겨진다. 자명한 것으로 여겨진 그러한 생각들은 부두교(voodooism)의 사제에 의해서든, 선사(禪師)에 의해서든, IBM 중역에 의해서든 암묵적으로 가정된다는 점을 감안하더라도 여전히 마찬가지로 작용한다. 이러한 가정들이 과학철학자 토마스 쿤(Thomas S. Kuhn)의 저술[01]에서 비롯되어 널리 사용되는 패러다임(paradigm)이라는 개념을 구성한다. 패러다임은 어떻게 사물이 생기는가에 대한 사고방식으로서 정신적 맥락을 의미하는데, 그 맥락 속에서 문제들이 인식되고 [문제 해결을 위한] 노력들이 시도된다. 이 노력들은 문제들, 즉 그 패러다임에 맞지 않는 의문이나 데이터들이 발생해서 그 패러다임이 가정하고 있는 것의 부적절성을 극적으로 드러내기 전에는 그 노력들이 기초하고 있는 가정들을 정당화하려는 경향이 있다. 급진적 변화의 시기에 이전의 가정과 현재의 경험 사이에 불화가 생긴다. 즉 패러다임이 의심된다. 그리고 의식된다.

이러한 변화가 지금 일어나고 있다. 시너지(synergy), 피드백(feedback), 인과의 고리(causal loops), 공생(symbiosis)이라는 단어들이 통용되게 되었고, 또한 유용한 것이 되었다. 이 단어들이 시사하는 바는 사건들이 앞뒤로 서로에게 영향을 주면서 원인과 결과가 호혜적으로 상호작용을 하는 속발(續發)사건(contingency) 회로들과 네트워크들을 만들어내고 있다는 것이다. 그 단어들은 2,000년이 넘게 서양 문화를 지배해 온 인과관계에 대한 가정들에 도전하는 하나의 패러다임을 표현하고 있는 것이다.

이 새로운 패러다임이 도전하고 있는 것은, 사건들이 객관적이고 이해 가능한 방식으로 서로를 변화시킨다는 인과관계 개념 자체가 아니라, 지금까지 인과관계가 파악되어 온 방식이다. 그것은 인과

---

**01**      Kuhn, *The Structure of Scientific Revolutions*.

작용이 원인에서 결과로 그리고 창조자에서 피조물로, 마치 일련의 당구공들이나 쓰러지는 도미노들처럼, 오직 한 방향으로만 흘러간다는 생각에 도전하고 있다. 우리 시대에 나타나고 있는 이 발전의 중대한 본성을 이해하기 위해서 새로운 패러다임이 교체하고 있는 선형적인 단일 방향적 패러다임을 살펴보자.

## 선형적 단일 방향 인과 패러다임

단어들이 시사하듯이, 우리는 여기에서 원인 A에서 결과 B로 흐르는 영향의 단일 방향적인 흐름에 대해 살펴본다.

$$A \rightarrow B$$

인과적 효과의 방향은 창조자에서 피조물로, 행위자의 행위(작용)에서 피행위자에게 나타난 결과로 향해 있다. 이 인과 모델이 의미하는 것은 결과 B에는 그것의 원인 A로 역추적할 수 없는 새로운 작용은 없다는 것이다. 바꾸어 말하면 A 속에는 다름 아닌 바로 B 속에 있는 만큼의 정보가 있다는 것이다. 과학적인 탐구에 작용하고 있는 이 가정의 귀결은 결과 B 속에 있는 차별적 특징들은 반드시 원인 A 속에 있는 유사한 특징들에 상응해야 한다는 것이다. 따라서 유사한 원인들은 유사한 결과들을 산출하고, 서로 다른 결과들은 서로 다른 원인들로부터 나온다고 가정된다.

동일한 논리에 의해서 B가 C에 작용하고, 다시 C는 D에 영향을 주는 방식으로 계속되는 인과의 고리들이 나타난다.

$$A \to B \to C \to D \to \cdots$$

이 고리들은 마치 명령 계통처럼 일련의 결과들 속에서 인과적 추진력이나 효과를 계속해서 전달한다. 이 원인과 결과의 고리들에 의해 설명과 예상이 이루어진다. 설명이란 그 연결 고리를 역추적하여 무엇이 그 모든 것을 출발시켰는지를 발견하도록 계획된다. 예상이란 그 고리를 앞으로 추정함으로써 이루어진다. 여기에서 작용하는 가정은 현재에 관한 완전한 지식(비록 가설이기는 하지만)으로부터 과거와 미래가 추론될 수 있다는 것이다.

단일 방향적 인과의 흐름은 '선형적(linear)'이라고도 불린다. 물리학과 수학에서 '선형적'이라는 용어는 그 공식을 도식화했을 때 직선을 그리는 균일한 진행을 의미한다. 정보 용어로 말하자면 선형적 인과관계에서는 입력이 전달한 정보의 양에 비례해서 입력이 출력을 결정한다. 하나의 예로 자판을 두들기면 글자를 찍어내도록 정해져 있는 타자기와 같은 단순한 기계를 들 수 있다. 타자기는 메모리에 저장된 정보들이 인쇄를 공동으로 결정하는 컴퓨터와는 대조적으로 자판 하나가 글자 하나를 찍도록 결정되어 있다. 통속적인 용례에서 볼 수 있듯이 '선형적'이라는 용어는 '예측 가능한', 그리고 '기계적인'이라는 의미를 함축하고 있다.


## 서양의 단일 방향 인과율

선형적인 패러다임이 서양 사상에서 구심점을 이루게 된 이유는 그리스인들 때문이었으며, 특히 후대의 주요한 사상가들을 지배했

던 것이 헤라클레이토스(Heraclitus)의 견해가 아니라 파르메니데스
(Parmenides)의 견해였다는 점 때문이다.

실재에 관한 헤라클레이토스의 견해는 역동적이었다. 그는 실
재를 '모든 것이 흘러가고 있는(panta rhei)', 끊임없이 변화하고 있는,
모든 것이 나타나고 사라지며 새로운 것을 산출하는 과정 속에 있
는 강과 같은 것으로 보았다. 이와 같이 불안정한 시각과는 대조적
으로, 세상을 과정이 아닌 실체의 입장에서 보았던 아낙시만드로스
(Anaximander)의 초기 관점에 영향을 받은 것으로 여겨지는 엘레아
(Elea) 학파의 파르메니데스는 모든 것은 항구불변이라고 주장했으
며, 존재의 충만함은 너무나 완벽하고 영원불변해서 변화는 그 자체
가 의문시되는 데 그치지 않고 사실상 거부된다. "만일 어떤 것이 변
화한다면, 존재하지 않았던 어떤 것이 존재하게 된다. 비존재(not-
being)는 존재하지 않는 것(nonexistent)이므로 변화는 불가능하다."**02**
그는 "무(無)에서는 아무것도 나올 수 없다(Ex nihilo nihil fit)"고 말했
다. 바꾸어 말하면 존재하고 있는 모든 것은 그것의 원인 속에 선재
(先在, pre-exist)하지 않으면 안 된다.

그 취지는 분명하다. 참으로 실재하는 것은 변화하지 않는다는
것이다.

플라톤은 이렇게 실재를 무변화성과 동일시하는 데 동의했으며,
그것을 서양 사상사에 깊은 영향을 주는 방식으로 정착시켰다. 플라
톤은 변화라는 경험을 거부하기는 어려웠기 때문에, 영원하고 불변

---

**02**     Reese, *Dictionary of Philosophy and Religion*, p. 413.

하는 관념적 형상(이데아)들을 가정함으로써 변화를 영원성 속에 포함시켰다. 플라톤에게 변화의 세계는 단지 이들로부터 파생된 것일 뿐이었다. 이러한 이데아들은 절대적이고 궁극적인 실재성을 가졌기 때문에 변화하고 있는 현상들에 의해 영향을 받지 않으며, 현상들의 모습은 단지 이데아들의 희미하고 불완전한 복제품에 지나지 않는다. 따라서 설사 변화의 세계에 실재의 지위가 부여된다 할지라도, 여기에는 결과는 원인 속에 선재한다는 가정 속에서 단일 방향적 인과관계가 토대를 이루고 있다.

아리스토텔레스에 의해 전개된 인과관계의 원리도 마찬가지로 파르메니데스적 각인을 유지하고 있다. 아리스토텔레스는 경험적 세계에 좀 더 주목하면서 변화에 실체성을 부여했다. 사물들은 우리가 보는 그대로 변화하고 있다. 그러나 그는 여전히 불변성이나 영원성이 일차적이며, 따라서 변화는 불변성으로부터 — 어떤 외적 작인이 원인이 되어 — 파생된 것으로 설명되어야 한다고 가정했다. 물질 자체는 수동적이며 자발성이 없으므로 운동하는 모든 것은 분명히 다른 무엇인가에 의해서 운동하고 있다는 것이다.

아리스토텔레스가 서술한 원인의 유형들은 이후 서양적 사고의 범주들을 형성하는 데 심오한 영향을 미쳤다. 그는 현상의 네 가지 결정 요인을 설정했다.

① 질료인(material cause): 어떤 것을 만드는 재료, 즉 항아리의 진흙.
② 형상인(formal cause): 사물이 취하고 있는 형상, 즉 항아리의 모양.

③ 동력인(efficient cause): 도공이 진흙에 가하는 것과 같 이 외부에서 사물에 가해지는 작용.

④ 목적인(final cause): 사물의 목적, 즉 도공이 마음속에 가졌던 목적.

이 네 가지 원인 가운데서 단지 동력인만이 운동한다. 처음의 두 가지 원인, 즉 질료인과 형상인은 움직일 수 없고 변화할 수 없으며, 네 번째 원인(목적인)은 그 자신은 운동하지 않으면서 단지 유도하는 작용을 한다. 변화가 생긴다면 그것은 분명히 [동력인에 의해] 실존(existence) 속으로 밀려왔거나, [목적인에 의해] 존재(being) 속으로 끌려간 것이다. 양자 모두 운동은 일방적이며 단일 방향적이다. 아리스토텔레스는 이렇게 단일 방향성을 부여함으로써 자신의 논리에 의해 현상의 궁극 원인으로 부동의 원동자를 가정하기에 이르렀다. 그는 때로는 사물이 어떻게 형성되는가를 설명하기 위해서 다수의 부동의 원동자가 있어야만 한다고 생각했으며, 어떤 때는 오직 하나뿐이라고 단정했다. 이러한 방식으로 그는 신을 이해했다. 이것이 그 영향의 단일 방향성이 너무 철저하고 비타협적이어서 어떠한 외적 운동에도 의존하지 않는 존재로서의 신이었다. 이 신은 더 작은 존재들에 반응할 수 없으며, 신 자신을 제외한 어떠한 생각도 할 수 없다.[03]

3세기에 헬레니즘 철학자 플로티누스(Plotinus)는 단일 방향 인과율을 취해서 그것을 이후의 사상에 강하게 각인된 심상으로 만들

---

[03]    Copleston, *History of Philosophy*, pp. 55-61.

었다. 이 신플라톤학파의 신비주의자는 자신의 영혼과 지성이 동경했던 일자(一者, the One)를 이해하려고 시도하면서, 스스로 광채를 내뿜고 있으나 거꾸로 영향을 받지는 않는 태양의 이미지를 빌려왔다. 플로티누스는 발생을 일종의 '일자의 유출'로 보았으며, 모든 사물을 '영원히 완벽하며 움직이지 않는' 태양과 같은 일자로부터 방사된 것으로 보았다.**04** 전구로부터 나오는 빛처럼, 일자로부터 존재가 방사될 때, 존재의 힘은 거리에 따라 자연적으로 점차 감소되며, 실재들은 점진적으로 복합적이고 불순해지며, 의식 능력이 줄어들고, 실재성이 줄어들며, 가치가 적어진다. 이러한 방식으로 자신의 힘과 광채는 전혀 감소됨이 없이 "영원히 완전한 것이 그 자신보다 열등한 것을 산출한다."**05** 존재의 근원은 단일하고 영향받지 않는다는 이 신플라톤주의자의 가정은 설득력 있는 빛의 비유와 함께 아우구스티누스(Augustine)와 그 밖의 다른 사람들을 통해 기독교 신학 속으로 유입되어 단일 방향 인과율을 서양인의 마음속에 확고하게 정착시켰다.

　　천 년 후 토마스 아퀴나스(Thomas Aquinas)의 기념비적 저술은 인과율에 대한 단일 방향 관념들을 진척시켜 명백한 기독교 용어로 만들었다. 토마스는 부동의 원동자의 논리적 필연성을 신의 존재에 대한 증거로 사용했다. 그는 인과의 흐름은 단일 방향이라는 가정을 유지하면서, 유일한 다른 대안이지만 지지 불가능한 대안인 무한 소급을 피하기 위해서, 신이 없어서는 안 된다고 주장했다. 이렇게 해서 그가 선택한 민족을 꾸짖고 계약을 맺으면서 상호작용을 하던 유대

---

**04**　　Plotinus, *Ennead* 5.2.1. and 5.1.6.

**05**　　Plotinus, *Ennead* 5.1.6.

의 신은 인간의 몸으로 고난을 받기 위해 이 세상에 왔던 신약의 신과 마찬가지로 그리스의 움직이지 않는 완전자의 역할을 이어받았다. 이러한 결합으로부터 — 논리적 필연성에 의해 신은 그의 피조물로부터 영향을 받을 수 없기 때문에 — 전능(全能)함, 불변함, 냉정함이라는 신의 놀라운 특성들이 비롯된다. 비록 신이 전능하다고 여겨지더라도 신은 여전히 변화할 수 없으며 모든 감정이나 반응을 초월해 있다.

마리아와 성자들이 신의 초연함과 인간 요구 사이의 간격을 메웠다. 그들은 믿음이 충만한 사람들의 기도에 감동을 받고 그들을 위해서 중재했다. 그러나 개신교 개혁가들이 이 중재자들을 축출하자, 그들의 추종자들은 절대적인 부동의 원동자에게 맡겨졌다. 그의 전지전능함이 예정설이라는 교리를 합당하고 믿을 수 있는 것으로 만들었던 것이다.

다른 사람들의 행위로부터 초연해서 그것들로부터 영향을 받지 않는다는 것이 한 사람의 정신력의 징표가 되었다.

> 다른 사람들을 움직이면서 자신은 돌과 같은 자
> 동요하지 않고, 냉정하며 유혹에 쉽게 빠지지 않는 자
> 그들이 바로 하늘의 영광을 물려받고
> 자연의 풍요를 허비하지 않고 아긴다.
> ＿ 셰익스피어, 『소네트』 2

데카르트의 합리주의는 이 단일 방향 인과율을 완화시키지 못했다. 물질로부터 마음을 분리해 두 개의 비연속적인 영역으로 나누는 급

진적인 이원론적 접근을 통해 그는 그의 신의 관념에 모든 효능을 부여했다. "나 자신과 그 밖의 모든 것은, 존재하는 것이 있다면 어느 것이든, 무한하고 영원하고 불변하며 독립적이고 전능한 것에 의해 창조된 것이다."**06** 신의 단일 방향적인 힘은 데카르트가 신에 대해 생각할 수 있었던 개념들 자체로 확장되었다. 말하자면 데카르트가 설명했듯이, 그는 신에 대한 관념에서 자신에 대한 관념을 이끌어낼 수는 있었지만, 자신에 대한 관념에서 신에 대한 관념을 이끌어낼 수는 없었다. 그래서 그는 신에 대한 관념의 근원은 신 자신임이 틀림없다고 결론지었다. 데카르트 철학이 물질에서 마음을 분리시켰기 때문에, 이 신의 초연함은 이제 현상 세계 안의 인간 마음의 초연함에 필적되고 반영되게 된다. 이 우연의 세계와 물질로부터 범주적으로 구별되는 마음은 이제 스스로 [신과] 마찬가지로 냉정하고 단일 방향적인 방식으로 그 세계에 작용하고 있다고 상상할 수 있었던 것이다.

현대 과학의 출현과 함께 부동의 원동자와 이데아적인 형상은, 아리스토텔레스의 형상인과 목적인도 마찬가지로, 모두 불필요하고 비경험적인 것으로 거부되었지만, 그것은 단일 방향의 모델을 구체화했다. 오직 질료인과 동력인만이 과학적 탐구에 적절한 것으로 남게 되었다. 그리고 이 두 가지는 각각 다른 방식이기는 하지만 그것들이 산출한 상태에 대해 일방적 관계를 맺는 것으로 가정되었다. 설명은 현상들을 그 근본 요소들, 즉 분해와 분석을 통해 드러날 수 있는 건축 벽돌들로 환원시키는 방식으로 시도되었다. 요소들의 상태

---

**06**    Reese, *Dictionary of Philosophy and Religion*, p. 125.

의 변화는 그것들에 작용하는 동력인이나 외부의 작인에서 유래한다고 가정되었다. 뉴턴의 관성의 법칙에 의해 운동은 더 이상 안정성(불변성)보다 실재적이지 못한 부차적인 성질로 여겨지지는 않았지만 속도와 방향의 변화를 설명하는 데 외부의 힘이 요청된다는 생각은 여전히 유지되었다.

모든 운동은 반대편으로 동일한 크기의 반작용을 낳는다는 뉴턴의 제3운동 법칙은 단일 방향적 인과 패러다임에 도전하는 것처럼 보일지도 모른다. 그러나 뉴턴의 종교적 신념은 확고하게 단일 방향 인과율에 고착되어 있었다. 그가 묘사한 신은 단일 방향으로 강력해서 자신이 창조한 법칙들마저 따를 필요가 없으며, 운동이 불가능하기 때문에 기도에 응할 수 없다.[07]

프랑스의 천문학자 피에르 라플라스(Pierre Laplace)가 논증했듯이, 단일 방향 패러다임의 논리는 결정론으로 귀착된다. 만일 모든 것이 다른 어떤 것에 의해서 움직인다면, 어떻게 그것이 그와는 달리 움직일 수 있겠는가? 파르메니데스가 주장했듯이 새로운 것은 배제된다. 만일 작용하고 있는 모든 외부의 힘을 알아낼 수만 있다면, 우리는 모든 별과 모든 원자의 운동을 예견할 수 있을 것이라고 라플라스는 주장했다.

그러한 견해와는 대조적으로 극단적인 경험주의적 흐름에서 철학자 데이비드 흄(David Hume)은 인과적 필연성을 전적으로 부정했다. 그는 우리가 관찰하는 것은 사건들이 시간 속에서 연쇄적으로 일

---

**07**  Newton, *Opticks*, Griffin의 *Woman and Nature*, p. 235에서 재인용.

어나고 있다는 점뿐이며, 사건들이 우리의 관찰의 범위 이상의 그 어떤 필연성과 객관적 관계를 맺고 있는 것은 아니라고 주장했다. 단일 방향 인과 패러다임에 내재하는 결정론으로부터 벗어나기 위해서 흄과 그의 추종자들은 인과율의 객관성 자체를 거부하고 외부 세계를 안다는 모든 주장을 포기했다.

후일 비록 변증법적 철학들과 과정 철학들이 출현했지만, 주도권은 단일 방향적 가정들이 쥐고 있었다. 헤겔(Hegel)의 정-반-합의 변증법적 과정은 전례가 없는 새로운 것이 생겨나도록 해 주는 것으로 여겨졌다. 그러나 이 변증법적 과정에서 드러난 것은 맹목적이고 [무작위의] 활동성이 없는 세계의 물질적 요소로부터 떨어져 있으면서 그 물질적 요소를 단일 방향으로 구체화시키는 이성적 원리 또는 관념이다. 1세기 후에 화이트헤드(Alfred North Whitehead)의 과정철학은 창조성과 새로운 것의 발생에 여지를 제공하려고 했다. 그러나 화이트헤드는 여전히 현상 세계에 단일 방향의 인과 관계를 부여하는 '영원한 대상(eternal objects)'들과 플라톤적인 신의 영역을 가정했다. 시스템 철학자 래즐로(Ervin Laszlo)가 지적했듯이, "화이트헤드의 영원한 대상들은 현상적 실재 속으로 들어가 그 과정을 제한할 수 있지만, 현상적 실재는 그들에게 영향을 주지 않는다."08

한 세대 이후의 과정 신학자 찰스 하트숀(Charles Hartshorne)은 다음과 같이 매우 명쾌하게 인과관계에 대해 이렇게 작용하는 가정을 명시화했다. "가장 폭넓은 의미의 '원인'은 항상 그것 개개의 결과

---

08      Laszlo, *Introduction to Systems Philosophy*, p. 104.

에 의존하지 않지만, 결과는 항상 그것의 원인에 의존한다고 … 우리는 가정해야 할 것이다."[09]

선형적 인과 개념은 다양하고 적극적인 방식으로 과학적 방법을 구체화해 왔다. 연구 영역은 인과의 고리가 가정되고 발견될 수 있도록 선택되고 한정되었다. 변수(變數)들은 경험적으로 검증되고 통제될 수 있는 정도로 축소되었다. 근본 원인 또는 '능동적인 요소'를 찾기 위해서 그것들 상호 간의 작용을 무시하거나 깨닫지 못한 가운데, 변수들은 인위적으로 분리되어 한 번에 하나씩 실험되었다. 과학자는 실험을 할 때, 비록 그 가정이 경험적으로 검증되지는 않지만, '다른 모든 조건들이 같을 때'라는 단서를 붙인다.

이러한 방법론은 유력한 결과들을 낳았다. 그 결과들은 적어도 최근까지는 예측 가능성과 통제라는 분석의 목표에 합당한 것으로 여겨졌다. 그러나 과학자들의 도구와 탐구가 확장되면서 세계가 항상 예상에 합치하지 않는다는 사실이 점점 분명해지고 있다. 사건들이 상호작용하고 패턴들이 서로 겹쳐지면, 그것들은 새롭고 예측할 수 없는 비선형적인 결과들을 나타낸다. 카오스 이론을 전공한 수학자 이안 스튜어트(Ian Stewart)는 "선형성은 덫이다. [같은 옷에 같은 소리를 내는] 소년성가대원들과 같은 선형방정식들의 작용은 결코 전형으로 삼을 만한 것이 못 된다. 그럼에도 불구하고 만일 당신이 오직 선형방정식만을 고려할 만한 가치가 있다고 결정하게 되면 자기 검열이 시작될 것이다. 그리하여 당신의 교과서들은 선형적 분석의 업적

---

**09**     Hartshorne, *Philosopher Speak to God*, p. 502.

들로 가득 채워지고, 분석의 실패물들은 너무 깊이 묻혀서 그 무덤은 눈에 띄지 않게 되고, 무덤의 존재마저 언급되지 않게 될 것이다."**10**

## 인도의 단일 방향 인과율

인과적 효력이 한 방향으로만 흐른다는 생각은 서양의 전유물이 아니다. 비록 형태와 목적은 서양과 뚜렷이 구별되는 고유한 것이지만, 우리는 그러한 생각이 고대 인도의 사상 속에도 간직되어 있음을 발견한다. 그것은 기원전 2,000년에서 1,000년에 형성된 최초의 문헌인 베다(Veda)에 나타날 정도로 일찍이 발생했다.

　　모든 현상들의 토대를 이루고 있는 질서, 즉 리따(ṛta)를 확정하려고 하는 가운데, 변화는 이 현상들 속에 내재하는 잠재적인 힘으로 이해될 수 있다는 가설이 만들어졌다. 그것은 스와다(svadhā), 즉 고유한 힘 – 결과를 산출하는 원인 안에 내재하는 힘 또는 특성 – 으로 불렸다. 그 점에서만 보면 그러한 생각은, 변화는 외적 작인을 필요로 한다는 아리스토텔레스, 토마스 아퀴나스, 뉴턴 주의자들의 생각과 분명한 대조를 이루고 있다. 그러나 서양에서와 마찬가지로 이 원인은 다른 변수들에 의존하지 않는, 그리고 자신의 결과들에 의해 변화하지 않는 일방적 방식으로 작용하는 것으로 이해되었다.

　　우빠니샤드(Upaniṣad)에 의해 변화의 실재성은 서양에서는 견줄 바가 없을 정도로 그 자체가 의문시되었다. 파르메니데스, 플라톤, 신

---

**10**　Stewart, *Does God Play Dice?* p. 83.

플라톤주의자들에게서 그러했듯이, 실재하는 것은 곧 불변하는 것이라는 등식이 만들어졌다. 즉 궁극적인 실재는 변화하지 않는다는 것이다. 게다가 인도에서는 그 등식이 훨씬 더 진지하게 받아들여졌다. 어떤 철학 학파들에게는 변화하는 현상 세계는 마야(māyā), 즉 환상이었고, 다른 학파들에게는 변화는 부분적으로 실재적이거나, 쌍캬(Sāṇkhya) 철학에서 그렇듯이 실재적이기는 하지만 마음과 마음의 영적 목적들로부터 완전히 분리된 것이었다. 그러나 이 [현상]세계의 사물들에게 부여된 존재론적 지위가 어떤 것이든 간에, 사물들은 일방적 방식으로 발생되거나 유발된 것이었다. 우빠니샤드와 쌍캬에서는 이러한 인과 관계를, 결과는 그 원인 속에 선재한다는 의미에서 인중유과론(因中有果論, satkāryavāda)이라고 불렀다. 이러한 인도의 견해들이 변화를 실재적인 것으로 생각했든 환상적인 것으로 생각했든, 그 견해들은 본질적으로 선형적이다. 잠재력과 효력은 한 방향으로 흘러가는, 그리고 궁극적으로 초현상적인 하나의 근원에서 나오는 것으로 제시되었다.

기원전 6세기 인도의 특징을 이루었던 지적 혼란 속에서 이러한 개념들이 논의되었다. 인과관계는 실재성이 경험될 수 없는 초월적인 행위자의 존재에 의해 결정되고, 그것은 결정론적이며, 따라서 새로운 것의 가능성을 배제한다는 생각이 몇몇 학파에 의해 제시되었다. 어떤 학파들은 결정론을 옹호하는 한편, 무인론자((無因論者)나 우연론자(偶然論者)와 같은 다른 학파들은 모든 것은 우연적이라고 주장하면서 결정론을 거부했다.

인과관계에 대한 이들 고대 인도인의 견해들에 대해서는 다음 장에서 이 견해들(우연론과 결정론)을 거부했던 불교 교리를 소개하면서 보다 상세하게 기술할 것이다. 따라서 여기에서는 이 논의에 참여한 모든 학파, 즉 불교를 제외한 모든 학파가 인과관계는 선형적이거나 존재하지 않는다고 가정했다는 점을 언급하는 것으로 충분할 것이다. 고따마 붓다의 가르침에서는 인과율에 대한 근본적으로 새로운 견해가 나타난다.

## 서양의 상호인과 패러다임

서양에서 아무런 예외도 없이 선형적 단일 방향적 인과율이 가정되었던 것은 아니다. 주로 수학자와 신비주의자들 사이에서 대안적 견해들이 나타났지만, 그 견해들은 지배적인 견해를 수정할 만큼 충분한 도전은 아니었다. 예를 들면 마이스터 에크하르트(Meister Eckhart)나 쿠사의 니콜라스(Nicholas of Cusa)가 제안했던 실재에 대한 시각들은 선형적이 아닌 순환적 또는 상호작용적 인과 과정을 함축하고 있었다. 황홀경에 도취한 관점은 원인과 결과 사이의 범주적 구별을 깨뜨렸고, 순환적이면서도 외견상 역설적인 말이 되게 했다. 예를 들면 "내가 신을 보는 그 눈이 신이 나를 보는 그 눈이네"라는 식이 그것이다. 그러나 이러한 [선형적 인과율에서의] 일탈은 그 당시에는 주류를 이루는 인과적 견해에 대한 철학적 도전으로 소개되지도, 인식되지도 못했으며, 20세기 중반에 와서야 비로소 하나의 대안으로 다듬어졌다.

20세기 초 물리학자들의 연구는 [아인슈타인이 보여 주었듯이] 어떻게 관찰자의 위치가, 그리고 [하이젠베르크가 증명했듯이] 어떻게 관찰의 행동이 원인과 결과라는 지각된 대상을 변화시키는지를 밝혔다.[11] 주관과 객관의 상대화가 선형적 인과관을 약화시켰지만, 그것을 철저히 부정하고 정합적인 대안을 명시하는 일은 일반시스템이론의 몫으로 남아 있었다.

일반시스템이론은 다양한 영역 속에 있는 일정한 것의 관찰을 토대로 하는 하나의 메타 학문으로서, 단일 방향 인과 개념들이 두 개의 변수를 지닌 문제들에는 타당하지만 다수의 변수를 지닌 복잡한 시스템에는 유익하게 적용될 수 없다는 사실에 대한 인식과 함께 발전했다. 두 개 이상의 전자를 가지고 있는 원자들의 전자 궤도 패턴에서든, 자신의 평형을 유지하고 있는 생명체적 유기체의 전기 화학적 패턴에서든, 변수들은 상호 간에 조건이 되고 있으며, 또한 선형적 인과의 고리로 환원될 수 없는 것으로 밝혀졌다. 그 결과 시스템적 견해는 실체가 아니라 과정에 초점을 맞추었다. 그 과정에서 원인과 결과는 더 이상 범주적으로 분리될 수 없다.

생물학자이자 일반시스템이론의 아버지인 폰 베르탈란피 (Ludwig von Bertalanffy)는 "단일 방향 인과관계 속에서 작용하고 있는 분리된 단위들의 체계는 적절하지 않은 것으로 입증되었다"고 했다. "결국 우리는 상호작용하는 요소들의 시스템에 관해 생각하지 않을 수 없다."[12] 2차 세계대전 중 인공두뇌학(cybernetics)의 발전은 이러한 사고에 도움이 되었다.

자동 유도 대공 미사일의 창안과 설계는 개념적 도약, 즉 '상호

---

11    역주: 이것은 관찰자의 위치와 관찰자의 행위에 따라 원인이 결과로, 결과가 원인으로 인지될 수 있다는 것을 의미한다.

12    von Bertalanffy, *General Systems Theory*, p. 44.

작용하는 요소들의 시스템'을 구상하는 방식을 제공했다. '피드백 (feedback)'이라고 불리는 — 미사일이 스스로 탄도를 감시하고 수정할 수 있게 해 주는 — 과정은 자연계에서 스스로를 유지하고 조직하는 생물학적 시스템의 능력과 유사하다는 것이 밝혀졌다. 그것은 분자든 포유동물이든 질서가 있고 의도를 가진 패턴들이 어떻게 부동의 원동자나 목적인에 의지하지 않고서도 존속하고 진화할 수 있는지를 보여 주었다. 네거티브 피드백(negative feedback)은 엔트로피의 힘에 대항해서 항상성(homeostasis)을 가지고 자신을 유지하는 평형상태에 있는 시스템의 작용을 설명할 수 있었으며, 반면에 포지티브 피드백(positive feedback)은 어떻게 시스템이 변화할 수 있고, 성장할 수 있고, 복합체가 될 수 있는지를 명확하게 설명했다. 양자는 시스템이 어떻게 에너지와 정보의 교환과 처리를 통해서 통합적인 네트워크(networks)로서 작용하는지를 설명해 주었다.

시스템 과학자들은 자신들의 연구로부터 나온 개념들과 데이터의 중요성을 표현하려고 할 때, 순환적 인과관계(cyclical causality), 호혜적 인과관계(reciprocal causality), 상호적 인과관계(mutual causality), 또는 상호결정(interdetermination)과 같은 용어들을 사용했다. 자연과학에 종사하는 시스템이론가들에게 이 인과관은 예정된 시계 장치 같은 우주로서의 모형이든, 맹목적이고 우발적인 우연의 작용으로서의 모형이든, 자연에 대한 과거의 모형들에 대해 설득력 있는 대안을 제공한다. 그리고 그것은 사회과학에 종사하는 시스템이론가들에게는 자극-반응이라는 선형적 모형을 가지고 있는 행동주의(behaviorism)의 오류를 설명해 준다. 그것은 또한 사회과학자로 하여금, 예를 들면 학교, 직장, 주택, 그리고 건강 사이의 상호인과관계에 대한 고려 없이, 분리된 원인들을 가지고 사회 문제를 진단하고 프로그램을 수립하는 것이 부적절하다는 것을 깨닫고 설명할 수 있게 했다. 그들은 이러한 상호적 인과관을 지적 혁명을 예고하는 것으로, 그리고 우리 시대에 나타나고 있는 새로운 문화 패러다임의 중심으로 보고 있으며, 그러한 점에서 그것을 공생적이고, 협동적(synergistic)이고, 다원주의적이고, 상호주의적이라고 기술하고 있다.[13]

시스템 분야의 개척가인 아나톨 라포포트(Anatol Rapoport)는 고대 세계에는 인과관계에 대한 과정 위주의 개념을 위한 '분석적 도구들'이 존재하지 않았다고 생각하는 반면,[14] 마고로 마루야마(Magoroh Maruyama)와 같은 다른 사람들은 상호인과율이 많은 '비과학적' 문화들의 세계관이었음을 지적한다. 사실상 마루야마는 그러한 세계관이 여타의 세계에서, 그리고 전 역사를 통해 인간 사고의 대부분을 특징지어 왔으며, 이제는 현대의 서양이 시대에 뒤떨어진 선형적 견해를 폐기하고, 다른 세계를 뒤따라 잡아야 할 때라고 제안한다.[15]


## 상호인과율에 대한 불교의 시각

서양에서 인과관에 관한 이러한 견해가 출현했음에도 불구하고, 상호적 인과관계가 불교라는 주요한 종교적·철학적 전통 안에서 어떻

---

**13**   Dubin, "Causality and Social Systems Analysis," pp. 107-113; Fuller, *Synergetics*; Maruyama, "Mutual Causality."

**14**   Rapoport, "A Philosophic View."

**15**   Maruyama, "Paradigmatology and its Application."

게 제시되며 또 이해되고 있는지를 검토하는 것은 가치 있는 일이다. 불교 사상은 특유하게 적절한 관점을 제공한다. 실재를 상호 간에 조건이 되는 사건들의 역동적 상호작용으로 이야기하는 불교의 상호의존적 시각은 사건들이 선형적 방식으로 거슬러 올라갈 수 있는 어떤 최초의 원인이나 무제약적 절대자도 설정하지 않는다.

'연기(緣起, paṭicca samuppāda)' 또는 '의존적 상호발생(dependent co-arising)'으로 알려진 이 인과적 시각은 불교에서 인간이 처한 곤경과 실현 가능한 해탈에 관한 불교적 관념의 바탕을 이루고 있다. 그것은 붓다의 깨달음의 지성적 내용 ─ 개념적 술어로 표현 가능한, 붓다를 전환시킨 직관적 깨달음 ─ 을 구성한다. 그것은 고따마(Gotama) 붓다가 깨달았던 실재의 성질, 즉 우주의 진리를 표현하고 있다. 따라서 그것은 경전 속에서 최고의 중요성이 주어진다. 즉 그 이해는 고통에서 벗어나는 데 필수적인 것으로, 또한 불도(佛道)가 권장하는 도덕 수행과 명상 수행에 근본적인 것으로 간주된다. 때때로 그것은 다르마(Dharma) 그 자체, 즉 사물들의 질서, 구원의 진리와 동일시된다. "연기를 보는 사람은 법(dhamma)을 보고, 법을 보는 사람은 연기를 본다."[16] 인과설이 이처럼 명시적이고도 중심적인 위치를 차지하고 있는 신앙이나 가치 체계를 찾아보기는 힘들다.

연기설 안에서 실재는 역동적인 상호의존적 과정으로 나타난다. 모든 요인들, 즉 정신적이든 신체적이든 모든 요인들은 불변하거나 자율적인 것으로 여겨지는 요소나 본질이 없이 상호인과적인 상호작

---

[16]    Majjhima Nikāya, Ⅰ.191.

용의 연결망 속에서 존속한다. 이 점을 이해하는 것이 중요하다. 왜냐하면 우리의 괴로움은 이러한 요소들의 상호작용에 의해서, 특히 그것들에 대한 우리의 오해로부터 발생한 미혹[癡], 탐욕[貪], 혐오[瞋]에 의해서 야기되는 것으로 여겨지기 때문이다. 우리는 본래 우발적이고 무상한 것을 실체화하여 집착함으로써 우리 스스로를 속박한다. 우리는 추상적 개념들을 구체화함으로써 경험을 왜곡하고, 우리가 만든 에고(ego) 속에 우리 자신을 가두며, 우리의 삶을 소유와 근심이 끝없이 순환하는 운명 속으로 몰아넣는다. 이렇게 야기된 것이기 때문에, 우리의 괴로움은 본래적인 것,[17] 즉 불가피한 것이 아니다. 인과 작용이 역전되면 괴로움은 그칠 수 있다. 괴로움의 소멸은 시공을 초월한 어떤 불변의 존재와 하나가 되거나 복종함으로써 이루어지는 것도 아니고, 어떤 형이상학적 실체나 본질의 힘에 의해서 이루어지는 것도 아니다. 우리의 희망은 외적 작인(作因)에 의해 결정되는 것이 아니라, 자아와 행위, 기획과 인지가 서로를 결정하고 있는 인과적 질서 자체로부터 나온다. 따라서 해탈(자유)은 모든 현상들의 본성을 의존적 상호발생(연기)이라고 보는 시각을 수반한다. 인간성의 개혁과 다름없는 이러한 시각은 [명상을 통한] 지각의 정화와 도덕적 행위에 의해서 가능하게 된다.

인과관계에 대한 붓다의 가르침은 그 당시 인도에서 논란이 되었던 여타의 견해들과 근본적인 대조를 보인다. 일반시스템이론의 인과관이 전통적인 서양 사고에서 벗어났듯이, 그것은 이전의 인과

---

**17**     역주: 지상과 천국을 상정하여 지상은 본래 괴로운 곳이고, 천상은 행복한 것이므로 괴로움은 지상 특유의 피할 수 없는 현실이라는 의미.

적 사고에서 벗어났다. 붓다는 힘이 아닌 과정에 초점을 맞춤으로써 인과관계에 관한 논쟁들을 헤쳐나갔다. 그는 연기설을 통해 인과관계를 작인 속에 내재하는 힘의 기능이 아니라 관계의 기능, 즉 원인과 결과가 범주적으로 분리되거나 단일 방향으로 추적될 수 없는 다양한 요인들의 상호작용의 기능으로 나타냈다. 원인 없는 결과는 없다. 그러나 결과는 결코 예정된 것이 아니다. 왜냐하면 그 원인들은 다양하며 서로 영향을 주기 때문이다. 따라서 인과율과 새로운 것은 양립 가능하다. 이와 같이 불교 교리는 인과율에 대한 논의를 양극화했던 결정론과 불확정성이라는 입장 사이에 중도를 제시했다.

인과율에 대한 이러한 시각이 불교 사상과 수행에서 구심점을 이룬다는 사실이 항상 명백하게 드러나는 것은 아닌데, 그 이유는 연기설이 통상적 의미에서 가르치고 배울 수 있는 하나의 견해로 제시된 것이 아니기 때문이다. 의존적 상호발생(연기)이라는 사고방식에 핵심적인 것은 마음 스스로의 편견들과 경향들이 그 마음이 보는 실재를 만든다는 신념이다. 이것은 세계가 인식하는 자아와 구별되어 독립적으로 '저 밖에' 있다는 상식적인 생각에 어긋난다. 상호인과율에 대한 진정한 이해는 자아와 세계를 분별하는 인습적인 이분법의 초월, 즉 경험이 이루어지는 방식의 전환을 의미하는데, 그것은 결국 각자가 스스로의 뿌리 깊은 가정들을 철저히 검토하는 일이다. 연기법은 사람들의 동의를 구하는 하나의 이론이라기보다는 사람들이 경험하도록 권고받는 하나의 진리, 즉 정신적·신체적 현상들의 생성과 소멸에 대해 수행된 성찰과 근본적 집중에 의해 도달하도록 권장하는 하나의 통찰이다. 허구, 이분법, 그리고 집착이 해소되기만 하면 도달될 수 있는 실재의 특성은 '열반(涅槃, nirvana)' '공(空, emptiness)'

붓다의 연기법과 인공지능

'법계(法界, dharma dhatu)' '불성(佛性, Buddha nature)' 등으로 다양하게 불린다. 그것은 지혜와 자비를 낳는다. 왜냐하면 그것은 에고의 허구적 본성을 밝혀냄으로써, 에고의 계략들, 탐욕들, 그리고 불안들로부터 벗어날 수 있게 해 주기 때문이다. 비록 그 경험은 다양한 은유와 강조법들로 기술되어 있기는 하지만, 붓다 자신의 깨달음이 그렇듯이 의존적 상호발생(연기)에 대한 깊은 직관적 지각을 수반한다.

## 불교와 일반시스템이론의 상호보완적 해석

일반시스템이론과 초기불교 교리의 관점을 함께 활용하면 상호인과율과 그 함의들에 관해 많은 것이 밝혀질 수 있다. 다른 어떤 사상 체계 속에서도 인과 과정에 대한 이러한 견해가 그렇게 정합적이고 명료하게 설명되지 않는다. 우리는 상호인과율이라는 개념을 해명하기 위해 서로 다른 각도에서 다른 데이터를 사용하고 있는 이 두 관점을 수용할 수 있다. 시스템이론과 불법(佛法, the Buddha Dharma)을 비교하려는 것이 나의 의도는 아니다. 실재의 본성에 대한 두 견해가 종종 서로 합치하거나 보완하는 것처럼 보일 수도 있지만 그것들은 여전히 다른 종류의 인간적 기획들로 남아 있다.

    일반시스템이론은 과학에서 하나의 학제적(cross-disciplinary) 도구로 출현했기 때문에 설명하고, 예측하고, 통제할 목적으로 자연계의 사건들에 대한 이해를 증진시키기 위한 일련의 개념화들을 제시한다. 이러한 개념화들이 가치의 고찰과 인간의 의미 탐구에 점점 더 적절한 것이 되어 가고는 있지만, 그 목적이 구세론적인 것은 아니다. 그것은 바로 불법의 목적이다. 다른 종교 체계들과 마찬가지로 불법은 해탈의 길을 제시한다. 불법이 제시하는 세계관과 그것이 가르치는 윤리는 [의식] 전환의 구조를 제시하며, 그 구조에 의해서 고통은 초월될 수 있고, 의식은 환원 불가능한 실재와 가치를 지닌 의식을 향해 열릴 수 있다고 주장된다.

이들 두 기획은 목적뿐만 아니라 방법에 있어서도 상이하다. 양자 모두 그 개념적 구성물들이 계시나 선험적 추론에 의존하지 않고 체험적 증거에 근거하고 있다는 점에서 경험적이라고 주장하지만 사용하는 데이터는 같지 않다. 일반시스템이론은 유형의 과학적 실험이 제공하는 관찰 결과들을 사용하지만, 불교 교리는 주관적 경험과 명상 수행이 줄 수 있는 직관적 통찰력에 의존한다. 붓다는 제자들에게 스스로 이러한 통찰들을 성취하여 그것들을 자신들의 의식의 실험실에서 시험해보도록 권장하기는 했지만, 그 통찰들은 단지 내성적으로만 알려질 수 있기 때문에 공적으로 검증할 수 없는 데이터나 관찰 결과를 제시할 뿐이다. 우리가 이 두 사상 체계들을 한데 묶어 상호인과율에 대한 각각의 입장을 검토하려면, 이들 두 사상 체계 사이의 본질적 대비에 대한 고려가 반드시 필요하다.

# 제2부

# 상호인과율에 대한 이해

# 제2장

---

## 불교의 연기설

"훌륭합니다, 세존이시여. 놀랍습니다, 세존이시여.
이 인과 법칙(연기법)의 심심 미묘함이라니,
그것은 참으로 심오합니다. 그렇지만 제 생각에는
너무 간단합니다."
"아난다여, 그렇게 말하지 말라! 그렇게 말하지 말라!
실로 이 인과 법칙은 심심 미묘하며,
그것은 실로 심오하다. 이 연기법을 알지 못하고
이해하지 못하고 통달하지 못했기 때문에
중생은 실타래처럼 뒤얽히게 되었고,
마치 문사초와 왕골밭처럼 어두운 그림자에
뒤덮이게 되었고, 쇠퇴의 운명, 비참한 상태,
몰락, 끝없는 윤회를 벗어날 수 없게 된 것이다."♦

♦   Dīgha Nikāya, Ⅱ.55.

2,500년 전, 고따마 붓다는 '연기(paṭicca samuppāda)', 즉 '의존적 상호 발생(dependent co-arising)'이라고 불리는 인과설을 제안했다. 이것은 삶에 대한 불교적 견해의 토대가 된다. 우리가 알고 있는 종교 가운데 이렇게 명백하고 근본적인 역할이 인과의 교리에 주어진 종교는 불교 밖에 없다. 실재에 대한 연기론적 시각에서 자아와 세계의 존재는 상호의존적으로 나타나고 사라지는, 상호 간에 조건이 되고 있는 심리-물리적 사건들의 관점에서 이해된다. 그것은 지금 우리 시대에 나타나고 있는 인과 패러다임과 너무 유사하여 우리에게는 그것이 마치 정글에 뒤덮여 재발견이나 복구를 기다리고 있는 잊혀진 고대 도시처럼 생각될 수 있다. 실제로 붓다는 연기에 대한 그의 초기의 견해에 관해 이야기하면서, 그것을 다음과 같은 하나의 도시에 비유했다.

> 나에게 안목이 생기고, 앎이 생기고, 통찰력이 생기고, 지혜가 생기고, 광명이 생겼다. 법우들이여, 비유하면, 어떤 사람이 숲을, 큰 숲을 지나가다가 옛길을, 옛날 사람들이 거닐던 옛길을 보게 된 것과 같다. 그리고 그 길을 따라서 가다가 고대의 도시, 옛날 사람들이 살았던 고대 왕자의 영토, 정원, 무덤, 연못, 담장의 초석들이 있는 아름다운 곳을 보게 된 것과 같다. 그리고 법우들이여, 그 사람이 왕자나 그의 신하들에게 "아뢰옵기 황송하오나, 전하, … 저는 고대 도시, 옛날 사람들이 살았던 고대 왕자의 영토를, 정원, 무덤, 연못, 담의 초석들이 있는 아름다운 곳을 보고 왔나이다. 전하, 그 도시를 복원하소서"라고 소식을 전하는 것과 같다. 그리고 법우들이여, 그 왕자나 신하들이 그

붓다의 연기법과 인공지능

도시를 복구하는 것과 같다. 이후 그 도시가 번영하게 되고, 융성해지고, 번성하고, 인구가 증가하여 사람들로 가득 차게 되고, 성장하고, 번창하게 된 것과 같다.**01**

## 다르마에서 인과론의 중심 역할

빠알리 술어 빠팃짜 쌈우빠다(paṭicca samuppāda, 산스크리트: pratītya samutpāda, 緣起)는 붓다가 가르친 인과 과정에 대한 교설을 가리킨다. 다르마(Dharma, 붓다의 가르침과 그 가르침이 나타내는 실재의 법칙)**02** 안에서 연기설이 주로 강조하는 것은 구세론적인 것이다. 그것은 괴로움이 어떻게 발생하는가, 그리고 어떻게 괴로움으로부터 해탈을 얻을 수 있는가를 보여준다. 이와 같이 이 교설은 해탈에 대한 설명뿐만 아니라 방법의 역할을 한다. 바로 이 연기설을 실존적으로, 그리고 직관적으로 체득한다는 것은 의식을 새롭게 바꾼다는 것을 의미한다. 실재의 근본적인 특성, 즉 사물들의 존재 방식으로 알려지고 있는 연기는 모든 현상들에 대한 불교적 이해를 특징지어 준다. 그것은 삶을 상호의존적으로 보는 불교적 시각의 바탕을 이루며, 인간 조건에 본질적인 언약과 기대에 대한 불교적 이해에 기초가 된다. 프랑스의 불교학자 뿌싱(Louis de la Vallee Poussin)은 다음과 같이 이야기한다.

---

**01**   Ibid., Ⅱ. 105.

**02**   오늘날 통속적인 영어 어법이 산스크리트 어형인 dharma를 채택하고 있으므로, 빠알리 어형(dhamma) 대신 그것을 사용하기로 한다. 같은 이유에서 빠알리 kamma 대신에 karma를 사용할 것이다.

불교에 '연기' 이론보다 더 본질적인 것으로 여겨지는 이론은 없다. … 불경들 속에서 그 이상 자주 언급되고 당연하게 여겨지는 것은 없으며, 불교의 '신조(credo)'로서 그 이상 정당하게 인정받은 것으로 명시될 수 있는 것은 없다.**03**

깨달음에 대한 경전의 설명에서 연기는 고따마가 깨달은 통찰 — 그로 하여금 붓다가 되게 한 깨달음 — 의 지성적이고 언표 가능한 내용이다. 수년간의 요가 수행 후에 고따마는 그 당시의 종교적 가르침들이 인간 경험의 핵심에 있는 괴로움을 밝히고 해결하기에는 적절치 못하다는 것을 발견했다. 그가 인간의 괴로움의 원인을 스스로 찾기 위해 보리수 아래 앉았을 때 그의 뇌리를 스치고 지나간 것은 이 의존적 상호발생(연기)이라는 생각이었다. 이와 같이 연기는 붓다들이 이 세상에 출현해서 재발견하고 현시해 주는 한결같은 진리다.**04** 다른 종교의 스승들도 옳음[義], 자애의 덕[仁], 자기 절제를 직접 보여 줄 수 있지만, 경전에 의하면 오직 붓다들만이 이들 덕이 실재의 본성에 고유한 것임을 보여 주는 인과에 대한 안목을 획득하고 인과에 대한 가르침을 베푼다.

　　그것은 "심오하고 미묘해서" 이해하기 힘들고, 보기 어려우며, "논리가 미치지 못한다."**05** 그러나 붓다뿐만 아니라 그의 첫 번

---

**03**　　Poussin, *Thèorie des Douze Causes*, p. ⅴ. (원저자의 번역.)

**04**　　Saṃyutta Nikāya, Ⅱ. 36.

**05**　　Dīgha Nikāya, Ⅱ. 36.

째 귀의자 꼰단냐(Kondañña, 교진여)와 그의 뛰어난 제자 사리뿌뜨라(Śariputra, 사리불)의 일화가 보여 주듯이**06** 일견해서 직관적으로 파악만 되면 그것(연기)은 깨달음의 전부다. 연기설은 붓다가 직접 한 이야기 속에서 다르마 자체와 동일시되고 열반(nirvāna, 빠알리: nibbāna) 성취의 전제조건으로 설해질 정도로 중추적인 것이다.**07**

연기설의 이해는 지혜(paññā, 般若)를 의미하며, 붓다의 팔정도의 첫 번째 요소인 정견(正見)의 본질을 이룬다.**08** 연기는 또한 도덕성의 토대가 된다. 붓다는 경험적 증거와 함께 이 연기설을 근거로 이와 대비되는 여타의 인과관들을 공격했는데, 붓다는 이들이 도덕적 행위를 위한 동기도, 논리적 근거도 제공하지 못하고 있다고 보았기 때문이다.**09**

이와 같이 연기설은 종교적·윤리적 관심에서 비롯되어 해탈을 추구한 결과물로 나타났다. 이것은 냉혹한 인간고의 실태와 도덕적 행위의 타당성이라는 원초적 문제에 맞서 대결한 결과물로 나왔던 것이다. 붓다와 그의 제자들에게 이 통찰은 하나의 전환에 필수 불가결한 것이었으며, 이 전환의 실현과 그 기대는 그들의 삶의 모습을 바꾸었다. 경전들은 연기에 대한 참되고 실질적인 깨달음은 각자의 가장 뿌리 깊은 가정들에 대한 철저한 재검토를 수반하며, 실존적 몰입과 명상적 내성을 감행하지 않고서는 얻어질 수 없다는 점을 분명히

---

**06**     Vinaya, Mahāvagga Ⅰ. 1, 39.

**07**     Majjhima Nikāya, Ⅱ. 32; Saṃyutta Nikāya, Ⅱ. 124.

**08**     Saṃyutta Nikāya, Ⅱ. 15.

**09**     Aṅguttara Nikāya, Ⅰ. 174.

하고 있다.

> [연기의 집(集)과 멸(滅)을] 여실하게 알지 못하고, 보지 못하
> 는 사람은 … 수습(修習)하지 않으면 안 되고, … 명상수행
> 하지 않으면 안 되고, … 노력하지 않으면 안 되고, … 퇴
> 전(退轉)해서는 안 되고, … 정진하지 않으면 안 되고, …
> 용의주도하지 않으면 안 되고, … 진지하지 않으면 안 된
> 다.**10**

이러한 말들은 우리에게 학문적 지식의 한계를 일깨워 준다. 그 어떤
경전의 주석이나 개념의 정교함도 연기의 이해를 위해 필수적인 것
으로 간주되는 명상수행과 정신적 투자를 대신할 수 없다. 따라서 우
리는 연기를 개념적으로 다루는 것은 그 본성상 한계가 있으며 부적
절하다는 것을 염두에 두어야만 한다.

　　이 책에서 나는 빠알리 경전의 율장(律藏: vinaya)과 경장(經藏: sutta,
『니까야(nikāya)』라고도 함)**11** 속에 있는 연기에 대한 초기의 설명에 의
거해서 연기를 고찰하려고 한다. 나는 실재에 대한 연기설의 시각이
선형적 인과관의 한계를 벗어나 원인과 결과의 호혜적 또는 상호적
관계를 포용하고 있다는 것을 보여 줄 것이다. 다음으로, 상호인과율

---

**10**　Saṃyutta Nikāya, Ⅱ. 131, 2.

**11**　붓다의 설교가 기록된 경장(經藏, suttas, 산스크리트: sūtras)과 승단의 계
　　율을 기록한 책들인 율장(律藏, vinaya)은 빠알리 삼장(三藏) 가운데 가장
　　오래된 것들이다.

의 함의들을 탐구하면서 어떤 방식으로 연기가 자아의 특성, 즉 자아의 인지와 행동 능력, 그리고 자아와 신체, 자연, 사회와의 관계에 관한 붓다의 가르침의 근본이 되고 있는지를 보여 주려고 한다. 이러한 과정에서 나는 이 연기설을 일반시스템이론과의 대화 속으로 끌어들이려고 하며, 그렇게 함으로써 이 두 관점은 상호인과율에 대한 우리들의 이해를 더욱 풍부하게 할 수 있을 것이다.

일반시스템이론이 서구 사상에 지배적이었던 단일 방향의 인과 구조로부터 이탈한 것과 마찬가지로, 연기설은 근본적으로 불교 이전과 비불교적 인도의 인과관과 대조를 보이고 있다. 의존적 상호발생(연기)의 차별성을 역사적·문화적 맥락 속에서 이해하기 위해 붓다가 가르침을 펴기 시작했던 B.C. 6세기경에 인도에서 통용되던 인과에 대한 사고들을 살펴보기로 하자.


## 불교 이전 인도의 선형 인과율

인과율에 대한 불교의 견해는 고대 인도에서 통용되던 여타의 인과관들과 확연한 차이를 나타냈으며, 그것들과 반대되는 입장에서 해명되고 옹호되었다. 여기에는 베다적 견해들과 비-베다적 대안들이 모두 포함된다. 그것들은 한데 어울려 대조적인 철학적 배경을 이루고 있는데, 연기설은 이 배경에 반대해서 나타났다.

인과율에 대한 이들 비불교적 견해들을 논함에 있어, 나는 신화나 의식의 인과적 함의들보다는 확인할 수 있고 명료하게 진술된 철학적 관점을 다룰 것이다. 철학적 맥락에서 보면 불법(佛法, the Buddha Dharma)은 초기 인도의 교설들로부터 맹백하고도 급진적인 일탈을 드러낸다. 만약 이 담론이 종교적 표현까지 확장되어 철학 이외의 다른 형태들을 포함했다면 불교의 인과관이 보여준 일탈은 그렇게까지 급진적으로 보이지는 않았을 것이다. 베다의 희생 의식과 관련된 관념, 이야기, 영상, 그리고 특히 불[火]의 성스러운 역할은 질서와 힘이 그 질서와 힘이 불러온 삶의 형태들의 상호적 반응에 의한 그것들의 작용 안에서 유지된다는 우주관을 암시한다. 불의 희생이 신들을 기른다. 즉 신들이 존재 가능하게 한 희생이 거꾸로 신들에게 먹이가 되어, 이번에는 신들이 자신들의 지속성과 효력을 위하여 희생을 필요로 하는 것이다.

인도의 신화와 의식에서 볼 수 있는 이러한 상호적 인과의 함의들에 대한 연구에는 별도의 작업이 필요할 것이다. 여기에서는 초점이 인과율에 대한 견해가 명백하게 표현된 철학적 영역에 있다. 그렇지만 상호인과율은 철학적 정신보다는 신화적 정신에 의해 더 쉽게 이해될 수 있는 것으로 보인다는 점을 언급해 두고 싶다. 왜냐하면 이 인과 관념은 외견상 원인이 결과로 변화된다고 하는 역설을 불러오기 때문이다. 즉 행위자는 행위에 의해 그에 상응한 과보를 받는다. 예를 들면 사냥꾼은 [사냥을 한 대가로] 사냥감이 된다. 신화적 인과율에는 대립물의 창조적 상호작용이 함축되어 있다. 일반시스템이론의 창안자는 쿠사의 니콜라스(Nicholas of Cusa)**12**에게 진 빚을 인정하

___

**12**    역주: 독일 쿠에스에서 출생한 신학자 니콜라우스 쿠사누스(Nicolaus Cusanus, 1401-1464)를 가리킨다. 그는 개개의 사물은 신의 일(一)을 다(多) 속에서 반영하기 때문에 개개의 사물은 세계를 비추는 거울이며, 서로가 타자를 반영하고 타자 속에 반영되는 관계 속에 있다고 주장했다.

면서 이 점을 증언했다.**13** 실재에 대한 신화적 이해는, 그것의 근원과 형태로 인해 인과에 대한 선형적 가정들에 크게 의존하지 않기 때문에, 이성적 담론보다 훨씬 수월하게 양극단을 조화시킬 수 있었다.**14** 이러한 점에서 붓다의 가르침은 실로 당시의 사고방식으로부터 급진적인 일탈을 나타내는데, 불교는 상호인과율을 하나의 의식적이고 명시적인 철학적 견해로서 해명하고 있기 때문이다.

『리그베다』에 암시되고 우빠니샤드와 쌍캬 사상가들에 의해 정교화되어 있듯이, 인과율에 대한 베다의 철학적 견해는 단일 방향적이다. 고유한 힘(svadhā, 스스로 자신의 존재를 결정하는 힘)과 인중유과론(因中有果論: satkāryavāda, 자기-원인론)의 관념 속에서 결과는 원인 안에 선재(先在)한다. 즉 결과는 원인 속에 내재하는 잠재적 힘에 해당하며, 마치 우유로부터 응유가 나오고 구름으로부터 비가 오는 것처럼, 그 잠재적인 힘으로부터 순서대로 드러나고 발전한다. 이처럼 결과와 변형된 것은 옛것의 새로운 위장에 해당한다. 이러한 견해의 논리는 참된 것을 불변하는 것, 즉 변화로부터 초연한 절대자와 동일시하는 베다적 등식에서 비롯된 것이다. 이 가정은 이후 힌두 사상의 주류를 특징짓는다.

이 가정은 참된 것과 불변하는 것을 어떻게 실존적으로 경험하

---

**13**  von Bertalanffy, *Perspectives on General Systems Theory*, p. 53ff. 거기다 덧붙여서, 스튜어트 브랜드(Stewart Brand)는 시스템적 인공두뇌학(systems-cybernetics)을 "인간의 의식적인 의도를 [고맙게도] 뿌리부터 흔드는 유익한 역설들"을 제공하고 있는 것으로 본다. (Ⅱ *Cybernetic Frontiers*, 앞표지 안쪽.)

**14**  Dudley, "Mircea Eliade as Anti-Historian," p. 356.

는 변화와 결부시켜 설명할 것인가 하는 문제를 제기한다. 그것은 변화의 실재성에 의문을 제기한다. 새로운 것의 출현은 이미 존재하고 있는 조건의 성숙(priṇāmavāda, 轉變說) 또는 완전한 환상(vivartavāda, 假現說)으로 해석된다. 어느 경우든 변화, 즉 마야(māyā, 환영)의 세계는 진실을 가리고 마음을 현혹시키는 것으로 간주된다. 또한 절대적 본질을 현상적 실재의 근거로 가정함으로써 실체와 속성을 구분하게 된다. 변화는 근저에 있는 본질 위에 부가된 특성의 영역으로 보이게 된다. 이렇게 구분된 속성(guṇa)들을 쌍캬 철학자들은 실재하는 것으로, 우빠니샤드와 베단따 철학자들은 환상적인 것으로 간주했으며, 양자를 다 같이 영혼을 구속하고 있는 위험한 것으로 여겼다.

어떤 절대적인 것이 순수한 존재의 거처로 설정된다면, 그것은 또한 힘과 작인(作因)의 소재이기도 하다. 브라흐만(Brahman)이 바로 이런 것이다. 브라흐만에 조물주의 역할이 주어지는 것은 아니었지만 브라흐만은 마야의 근원이며 조상이다. 이것은 쌍캬 철학의 경우도 마찬가지다. 쌍캬 철학에서는 뿌루샤(puruṣa, 우주적 인격)와 쁘라크리띠(prakṛti, 자연)가 이원론적으로 여겨져 동등한 실재로 인정받지만, 현상적인 변화와 전개의 과정은 불변하는 것, 즉 순수한 영혼의 참여를 필요로 한다. 변화는 불변의 작인으로부터 흘러나오거나 또는 작인에 의해 강요된 단일 방향적인 것이다. 그리고 이것은 서양에서와 마찬가지로 인도에서도 불교를 제외한 여타 사상들의 인과율에 대한 지배적 모형이 되었다.

요가(Yoga)는 외관상 이러한 선형성에 도전하는 것으로 보일 수도 있다. 그것은 결과에서 원인으로 움직이는 역행 운동을 주장하는 것으로 보일 수도 있다. 요가 수행자는 연속적으로 모습을 나타내는

붓다의 연기법과 인공지능

현상성(phenomenality)의 흐름을 거슬러 역행한다. 그 과정은 진화와 대조를 이루는 퇴화의 과정이다. 그렇지만 변화의 결과로서의 인과 관계는 여전히 단일 방향적인 것으로 간주된다고 할 수 있다. 왜냐하면 이 요가 수행자가 산출물에서 산출자로, 현상으로부터 본질로, 다자(the Many)에서 일자(the One)로 역행할 때, 원인이 결과에 의해서 변화되는 것은 아니기 때문이다. 변화는 지속적으로 작용하는 것이라기보다는 오히려 미완의 것 또는 미완의 것을 통해 눈에 보이는 것이다.

B.C. 6세기의 인도를 특징지었던 지적 소요 속에서 인과율에 대한 여타의 견해들도 논쟁에 참여했다. 아트만(ātman), 브라흐만, 또는 뿌루샤와 같은 제일원인(causal primacy)을 가정한 교설들에 반대하는 가운데, 이 양자택일적 견해들은 두 개의 주된 경향을 취했다. 하나는 유물론적 결정론이고 다른 하나는 우연론, 즉 무인과론(acausalism, 無因無緣論)이다.

유물론자들, 즉 짜르와까(Cārvāka)와 로까야따(Lokāyata) 사이에서 최초의 정신적·초월적 원인은 부정되었으며, 사건들은 단지 물질의 고유한 특성(svabhāva, 自性)만으로 설명될 수 있게 되었다.[15] 어떤 유물론자들은 경험을 구성하는 정신적 요소를 거부하면서 추론의 정당성까지도 전적으로 부정했다. 그렇지만 그들이 제시했던 실재는 무질서하게 자의적으로 나타나는 것이 아니라 엄격한 결정론, 즉 냉혹하고 불가항력적인 물질적 필연성을 유지하고 있었다. 가장 강한

---

**15**     Kalupahana, *Causality*, p. 5.

결정론을 제시했던 학파는 사명파(邪命派, Ājīvakas)인데, 이들의 숙명(niyati) 개념과 까르마(karma, 業: 행위와 행위의 결과)에 대한 유물론적 관점은 자유 의지나 우연(yadṛccha)의 여지를 허용하지 않았다.[16] 이러한 견해들은 결정론적임에도 불구하고 무인론(無因論, ahetuvada)이라고도 불렸는데, 그 이유는 아마도 마음 또는 영혼에 원인으로서의 역할이 전혀 주어지지 않았기 때문일 것이다.

이러한 결정론의 반대편 극단에는 우연론자들(yadṛcchavādins)의 견해가 자리잡고 있었다.[17] 불교인에게 무인론자(無因論者)로 널리 알려진 이 사상가들은 "영혼과 세계는 원인 없이 발생한다"[18]고 주장했다. 결정론과 우연론이 중복된 것으로 여겨지는 보다 큰 범주는 불교인들이 단멸론자(斷滅論者, ucchedavādins: 허무주의자)라고 부르는 사람들의 견해를 포함하고 있다. 『브라흐마잘라 쑤따(Brahmajāla Sutta)』[19]에 의하면, 이 견해는 영혼의 전제를 받아들이지만 영혼을 유한한 것으로 보았으며, 베다 사상의 불멸론(不滅論)에 반해서 실재의 본성에 관해 철저한 단멸론(斷滅論, discontinuity)을 취했다.[20]

초기불교인들은 때에 따라서는 이 대조적인 인과관들을 4구(四句)의 형태로 범주화했다. 예를 들면, 자작(自作, sayam-katam), 타작(他作, param-katam), 양자 긍정(自作他作), 그리고 양자 부정(非自作非

---

**16** Ibid, p. 37.

**17** Jayatilleke, *Early Buddhist Theory of Knowledge*, pp. 444–445.

**18** Dīgha nikāya, Ⅰ. 28.

**19** 역주: 이것은 한역 『장아함(長阿含)』, 「범동경(梵動經)」에 상응한다.

**20** Ibid., Ⅰ. 34.

他作)이 그것이다. 그들은 자작의 범주에 외재적이고 불변하는 본질을 신뢰하는 우빠니샤드와 쌍캬 학파의 인중유과론자(因中有果論者, satkāryavādins)를 포함시켰다. 그들은 이 베다의 견해를 불멸론자의 견해[常住論]로 규정하기도 했다. 그들은 타작의 범주로 인간의 의지나 현재의 선택 밖에 있는 결정성에 대해 언급한다. 이 타작의 범주 안에 다양한 이론들, 즉 창조신에 대한 믿음을 고수하고 있는 사람들과 아울러 유물론자, 그리고 결정론자의 이론이 모습을 나타냈다. **21** 세 번째 범주, 즉 원인은 내재적이며 외재적이라는(자작타작) 범주는, 깔루빠하나(Kalupahana)가 시사하고 있듯이, 자이나교(Jaina)의 입장에 해당하는 것으로 보인다.**22** 이들은 절충적인 혼합을 통해 영원불멸하는 영혼(jīva)에 대한 믿음을 유지하면서 변화와 상대성을 까르마(業)에 대한 결정론적 견해와 조화시키려고 노력했다. 원인은 내재적인 것도 외재적인 것도 아니라고 하는(非自作非他作) 네 번째 범주는 우연론의 입장을 반영한 것이다.

초기불교인들은 또한 그들이 문제 삼았던 인과관들을 분류하기 위해 또 다른 개념들과 범주적 구분을 사용했다. 인과율의 본성이 어떤 것인가는 당시에 널리 퍼져 있던 개념인 까르마(業)의 성격 여하에 따라 직접적인 영향을 받았기 때문에, 현재의 행위가 어느 정도나 예정된 것인가는 절박하고도 생생한 문제였다. 그 결과 불교와 엇갈리는 이론들은 작인의 측면에서뿐만 아니라 결정론과 책임의 측면에서도 범주화되었다. 불교인들이 거부했던 관점들은 다음과 같이 세

---

**21**    Kalupahana, *Causality*, p. 5.

**22**    Ibid, Chapter Ⅱ.

갈래로 구분되었다.

① 숙명론자(pubbekataheto): 과거에 행한 업에 기인한다.
② 존우화작론자(尊祐化作論者, issaranimmanāheto): 신의 창조에 기인한다.
③ 비결정론자, 즉 무인무연론자(無因無緣論者, ahetu-apaccayā): 원인이나 근거가 없다.[23]

인과율에 대한 이러한 대립적인 비불교적 견해들은 그 견해들을 규정하고 분류하는 도식이 제아무리 다를지라도 모두 본질적으로 선형적이다. 베다의 관점에서 변화는, 그것을 진실된 것으로 보든 거짓된 것으로 보든, 영원불변하는 실체로부터 비롯되거나 만들어진 것으로 간주된다. 비-베다적 논법에 의하면 이러한 인과관계는 철저히 부정되거나 철저한 결정론으로 변형된다. 인과율을 긍정했든 공격했든, 이들은 인과관계를 단일 방향적인 것으로 인식했던 것이다.


### 서양의 선형적 견해들과의 비교

붓다는 고대 인도의 인과율에 대한 논쟁이 형성했던 철학적 배경에 반대해서 근본적으로 다른 인과관을 제시했는데, 그것은 서양에서의 상황과 도식적인 유사성이 있다. 인도와 유사한 서양에서의 논쟁

---

23    Aṅguttara Nikāya, Ⅰ.173.

을 살펴보는 것은 우리가 우리 특유의 사회(서구사회) 속에서 익숙해진 인과적 가정들과 붓다의 가르침이 어떻게 다른가를 보다 명확하게 이해하는 데 도움을 줄 것이다.

　　절대적 본질에 대한 가정, 그리고 실재와 불변성의 등식에 근거를 둔 베다의 주도적 개념인 '고유한 힘(svadhā)'과 '인중유과론(satkāryavavāda)'이 그렇듯이, 그리스의 불변의 실체의 가정(파르메니데스의 견해)과 부동의 원동자(아리스토텔레스의 견해)는 베다에 비견되는 단일 방향성의 인과관으로 귀착되었다. 서양의 지배적인 인과관이 보여 주는 주요한 차이는 르네상스 이후에 서양에서 인과를 동력인으로 한정하는 데에서 비롯된다. 근대 과학의 출현과 함께 아리스토텔레스가 가정했던 동력인 이외의 원인들은 과학적 탐구 정신에 부적절하거나 방해가 된다고 하여 거부되었다. 목적인과 형상인은 경험적 검증의 범위를 벗어나는 것으로 거부되었지만, 반면에 질료인은 모든 연구의 토대로서 당연한 것으로 여겨졌다.[24] 이와는 대조적으로 '고유한 힘'과 '인중유과론'은 동력인의 한계를 넘어서 형상인과 질료인의 성격까지 가지고 있다. 동력인은 본질적으로 외재적이지만, 베다의 관념이 우선적으로 이야기하는 것은 최초의 원인의 자기 전개다. 그렇지만 동양과 서양을 지배하는 주류가 되는 관점들은 그것들이 최초의 원인, 즉 불변의 절대자를 가정함으로써 비롯되었다는 점에서 유사하다. 그것들의 선형성, 그리고 실체와 속성의 구분은 이 최초의 원인으로부터 비롯된다.

---

**24**　　Bunge, *Causality*, pp. 32-33.

고대 인도와 마찬가지로 서양에서도 지배적인 인과관에 대한 반동은 두 방향으로 대립하면서 진행되었다. 한편에는 객관적인 인과관계를 전적으로 부정하는 사람들이 있었다. 이들은 주류를 이루는 인과관이 궁극적으로는 최초의 원동자의 가정에 의존하고 있다는 것을 알았기 때문에 그 가정을 입증되지 않은 추론이라고 거부했으며, 인과관계와 추론도 마찬가지로 거부했다. 다른 한편에는 인과관계를 인정하면서 그 작용을 순전히 물질적인 국면으로 제한했던 사람들이 있었다.

전자의 예로 로크(J. Lock)와 흄(D. Hume) 같은 사상가들을 들 수 있는데, 그들의 철저한 경험주의는 인과관계를 주관적인 범주, 즉 지속적인 연결들의 지각으로 환원했다. 그들의 시각에서 관찰된 실재란 객관적 산출이 정당하게 부여될 수 없는 사건들의 일시적인 연쇄가 되었다. 인과관계를 단순한 연속으로 보는 이 견해는 설명을 묘사로 대신하는, 또한 붓다 당시의 우연론자들과 유사한, 현대적 무인과론(acausalism)으로 귀착된다.**25** 20세기 자연과학의 관찰 결과들은, 우연론적 견해나 비결정론적 견해를 확증해 주는 것으로 여겨졌다. [양자나 전자와 같은] 아원자적인 미세 분자들은, 선형적인 동력인 개념을 통해 이해할 수 있는 궤도를 따르지 않기 때문에, 실재 그 자체는 자의적인 것으로 보이게 되었다.

지배적인 선형적 인과 모형에 대한 또 다른 상반된 반동은 유물론적 결정론으로의 변천을 초래했다. 고대 인도에서든 근대 서양에

---

**25**    Ibid, pp. 29, 333.

서든 대부분 무조건적이고 초물리적인 제일원인에 대한 거부는 마음의 인과적인 영향을 전반적으로 거부하는 결과를 초래했다. 붓다 당시의 사명파(邪命派, Ajivika)와 마찬가지로 대부분의 현대 결정론자들은 인과관계를 물질적 과정으로만 보게 된다. 이런 종류의 결정론 중에서 가장 명백하게 제시된 것은 마르크스주의적 견해인데, 그것은 변화를 명백하게 물리적 조건에 뿌리를 둔 것으로 파악했다. 그러나 물질적인 것, 그리고 측정 가능한 것이 [변화를] 결정하는 역할을 한다는 신념, 즉 물질적인 것이 정신적인 것보다 더 참되다는 가정은 마찬가지로 비-마르크스주의 세계(자본주의 세계)의 많은 부분을 지배하고 있다.

현대 과학의 출현 이후로 결정성은 한 사물이 다른 사물을 형성하거나 밀어낸다는 동력인과 동일시되어 왔다. 이 때문에 주류적인 서구적 인과율은 유물론에 대해 수용적이게 되었으며, 유물론의 옹호자로서의 효용성을 갖게 되었다. 이와는 대조적으로 베다의 관점은 영혼이 인과의 지배권을 가진다는 견해를 유지했으며, 붓다 당시의 유물론자들은 그 견해와 대비를 이루면서 그 견해를 벗어나 있었다.

서양과 고대 인도에서 다 같이 지배적인 관점을 특징짓는 가정들 즉, 단일 방향성과 실체와 속성을 분리하는 이분법은 지배적인 관점에 반대하는 사람들에 의해서조차도 당연시되는 경향이 있었다. 각각의 문화 안에서 이 전제들에 대한 인식과 비판은 근본적으로 새로운 인과관으로의 도약을 위해 필수적인 것이었다.

현대 서양에서 이러한 비판은 지난 30년 동안 가속되어 왔다. 과학자들은 선형적인 단일 방향 인과율이 복잡한 시스템들(complex systems)을 이해하기 위한 개념적 도구로써 적절하지 않다는 것을 발견했을 뿐만 아니라, 그것의 철학적·존재론적 함의들에도 도전했다. 최우선적인 문제는 새로운 것(novelty)의 문제다. 왜냐하면 과학자들은 전통적인 관점이 질적으로 새로운 것을 전적으로 부정한다는 것을 알고 있기 때문이다. 마리오 붕게(Mario Bunge)는 선형 인과율은 "오직 예전의 것들만이 변화로부터 나올 수 있다"는 실재관을 제공하고 있다고 비판했다. 선형적 인과관에 의하면 결과는 본질적으로 그것들의 원인 안에 선재한다. 결과들은 수동적이며, 따라서 인과적 결합에서 '그것들 자신의 어떤 것'을 추가할 가능성이 없다. 그는 "이러한 과정은 수적으로 새로운, 또는 양적으로 새로운 것을 산출할 수는 있지만 종류(kind)에 있어서 새로운 것을 산출할 수는 없다"고 말한다.[26]

고대 인도에서 불교인들은 전통적인 인과적 가정들에 대해 그러한 비판을 가했으며, 그 근거도 비슷했다. 붓다도 당시의 인과관이 '새로운 것'과 '의미 있는 변화'를 허용하지 않는다는 것을 알고 있었다. 그러나 붓다는 좀 더 실존적이고 도덕적인 방식으로 그의 생각을 표현했다. 붓다는 이러한 인과관에 반대해서, 그들은 "하고자 하는 욕구도, 노력도, 이런 행위를 해야 하고 저런 행위는 해서는 안 될 필연성도" 제공하지 못하고 있기 때문에, "해야 할 행동이나 해서는 안 될 행동의 필연성이 진리나 진실 안에 존재한다는 것을 깨닫지 못한다"고 말했다.[27]

---

26    Ibid, pp. 203−204.

27    Aṅguttara Nikāya, Ⅰ. 174.

붓다의 연기법과 인공지능

## 연기에 대한 불경의 설명

빠알리 빠팃짜 쌈우빠다(paṭicca samuppāda, 緣起)를 영어로 간결하고 정확하게 번역하기는 어렵다. 동사 우빠자띠(uppajjati)의 명사형인 우빠다(uppāda)는 '나타남(arising)'을 의미한다. 따라서 쌈-우빠다(sam-uppāda)는 '함께 나타남(arising together)'을 의미한다. 빳쩨띠(pacceti: pati + i, '~로 돌아오다' 또는 '~에 의지하다')의 동명사형인 빠팃짜(paṭicca)는 '~에 의거하여' 또는 '~ 때문에'의 의미로 사용된다. 따라서 이 합성어 빠팃짜 쌈우빠다(paṭicca samuppāda)는 축어역으로 '함께 나타나고 있기 때문에(on account of arising together)' 또는 이것이 명사형으로 사용되기 때문에 '함께 나타나고 있기 때문에 있음(the being-on-account-of-arising-together)'을 의미한다고 할 수 있다. 붓다고사(Buddhaghosa)는 빠팃짜 쌈우빠다(paṭicca samuppāda)를 "그것에 따라서 대등한 현상들이 상호적으로 산출되는 [인과의 모형]"이라고 정의한다.**28** 불경의 영어 번역에서는 이 말의 가장 빈번한 번역은 '의존적 상호발생(dependent co-arising)', '의존적 상호생성(dependent co-origination)', '조건에 의한 발생(conditioned genesis)' 등이다. 인과율에 대한 붓다의 견해를 언급하고 있는 경전 속에서 사용되는 또 다른 빠알리 합성어는 이다빳짜야따(idapaccayatā)인데, 이것은 축어역(逐語譯)으로는 '이 조건성(this-conditionality)'을 의미한다. 때로 그것은 '이것의 저것에 대한 관계성(relatedness of this to that)', 또는 '상대성'으로 번역되는데, 그것은 빠팃짜 쌈우빠다(paṭicca samuppāda)와 같은 의미

---

**28**    Kalupahana, *Causality*, p. 54, p. 202.

로 사용된다.

연기(緣起, paṭicca samuppāda)의 의미는 무상(無常, anicca)의 교리와 별도로 이해될 수 없다. 존재 현상의 세 가지 특징(ti-lakkhaṇa, 三法印) 가운데 첫 번째인 그것은 일반적으로 다른 둘, 즉 고(苦, dukkha)와 무아(無我, anattā)의 근거로 간주된다. 비록 연속성이라는 현상에 의해 가려져 있다 할지라도 무상은 진실이며 편재적이다. 이러한 사실은 붓다가 가르쳤던 명상을 통해 터득된다.**29** 염처수행(念處修行, Satipaṭṭhāna), 즉 마음챙김의 수행을 통해 우리는 변화, 즉 사건들의 끊임없는 생성과 소멸이 우리의 실존을 구성하며 우리의 경험이나 자아 속에 변화로부터 초연한 것은 아무것도 없다는 사실을 깨닫는 것이다. 우리가 지각하고 느끼고 생각하는 모든 것은 무상(無常)하다. 우리의 실존을 보장하는 것은 변화를 겪지 않는 어떤 요인, 즉 과정 자체에 의해 한정되지 않는 어떤 절대자가 아니다. 한 덩어리의 조그만 쇠똥을 손에 들고서 붓다는 다음과 같이 말했다. "비구들이여, 만약 영구적이고 영속적이며 불변하는 다수의 개인적 자아(attabhava), 즉 변화의 관념에 부속되지 않는 자아를 [이만큼이라도] 발견할 수 있었다면, 나는 이 청정한 범행(梵行)을 가르칠 수 없었을 것이다."**30**

이 끊임없는 변천의 영역 속에 붓다가 가르쳤던 인과의 질서가 내재하고 있다. 연기가 규정적 원리로서 흘러나오는 원천이 되는 어떤 불멸의 본질도 가정되지 않는다. 오히려 연기는 변화 자체의 패턴

---

**29**    Dīgha Nikāya, Ⅱ. 290.

**30**    Saṃyutta Nikāya, Ⅲ. 144. 대괄호 안은 역자 첨가. 한 덩어리의 조그만 쇠똥만큼도 불변의 자아는 존재하지 않는다는 의미.

이다. 이와 같이 연기는 변화와 질서, 또는 변화 속의 질서라는 이중적 주장을 나타낸다. 인과율에 대한 선형적 견해 안에서 질서는 영속적인 것, 즉 변화가 스며들 수 없는 고정된 토대를 필요로 한다. 그러나 여기에서는 질서와 무상이 함께 드러난다.

무상과 질서라고 하는 이중적 개념은 인과에 대한 붓다의 가르침들과 그 당시의 다른 인과 개념들 사이의 현격한 차이를 충분히 예증해 준다. 이것은 제자 깟싸빠(Kassapa)와의 대화에서 간명하면서도 도식적으로 드러난다. 그는 4지형(四支形), 즉 4구(四句)를 이용하여 붓다에게 괴로움의 기원에 대해 묻는다. 이것은 불교 변증법 [A; 非A; A이면서 非A(양자 긍정); A도 非A도 아님 (양자 부정)]을 특징짓게 된다. 이러한 형식은 다른 사람들과의 대화에서도 그 의미를 유지하면서 기본적으로 되풀이된다. 예를 들면, 떠돌이 사상가 띰바루까(Timbaruka)와 나눈 대화에서는 주된 문제가 [인간의 본래적인] 괴로움의 원인이 아니라, [감각적인] 쾌락과 고통의 원인에 관한 것이다.

이 대화에서 "괴로움은 그 사람 스스로 만든 것입니까?"라는 깟싸빠의 질문에 대해 붓다는 아니라고 대답한다.[31] 그 이유는 그것이 상주론자(常住論者, eternalist)의 이론, 즉 불변의 자아를 의미하기 때문이라고 붓다는 설명한다. "그렇다면, 스승 고따마시여, 괴로움은 다른

---

31　이 문장에서 붓다의 부정적인 대답은 원어로 ma hevam인데, 일반적으로 "그렇지 않다"또는 "실로 그렇지 않다"로 번역된다. 사실 이 표현형식은 부정보다는 "그렇게 말하지 말라"에서처럼 금지를 나타낸다. 강조하는 것은 이와 같이 물음과 그 물음이 초래하는 답변의 성격이 잘못되었다는 것이지 부정이 아니다. 즉 "그런 식으로 묻지 말라"는 것이다. (Kalupahana, *Causality*, p. 143.)

사람이 만든 것입니까?" 붓다는 다시 아니라고 말한다. 왜냐하면 그 질문은 사람이 미리 결정된 우주 안에서 무기력하다는 것을 가정하고 있기 때문이다. 마찬가지로 붓다는 그 괴로움이 내적인 동시에 외적으로 이루어진 것인가라는 세 번째 질문도 부정한다. 이 세 가지 질문 모두 [사용된 동사가 '이루었다', '만들었다'이고, '조건에 의한다'가 아니므로] 인과관계가 작인으로서 다른 것을 산출하는 지속적인 실체를 필요로 한다는 것을 전제하고 있다. 이런 관점은 무상과 무아의 인식에 의해 뿌리뽑힌 관점이다.

네 번째이자 마지막 질문은 깟싸빠가 알고 있는 유일한 대안, 즉 비인과성(acausality, 無因)을 제시한다. "괴로움은 나 자신에 의해서도 다른 사람에 의해서도 만들어진 것이 아니라면, 나에게 우연히 생긴 것입니까?" 붓다의 대답은 역시 부정적이다. 붓다의 관점에서 무상(無常)과 무아(無我)에 의해 표현되는 영원과 실체의 부정은 우연의 지배를 의미하지 않는다. 혼란에 빠진 깟싸빠는 붓다가 그들이 논의하고 있는 개념에 현실성을 부여하고 있는지 의심스러웠다. "고따마 스승님은 괴로움을 알지도 못하고 보지도 못합니까?" "그렇지 않다, 깟싸빠여. 나는 괴로움을 알지도 못하고 보지도 못하는 사람이 아니다. 깟싸빠여, 나는 괴로움을 알고 있는 사람이며, 그것을 보고 있는 사람이다." 그리고 붓다는 그가 깨달음을 통해 터득했던 조건들의 상호의존(12연기)을 가르친다.

이 가르침에서 붓다는 실존의 요인들, 이를테면, 무명(無明), 지각[六入處], 느낌[受], 갈망[愛] 등이 어떻게 서로 조건이 되어 괴로움을 일으키는지, 그리고 그 조건성 때문에 어떻게 괴로움이 소멸될 수 있는지를 보여준다. 이 조건성은 실존의 흐름에 내재하는 질서를 나타낸다. 불경들이 제시하는 기록에 따르면 이 상호 연관된 일련의 심리-물리적 요인들(12연기)은 연기에 대한 최초의 깨달음과 체득의 내용이라고 한다. 그것은 붓다의 깨달음을 이야기할 때 그가 통찰하여 인식한 내용의 특징이 되며, 동시에 그가 인식한 내용을 의미한다. 아마도 공식화된 연기설은 연기에 대한 이후의 표준적 예증이 되었고, 그것은 붓다의 가르침이 전해 내려오면서 그 통찰 자체와 동일시되었던 것으로 추정된다.32

이미 언급한 바와 같이, 그 사건33은 이후 사성제(四聖諦)라는 공식이 그러하듯이, 괴로움에 직면함으로써 시작되었다. 붓다는 괴로움의 여러 차원에 직면하여 괴로움의 실재성을 고려하면서 괴로움의 발생을 추적하고자 했다. "무엇이 있기 때문에 늙어감과 죽어감[老死]이 있는가? 늙어감과 죽어감의 조건은 무엇인가?"34 태어남[生]이 늙어감과 죽어감의 조건이다. 같은 식의 질문이 태어남에 대해 반복된다. 그리고 계속되는 각각의 답에 대해서 그것의 조건이 다시 물어진다. "무엇이 있기 때문에 갈망[愛]이 있는가? 갈망의 조건은 무엇인가?" "느낌[受]의 조건은?" "접촉[觸]의 조건은?" 이런 식으로 명색(名色, nāmarūpa, 이름과 형태)과 식(識, viññāna, 의식 또는 인식) 자체에 이를 때까지 역순(逆順)으로 묻는다. 가장 오래된 것으로 알려진 설명에서 이 요인들은 모두 10개다. 대부분의 다른 문헌에서는 행(行, saṅkhārā, 의지적 형성)과 무명(無明, avijjā, 무지)을 첨가하여 총 12개로 만든다.

---

**32**    Mizuno, *Primitive Buddhism*, 132f.

**33**    역주: 이것은 12연기의 깨달음을 의미한다.

**34**    Saṃyutta Nikāya, Ⅱ. 10.

이 12연기 속에서 열거되는 조건적 요인들은 '니다나(nidāna, 因緣)'라고 불리게 된다. 종종 '원인(cause)'으로 번역되는 술어 니다나(nidāna: ni + dā, '묶다, 속박하다'에서 파생됨)는 근거, 강제, 또는 이유를 의미한다. 이것은 12연기설 속에서 부사형으로 사용되면서 '~이 조건이 되는(conditioned by)'으로 번역되는 관계를 나타내는 술어 빳짜야(paccaya, 緣)와 같은 의미로 쓰이게 된다. 『드와야따누빠싸나 쑤따(Dvayātānupassana sutta, 二種隨觀經)』의 경우처럼 어떤 구절들 속에서는 우빠디(upadhi, 依)가 이 요인들에 대한 동의어로 사용된다. 경전의 다른 곳에서 열망과 제약을 나타내기 위해 나오는 우빠디는 빳짜야(paccaya, 緣)와 마찬가지로 축어역으로 '토대' 또는 '아래에 놓여 있는 것'을 의미한다.

니다나(nidāna, 因緣), 우빠디(upadhi, 依), 빳짜야(paccaya, 緣)의 연속된 열거는 다양한 형태로 나타난다. 어떤 것은 행(行)과 무명(無明)을 제외하고 있고, 어떤 것은 순서를 바꾸고 있으며, 어떤 것은 즐거움과 기쁨이라는 요인을 포함하고 있다. 표준이 된 주된 형태는 다음과 같이 12지(十二支)로 되어 있다.**35** 각각의 요인을 연결하고 있는 것은, '무명(無明)이 조건이 되는 행(avijjā-paccayā saṅkhāra)'에서처럼, 탈격(ablative) 형태의 빳짜야(paccaya)라는 술어다.


avijjā (무지: 無明)

saṅkhārā (의지적인, 또는 업에 의한 형성: 行)

---

**35**    Ibid, Ⅲ. 26, Ⅱ. 30, Ⅱ. 25.

viññāna (의식 또는 인식: 識)

nāmarūpa (이름과 형태, 또는 심리-물리적 실재: 名色)

saḷāyatana (여섯 가지 감각: 六入處)

phassa (접촉: 觸)

vedanā (감정: 受)

taṇhā 또는 tṛṣna (갈망: 愛)

upādāna (취착: 取)

bhava (생성: 有)

jāti (태어남: 生)

jarāmaraṇa (늙음과 죽음: 老死)

각각의 구성요인은 앞에 있는 요인이 빳짜야(paccaya, 緣), 즉 조건이 되어, 또는 앞에 있는 요인에 의해 나타나는데, 세 번째와 네 번째 인연(因緣)에서 변화가 일어난다. 몇몇 경전들에서는 명색(名色)은 식(識)이 조건이 된다고 이야기한 후에, 뒤로 선회하여 식을 명색이 조건이 되는 것으로 순서를 바꾸어 다시 끼워 넣고 있다.

이런 모습으로 제시된 연기설**36**은 빳짜야(paccaya, 緣)를 통해 '괴로움 덩어리의 생기(dukkha-khandassa samudaya, 苦蘊의 集)'를 설명하고 있다. 괴로움은 조건에 의한 것으로 확인되었기 때문에 소멸될 수 있으며, 괴로움의 소멸은 멸성제(滅聖諦)에 의해서 확인된다. 만일 A가 조건이 되어 B가 나타났다면, A가 멈출 때 B도 멈출 것이

---

**36**    역주: 연기설의 유전문(流轉門)을 의미한다.

다. 그래서 12연기는 "무명(無明)이 멸(滅)하면 행(行)이 멸한다(avijjā-nirodhā saṅkhāra nirodho)"의 형식으로 말해진다. 여기에서는 빳짜야(paccaya) 대신에 술어 니로다(nirodhā, 滅), 즉 '~의 중지에 의해'가 주격의 형태로 되풀이되면서 이것이 다음 요인의 멸을 수반한다는 것을 보여준다. 이런 형태의 연기설[37]은 '괴로움 덩어리의 멸(dukkha-khandassa nirodha, 苦蘊의 滅)'을 설명하고 있다. 불경의 편집자들은 자주 12연기의 이 두 가지 형태(流轉門과 還滅門)로 집성제(集聖諦)와 멸성제(滅聖諦)를 대치한다.

12연기는 쌈우다야(samudaya, 集)의 형태[유전문]이건 니로다(nirodha, 滅)의 형태[환멸문]이건, 순차적 순서(조건이 되는 것에서 조건에 의한 것으로)와 반대 순서로 설명되기도 한다. 이 두 방향을 각각 순관(順觀, anuloma)과 역관(逆觀, paṭiloma)이라고 한다.

인과 요인들의 종류와 수가 다양하다는 것은, 그 개개의 요인들 자체가 중요한 것이 아니라 그것들의 조건적 관계성이 중요하다는 것을 의미한다. 그것이 강조하는 것은 인과 요인들의 특징을 이루는, 그리고 의미 있는 변화에 여지를 마련해 주는 무상(無常)과의 관계성이다. 우리가 삶에 근본이 되는 것으로 경험하고 있는, 그리고 우리의 고통을 일으키는 그 요인들은 상호 간에 조건이 된다. 모든 요인들은 연결되어 있고 영원한 것은 아무것도 없다. 이 때문에 해탈의 가능성이 있다.

이러한 강조는 붓다가 괴로움에 조건이 되는 요인들을 더듬어

---

**37**　역주: 연기설의 환멸문(還滅門)을 의미한다.

올라가 발견한 직후 이야기했던 자신의 깨달음에 대한 설명 속에서 처음부터 확인할 수 있다.

> 나타나고 있다, 나타나고 있다! … 사라지고 있다, 사라지
> 고 있다! 그렇게 생각할 때, 법우들이여, 전에는 생각하지
> 못했던 사물들에 대한 안목이 … 생겼다. 그리고 지혜가
> 생겼고, 광명이 생겼다. … 이러한 것이 형태(色)이며, 이
> 러한 것이 형태의 나타남이며, 이러한 것이 형태의 사라
> 짐이다. … 이러한 것이 의식(識)이며, 이러한 것이 의식의
> 나타남이며, 이러한 것이 의식의 사라짐이다. 이렇게 나
> 타남과 사라짐을 통찰하고 있었다.**38**

이러한 설명이 확증하고 있는 실재의 비실체적 특성은 이 가르침의 전달을 어렵게 만든다. 그것은 일반적으로 우리의 감각적 경험과 자신의 안전에 대한 욕구에 어긋나는 것이다. 이것을 알았기 때문에 붓다는 가르치지 않으려고 했었다.

> 나는 진리를 깨달았다. 이 진리는 심오하며, 파악하기 어
> 렵고, 이해하기 어려우며, 고요하고, 탁월하며, 논리가 미
> 치지 못하며, 미묘하며, 오직 현명한 자만이 알 수 있는
> 것이다. 그러나 중생은 자신이 집착하고 있는 것에 전념

---

**38**    Dīgha Nikāya, Ⅱ. 33.

하고 있다. … 그래서 이런 중생에게 이러한 사실, 즉 이
것은 저것이 조건이 되어 그 조건과 함께 나타나고 있다
(idapaccayatā paṭicca samupādo)는 사실(진리)은 보기 어렵고
알기 어려운 일일 것이다. … 그리고 만약 내가 그 사실을
가르치려고 하는데 다른 사람들이 그것을 인정하지 않는
다면, 그것은 나에게 피곤한 일이 될 것이고 해로운 일이
될 것이다. … 많은 노력을 통해 내가 이것을 성취한 것으
로 충분하다. 무엇 때문에 내가 그것을 알려야 한다는 말
인가?**39**

그러나 '힘든 일을 피하고 싶은 마음'으로 그렇게 생각했지만, 그는
중생의 괴로움과 중생에게 이 진리가 필요하다는 사실을 상기했다.
전설에 의하면 다음과 같이 붓다를 일깨운 것은 브라흐마신[梵天]이
었다. "지금 진리를 듣지 못해 사람들이 죽어가고 있습니다. 그들은
진리를 아는 자가 될 것입니다. … 이해할 사람들도 있을 것입니다."
**40** 이리하여 자비심에서 붓다는 가르침을 폈다.

    붓다가 그의 예전 동료들을 찾아가 그의 첫 가르침을 전했을 때,
그 순서와 붓다가 강조한 것이 경전들 속에서 일치하고 있다는 점은
의미심장하다. 붓다가 설교한 내용들 가운데 붓다에게만 유일한 것
으로 인정된 것은 연기(緣起)라는 점을 주목해야 한다. 처음에 그는
"마땅한 순서를 밟아 설교했다."

---

**39**    Ibid, Ⅱ. 36.
**40**    Ibid, Ⅱ. 37-39.

다시 말해서, 그는 실례를 들어가며, 관용에 대해, 바른 행위에 대해, 하늘 세계에 대해, 번뇌의 위험, 공허함, 더러움에 대해, 그리고 해탈의 이로움에 대해 그들에게 설명해 주었다. 세존께서는 그들이 마음속으로 준비가 되고, 부드러워지고, 편견이 없어지고, 믿게 되었다는 것을 아시고서, 그는 붓다들만이 성취한 저 진리를 선언하시었다. 즉, 괴로움에 대한 교설(고성제), 괴로움의 근원에 대한 교설(집성제), 괴로움의 지멸에 대한 교설(멸성제), 그리고 지멸에 이르는 길(도성제)이 그것이다.**41**

여기에서 핵심적인 구절이 사용된다. "발생의 조건에 의존하고 있는 것은 무엇이든지, 소멸의 조건에도 역시 의존하고 있다." 바로 이 순간 그의 첫 번째 제자 꼰단냐(Kondañña)가 깨닫게 된다. "진실로 꼰단냐는 그것을 깨달았다!"라고 붓다는 말했다.**42**

인연(因緣)의 연속된 형태를 띠는 연기설은 주로 붓다의 깨달음을 설명할 때, 그리고 까르마(業)와 결정성에 대한 여타의 견해들과 다르마(Dharma, 佛法)를 구별하는 문장 속에 나타난다. 이들 초기경전에는 12연기가 환생이나 생명의 인과적 연쇄에 대한 그림으로 나타나지 않는다. 다음 장에서 상세히 설명하겠지만, 그런 해석은 후대에 아비다르마 또는 불교의 학문적 사고와 함께 나타났다. 경장(suttas)과 율장(vinaya) 속에서 12연기는 원형(圓形)으로 묘사되지도 않는다.

---

**41**　　Ibid, Ⅱ. 41.

**42**　　Vinaya, Mahavagga Ⅰ. 1.

수레바퀴라는 상징이 적용된 것은 후대의 설명과 도해에서뿐이다. 아리아인들이 전차를 몰고 다니던 시대부터 줄곧 인도 문화의 특징을 이루고 있는 짜크라(cakra, 수레바퀴) 속에서 무명(無明, avijjā)과 노사(老死, jarāmaraṇa)는 인접해 있는데, 그 원은 그러한 형태를 취함으로써 인과의 상호작용이 무시무종(無始無終)이라는 것을 나타내고 있다. 그리하여 대승불교의 불화(佛畵)에 그려져 있는 것과 같이, 이 인과의 연속[12緣起]은 죽음의 신 야마(Yama)의 손아귀 속에서 유지되는 인생의 수레바퀴 자체가 된다.**43**

12연기와 12연기를 나타내면서 때로는 그것을 대신하는 집성제와 멸성제 외에도, 연기에 대한 훨씬 간결한 또 다른 공식화된 설명이 초기경전 속에 자주 나타난다. 그것은 네 개의 공식으로 되어 있는데,

---

**43** 베다의 수르야(태양)의 수레바퀴(日輪)에서 간디의 물레에 이르기까지, 수레바퀴는 민족적 독립의 상징이 되었으며, 짜크라(cakra, 빠알리: cakka)는 인도 문화에 지배적인 모티브였다. 이와 같이 그것은 힘과 조화를 의미한다. 그것은 일찍부터 불교인들에 의해 가장 탁월하게 채택되어, 법의 수레바퀴[法輪]를 나타내게 되었다. 붓다의 설법은 법륜을 굴리는 것[轉法輪]이며, 그를 법의 전륜성왕(Dhamma Cakkavatt, 法王)으로 만든다. 원형의 12연기를 법륜 속에 넣음으로써, 그 수레바퀴는 또한 인생의 수레바퀴(Bhava Cakka)가 되어 환생과 인과 요인들의 상호작용을 의미하게 되었다. 붓다고사에 의해 맨 처음 연기의 무시무종성(無始無終性)과 상호의 존성을 나타내는 데 은유적으로 사용된(Visuddhimagga, I. 198: II. 576-8), 이 수레바퀴 상징의 적용은 Divyavadāna (Karunaratne, p. 25) 속에서 설일체유부(說一切有部)에 의해 확대되며, 어느 정도 후에 티베트인들에 의해 수용된다. 티베트 불화(佛畵) 속에서 그것은 세 개의 동심원의 모습으로 그려진다. 중심 원에서는 욕망, 증오, 미혹을 의미하는 수탉, 뱀, 돼지가 서로 쫓아가고, 다음 원은 축생에서 인간, 천상 그리고 아귀에 이르는 육도 윤회를 그리고 있다. 이들을 둘러싸고 12연기의 그림이 수레바퀴의 가장자리 주위를 장식하고 있다.

붓다의 연기법과 인공지능

이 공식은 때로는 단독으로 때로는 12연기와 함께 나오며, 12연기 앞에 나오기도 하고 뒤에 나오기도 한다.

imasmiṃ sati idaṃ hoti (此有故彼有)

imasssupādā idaṃ uppajjati (此起故彼起)

imasmiṃ asati idaṃ na hoti (此無故彼無)

imasssa nirodhā idaṃ nirujjati (此滅故彼滅)

이것이 있으면, 저것이 있게 된다.

이것이 나타나면, 저것이 나타난다.

이것이 없으면, 저것이 없게 된다.

이것이 사라지면, 저것이 사라진다.**44**

이 짧은 문구는 경전에서 어떤 것이 영원히 존재한다는 견해[常見]나 완전히 사라진다는 견해[斷見]를 부정할 때 자주 함께 나타난다. '이것(idam)'은 마찬가지로 무상한 여타의 현상들과 함께 상호의존하여

---

**44** Saṃyutta Nikāya, Ⅱ. 28, 65; Majjhima Nikāya, Ⅰ. 262, Ⅱ. 32 inter alia. 빠알리본의 이 문장 속에는 동일한 것을 지시하는 대명사 '이것(idam, this)'만 사용되고 있으나 번역에서는 의미를 명확히 하기 위해 '저것(that)'을 선택적으로 삽입했다.
(역주: '이것이 존재하기 때문에, 이것이 존재하게 된다'는 문장을 '이것이 존재하기 때문에, 저것이 존재하게 된다'고 번역했다는 뜻이다. 그러나 역자의 생각에는 '이것이 존재하기 때문에 이것이 존재하게 된다'는 빠알리 표현이 연기의 의미를 보다 명확하게 표현하고 있다고 생각된다. 왜냐하면 연기는 조건이 되어 나타나는 현상이 조건과 함께 현전(現前)하는 것을 의미하므로 조건과 조건이 되어 나타나는 것은 함께 현전하는 '이것'이기 때문이다.)

나타나고 사라진다. 그것이 나타나는 것은 어떤 변화하지 않는 본질이나 실체와 관계가 있는 것도 아니고, 변화에서 벗어나 있는 어떤 것에 달려 있는 것도 아니다. 연기에 대한 이 문구와 여타의 표현들이 입증하고 있는 조건성, 즉 이다-빳짜야따(ida-paccayatā)란 모든 것이 서로 관계를 맺고서 상호 간에 영향을 주고 있는 과정 중에 있는 삼라만상의 조건성이다.

여기에서 언급하고 있는 것은 괴로움에 대한 것이 아니며, 이 설명이 경전 속에서 괴로움에 대한 설명과 관련되어 있는 것도 아니다. 오히려, 그것은 간결하면서도 명확하게 붓다가 파악했던 현상들의 상호의존성을 나타낸다. 연기는 단지 괴로움을 설명하기 위한 것이라고 생각되기 십상이다. 그러나 연기는 깨달음에서 생긴 식견의 내용을 정의하거나 묘사하고 있는 것이 아니다. 붓다가 보리수 아래서 보았던 것은 괴로움이 아니었다. 괴롭다는 사실은 붓다가 이미 알고 있었으며, 괴롭다는 사실이 붓다로 하여금 괴로움의 원인을 탐색하도록 했다. 괴로움의 원인을 추구하다가 그가 일순간 깨달은 것은 쌈우다야(samudaya, 集)와 니로다(nirodhā, 滅), 즉 조건에 의해 나타나고 사라진다는 사실이었다. 이 나타남과 사라짐의 관계가 단지 괴로움의 관점에서만 표현되었던 것은 아니다. 리스 데이비스(T. W. Rhys Davids)는『쌍윳따 니까야(Saṃyutta Nikāya)』에서 연기를 언급하고 있는 총 93개의 경전 가운데, 단지 1번부터 6번까지만 괴로움을 주제로 하고 있을 뿐이라고 단정했다. 다수의 다른 경전들은 그것을 욕망에 대항할 것을 권하는 데 사용한다. 그러나 가장 많은 부분은, 즉 훨씬 많은 56개의 경전은 연기를 모든 현상들의 인과 관계로, 그리고 모든 제자들이 반드시 터득해야 할 원리로 제시하고 있다.

이 장에서는 연기의 명백한 공식화로 간주되는 다르마(Dharma)
부분들에 초점을 맞추었다. 이러한 시각은 인과율에 대한 이 연기라
는 개념이 붓다의 가르침 속에 얼마나 두루 스며들어 있는가를 전하
기에는 적절하지 못하다. 연기는 붓다의 모든 말씀에 스며들어 그가
사용한 은유와 우화들을 형성했으며, 우리가 뒤에 보게 되듯이 그가
가르쳤던 인간, 까르마(業), 그리고 사회적 책임에 대한 관점들의 토
대를 이루었다. 여기에서 시종일관 연기는 암시되고 있다. 이 책의 3
부에서는 연기에 관해 이처럼 덜 명시적인 많은 함축들이 다루어질
것이다.

# 제3장

---

## 상호인과율로서의 연기

이것은 알기 어렵다.
이 조건성, 이 연기(paṭicca samuppāda)는 …
상식의 흐름을 거스르는 것이며,
심오하며, 난해하며, 어려우며, 미묘하며 …♦

♦ Dīgha Nikāya, Ⅱ. 36.

붓다는 인과율에 대한 그의 가르침을 이해하기 어려운 것으로 단언했다. 다르마(Dharma)를 연구한 여러 학자들은 이것이 사실임을 깨달았다. 냐나띨로까 스님(Ven. Nyanatiloka)의 견해에 의하면 연기(緣起, paṭicca samuppāda)의 의미를 파악하여 전하려고 했던 그들의 노력은 서로 다른 해석을 낳았으며 많은 왜곡을 불러왔다.

> 불교의 교리들 가운데 연기, 즉 모든 존재 현상은 의존하여 발생한다는 교리보다 더 큰 오해와 반론과 터무니없는 공론과 해석을 야기한 교리는 없었다.[01]

러시아 불교학자로서 불교논리학 연구에 여러 해를 바쳤던 체르바스키(Theodor Stcherbatsky)도 "그렇게 철저하게 오해되고, 그렇게 소모적으로 근거 없는 억측과 공상적인 철학화가 많이 이루어진 불교 교리는 아마 없을 것이다"[02]라고 연기의 해석들에 대해 비슷한 열정으로 자신의 견해를 표현한다.

연기설에 대한 해석들은 다양하지만, 대부분의 학자들은 연기설이 불교의 실재관의 핵심을 이루고 있다는 사실을 인정하고 있다. 연기설이 파악한 인과 과정은 보편성과 비인격성을 갖기 때문에, 연기설은 인류사상사에서 획기적인 것으로 받아들여졌다. 그러나 비교적 소수의 학자들만이 연기설이 보여 주는 인과율의 상호의존적 특성을 확인하거나 강조하고 있다. 일반적으로 그것(인과율의 상호의존적 특성)

---

**01**    Nyanatiloka, *Guide Through the Abhidharma Pitaka*, p. 139.

**02**    Stcherbatsky, *Buddhist Logic*, I . 141.

은 쟁점으로 인식되지 않았으며, 따라서 특별하거나 의미 있는 것으로 소개되지 않았다.[03]

연기에 대한 붓다의 가르침은 한마디로 인과 과정의 상호작용이다. 그것은 무아설과 제일원인의 부정 속에 내재하고 있고, 인과 요인들의 상호의존성 안에서 명백하며, 사용된 언어의 구조들 속에 반영되어 있다.

## 실체에서 관계로

마루야마(M. Maruyama)는 "단일 방향적 인과 패러다임은 '실체'와 '동일성'이라는 개념(어떤 하나의 논리학)에서 비롯된 것"[04]이라는 사실을 지적해 냈다. 마루야마는 우주는 근본 실체로 구성되어 있다고 보았던 고대 그리스인들의 생각 — 아낙시만드로스의 하나의 원형적 실체(proto-substance)라는 개념과 아낙사고라스의 영혼, 질서, 합리성과

---

**03** 초기경전의 불교 인과율에 대한 깔루빠하나(Kalupahana)의 연구는 불교 인과율의 많은 특징을 밝히는 데 큰 도움이 되지만, 그 상호적 성질에 관해서는 단지 소멸에서만 언급되고 있고(*Causality*, p. 59), 불교 인과율이 선형인과율과 대조를 이룬다는 점은 묵시적으로 방치되고 있다. 라훌라(Rahula)도 역시 다를 바 없다(*What Buddha Taught*, p. 53). 고빈다(Govinda), 스트렝(F. Streng), 그리고 귄터(H. Guenter)는, 올덴베르크(H. Oldenberg)나 리스 데이비스(C. Rhys Davids)와 마찬가지로, 연기(緣起)에 인과의 상호성이라고 하는 두드러진 특색이 있다는 점에 주의를 환기시켰지만, 그러나 그들의 저술은 이러한 비선형성을 밝히기 위해 심도 있게 경전의 근거를 조사하지 않고 있거나, 붓다의 다른 가르침들과의 관계 속에서 그 의미를 고찰하지 않고 있다.

**04** Maruyama, "Symbiotization of Cultural Heterogeneity," p. 239.

동일시되는 동력 실체(power-substance)라는 관념 ― 이 결국 아리스
토텔레스의 분류[05]와 연역적 사고로 귀착되었다고 주장한다. 여기에
서 우주의 재료는 중복되지 않는 추상적 범주들의 관점에서 배열되
고 등급화되며, 순환논법은 금지된다. 동양의 경우 베다 사상이 본질
주의자와 실체론자의 사상인데, 베다 사상에서는 실재와 동력이 존
재하는 장소인 아트만(Ātman)이 현상계의 토대를 이루면서 현상계에
침투해 있는 미묘한 실체로 인식된다. 실체가 우빠니샤드에서처럼
일원론적으로 파악되든 미망사(Mīmāṃsā: 전통 브라만 학파의 하나)에서
처럼 다원론적으로 파악되든, 실체는 세계의 궁극적 질료이며 행위
자(agency)의 소재다.

　　실재가 미묘한 것이든 조악한 것이든 실체로 간주되면 인과적
효과는 언제나 세계의 근본 질료를 나타내고 있거나 포함하고 있
는 사물들에 내재하는 힘으로 귀착된다. 바꾸어 말하면 실재를 근원
적으로 관계들로 구성된 것이 아니라 실체들 ― 다른 것들에 침투하
여 그것들에게 속성들을 부과할 수 있는 본질들 ― 로 구성된 것으
로 이해한다는 것이다. 어떤 실체가 다른 특별한 실체나 상태에 기인
하고 그것에 의해 한정된다고 하는 것은 그 실체가 다른 특별한 것
의 영향을 받는다는 것을 의미하며, 그것으로부터 속성을 부여받는
다는 것을 의미한다. 이러한 견해는 실체와 속성을 구분하는 이분법
을 수반하고 있다. 실체들 사이의 인과관계로서의 변화는, 그것이 아

---

**05**　　역주: 아리스토텔레스는 개념은 존재하는 것에 관한 최고의 규정을 의미한
　　　다고 생각하고, 그 규정을 10개의 범주로 분류했다. 실체, 양, 질, 관계, 장
　　　소, 시간, 위치, 상태, 능동, 수동이 아리스토텔레스가 분류한 존재를 규정
　　　하는 10범주다. 여기에서 분류란 이 10범주를 의미한다.

리스토텔레스적인 의미의 속성(attribute)으로 파악된 것이든 베단따(Vedānta)나 쌍캬적인 의미의 구나(guṇa, 德)로 파악된 것이든, 특성들의 전개나 전달에 의해 일어난다. 어느 경우든 실체는 비록 경험적인 근거는 없을지라도 속성들의 운반자로 파악된다. 왜냐하면, 붕게(Mario Bunge)가 선형적 인과율을 비판하면서 지적했듯이, "우리는 추상적 개념에 의하지 않고서는 아무런 성질이 없는, 그리고 변화와 무관하게 정지해 있는 것은 어떤 것도 결코 만날 수 없다. 그리고 추상적 개념에 의하지 않고서는 어떤 성질들을 가지고 있는 사물들의 외부에서 그 성질들을 발견할 수도 없다"[06]는 사실 때문이다. 그럼에도 불구하고 인과를 선형적으로 보는 관점에서 실체는 - 그 속성들이 동력인(動力因)의 경우에서처럼 외부로부터의 강요에 의해 전달되고 변하든, 전변설(轉變說 pariṇamavāda)의 경우에서처럼 내부로부터의 성숙에 의해 전달되고 변하든 - 작인(agency)의 기초가 된다.

과정에 대한 불교적 인식은 이러한 견해를 근본적으로 뒤엎는다. 무아성(無我性, anattā)과 무상성(無常性, aniccatā)에 대한 교설은 지속적이며 분리 가능한 실체라는 모든 개념을 해체하여 실체와 속성을 구분하는 이분법이 설 수 있는 근거를 남기지 않는다. 붓다의 관점에서 보면 실체성을 전제하고 있는 인과의 공식과 인과의 문제는 '온당치 못한 것'이다. 붓다는 그의 제자 빠꾸나(Pagguna)가 식(識), 촉(觸), 수(受), 그리고 여타의 연기지(緣起支)들을 산출하는 원인이 되는 행위자를 확인하고자 그에게 물었을 때 그 질문 자체를 비판했다. 다

---

**06**    Bunge, *Causality*, pg. 199.

른 말로 바꾸어 질문해야만 붓다는 대답하겠다는 것이다. 그 질문에 답할 때 붓다는 명사를 동사로 바꾸고, 실체를 행위로 바꾼다.

> "그러면 세존이시여, 그것은 누구입니까, 누가 갈망[愛]합
> 니까?"
> "온당치 못한 질문이다"라고 세존께서는 말씀하시었다.
> "나는 [누군가가] 갈망한다고 말하고 있지 않다. 만약 내가
> 그렇게 말하고 있다면 그 질문은 온당한 것이겠지만, 나
> 는 그렇게 말하고 있지 않다. 그리고 나는 그렇게 말하고
> 있지 않으므로, 만약 그대가 이렇게 묻는다면, '그러면, 세
> 존이시여, 무엇을 조건으로 갈망이 있습니까?' 이것이 온
> 당한 질문이다. 그러면 온당한 대답이 있을 것이다. '느낌
> [受]을 조건으로 하여 갈망이 있다.'"**07**

초기불교의 관점에서 보면, 함께 발생하고 있는 실존의 요인들을 실체화하고 본질화하는 성향이 인간을 곤경에 빠뜨린다. 그것들을 실체화함으로써 우리는 집착과 혐오에 노출된다. 따라서 우리는 그것들의 무상함을 경험할 필요가 있다. 『드와야따누빠싼나 쑤따(Dvayatānupassanā sutta, 二種隨觀經)』에서 이야기하듯이 "우빠디(upadhi, 依: 경험의 인자)들 속에 어떤 본질도 없다는 것을 안 사람", 그는 바르게 나아간 것이다.**08**

---

**07**    Saṃyutta Nikāya, Ⅱ. 13.

**08**    Sutta Nipāta, p. 363.

불교의 입장을 존재(being)를 비존재(nonbeing)로 바꾸어 인과의 토대로 삼은 것이라고 해석하는 것은 잘못이다. 이러한 해석의 경향은 19세기 프랑스 불교학자 뷔르누프(E. Burnouf)와 그의 동료 골드스투커(Goldstuecker)에 의해 형성된 것인데, 그들은 불교의 인과율에서는 실존의 요소들이 '비존재(le non-être)'와 '공(空, lenéant, nothingness)'으로부터, 최초의 미분화된 질료로부터 나오듯이, 정도에 따라 나오는 것으로 보았다.**09** 헤르만 올덴베르크(Hermann Oldenberg)는 한 세대 후에 나타나서 그 오류를 지적했다. 그는 무상(無常)의 중요성을 강조하면서, 연기는 상호관계의 작용을 의미하며, 사물들의 '생성(becoming)'은 '그것들이 상호관계에 있음'으로부터 나타난다는 것을 의미한다고 주장했다.

> 우리는 불교가 비존재를 사물의 진정한 실체로 간주하는 것으로 보이게 하는 모든 표현을 피하고자 하며, 그렇게 하여 우리 자신의 입장을 밝히고자 한다. 브라만들의 사색은 모든 생성(becoming) 속에서 존재(being)를 파악했고, 불교인들의 사색은 외견상 존재하는 모든 것 속에서 생성을 파악했다. 전자의 경우는 인과율이 미치지 않는 실체를 파악한 것이고, 후자는 실체가 없는 인과율을 파악한 것이다.**10**

---

**09**    Burnouf, *Itroduction àl'histoire du bouddhisme indien*, p. 485, p. 507.

**10**    Oldenberg, *Buddha: Life, Doctrine, Order*, p. 251, p. 259.

무상과 무아의 교설은 실재를 비실체화한다. 불교인들이 신봉하는 것으로서 과정에 대한 불교적 시각은 의존적 상호발생(연기)의 근본이 된다. 또한 그것은 연기를 인과관계는 실체들 사이에서 발생하는 어떤 것이라고 전제하고 있는 개념들과는 근본적으로 다른 것으로 만든다. 프레드릭 스트렝(Frederick Streng)이 지적했듯이 연기를 이해하려면 우리는 '인과율에 대한 인습적 견해들'로부터 벗어나지 않으면 안 된다.

> 모든 [인도의 불교인들]은 인과율에 대한 인습적인 견해들로부터 벗어나서 보지 않으면 인생을 올바로 이해할 수 없다는 것을 인정했다. 일상의 상식적인 지식이 인과율을 이해하는 절차는 인과관계를 두 개의 독립된 실체 사이를, 즉 행위자와 행위자의 행위의 결과 사이를 매개하는 어떤 힘으로 파악하는 것이다. 그러나 이 짝을 이루는 두 개념은 불교인의 관점에서 보면 착각을 일으키는 경향성에 물든 마음이 투영된 것이다. … 자립적으로 존재하는 실체들이라는 개념을 가지고 사유하는 한 … 거기에는 주관-객관 이분법에 의해 '머물고 있는(pratiṣthitam)' 어떤 효력이 있게 된다.**11**

---

11    Streng, "Reflections" p. 79.

## 제일원인은 없다

선형적 인과율은 우리에게 사물들이 어떻게 나타났는지를 이해할 수 있는 인과의 연결고리들을 제공한다. D는 C가 원인이 되어 나타났고, C는 B에 의해서 생겨났으며, B는 A의 결과라는 등등. 그래서 버터기름으로부터 생유로, 당구대 위의 마지막 공의 상태로부터 첫 번째 공의 타격으로 원인이 되는 작용을 소급해 갈 수 있다. 그러면 우유를 만든 것은 무엇인가? 당구 큐를 잡은 사람은 누구인가? 그리고 같은 질문이 암소와 당구 선수에 대해서도 물어질 수 있다. 이와 같이 선형적 인과의 연결고리는 제일원인(第一原因) 아니면 무한소급(無限遡及)을 요청한다. 그래서 우리는 형이상학적 주장인 부동의 원동자(Unmoved Mover)나 아니면 현기증 나는 무한소급으로 끝나게 된다. 양자는 모두 알고 있는 것(결과)으로 알지 못하는 것(원인)을 설명하는 것이 아니라, 그와는 반대로, 붕게(M. Bunge)가 지적했듯이, 알지 못하고 있는 것을 가지고 이미 알고 있는 것을 설명하는 것이다.[12]

제일원인이라는 관념은 그 난점에도 불구하고 논리적 요청으로서, 그리고 종교적 성향으로서 단일 방향적 인과관 속에 내재해 있다. 서양과 힌두교 배경을 갖는 많은 학자들은 자신들의 전통 때문에 선형적 가정들을 무심코 드러내고서는 그 문제점을 불교 교리 탓으로 돌려왔다. 무명(無明, 무지)이 흔히 연기지(緣起支), 즉 실존의 조건에 의존하는 요인들의 첫머리에 위치하고 있기 때문에 그들은 무명을 최초의 원인으로 취급했던 것이다.

---

**12**      Bunge, *Causality*, pp. 134-136.

이러한 학문적 움직임은 불교학 분야의 몇몇 주요 인물들에 의해 이루어졌다. 무명을 아직 개별화되지 않은 의식의 '최초의 활동(the first act)'**13**이라고 소개한 서양 불교 연구의 창시자인 브라이언 호지슨(Brian Hodgson)을 비롯하여, 그들의 빠알리-영어 사전에서 무명을 '모든 실존의 근본 원인'이라고 의미 규정한 리스 데이비스(T. W. Rhys Davids)와 윌리엄 스테디(William Stede) 등이 그렇다. 체르바스키조차도, 어떤 점에서는 불교 인과율 속에 있는 상호의존의 원리를 인정하지만, 무명을 "인생 윤전(the Wheel of Life)의 최초의 근본 요소인 제일원리"로 보는 관습에 빠져 있다.**14**

냐나띨로까(Nyanatiloka)는 연기에 대한 '불합리한 생각'을 안타까워한다. 그는 특히 다음과 같이 해석하는 '서양의 불교학자와 저술가들을 볼 때' 실로 안타깝다고 이야기한다.

> 무명(avijjā)을 그것으로부터 의식과 신체적 삶이 전개되어 나오는, 원인 없는 최초의 원리로 [해석하는 학자들을 보면 안타깝다.] 붓다는 실존의 절대적인 최초의 기원은 헤아릴 수 없는 것이라고(Anamatagga-Samyutta), 그리고 그와

---

**13**   Burnouf, *Introduction à l'historie du bouddhisme indien*, pg. 506에서 인용.

**14**   Stcherbatsky, *Buddhist-Logic*, Ⅰ.p. 142; *Central Conception of Buddhism*, p. 30. 뷔르누프(Burnouf)도 무명을 "le point de départ de toutes les existences(모든 실존의 출발점)"으로 보았다. (485) *Introduction*. 무명(avijjā)을, 그것으로부터 여타의 모든 것이 선형적으로 연속해서 나오는, 제일원인의 의미로 해석한 다른 학자들 속에는 H. C. Kern (Nyanatiloka, *Guide through the Abhidharma Pitaka*, p. 140 참조)과 A. K. Coomaraswamy가 포함된다.

같은 사색은 모두가 어리석은 짓이 될 뿐이라고(Aṅguttara
Nikāua, Ⅳ. 27), 그리고 실존에 무명과 갈망이 없었던 때를
결코 상상할 수 없을 것이라고(Aṅguttara Nikāua, X. 61) 거
듭해서 분명히 선언했음에도 불구하고 그런 해석들을 하
다니.**15**

이러한 오류는 서양인들에게 국한되는 것도 아니고, 우리 시대에 국
한되는 것도 아니다. [예를 들면 Aṅguttara Nikāya, Ⅳ. 27; Ⅴ,113, 116; X. 61
같은] 경전들을 보면 붓다의 뜻에 어긋나는 논법으로 판단하는 사례
가 초기불교 시대에도 흔히 있었다. 붓다고사는 보다 분명하게 인과
적 제일원인을 무명으로 돌리는 경향을 논박하고 있다. 그는 인과계
열(12支緣起)에서 무명이 출발점에 있는 것은 단지 비유적이며, 하나
의 교육적인 방편일 뿐이라고 강조한다.

그런데 왜 무명이 여기에서 기원으로 설해지고 있는 것일
까? 그러면 무명이 세계의 원인 없는 근본 원인이란 말인
가 … ? 무명은 원인이 없는 것이 아니다. 왜냐하면 무명
의 원인은 다음과 같이 설해지고 있기 때문이다. '번뇌의
발생과 함께 무명의 발생이 있다.'[Majjhima Nikāya, Ⅰ. 54]
그러나 비유적인 표현 방식에서는 무명이 근본 원인으로
다루어질 수 있다. 어떤 방식일 때 그러한가? [생성을] 원

---

**15**    Nyanatiloka, *Guide through the Abhidharma Pitaka*, p. 139. ([ ] 안은 역
        자 삽입.)

으로 설명하면서 무명이 출발점 구실을 하도록 만들어졌
을 때 그렇다.**16**

단일 원인으로부터는, 단일한 것이든 다수의 것이든, 어
떤 종류의 결과도 나오지 않는다. … [그러나] 세존께서는
그것이 고상한 가르침을 펴는 데 적합할 때, 그리고 가르
침을 받아들이는 사람들의 개성에 알맞을 때, 하나의 전
형적인 원인과 결과를 사용하신다.**17**

학자들에 의해서 제일원인으로 취급될 때, 무명은 일반화된 원리나
최초의 상태가 된다. 대조적으로 올덴베르크(H. Oldenberg)는 초기불
교의 경전들이 무명을 어떤 특정한 지식을 가지고 있지 못한 상태로 표
현하고 있다고 주장한다. 거기에서 무명은 사성제(四聖諦)를 알지 못하
는 것, 괴로움의 발생과 소멸의 원인을 모르는 것으로 되어 있다.**18**
　‘무명’은 원인 없는 제일원리이기는커녕, 붓다가 가르쳤듯이,
“인과적으로 조건에 의한다.”**19** 실제로 경장과 율장 속에 최초의, 그
리고 원인에 기인하지 않는 출발점으로 제시된 그 어떤 실체나 본질

---

**16**　Ibid., p. 602.

**17**　Ibid., p. 623.

**18**　Oldenberg, *Buddha: Life, Doctrine, Order*, p. 241. 이 주제에 대해 캐롤라
인 리스 데이비스는 비슷한 견해를 보이면서, 보다 명확하게 무명은 제일
원인으로 해석될 수 있다는 생각에 반대하고 있다. 그녀의 입장은 연기에
대한 그녀의 논문("Paṭicca-Samuppāda")에서 그녀가 ‘상호적으로 의존하
는(mutually dependent)’이라는 개념을 거듭해서 사용하는 것과 일치한다.

**19**　Aṅguttara Nikāya, V. 113.

또는 조건은 없다. 붓다는 그 어떤 제일원인이 실재한다고 가르치기를 거부했을 뿐만 아니라, 오히려 제일원인을 찾지 못하게 했다.

> 비구들이여, 그대들이 이와 같이 알고 있고, 보고 있다면, 사물의 과거의 끝을 찾거나[축어역으로는 '뒤로 돌아가다(run behind)'] … 사물의 미래의 끝을 추구하겠는가?[축어역으로는 '뒤쫓아가다(run after)']**20**

> 법우들이여, [중생의 삶의] 여정에서 출발점은 헤아릴 수 없는 것이다. 무명에 뒤덮이고, 욕망에 묶인 중생이 끊임없이 생사를 거듭하면서 떠도는 여정의 최초의 출발점은 드러나지 않는다.**21**

여기에서 '헤아릴 수 없는(incalculable)'으로 번역한 술어는 아나마따(anamata)인데, 그것은 '생각될 수 없는'을 의미한다. 출발점들을 생각할 수 없는 까닭은 그것들이 시간적으로 멀리 떨어져 있어서일 뿐만 아니라, 생각하는 마음이 인과적 발생의 일부이며, 인과적 발생으로부터 나타나고 있으며, 인과적 발생에 기여하고 있으며, 인과적 발생의 기원을 찾는 여정에서 벗어나 있지 않기 때문이다.

이러한 구절들은 '불확정적인' 문제들에 대한 붓다의 그 유명한 침묵[無記]이 연기와 관련되어 있다는 것을 시사한다. 붓다가 밝혔듯

---

20    Majjhima Nikāya, Ⅰ. 265.
21    Saṃyutta Nikāya, Ⅱ. 176.

이 추상적인 문제들에 대한 사변은 바른 사유의 길을 어지럽히는 공허한 것이 될 수 있으며, 불화의 근원이 될 수 있다. 아마도 붓다는 거기에서 다른 위험 - 제일원인을 가정하거나 추구하는 위험 - 을 감지했는지도 모른다. 영원의 문제들에 대한 갖가지 견해들은 왜 생기며, 세계의 근원과 존속 같은 주제들에 대한 논쟁은 왜 일어나는가에 대해 질문을 받았을 때, 붓다는 인과적 요인들의 생성과 소멸에 대한 무지에서 갖가지 견해와 논쟁이 발생한다고 대답했다.[22] 그것은 붓다의 시각에서 이러한 형이상학적 논쟁이 제일원인이 있을 것이라는, 그리고 확인될 수 있을 것이라는 가정 - 연기와 연기가 강조하는 전적인 조건성에 의해 뿌리뽑힌 가정 - 이 조건이 되어 나타난다는 것을 시사한다.

모든 요인들의 상호관계성은 초기 불경 속에서 많은 은유와 비유로 표현된다. 상호관계성 안에서 단독으로 결정력을 가지고 나타나는 요인은 하나도 없다. 초목을 예로 들면, 초목을 자라게 하는 조건들을 나타낼 수 있는 적절한 선형적 인과의 고리는 없다. 씨앗만으로는 충분하지 않다. 토양도 필요하고 습기도 필요하다.[23] 마찬가지로 사건들의 결합에서, 즉 관계로부터 불이 붙는다. 두 개의 막대기를 맞대고 문지르면 열이 나고 불꽃이 생기지만, 그 두 막대기를 떼어놓아 마찰이 그치면 마찰의 결과인 열은 식게 된다.[24] 건축된 집도 마찬가지다. 집의 서까래들은 "모두가 지붕 꼭대기로 집중하여 균등하

---

**22**    Ibid., Ⅲ.33.

**23**    Ibid., Ⅰ.134; Ⅲ.54.

**24**    Ibid., Ⅱ.96.

게 지붕 꼭대기에 의지하면서", 서로 의존하는 가운데 각기 다른 것을 버텨준다. 혼자 버티고 있을 수 있는 서까래는 하나도 없다.**25** 붓다고사는 어떤 하나의 인자의 탁월성을 반박하면서 덩굴식물의 비유를 들었다. 덩굴은 지면을 따라 뻗어가면서, 연기의 가르침과 마찬가지로 어느 지점에나 [뿌리내려] 붙을 수 있다.

> 즉 처음부터 말씀하시기도 하고, 중간에서 끝으로 올라가며 말씀하시기도 하고, 끝부터 말씀하시기도 하고, 중간에서 처음으로 내려가며 말씀하시기도 했다. … 세존께서는 왜 [연기를] 이와 같이 가르치셨을까? 연기야말로 이로운 것이기 때문이다. 네 출발점 가운데 어느 곳에서 출발해도, 그것은 결국 바른 길[中道]을 꿰뚫게 될 뿐이다.**26**

## 상호의존의 구문론

연기(緣起)의 가르침에 사용된 언어와 문법적 형식들이 바로 연기가 일종의 비선형적 인과율을 수반한다는 것을 암시한다. 선형적인 가설에서 벗어나 실체보다는 관계를 강조한다는 것을 선택된 술어들과 그 술어들의 어형 변화에서 알 수 있다.

연기계열[12연기]을 예로 들어보자. 깨달음을 이루던 날 밤에 붓다는 이 실존의 요인들을 깊이 성찰함으로써 괴로움이 어떻게 일어

---

**25**    Ibid., Ⅱ. 262.

**26**    Buddhaghosa, *Visuddhimagga*, pp. 600-601.

나는지를 이해했다. 붓다가 스스로에게 물었던 질문들의 의미론은 주목할 만하다. "그러면 무엇이 있기 때문에 갈망[愛]이 있는 것일까? 무엇이 갈망의 조건이 되고 있는가?"**27** 붓다는 어떤 주어진 요인을 만들거나, 낳거나, 산출하는 것이 무엇인가를 확정하려고 하지 않는다. 문제는 오히려 'A가 있을 때 무엇이 있는가, 그리고 무엇이 A의 조건이 되는가?'이다. 그래서 이 질문들에 이어지는 단언과 뒤이어 설해지는 인과론에 대한 그의 가르침은 조건들을 열거하는 형태를 취하고 있다. "A를 조건으로 하여 B가 나타난다." 보다 축어역으로는 'A를 조건으로 하는, 또는 A에 의존하고 있는 B(viññāna-paccayā-nāmarūpa, 識을 조건으로 하는 名色)'이므로 번역에서는 '나타난다'라는 말을 넣었다.

　　원인을 나타내는 용어로 '빳짜야(paccaya, 緣)'가 사용되는데, 그것은 문자 그대로는 지지(suport)를 의미한다. 그것은 빠팃짜(paṭicca)와 마찬가지로 '돌아오다, ～에 의지하다'는 의미의 동사 빳쩨띠(pacceti)에서 유래한 것이다. 아비다르마불교에서 빳짜야는 모든 형태의 관계를 포함하는 포괄적인 범주로 쓰이게 되었으며, 그것들이 일으킨 사건들은 '빳짜유빤나(paccayuppanna, 緣生)'라고 불리게 되었다. 이 연기계열(12연기)에서 사용된 탈격(奪格) 빳짜야아(paccayā)는 '～에 의해' 또는 '～에 의지해서'를 의미하는 부사적 형태로서, 일반적으로 '～을 조건으로 하는'으로 번역하는데, 이는 부당한 것은 아니다. 베다 학파의 스와다(svadhā: 스스로 자기 존재를 결정한다는 이론)와 인

**27**　　Saṃyutta Nikāya, Ⅱ.11.

중유과론(因中有果論, satkāryavāda: 원인 속에 결과가 내재한다는 이론)과는 대조적으로 빳짜야아(paccayā)는 B는 A의 잠재력에서 나온다는 의미의 원인을 의미하지도 않고, [B는] A의 자기 전개라는 의미의 원인을 의미하지도 않는다. 그것은 고유의 힘으로부터 발생적으로 [결과를] 생산해 내는 작용을 가리키는 것이 아니라, 관계 속에서 그것이 있음으로써 [어떤 작용을] 일으키고 유지하는 작용을 가리킨다. 만약 원인을 생산하는 것의 의미로 사용하려고 했다면 그 교설(연기설)은 인중유과론에서처럼 '까르(kar, 만들다)'와 같은 동사를 사용했을 것이다. 그러나 연기설은 빳짜야(paccaya)를 사용함으로써 원인을 일방적인 힘의 의미가 아니라 상호관계라는 의미로 표현한 것이다. 즉 무엇인가가 있다는 사실이 [어떤 현상을] 조장하거나 촉매작용을 하거나 야기한다는 것이다.

리스 데이비스(Caroline Rhys Davids)와 에이웅(S. Z. Aung)은 불교에서 빳짜야를 사용한 것은 실재의 본성이 과정을 가리키며, 그것은 결국 작인(作因, 또는 作者)과의 결별을 수반한다는 것을 강조한다.

> 불교철학에서 빳짜야(paccaya)는 … , 모든 형식의 관계는 비록 인과적 효과(원인이 결과를 산출하는 효과)는 결여되어 있지만 인과적 의미를 갖는다는 것을 시사한다. 이 점을 이해하기 위해 우리는 모든 것을 고정적으로 존재하고 있는 것이 아니라 '일어나고 있음(happening)' 또는 '사건(event)'으로 간주하지 않으면 안 된다. 그래서 우리는 빳짜야를 빳짜유빤나(paccayuppanna), 즉 결과 또는 '빳짜야를 통해 나타난 것'의 이유를 설명할 수 있게 하는 어떤 사

건이라고 정의를 내려도 무방할 것이다. … 작인(作因; B를 산출하는 힘을 가지고 있는 원인으로서의 A)이라는 개념을 버리고, '나타나도록 돕는'이라는 개념을 취하여, 우리는 … 빳짜야를 … 돕고 있음(upakaraka)으로 이해한다.[28]

나는 앞 장에서 이다-빳짜야따(ida-paccayatā)가 빠팃짜 쌈우빠다 (paṭicca samuppāda, 緣起)와 동의어로 사용되고 있다는 사실을 언급했고, 그것을 '이 조건성(this conditionality, 此緣性)'으로 번역했다고 말했다. 그것을 '이것의 조건(the conditionedness of this)'으로 표현한 에이웅과 리스 데이비스의 번역이 아마 더 엄밀한 번역일 것이다. 위에서 인용했던 구절에서 그들은 A는 원인을 의미하는 것으로 B는 결과를 의미하는 것으로 사용하면서 다음과 같이 이야기한다.

이것(ida)은 B를 가리키고, 복합어(ida-paccayatā)는 A를 가리킨다. 즉 A는 '이것의 조건(paccaya-of-this)'이다. 그 추상적 형식은 빳짜야(paccaya)를 표현하는 유일한 철학적 방법이다.[29]

이제 2장에서 자세히 살펴보았던, 연기(緣起)의 축소판을 의미하는

---

**28** Rhys Davids, C., and Aung, *Points of Controversy*, pp. 390-391. 붓다고 사는 upakaraka라는 술어를 사용하여, 실존의 요인들의 인과적 기능이 '도 움주기(assisting)'기능이라는 것을 강조한다(*Visuddhimagga*, p. 533, p. 612).

**29** Rhys Davids, C., and Aung, *Points of Controversy*, p. 391.

붓다의 연기법과 인공지능

네 부분으로 이루어진 간단한 공식으로 돌아가 보자. 이것이 있으면 저것이 있게 된다[此有故彼有]. 이것이 나타나면 저것이 나타난다[此起故彼起]. 이것이 없으면 저것이 없게 된다[此無故彼無]. 이것이 사라지면 저것이 사라진다[此滅故彼滅].

여기에서 어법은 A가 B를 만들거나 산출한다거나, 또는 B가 A에서 나온다고 말하는 방식이 아니다. 즉 분사의 처격(處格, locative)이 사용되어, A가 나타나고 있는 곳에(또는 나타나지 않는 곳에) B가 나타난다(또는 나타나지 않는다)는 것을 시사하고 있다. 이 관계는 '~때문에(because)'보다는 '~할 때(when)' 또는 '만약 ~하면(if)'으로 결합되는 관계에 가깝다. [그리고 실제로 'if'와 'when'이 가끔 번역에 사용되어 "만약 이것이 있으면, 저것이 있게 된다"로 번역된다.] '~때문에'로 결합되는 관계는 선형적 인과율에 의한 산출을 훨씬 강하게 암시하는 경향이 있다. 예를 들면 "그 쇠는 불 속에 있기 때문에 붉다." 즉 불이 쇠를 붉게 만들었다는 어법이 "일요일이면 도서관이 폐쇄된다." 즉 일요일이 도서관을 폐쇄하는 것은 아니다라는 어법과 대조되는 것처럼 말이다.

빠알리에서, 어떤 것이 있게 한다는 의미나 나타나게 한다는 의미는 동사의 사역형에 의해 표현된다. 빤데(G. C. Pande)가 지적했듯이, 이 연기의 공식을 idaṃ uppannaṃ idaṃ uppādeti(uppajjati의 사역형)의 의미로, 이를 번역하면 "이것이 나타나면서, 저것을 나타나게 한다(this, arising, makes that to arise)" 정도가 되는데, 그런 의미로 해석해서는 안 된다.**30**

---

**30**    Pande, *Studies in Origines of Buddhism*, p. 426, n. 135.

이들 사건들은 단순히 공간적으로 접촉하고 있거나 시간적으로 인접하고 있는 것이 아니다. 그 빠알리 문장을 idaṃ uppannaṃ idaṃ uppajjati(이것이 나타나 있다, 저것이 나타난다)로 이해하는 것, 즉 첫 번째 절(idaṃ uppannaṃ)이 주격(nominative)이 되어서 동시 발생이나 단순한 연속을 의미하게 될 우려가 있는 문장으로 해석해서는 안 된다.

그 문장의 첫 번째 절은 독립 처격(locative absolute)의 형태를 띠고서, B는 A의 나타남과의 관계 속에서 나타난다는 것을 시사하고 있는 것이다. A의 나타남은 B가 나타날 수 있는 터전과 상황을 제공한다.

따라서 [연기설의 인과관계에는] 사건들의 접촉일 뿐이라는 흄(D. Hume)의 견해 이상의 많은 것이 내포되어 있다. 때때로 불교의 해석과 동등한 것으로 오해되고 있는 인과율에 대한 흄의 해석에 의하면, 사건들은 과거로 흘러가며, 근본적이고 객관적으로 서로 무관하다. 우리의 정신 작용이 인과관계를 추론할 뿐이다. 그러나 붓다의 견해는, 처격의 형태가 보여 주는 것처럼, 인식론적 관계뿐만 아니라 존재론적 관계도 파악했다.

불교의 인과율은 이들 경전 속에서 주관적 투사보다는 객관적 현상으로 제시되고 있다고 주장하면서, 깔루빠하나(Kalupahana)는 연기(緣起, paṭicca samuppāda)의 공식 가운데 두 번째와 네 번째의 구절에 주목한다.

그 가르침은 단순히 "이것이 있을 때 저것이 있고, 이것이 없을 때 저것이 없다"라고 이야기한 것이 아니라, 생성과 소멸이라는 변화를 의미하는 동사를 포함하고 있다. 깔루빠하나가 지적하고 있듯이

붓다의 연기법과 인공지능

이들은 선행하는 구절의 단순한 반복이 아니다.**31** 동사를 바꿈('있으면'을 '나타나면'으로, '없으면'을 '사라지면'으로 바꿈)으로써, 그 구절들은 새로운 생성과 새로운 소멸이라고 하는 새로운 것이 나타날 가능성을 강조하고 있는 것이다.

이 인과 법칙이 붓다들과 독립적으로 존재한다는 경전의 언급은 연기가 객관적인 지위에 있다는 사실에 대한 훨씬 더 강력한 증거일 것이다. 연기는 붓다들의 깨달음과 무관하게 실재성을 갖는다. "법우들이여, 여래가 출현하든 출현하지 않든, 사물들의 이 본성, 즉 이 인과의 현상, 이 인과의 정연한 질서는 확립되어 있다."**32** 깨달은 사람들은 그것을 꾸며내거나 추론한 것이 아니라 그것을 발견했을 뿐이다. 연기는 실재에 대한 단순한 개인의 해석이 아니기 때문에, 붓다는 그것을 '사물들의 본성(dhammatā, 法性)'이라고 이야기했다.**33**

어원적으로 고찰해야 할 두 가지 사항이 더 있다. 연기에 대한 빠알리의 설명에 기초가 되는 두 개념, 즉 빠팃짜(paṭicca)와 빳짜야(paccaya)는 이미 지적했듯이 동사 빳쩨띠(pacceti)에서 유래한 것이다. 빠띠(pati)와 이(i)의 합성어인 빳쩨띠(pacceti)는 '되돌아오다' 또는 '되돌아가다'를 의미한다. 그런데 이제 문제는 '다시 ~으로(back to)'를 의미하는 전치사 빠띠(pati)가 뜻하는 회귀 또는 역진 운동의 관념이다. 다음 장에서 시스템이론을 살펴볼 때 피드백(feedback)이라는

---

**31**     Kalupahana, *Causality*, p. 95.

**32**     Saṃyutta Nikāya, Ⅱ. 25.

**33**     Saṃyutta Nikāya, Ⅱ. 25; Aṅguttara Nikāya, Ⅴ. 2, 3; Majjhima Nikāya, Ⅰ. 324.

개념이 상호인과율이라는 관념에 얼마나 핵심적인 것인가를 보여 주고자 한다. 어떤 활동의 결과들은 [그 활동을 한] 유기체 속으로 다시 흘러 들어가며, 이 피드백으로 인해 시스템들은 상호 결정력이 있다. 인과의 흐름 속에 있는 회귀의 관념이 이들 빠팃짜(paṭicca)와 빳짜야(paccaya)라고 하는 중심 개념 속에 언어적으로 나타나 있는 것이다. 그것은 영어에서 '관계(relation)'의 본래 의미가 re-latus, 즉 '다시 제 자리로 운반된 것(that which carried back)'이라는 사실에서도 볼 수 있다. A는 B와 관계하면서, A를 A 스스로에게 다시 가져온다. 사물들에 대한 인공두뇌학적 견해가 밝힌 자기 지시(self-reference)는 영어의 어원에서와 마찬가지로 이 빠알리 개념들 속에도 함축되어 있는 것이다.

니다나(nidāna, 因緣)와 우빠디(upadhi, 依)는 그것들이 정신적인 것이든 물질적인 것이든 상관없이 실존의 조건이 되는 요인들에 적용된 용어들이다. 이 두 용어에서 어원상으로 당면한 문제는 속박, 즉 우빠디라는 관념이다. 우빠디는 좀 더 초기의 용어인데, 기초나 근본을 뜻할 뿐만 아니라 장애, 속박, 제한을 뜻하기도 한다. 한편 니다나는 '묶다', 또는 '족쇄를 채우다'는 의미의 동사(dā, dyati)에서 직접 파생한 것이다.

이 두 술어 속에 들어 있는 속박의 관념은 인과율의 특성을 강조한다. 만약 인과적 효력이 실체보다는 관계에 기인한다면, 시스템이론가들이 지적하듯이 그 효과는 이 관계들이 현상성(phenomenality)에 부과하는 속박에 의해 작용한다. (p. 165 참조) 시스템(조직체)들은 한결같은 관계로 인해 스스로를 조직하면서(self-organize) 발전하는데, 에너지와 정보의 흐름을 소통시켜 주는 그 관계의 속박하는 성질

은 형태적 속성(a morphic nature)이다.**34**


## 인과 요소들의 상호성

실존의 조건이 되는 요소[緣起支]들은 연속적인 형태를 보인다. 사실 언어 자체는 우리로 하여금 사물들이 잇따라 일어나는 것으로 표현하도록 강요한다. 비록 몇몇 학자들은 이 요소들을 선형적 인과의 고리로 해석했지만, 그것들의 관계가 상호의존의 관계라는 경전상의 증거는 풍부하다. 이 상호의존은 실재를 상관적으로 보는 관점과 제일원인이 없다는 사실 속에 함축되어 있다. 여기 니다나들 또는 우빠디들의 상호작용 속에서 그것들의 상호 관계는 더욱 분명해진다. 연기설에 관해 이야기하는『드와야따누빠싼나 쑤따(Dvayātānupassana sutta, 二種隨觀經)』이라는 초기경전은 각각의 우빠디를 다른 우빠디들의 원인으로 표현하고 있다.

> 어떤 괴로움이든 나타나는 괴로움은 모두 무명(avijjā)의
> 결과로 나타난다. … 무명이 완전히 소멸하면 괴로움의
> 어떤 근원도 없다. …
> 어떤 괴로움이든 나타나는 괴로움은 모두 행(saṅkhārās)의
> 결과로 나타난다. … 행이 완전히 소멸하면 괴로움의 어
> 떤 근원도 없다. …

---

**34**    Whyte, "Structural Hierarchy,"p. 275; Ashby, "Principles of Self-Organizing System,"p. 131.

어떤 괴로움이든 나타나는 괴로움은 모두 식(viññānā)의
결과로 나타난다.**35**

이 구절들은 다른 모든 연기지(緣起支)에 관해서도 반복된다. 여기에
서 12연기는 선형적 인과의 고리를 보여 주는 것이 아니라는 점이 명
백해진다. 모든 괴로움을 일으키고 있는 각각의 우빠디는 다른 우빠
디들을 일으킨다. 다른 것들을 야기하면서 다른 것에 의해 야기되는
그것들의 인과관계는 상호적이다. 카드로 만든 집처럼, 우리들 실존
의 조건이 되는 요소들의 다발은 어느 지점에서든 분열되고 무너질
수 있다.

　다른 것에 의지해서 서로를 떠받치고 있는 갈대 단의 비유
가 경전들 속에서 사용된다. 그 비유는 식(識, viññānā)과 명색(名色,
nāmarūpa)의 관계에 대한 비유다. 인과의 계열(12연기)을 순서대로 열
거하는 것을 가로막는 것은 이 두 가지 요소인데, 명색은 식을 조건으
로 발생한다고 말한 후에, 거꾸로 선회하여 다른 한편으로는 식이 명
색을 조건으로 발생한다고 말하고 있기 때문이다. 여기에서 인과의
상호관계는 명백해지며, 그래서 몇몇 학자들은 그것을 고민했고, 케
이스(A. B. Keith)와 토마스(E. F. Thomas) 같은 사람들은 그것을 연기
설의 난점이라고 보았다.**36** 꽃티따(Koṭṭhita)는 그 문제에 대해 붓다의
제자 가운데 가장 박식한 사리뿌뜨라(Śariputra)와 토론하면서 다음과

---

**35**　Sutta Nipāta, pp. 729-734.

**36**　Keith, *Buddhist Philosophy*, p. 101; Thomas, *History of Buddhist Thought*, pp. 67-68.

같이 말한다.

> 보십시오, 우리는 존자 사리뿌뜨라의 말을 이렇게 이해했습니다. 즉 … 명색(名色)은 식(識)을 조건으로 하며, 식은 명색을 조건으로 한다는 것입니다. 친애하는 사리뿌뜨라여, 당신이 한 말의 의미는 어떤 것입니까?
>
> 그렇다면, 법우여, 내가 하나의 비유를 들어보겠습니다. 왜냐하면 비유를 통하여 지혜 있는 사람들은 어떤 이야기의 의미를 받아들이기 때문입니다. 법우여, 이것은 마치 두 개의 갈대 단이 서로 다른 갈대 단을 지탱하면서 서 있는 것과 같습니다. 그와 같이, 법우여, 명색은 식을 조건으로 하여 일어나고, 식은 명색을 조건으로 하여 일어나며, 육입(六入)은 명색을 조건으로 하여 일어나고 …
>
> 법우여, 만약 내가 저 갈대 단 가운데 하나를 끌어당기면 다른 하나는 쓰러질 것이고, 내가 다른 하나를 끌어당기면 전에 당겼던 갈대 단이 쓰러질 것입니다.**37**

비슷한 이미지, 즉 세 개의 막대기가 서로 의지하여 서 있는 삼각대의 비유가 오온(五蘊, khaṇḍas), 즉 자아의식을 구성하고 있는 의식 덩어리들 사이의 관계를 설명하는 데 사용된다.**38**

인과의 계열 속에서는 명색과 식의 상호관계가 가장 크게 강조

---

**37**    Saṃyutta Nikāya, Ⅱ. 113.

**38**    Nyanatiloka, *Guide Through the Abhidharma Pitaka*, p. 101.

되고 있는데, 이는 아마도 의식을 물질적으로 나타나 있는 것보다 존재론적으로나 가치론적으로 우위에 두는 브라만교의 견해와 의식에 대한 불교의 견해를 대비시키기 위한 것으로 보인다. 아무튼 사리뿟따라가 갈대의 비유에서 [식과 명색 이외에] '수(受)와 그 밖의 것들'을 포함시키고 있는 것처럼 [식과 명색 이외의] 다른 연기지(緣起支)들 사이의 인과 관계도 역시 상호적인 것으로 간주된다.

식(識)과 그 앞에 있는 식의 조건이 되는 연(緣), 즉 의지에 의한 형성작용인 행(行)과의 관계를 살펴보자. 이 형성작용들은 이 계열에서 식을 형성하는 것으로 표현되는가 하면, 한편으로는 식이 그것들의 조건이 된다. 이 관념은 '합성된' 또는 '짜 맞추어진'의 뜻을 가진 유위(有爲, saṅkhata)에서 유래하는 그 개념의 의미 속에 나타나 있다. 의지를 변화시키는 것은 우리의 의식 활동과 의도이며, 다른 한편으로 의지는 우리의 의식을 형성한다는 것이다.

> 법우들이여, 우리가 의도하는 것, 그리고 우리가 하고자
> 하는 것, 그리고 우리를 전념하게 하는 것, 이것이 의식을
> 지속하게 하는 대상이 된다.**39**

동일한 인과적 상호관계는 행과 연기계열(12연기)에서 그 앞에 위치하는 요소인 무명(無明)과의 관계 속에서도 볼 수 있다. 우리들의 무지가 우리들의 의지를 형성하지만, 뷔르누프(E. Burnouf), 쿠마라스와

---

**39**    Saṃyutta Nikāya. II. 64.

미(A. K. Coomaraswamy) 등 여러 사람들이 설명했듯이, 의지는 앞에 존재한 무명의 상태에서 단일 방향으로 전개되는 것이 아니라, 한편으로는 의지가 우리의 무지를 기르고 유지시킨다. 아비다르마의 『까타왓투(Kathāvatthu, 論事)』에는 이 점이 강조되어 있다. "무명은 행의 조건이 되지만, 우리는 결코 행이 무명의 조건이 된다고는 말하지 않는다"고 주장하는 대중부(Mahāsaṅghika)의 견해에 반대하면서, 상좌부(Theravadin)는 무명은 행과 함께 존재했으며, 식(識)과 명색(名色)이 상호적으로 원인이 되는 것과 똑같이, 무명과 행 또는 취(取)와 애(愛)도 그럴 수 있다고 반박했다. 『까타왓투』에서는 "따라서 조건이 되는 관계는 상호적이라고 할 수 있다"고 이야기한다.**40**

빠알리 안냐만냐(aññamañña)는, 문자 그대로의 뜻은 '서로서로(one another)'인데, 번역할 때는 '서로의(reciprocal)'와 '상호 간의(mutual)'로 번역한다. 한편 이 말은 아비다르마 학자들에 의해 특수한 형태의 인과관계를 나타내는 전문용어로 쓰이게 되는데, 붓다고사(Buddhaghosa)는 연기설의 취지를 총괄하여 의미 규정하는 데 이 말을 사용했다.**41** 그는 연기를 인과율의 형식으로서 그 인과율에 따라 '현상들이 서로 의존하는 가운데(aññamañña paṭicca) 함께 나타나는 것'을 의미한다고 정의한다.

초기경전 속에서 식과 명색, 그리고 식과 행과 무명의 상호작용의 특성을 나타내는 이 상호관계는 애(愛, taṇhā)의 발생에도 작용한다. 12연기에서 여덟 번째이며, 수(受)를 조건으로 하여 발생하는 애

---

**40**      Katthāvatthu, ⅩⅤ. 2.

**41**      Samangavilssini, Ⅱ. 6, Kalupahana, *Causality*, pp. 54, 202에서 재인용.

는 집성제(集聖諦)와 멸성제(滅聖諦)가 단언하듯이 우리들의 괴로움의 핵심 요소이다. 이것이 불교를 공부하는 사람들로 하여금 무지[無明]와 갈망[愛] 가운데 어떤 것이 인류를 타락한 상태로 만든 보다 중요한 원인인가에 대해 의문을 품게 했다. 그것은 플라톤의 견해처럼 무지일까, 아니면 사도 바울의 견해처럼 갈망의 자아 중심성을 [타락의] 근원적인 것으로 보는 것이 더 옳은 것일까?『니까야(Nikāya)』의 관점에서 보면 둘 다 정답이다. 무명은 가장 자주 맨 앞에 위치함으로써 연기설에서 강조된다. 한편 애는 사성제(四聖諦) 속에서 강조되며, 때로는 고집(苦集, dukkhasamudaya)의 첫 번째 요인으로 강조된다.**42** 붓다고사는 양자가 그 교설의 '출발점'이 될 수 있다고 지적한다.**43** 어떤 것도 다른 것으로 환원될 수 없다는 점은 생사유전(生死流轉)을 기술한 위의 인용 구절이 시사한다. 즉 중생은 '무명에 뒤덮이고, 갈망에 묶여' 윤전(輪轉)하고 있다.**44** 어떤 요인도 다른 요인으로 환원될 수 없는 까닭은 그것들이 상호의존적으로 발생하기 때문이다. 무지가 우리의 갈망을 부채질하듯이, 갈망은 우리를 무지 속에 빠뜨리는 것이다.

비슷한 형태로 애(愛)와 아(我, attā)라는 관념은 상호인과관계의 한 과정을 반영하고 있다.『마하땅하쌍카야 쑤따(Mahātaṇhāsaṅkhaya sutta, 中阿含 嗏帝經)』에 의하면, 물질적 음식[摶食], 감각에 의한 지각[更樂, 觸食], 의지[意念, 意思食], 그리고 생각[識, 識食]으로 분류된, 개별

---

**42**    Saṃyutta Nikāya, Ⅱ.84.

**43**    Buddhaghosa, *Visuddhimagga*, Ⅰ.603.

**44**    Saṃyutta Nikāya, Ⅱ.178.

적 자아의식을 구성하는 모든 요소는 "갈망이 출처이며, 갈망이 원천이며, 갈망이 낳은 것이며, 갈망이 근원이다."[45] 세계의 발생을 신화적으로 설명하고 있는 『악간냐 쑤따(Aggañña sutta, 長阿含 世記經)』에서는 갈망이 어떻게 자아의 환상을 갖게 하는지를 묘사하고 있다. 땅에서 나온 음식[地味]을 게걸스럽게 먹으면서, 중생은 점점 그들의 개성에 대한 의식과 자만심을 키워 간다.[46] 지속적인 자아를 가지고 있다는 생각은 네 가지 형태의 취착(upādāna, 四取) 가운데 하나[我語取]인데, 그것은 12연기 속에서 갈망을 조건으로 발생한다.[47] 그러나 갈망이 그것(我語取)을 기르듯이, 한편으로는 자아에 대한 환상이 갈망을 기른다.

> 라훌라여, 어떤 비구가 완전한 지혜로 [인간 존재를 구성하고 있는] 요소들[五蘊]에 대해 '이것은 나의 것이 아니며, 이것은 내가 아니며, 이것은 나의 자아(attā)가 아니다'라고 깨달으면, 그는 갈망으로부터 그 자신을 끊어내고, 결박을 풀고, [자아에 대한] 헛된 자만심을 극복함으로써 괴로움을 멸진하게 된다.[48]

이와 같이 애(愛)와 자아는 상호의존적으로 나타나며, 그들의 인과관

---

**45**     Majjhima Nikāya, Ⅰ.261.

**46**     Dīgha Nikāya, Ⅲ.88f.

**47**     Ibid., Ⅱ.58.

**48**     Saṃyutta Nikāya, Ⅱ.253.

제3장 상호인과율로서의 연기                                                 **129**

계는 상호적이다. 갈대 단처럼 하나를 제거하면 다른 것은 무너진다.

전에 인용한 '갈망의 소멸에 대한 위대한 설법'에서 신체를 유지시키는 음식, 의지, 그리고 정신적 구조물들과 함께 감각적인 지각도 자아의식을 구성하는 것으로 간주된다. 이 가르침은 음식의 은유에 의해 선명해진다. "이 네 가지 음식이 존재하게 된 중생을 유지시킨다."[49] 음식이라는 이미지는 우리가 다루고 있는 실재가 우리가 가공저장하고 있는 어떤 것이라는 것을 시사한다. 우리는 우리의 시스템을 통해 음식을 섭취하고 배설한다. 우리는 관찰하는 우리의 의식으로부터 분명하게, 그리고 순수하게 분리시킬 수 있는 '외부에 있는' 어떤 것처럼 그것(음식)을 마주하고 서 있을 수가 없다. 오히려 그것은 우리의 지각 자체를 형성하면서 우리 속에 있고, 우리를 이루고 있다.

따라서 니다나(nidāna)의 연속[12연기]은 선형적인 인과의 연속을 나타내기보다는 상호작용을 하면서 상호 간에 영향을 주는 조건들의 네트워크를 나타내고 있다. 독일 태생의 승려이며 라마인 아나가리까 고빈다(Anagarika Govinda)는 연기의 '역동적 특성'에 관해 다음과 같이 적고 있다.

> 모든 고리는 사실상 사람들의 선택에 따라 다른 어느 고리와도 연결될 수 있으며, … 이런 식으로 우리는 순전히 시간적인 인과관계나 순수하게 논리적인 인과관계가 아닌, 살아 있는 유기적 관계, 즉 동시 공존적인 상호관계,

---

49    Majjhima Nikāya, Ⅰ.261.

다시 말해서 모든 연결고리들이 나란히 있으면서 상속하는 관계를 갖는데, 그 관계 속에서 각각의 고리는 모든 다른 고리들의 단면을 모아놓은 모습을 나타내며, 그 자신 속에는 그의 모든 과거는 물론 미래의 모든 가능성까지 지니고 있다. 그리고 정확히 이 점 때문에 모든 연쇄는 매 순간에, 그리고 그것의 모든 단계에서 제거할 수 있다.**50**

## 아비다르마의 해석

불교의 인과율에 대한 나의 연구는 빠알리 성전의 경장(經藏, suttas piṭaka)과 율장(律藏, vinaya piṭaka)에 근거를 두고 있는데, 삼장(三藏) 가운데 이 둘은 현존하는 불교 교리의 기록 가운데 가장 초기의 것이다. 그것들은 불교학자 미즈노(K. Mizno)가 '원시 불교(primitive Buddhism)'로, 그리고 에드워드 콘즈(Edward Conze)가 '고대 불교(archaic Buddhism)'로 명명한 것에 해당한다. 삼장(三藏) 가운데 불교의 철학적 측면을 학문적으로 정교하게 다듬은 논장(論藏, Abhidharma piṭaka)은 그 용어와 내용이 보여 주듯이 보다 후기에 발전한 불교사상을 보여준다.**51**

---

**50**　Govinda, *Psychological Attitude Early Buddhist Philosophy*, p. 56.

**51**　시기적으로 경장과 율장 뒤에 나온 아비다르마가 주장하는 생각을 인증하는 근거를 제공하고 있는 자료로는 Pande, *Studies in Origins of Buddhism*, Part Ⅰ; Mizuno, *Primitive Buddhism*, Chapter Ⅰ; Rhys Davids, T., *Buddhist India*, 72f; Lamotte, *Histoire du bouddhisme indien*, 168f. 등이 있다.

아비다르마(부파불교)에서 상좌부(上座部)와 유부(有部) 두 학파는 인과관계의 본성을 분석적으로 이론화하면서 고도의 정교성과 복합성을 부가하게 된다. 정교하고 복잡한 언어와 논리를 지닌 아비다르마의 발전은 전체적으로 불교의 인과율에 대한 후대의 많은 학문적 견해들에 영향을 끼쳤다. 그러나 그것이 발전하는 가운데 약간의 변화가, 즉 연기(緣起)를 설명하는 방법상에 미묘하면서도 중요한 차이들이 나타났다. 이 차이들은 자주 간과되었다. 오늘날 불교를 가르치는 많은 사람들, 그리고 체르바스키와 콘즈 같은 대학자들조차도 아비다르마불교 이전에는 나타나지 않았던 사변적 요소들을 초기의 가르침에 귀속시키고 있다. 이 차이들이 붓다의 가르침에 대한 해석을 왜곡했기 때문에, 그리고 그것들은 인과율에 대해 오히려 선형적인 견해로 치우치는 움직임을 보여 주기 때문에, 여기에서 그것들을 구체화하고 요약하는 것은 중요한 일이다. 그것들은 다음과 같은 네 부분으로 되어 있다. ① 순간성[刹那]이라는 개념, ② 무위법(無爲法)의 가정, ③ 실체와 속성의 구분, ④ 12연기를 삼세(三世)의 인과적 연쇄로 보는 설명[三世兩重因果說].

① **순간성[刹那]이라는 개념:** 초기경전들은 현상들의 무상(無常)과 상호작용은 강조했지만 현상들의 존재론적 본질을 분석하려고 하지는 않았다. 아비다르마 학자들은 상호작용하고 있는 요소들, 즉 제법(諸法, dharmas)의 고유한 특성을 확정하려고 시도했다. 아비다르마 학자들이 생각한 다르마는 경험의 심리-물리적 구성단위, 즉 건물의 벽돌과 같이 분해될 수 있는 세속적 실재의 근본 요소를 의미한다. 그래서 다르마들은 구별되고, 나열되고, 분류되었으며, 그것들의 성질과 수

붓다의 연기법과 인공지능

와 지속성에 대한 정교한 이론들이 수립되었다. 그 이론들은 다르마들을 분리된 실체들로, 즉 "궁극적으로 실재하는 실체"로 실체화하는 데 이바지했다.**52** 스트렝(F. Streng)이 언급했듯이, 이것은 "본질주의적 사고로 회귀하는 불행한 기류"였다.**53**

아비다르마 학자들이 이 실체론을 [초기불교의] 실재에 대한 역동적인 관점에 적용시키려고 노력한 결과, 이 법들은 번갯불처럼 빨리 상호 교체하기 때문에, 상호작용을 하거나 시간 속에서 상호 간에 상속하는 것 이상을 하기에는 너무나 빠른 순간적인 것으로 여겨지게 되었다. 그 결과 무상성(無常性, aniccatā)은 순간성(khaṇikā, 刹那)이 되었으며, 인과관계는 단순한 연속이 되었다. 법들은 상속 관계 이상의 어떤 관계를 갖기에는 너무나 순간적인 것으로 이해되었다.**54** 이런 생각은 인과율에 대한 흄의 견해에 가까우며, 흄의 견해는 자주 불교와 비교되지만 흄과의 유사성은 아비다르마불교에 한정될 뿐, 그 이

---

**52**　Conze, *Buddhist Thought*, p. 197.

**53**　Streng, *Reflections*, p. 74.

**54**　순간적인 별개의 실체들이 어떻게 인과관계를 맺을 수 있는지, 또는 연쇄적인 발생 이상의 어떤 관계를 맺을 수 있는지를 설명하려고 애쓰는 가운데, 설일체유부(說一切有部) 학자들은 지속하는 토대, 즉 자성(自性, svabhava)을 가정했다. 이것은 그들을 실체와 속성을 구분하는 본질주의의 이분법으로 회귀시켰고, 붓다의 무상과 무아의 교설을 손상시킨다는 비난을 받게 만들었다(Stcherbatsky, *Central Conception of Buddhism*, pp. 30-31). 經量部 학자들은 제법(諸法)의 찰나성(刹那性)을 역설하면서 설일체유부의 견해인 실체주의를 반대했다. 그들은 제법(諸法)을 너무나 순간적이어서 나타나는 순간에 자멸하는(刹那生滅하는) 찰나적인 것(point-instants)으로 보았다. 그렇게 함으로써 경량부 학자들은 인과관계를 구성하는 데 그다지 힘을 기울이지 않았다.

전의 불교에는 해당되지 않는다.[55]

깔루빠하나가 주장하듯이, 초기경전에서 현상들은 무상한 것으로 표현될 뿐 결코 순간적인 것으로 표현되지 않는다. 초기불교 경전에서 "경험적인 사물들은 … 얼마 동안 존재하고 있는 관찰할 수 있는 사실들이다. 그리고 그것들은 순간적인 것이 아니기 때문에 계속적으로나 동시적으로 작용할 수 있다."[56] 거기에는 시간이라는 요인 외에도 존재론적·인식론적으로 중대한 문제들이 있다. 문제는 '어떤 사물이 얼마나 오래 존속하는가?'가 아니라 '인과율이 사물들에 의해 세워지는가, 관계들에 의해 세워지는가?'이다. 초기불교 경전에 순간성이나 찰나성(khaṇikā)이 나타나지 않는, 그리고 나타날 것 같지 않는 이유는 아비다르마불교 이전의 불교인들은 별개의 실체라는 개념으로 실재를 형이상학적으로 분석하려고 시도하지 않았기 때문이다. 예를 들면 자아는 오온(五蘊)으로 분석되지만, 이것은 이 구성 요소들의 특성을 구별하기 위해서라기보다는 어디까지나 그것들이 무상하다는 것을 강조하기 위해서인 것이다.

---

55     체르바스키는 찰나론(刹那論)을 "불교의 전 체계가 그 위에 서 있는 토대"로 간주하고(*Buddhist Logic*, p. 119). "불교의 인과론은 전적으로 보편적 찰나론의 귀결(*Conception of Buddhist Nirvana*, p. 2)"이라고 말한다. 마찬가지로 콘즈는 "인과율에 대한 불교의 정의"를 "찰나론의 피할 수 없는 귀결"이라고 말하고 있다(*Buddhist Thought*, p. 149). 그 결과 두 학자는 연기(緣起)를 흄의 인과관과 유사한 것으로 본다(Stcherbatsky, *Conception of Buddhist Nirvana*, p. 23; Conze, *Thirty Years of Buddhist Studies*, p. 239). 듯뜨(N. Dutt)도 '찰나'라는 관념을 초기의 가르침에 귀속시키는 실수를 범하고 있다(*Early Monastic Buddhism*, p. 215, p. 219).

56     Kalupahana, *Causality*, p. 153.

② **무위법(無爲法)의 가정:** 또 하나 아비다르마가 변형시킨 것은 열반 (nibbāna)과 허공(akāsa)이라고 하는 조건이 없이 존재하는 실재, 즉 무 위법(無爲法)이 존재한다는 가정이다. 이것은 무위(無爲, asaṅkhata, 산스 크리트: asaṁskṛta)라고 하는 용어의 사용에 변화가 나타났음을 의미한 다. 초기경전에서 유위(有爲, saṅkhata)는 '결합되어 하나로 만들어진', '복합된', '조직된', 따라서 '소멸될 수밖에 없는'을 의미한다. 그 말은 '조건에 의한'이라는 의미가 아니므로, 그 반대말인 ['열반'에 적용되는] 무위도 '조건에 의하지 않는'을 의미하지 않는다. 실로 초기경전에서 조건에 의하지 않는 것, 즉 인과율의 영역에서 벗어나 있는 것으로 간 주되는 것은 아무것도 없다. 깔루빠하나가 단언하듯이, 아비다르마 불교 이전의 경전들이 무연생(無緣生, apaṭicca samuppanna: 조건 없이 생 긴 것)으로 보는 실체나 본질 또는 상태는 하나도 없다.**57** 해탈도 초기 경전에서 인과율에서 벗어난 것으로 이야기되지 않는다. 그것은 오 히려 인과율을 사용해서, 즉 조건성에 의거해서 성취된다. 열반은 조 건이 되는 니다나(nidāna, 緣)들의 연속(12연기)에서 벗어남으로써가 아니라, 수행을 통해 집(集, samudaya)을 멸(滅, nirodha)로 바꿈으로써 성취될 수 있다고 말해진다. "나는 해탈이 인과적으로 관련되어 있다 고 말하며, 인과적으로 관련되어 있지 않다고는 말하지 않는다"라고 붓다는 말했던 것이다.**58**

아비다르마불교에 의해 무위가 '조건이 없음'을 의미하는 데 사 용되기 시작했다는 것은, 예를 들면, 『담마쌍가니(Dhammasaṅgaṇi, 法

---

**57**     Ibid, p. 85, pp. 140-141.

**58**     Saṃyutta Nikāya, Ⅱ. 30.

集論)』의 제법분류(諸法分類) 속에서 여실히 드러난다.**59** 거기에는 열반만이 무위법의 범주 속에 들어 있는데, 다른 학파에서는 허공도 포함시킨다.**60** 이와 같이 무위의 의미는 아헤뚜잠(ahetujam), 즉 '원인에 의해 생긴 것이 아닌'과 같은 의미로 쓰이게 된다.**61**

　　이러한 움직임은 보다 실체론적·선형적 견해로의 변천의 관점에서 이해될 수 있는데, 거기에서는 결과가 그 원인 속에 선재(先在)하며, 결과는 원인에 의해서 산출된다. 열반은 이러한 방식으로 산출될 수 없는 것이기 때문에 인과의 영역에서 완전히 벗어난 것일 수밖에 없다고 생각되었으며, 또한 조건이 없는 것으로 가정되었다. 이러한 움직임은 열반을 형이상학적 절대자와 동등시하려고 하는 해석을 부추겼다. 그것은 또한 구원을 우리가 살고 있는 위태롭고 곤궁한 세계와는 다른 차원으로 옮겨놓는 결과를 가져왔다. 이러한 변화가 불교학자들의 불교관에 전체적으로 영향을 주었다는 것은 "구원은 오직 무위의 세계(The Unconditioned)로의 탈출을 통해서만 성취될 수 있다는 것이 붓다의 근본적인 가르침"이라고 이야기한 에드워드 콘즈(Edward Conze)에게서 여실하게 드러난다.**62**

---

**59**　Nyanatiloka, *Guide through Abhidharma Pitaka*, p. 84.

**60**　Warder, *Indian Buddhism*, p. 308.

**61**　*Milindapanha*, pp. 268-271; Conze, *Buddhist Thought*, p. 159.

**62**　Conze, *Thirty Years of Buddhist Studie*s, pp. 210-211; 마찬가지로 Keith 는 모든 불교 교리의 특징으로 열반을 조건이 없는 것으로 분류한 아비다르마 학자의 분류를 인정하고 있다. 아비다르마의 분류를 연기의 보편성을 강조하는 경전과 비교하면서 그는 모순을 발견한다. 그러나 불행하게도, 이것이 그로 하여금 그의 해석을 의심하게 하지 않고, 오히려 "경전의 견해가 애매하다"라고 확신하게 했다. "이럼에도 불구하고 불교에 인과 과정

③ **실체와 속성의 구분:** 아비다르마불교는 분석을 위해 모든 다르마들(dharmas: 사물들, 또는 심리-물리적 사건들)을 범주적으로 구분했는데, 기록에 남겨진 붓다의 가르침에는 그러한 구분이 나타나지 않는다. 아무튼 세속적인 또는 상대적인 실재와 현상 세계와는 별개의 절대적 진리 또는 절대적 영역의 존재를 암시하고 있는 궁극적 실재(paramaṭṭha desanā, 勝義說) 사이의 구분이 이루어졌다.**63** 비슷한 범주적 구분이 정신 영역과 물질 영역 사이에 나타났는데, 아비다르마불교 자체의 표현으로는 '명(名)과 색(色)의 구분(nāma-rūpapariccheda)', 즉 정신과 물질의 구분이다.**64** 물질이 비정신적(acetasika) 특성으로 정의된 반면, 마음(citta, 心)과 그 정신적 속성들(cetasika, 心所)은 비물질적(arūpa, 無色) 특성으로 정의되었다. 몇몇 책에서는 열반을 정신 영역에 넣고 있다.

이러한 이원론적인 추세는 신체와 현상 세계를 향한 태도들을 조장했는데, 그것은 상좌부 불교의 특성을 이루었을 뿐만 아니라 다른 형태의 불교에도 영향을 끼쳤다. 그것은 또한 아비다르마 학자들에게 철학적인 문제들을 야기했는데, 깔루빠하나는 그것을 자세히 고찰하여 아비다르마 학자들이 만든 세 번째 구분, 즉 사물(dharma)과 사물의 특성(lakkhaṇa)의 구분에 결부시켜 설명한다.**65** 이러한 구분

이나 본질의 일관성에 대한 신념이 있다고 하는 것은 불합리하다."(Keith, *Buddhist Philosophy*, p. 113).

**63**  Dhammasangani, A 21.

**64**  Kalupahana, *Buddhist Philosophy*, p. 98.

**65**  Kalupahana, *Causality*, Chapter 8.

은 근본적인 실체의 개념으로 가는 길을 열었으며, 그것은 순간성이라는 관념이 나타남으로써 사라진 연속성이라는 관념을 제공하는 역할을 한다. 우리가 20세기에 이르러 비로소 선형적 인과율에 대한 비판에 의해 깨닫게 되었듯이, 실체와 속성의 구분은 결국 인과작용을 단일 방향적으로 보게 한다.(5장 참조)

④ **12연기를 삼세의 인과적 연쇄로 보는 설명:** 우리가 아비다르마불교에서 주목해야 할, 초기불교의 인과관에서 벗어난, 네 번째 이탈은 12연기를 과거세, 현세, 내세의 연속적인 삶[三世]으로 설명한다는 점이다. 그리하여 12연기는 윤회의 수레바퀴를 의미하게 되며, '삼세에 걸친 두 겹의 인과[三世兩重因果]'로 불리게 된다. 붓다가 가르친 연기설 자체와 자주 동일시되는 이 해석에서 처음의 두 요인, 즉 무명(無明)과 행(行)은 전생에서 초래된 원인을 나타내는 것으로 간주된다. 다음의 일곱 가지 요인은 현생의 실존을 나타내는데, 식(識)에서 수(受)까지는 과거의 원인에 의한 현재의 결과이고, 애(愛)와 취(取)는 미래에 대한 현재의 원인이다. 마지막 셋, 즉 유(有), 생(生), 노사(老死)는 현재의 까르마(業)가 가져올 미래의 결과, 또는 세 번째 삶(미래의 삶)으로 간주된다.

　　이러한 견해는 경장(經藏)과 율장(律藏)에서는 설해지지 않았다.[66] 경장과 율장에서 연기지(緣起支)들은 명확하고 특정한 결정소의 역할을 했다기보다는 삶이 연기하는 방식을 보여 주는 실례의 역

---

**66**　　Mizuno, *Primitive Buddhism*, p. 132; Pande, *Studies in Origins of Buddhism*, p. 416; Conze, *Buddhist Thought*, p. 157.

할을 했다. 미즈노(K. Mizuno)에 의하면, [경장과 율장에서] 식(識)을 환생하는 의식으로 언급한 것은 단지 통속적인 실례를 들어 설명하려는 의도에서였을 뿐이며, 단일하게 권위 있는 해석이 존재하지 않는 연기설 자체는 삼세라고 하는 고정된 도식으로 나타낼 수 없는 많은 다양성을 보여준다. 우리가 이미 살펴보았듯이, 초기경전을 보면 연기지의 수와 순서, 그리고 특성은 다양하다. 어떤 연기설은 10지(支)로 되어 있고, 어떤 것은 12개 또는 그 이상으로 되어 있으며, 어떤 것은 식(識) 앞에 촉(觸)과 수(受)를 두고 있고, 어떤 것은 희락(喜樂)과 신념이라는 요인[緣起支]을 포함하고 있다.**67** 그 인과적 연쇄의 순서와 명확한 구성이 그 가르침(연기설)의 주요 교의를 구성하고 있는 것이 아니라는 점은 분명하다.**68** 그러나 아비다르마불교에서는,『니까야』에 가장 자주 나타나는 연기설의 형식 하나(12지연기설)가 인간의 [삼세에 걸친] 연속적인 삶을 관통하는 원인과 결과의 연쇄를 의미하는 것으로 간주됨으로써, 이 용어(緣起支)에 특별히 중요한 지위와 특이성이 주어진다. 미즈노가 제안하고 있듯이 통속적인 은유에 의한, 그리고 기억을 돕기 위한 방편이었던 것이 여기에서는 문자 그대로 해석된 것이다. 열반을 조건에 의하지 않는 것으로 보는 견해와 마찬가지로, 이 발전(삼세양중인과설)도 부분적으로는 다르마를 실체화하려는 경향이 낳은 결과다. 어느 경우든 아비다르마 학자들은 개개의

---

**67**　이러한 변형된 연기설들은, 그중에서도, Saṃyutta Nikāya, Ⅱ. 66, 100; Ⅲ. 26; Dīgha Nikāya, Ⅱ.59; Majjhima Nikāya, Ⅰ. 91; Sutta Nipāta 723f에 나온다.

**68**　Rhys Davids, T.,*Dialogues of Buddha*, p. 45.

연기지에 경장과 율장에서는 분명하지 않은 존재론적 의미를 부여했으며, 그들의 삼세양중인과설은 12연기설을 선형적 인과의 고리로 표현하는 경향을 보인다. 이리하여 그것은 우리가 위에서 살펴본 [연기설의] 상호 역동성을, 어떤 주어진 삶 속에서, 엄밀히 말하면 어떤 주어진 순간에 우리의 의지와 생각, 갈망과 무지가 서로 간에 상호 결정하는 방식을 불투명하게 만들고 있다.


## 상호의존으로서의 연기

후대에 몇몇 아비다르마 불교학자와 학문적인 해석들이 본의에서 벗어났음에도 불구하고, 초기경전에서 연기(緣起)가 실재의 '상호의존적 구조'를 가르치고 있다는 것은 분명하다. 미즈노의 말을 들어보자.

> 붓다는 보리수 아래서 세계의 상호의존적 구조를 깨닫고
> 정각(正覺)을 성취했다. 이런 견지에서 불교는 근본적으로
> 상호의존이라는 사고방식 위에 서 있다고 말해도 좋다.[69]

붓다는 그것은 이해하기 어렵다고 말했다. 인습적인 관점에서 사물을 보면 자명한 것이 아니기 때문에 연기는 경전에서 거듭 이야기하듯이 심오하고, 미묘하며, 파악하기 어렵고, 통찰력을 요구한다. 깨달음을 설명하면서, 그리고 성도 직후 연기를 가르치면서 상호인과율에 수반

---

**69**　　Mizuno, *Primitive Buddhism*, p. 116.

된 사유의 방식을 언급하는 말이 반복되는데, 그것은 요니쏘 마나씨까라(yoniso manasikāra, 如理作意)이다. 마나씨까라(manasikāra, 作意)는 '심사숙고하다', '마음에 깊이 새기다'는 의미의 동사에서 파생된 것으로, '깊은 주의' 또는 '주의 깊은 심사숙고'를 의미한다. 여기에서 이 심사숙고는 요니(yoni)의 탈격(奪格)인 요니쏘(yoniso, 如理)에 의해 수식되고 있다. 요니(yoni)의 문자적 의미는 '자궁'인데, 의미가 확장되어 '근원', '태어나는 길', '모조직(母組織, matrix)'을 의미하게 된 것이다.

요니쏘 마나씨까라는 우리가 의존적 상호발생(연기)에 대해 사유할 수 있는 길을 찾는 데 도움이 되는 수많은 유익한 함의를 제공한다. 자궁을 가리킴으로써 발생, 즉 현상의 발생을 함축하고, '모조직(母組織)'을 가리킴으로써 현상들이 참여하고 있는 상호의존의 망(web)을 시사하고 있는 것이다. 요니쏘 마나씨까라는 분석하거나 분류하는 이지적인 학습이 아니다. 그것은 분석적이기보다는 종합적인 것으로서, 전체의 자각 – 폭넓고 집중적인 개방성 또는 그 안에 모든 요인들이 포함될 수 있고 그것들의 상호관계를 살펴볼 수 있는 깊은 주의[靜慮]**70** – 을 뜻한다.

허버트 귄터(Hebert Guenther)는 이러한 사유 양식은 서양의 특징이 아니라는 것을 시사하면서 그 교의가 선형적 인과관에서 일탈한 것임을 강조한다.**71**

불교의 인과율에 대해서 이야기하려고 할 때 무엇보다 중

---

**70**　[ ]는 역자 삽입.

**71**　Guenther, *Buddhist Philosophy*, pp. 75-76.

요한 것은 그것이 우리의 사유방식에서 벗어나 있다는 점을 깨닫는 일이다. 불교인의 연합적이며 조화적인 사유의 개념 체계는 전통적인 유럽인의 인과적이며 법률적인 사유와는 다른 어떤 것이었다. 불교인의 사유체계는 상호의존하는, 함께 존재하면서 자유롭게 상호작용하는 힘들의 네트워크를 [가정하며], 이 네트워크 속에서는 어떤 요인이건 인과의 분류 단계에서 가장 높은 위치를 언제든지 차지할 수 있다.

불교의 인과율이 의식을 지닌 존재들[衆生]에게 주는 역할에 대해 평하면서, 귄터는 계속해서 이야기한다.

> '작인(作因, causal agent)'으로서 그의 세계를 만들고 있는 것은 다름 아닌 그이고, 한편 세계는 그를 만들고 있는 작인'이다. 그렇게 되는 까닭은 전술한 바와 같이 불교의 '인과율'이 원인과 결과가 서로 얽혀 있는 시스템이며 인과의 선형적인 연쇄가 아니기 때문이다.

따라서 이 인과율은 상대적인 동시에 객관적이다. 객관적으로 사물들의 본성 속에 내재해 있는 이 인과율은 상대적인데, 주관적인 견해라는 의미에서 상대적이라고 하는 것이 아니라 현상들이 상호의존한다는 의미에서 상대적이다. 이 상호의존이라는 관념은 붓다의 가르침에 고루 퍼져 있어서 붓다가 계율을 제정하는 것 자체도 조건(인연)에 의한 것으로 이야기된다. 하늘로부터 내려온 일방적인 계시(啓示)

란 결코 존재하지 않으며, 계율의 출현은 우리 모두 처해 있는 바로 그 상황에서 생긴 것이다. 그것은 절망과는 거리가 먼, 우리와는 차원이 다른 보다 순결한 영역에서 만들어진 것이 아니라, 태어나서 늙어 죽어 가는, 생사윤회(生死輪廻, saṃsāra)라고 부르는 바로 그 혼란에 의지하여 나타난 것이다. 후에 용수(龍樹, Nāgārjuna)가 이야기한 생사윤회와 열반의 변증법적 상호작용에 대한 언명의 전조가 되는 언급 속에서 붓다는 다음과 같이 이야기한다.

> 만약 이 세 가지가 이 세상에 없었다면, 제자들이여, 여래, 불(佛) 세존은 세상에 출현하지 않았을 것이고, 여래가 현시한 계율과 교의도 세상에서 빛을 발할 수 없었을 것이다. 어떤 것이 그 셋인가? 태어남[生]과 늙음[老]과 죽음[死]이 그것이다.[72]

인과율에 대한 이러한 견해는 자아와 자아의 세계를 이해하는 데, 즉 인간 실존의 본질인 곤경과 희망을 파악하는 데 광범위한 함의를 갖는다. 붓다의 다른 가르침들 속에서 여실하게 드러나는 [불교의 인과율이 담고 있는] 이 함의들은 이 책의 마지막 부분에서 인과의 과정에 대해서 비슷한 견해를 가진 것으로 인정되는 일반시스템이론의 함의와 함께 자세히 언급될 것이다.

---

**72** Aṅguttara Nikāya, Ⅲ, Oldenberg, *Buddha: Life, Doctrine, Order*, p. 217에서 재인용.

# 제4장

---

## 일반시스템이론

그 아이디어는 많은 곳에서 나왔다.

비엔나에서는 폰 베르탈란피(von Bertalanffy)에 의해서,
하버드에서는 위너(Wiener)에 의해서, 프린스턴에서는
폰 노이만(von Neumann)에 의해서, 벨 전화연구소에서는
샤논(Shannon)에 의해서, 케임브리지에서는
크레이크(Craik)에 의해서, 그리고 그 밖에도 여러 곳에서
나왔다. 이 모든 개별적 발전들이 다룬 문제는 …
과연 조직화된 시스템이란 무엇인가라는 문제다. …
나는 인류가 지난 2,000년 동안에 지식의 나무에서
얻은 결실 가운데 가장 큰 성과는 인공지능이라고
생각한다.

_ 그레고리 베이트슨(Gregory Bateson)♦

♦ Bateson, *Steps to Ecology of Mind*, pp. 481-482.

초기불교의 경전을 고찰하다가 갑자기 건너뛰어 일반시스템이론**01**을 소개하는 것은 일견 범주를 무시하는 곡예처럼 보일 수도 있지만 사실은 그렇지 않다. 비록 이들 두 사상 체계는 목적과 방법을 달리하는 매우 다른 인간 기획이라 할지라도, 나는 감히 붓다 스스로도 그의 가르침을 현대과학이 낳은 개념들과 나란히 놓고 고찰하는 것을 부당한 것으로 생각하지 않을 것이라고 단언한다. 붓다는 모든 데이터는 제아무리 세속적인 것이라 하더라도 의존하여 함께 발생한다는 생각[緣起]과 무관한 것으로 보지 않았으며, 또한 자연 현상에 관해 그 당시 사람들이 알고 있는 지식을 풍부하게 참고했다. 또한 붓다는 다른 사상적 지도자들과는 대조적으로 스스로를 경험에 의해서 알려지고 입증될 수 있는 것에 의존하고 있는 경험주의자로 생각했다. 붓다가 파악한 정신적인 것과 물리적인 것 사이의 상호의존성, 그리고 사유와 지각 사이의 상호의존성은 그 탐구 영역이 그의 가르침이 연관된 것으로 볼 수 있는 영역까지 확장되고 있다. 따라서 그의 가르침

---

**01** 베이트슨(G. Bateson)이나 바렐라(F. Varela) 같은 몇몇 사상가들은 '인공두뇌학(cybernetics)'이라는 용어를 우리가 일반시스템이론(general systems theory)이라는 주제 아래 논의하려고 하는 개념으로 사용하고 있다. 폰 베르탈란피(von Bertallanffy)와 같은 시스템적 사고의 선구자들이 개념화한 것을 인공두뇌학이라고 부르는 사람들이 받아들여 구체화했기 때문에, 그리고 일반시스템이론이 인공두뇌학적 연구 성과가 제공하는 관점들을 포함하고 있기 때문에, 우리는 '인공두뇌학'이라는 용어를 계속해서 이 사상 체계의 가장 포괄적인 개념으로 사용하려고 한다. 유의해야 할 것은 통속적으로 시스템이론은 흔히 능률과 제어를 위해 경영과 산업에 적용되는 시스템이론과 동일시되고 있다는 점이다. 보다 큰 시스템 철학의 맥락을 무시하는 목적 지향적인 시스템이론의 활용은 일반시스템이론의 철학적·윤리적 함의뿐만 아니라 이것이 불러온 세계관의 근본적 변화를 인식하는 데 방해가 되고 있다.

을 자연과학에서 나온 개념들과 나란히 고찰하는 것은 결코 부적절
한 것이 아니다.

서양 문화를 지배해 온 선형적 인과 패러다임과는 대조적으로
일반시스템이론은 인과율에 대해 상관적 또는 상호적 견해를 보여준
다. 이 두 가지 인과관, 즉 시스템이론과 불교는 우리가 이러한 색다
른 종류의 인과 과정을 이해하는 데 풍부한 가르침을 줄 수 있을 것
이다. 시스템이론가들이 이 인과 과정의 작용을 어떻게 보고 있는지
를 고찰하기 전에 일반시스템이론의 역사와 주요 개념들 그리고 용
어들을 살펴보기로 하자.

## 단일 방향 인과 패러다임이 갖는 과학의 문제들

일반시스템이론은 실재에 대한 기계론적 모형을 벗어난 현상들을 과
학적으로 파악하고 이해하려는 노력의 결과로 나타났다. 기계론적
모형은 오스트리아의 생물학자 루드비히 폰 베르탈란피(Ludwig von
Bertalanffy)가 규정하듯이 "고전 과학의 분석적이고 기계적인 단일 방
향 인과 패러다임"[02]이다. 그것은 실재는 분석될 수 있다고 가정했다.
기계론적 모형은 전체는 전체를 이루는 부분에 의해 이해될 수 있으
며, 어떤 실체나 유기체의 본성과 기능은 그것의 물질적이며 외적으로
관찰 가능한 구성 요소로 환원함으로써 파악될 수 있다고 전제했다.

이러한 분석은 멋진 과학적 성과를 제공했다. 생명체의 해부는

---

**02**     von Bertalanffy, *General Systems Theory*, XXi.

시간적으로 일정한 순간 생명체의 구조를 잠깐이나마 볼 수 있게 해 주었고, 제한된 것이기는 하지만 예측하고 조절할 수 있는 효과적인 능력을 제공했다. 그러나 이러한 능력을 성취하는 데는 상당한 대가를 치러야 했다. 무엇보다 중요한 관계의 패턴들은 설령 무관하지는 않다고 할지라도 측정할 수 없다는 이유로 무시되었다. 목적과 계획은 목적인(目的因)과 함께 경험적이지 않다는 이유로 고려의 대상에서 제외되었다. 모든 원인과 잠재력은 초기 상태로 선형적으로 더듬어 올라가 찾을 수 있고, 장기간 움직이게 하는 힘으로 환원할 수 있다고 가정되었다. 좀 더 면밀한 관찰을 통해 현상들이 그런 방식으로 작용하지 않는다는 사실이 드러나자, 인과율을 전적으로 포기하고 세계를 우연적인 것으로 보는 견해가 하나의 귀결로 나타났다.

단일 방향적 패러다임은 결국 둘 가운데 하나를 선택해야 하는 양자택일로 귀결되었다. 우리는 초기 상태에 의해 예정된, 진정 새로운 것은 나타날 여지가 없는 시계장치 같은 우주 속에서 살고 있거나, 아니면 이 우주는 '횡설수설하는 백치의 이야기처럼' 우연한 법칙에 의해서 단지 통계적으로 결정되는 원자들의 맹목적이고 무의미한 활동이다. 이 양자택일은 우리의 정신에 길들여져 있으며, 이것이 현대 세계에서 우리가 겪는 정신적 혼란의 한 요인이다. 이 양자택일의 바탕이 되는 선형적 인과율도 또한 과학적 과제를 설정하고 증명하는 데 부적절하다는 것이 점차로 입증되었다. 우리는 이 부적절성이 명백하게 드러났으며, 또한 시스템 철학적 사고를 촉진했던 세 분야에 주목할 수 있다.

첫 번째로 고전 과학의 가설들은 용의주도하게 분리된 현상들과 한 사물과 다른 사물 사이의 인과 관계를 이해하는 데 충분한 것으로 보였다. 과학자들은 단일 방향적 인과 관념들을 두 개 이상의 변수들을 나타내야 하는 상황에 적용하기가 어려웠다. 예를 들면, 원자핵을 선회하는 전자가 하나인 수소 원자보다 더 복잡한 과정에는 단일 방향적 인과 관념을 적용하기에 어려움이 있었다. 다양하게 변할 수 있는 복합체들을 선형적인 관계들로 도표로 만드는 일은 점진적 분석을 수반했으며, 그 도표에서 작용하는 힘들은 상호작용하는 한 쌍의 연쇄로 환원되었다.**03** 이 도표는 유익한 정보를 제공할 수는 있지만 상호작용하는 복합체 전체의 흐름을 나타낼 수는 없다. 과학적 도구들이 새로운 전망들을 열어주고 모든 주어진 사건에 점진적으로 복잡한 데이터를 제공함으로써 인과적 상호작용을 개념화하는 새로운 방법들을 찾지 않을 수 없게 만들었다.

전통적 인과 개념들이 부적절하게 여겨지게 된 두 번째 영역은 엔트로피(entropy)와, 또는 오히려 반-엔트로피적(anti-entropic) 과정이 있다는 증거와 관계가 있다. 열역학 제2법칙(엔트로피)은 에너지가 전환될 때는 언제나 그 에너지의 일부분이 상실된다고 이야기한다. 그리하여 열의 차이가 점점 균등해지며, 우주는 궁극적으로 동일성, 무질서, 그리고 혼란에 도달하는 것으로 여겨진다. 이 법칙은 '모든 자연법칙 중 가장 기본이 되는 것의 하나'로 여겨졌기 때문에 결코 부인되거나 논박되지 않고 있었다.**04** 그러나 그것은 모든 살아 있는 유기체와 같은 우주의 일부분에서 형태들이 분화하면서 복잡한 것으로 발달하는 명백한 사실을 적절하게 설명하지 못했다. 유기체들은 쇠

---

**03**    Laszlo, *Systems View*, pp. 5~6.

**04**    Ibid., p. 34.

퇴하지 않고 그 대신에 갱신한다. 자기-조직(self-organization)은 1920
년대 이후 처음에는 생물학적 현상 속에서 연구되었으나 1970년대
에 이르러 시스템 지향적인 생명과학자들이 제공한 개념화에 의해
고무된 물리학자들도 하부조직적(suborganic) 현상들 속에서 작용하
고 있는 비슷한 과정들에, 특히 고에너지 플라즈마에 주목했다.**05** 질
서가 반-엔드로피적으로 발전한다는 것은 결과가 원인 안에 선재(先
在)하는 전통적인 선형적 인과 개념으로는 설명될 수 없는 것이다.

세 번째로, 실재(reality)는 보다 작은 부분으로 분석함으로써 이
해될 수 있으며, 원인들은 선형적인 인과의 고리를 거슬러 올라가면
찾을 수 있을 것이라는 가정에 근거를 둔 고전 과학의 분석적 연구
태도는 엄격한 전문화를 낳았다. 지질학자에서 신경학자에 이르기
까지 전문가들은 점점 더 작은 것에 대해 더 많은 것을 공부하게 됨
으로써 그들의 학문은 사실상 밀폐되었다. 그들의 주제와 전문용어의
특이성이 그들의 좁은 영역 밖에 있는 기초지식이 없는 사람들과의
의사소통을 가로막고 있는 것이다. 상호의존 작용에 대한 이해의 필
요성이 점차 더 긴박해졌지만 연구의 전문화가 상호관계에 대한 파악
과 연구를 가로막았다. 어빈 래즐로(Ervin Laszlo)는 다음 같이 말한다.

우리는 자연과 실재라고 부르는 신비의 성벽 여러 곳에
구멍들을 뚫고 있으며, 구멍을 뚫은 자리 하나하나를 섬
세하게 분석해낸다. 그러나 우리는 이제야 겨우 그 조사

---

**05**   Bardwell, "Nonlinearity and Biological Sciences," p. 3.

들을 다른 것과 연결시켜 거기에 무엇이 있는지를 통찰할 어떤 일관된 식견을 얻을 필요를 깨닫기 시작하고 있다.[06]

## 시스템에 대한 생명과학의 이해

일반시스템이론은 원자론적 연구 방법을 넘어서야 할 필요성이 가장 두드러졌던 과학, 즉 생물학에서 처음으로 나타났다. 폰 베르탈란피가 그의 작업에서 주목한 것은 부분들이 아니라 전체들과 그것들이 작용하는 방법이었으며, 실체가 아니라 조직(organization)이었다. 1920년대에 그 작업의 초기 단계를 언급하면서 폰 베르탈란피는 다음과 같이 쓰고 있다.

> [나는] 생물학의 연구와 이론이 지닌 명백한 결함에 당황하게 되었다. 그러자 일반적으로 행해지고 있는 기계론적 연구 방법은 생명 현상에 실로 본질적인 것을 무시하거나 적극적으로 부정하는 것으로 여겨졌다. [나는] 유기체를 전체 또는 시스템으로 간주해야 한다는 것을 강조하는 생물학의 유기체적 사고방식을 주창했으며, 생물학적 과학들의 주된 목적은 다양한 수준의 생명체에서 생명체의 원리를 발견하는 데 있다는 것을 알았다.[07]

---

**06**　　Laszlo, *Systems View*, p. 4.

**07**　　von Bertalanffy, *General Systems Theory*, p. 12.

이러한 생각은 그만의 고립된 생각이 아니었다. 전체론적, 과정 지향적 연구 방법은 같은 시기에 화이트헤드(A. N. Whitehead)의 유기적 기계론(organic mechanism) 철학**08**과 생리학자 월터 캐논(Walter Cannon)의 ‒ 시스템 철학의 사고에 근본이 되는 개념인 ‒ 항상성(恒常性, homeostasis)에 관한 저작과 함께 널리 퍼졌다.

폰 베르탈란피는 동물이든 채소든, 세포나 생물의 기관이든 유기체이든, 전체는 시스템으로 가장 잘 설명될 수 있다는 것을 발견했다. 시스템은 사물(thing)이라기보다는 오히려 패턴(pattern)이다. 시스템은 사건들의 패턴이며, 시스템의 존재와 성격은 시스템을 구성하고 있는 요소들의 성질보다는 조직에서 나온다. 이와 같이 시스템은 역동적으로 상호작용하는 흐름으로 구성되어 있다. 시스템은 '비누적적(non-summative)'이며, 따라서 그 구성 요소들로 환원될 수 없다. 다시 말해서, 유기체라고 하는 패턴으로서의 시스템의 성격은 그 어떤 부분이라도 더하거나 빼거나 변형하면 바뀐다. 그러므로 시스템은 그것을 구성하고 있는 부분들의 종합 이상이다. 여기에서의 '이상(以上, more)'은 생기론적(生氣論的) 원리**09**나 창조적 생명력(élan vital) **10** 같은 부가적인 어떤 것이 아니라, 부분들의 상호의존에 의해 가능

---

**08**　역주: 세계는 사물들로 이루어져 있는 것이 아니라 일어나고 있는 사건들로 이루어져 있으며, 사건은 하나로 파악된 우주의 종합적 통일이며 하나의 유기체라고 보는 입장이다. 여기에서 세계는 하나의 거대한 공동체이고, 그 속에서는 모든 것이 모든 것의 영향을 받으며, 순전히 외적이라고만 할 수 있는 관계는 어디에도 존재하지 않는다. I. M. 보헨스키, 『현대철학』, 한전숙 역 (정음사, 1974), pp. 234-235 참조.

**09**　역주: 생명 현상은 물질의 기능 이상의 생명력에 의한다는 이론이다.

**10**　역주: 프랑스 철학자 앙리 베르그송(Henri Bergson)은 생명은 물질을 정

하게 된 새로운 단계의 작용이다. 이 작용은 시스템의 구성단위들이 독립적으로 연구될 때에는 시야에서 사라진다.

폰 베르탈란퍼는 생명 시스템(living system)의 내부 기능을 특징 지을 뿐만 아니라 그것과 환경과의 관계를 대변하고 있는 것은 유기적 상호의존이라는 것을 깨달았다. 그 시스템이 유기체이건, 세포이건, 분자이건, 시스템은 보다 더 큰 시스템 속에서 작용하면서 발전하는데, 보다 큰 시스템의 특성은 [그 속에서 작용하고 있는] 시스템에 의존적인 동시에 필수적이다. 시스템들은 다른 시스템들을 둘러싸고 있으면서 동시에 다른 시스템들에 둘러싸여 자연적인 계층적 질서 속에서 끊임없이 의사소통하고 있다.[11]

자연 속에서 발견되는 조직화된 전체는 그저 시스템일 뿐만 아니라 열린 시스템(open system)이다. 그것은 그 환경과 물질·에너지 그리고 정보를 교환하면서 스스로를 유지하고 조직한다. 물질·에너지·정보 등은 시스템을 관통하면서 시스템에 의해 변형된다. 시스템을 구성하고 있는 요소 가운데 영속적인 것은 없기 때문에, 이 교환과 변형이 시스템의 생명이며 연속성이다. 시스템적 탐구는 이 교환과 변형이 일어나는 방식, 즉 끊임없이 변화하고 있는 하나의 패턴으로

---

복하며 물질을 관통하는 '삶'을 끊임없이 창조해 가는 것으로 보고, 이러한 창조적 진화 발전의 원동력을 '엘랑 비딸(élan vital)'이라고 불렀다. 생명이 물질을 정복하면서 물질 이상으로 성장 진화할 수 있는 것은 바로 이 'élan vital' 때문이라고 베르그송은 생각했다. 일반적으로 'élan vital'을 '生의 비약'또는 '生의 약진'이라고 번역하는데, 역자는 '창조적 생명력'으로 번역했다. (『철학개론』, 서울대학교출판부, 1981, p. 525 참조.)

11  '계층적(hierachical)'이라는 술어는 시스템적 사상에서 사용될 때에는 수준의 높고 낮음을 의미하지 않고 유기체 단위의 크고 작음을 의미한다.

서의 실체(substance)가 형태 또는 동일성을 유지하면서 그것의 질서를 발전시키는 원리에 중점적으로 주의를 기울였다. 폰 베르탈란피가 발견한 중요한 사실은 이 과정들을 지배하는 법칙들, 아니 그보다는 이 과정들이 보여 주는 [과정 자체의] 불변성은 시스템의 성질에 관계없이 본질적으로 같다는 것이었다

　　스스로를 유지하고 조직한다는 점에서 열린 시스템은 폰 베르탈란피가 개념화한 유동-평형(Fliess-Gleichgewight)에 의해 특징지어지는데, 유동-평형은 '정상(定常) 상태(steady state)', 또는 문자 그대로는 '흐름의 균형(flux-balance)'을 의미한다. 흐름이 강조되는 것은 열린 시스템이 끊임없는 유입과 유출의 상태에 있기 때문이다. 즉 열린 시스템의 정상 상태는 결코 화학적 또는 열역학적 평형 상태에 있지 않고, 시스템의 내용이 상호작용하는 사건들에 의해 끊임없이 바뀌기 때문이다. 균형이 강조되는 것은 열린 시스템이 대립하고 있는 힘들 – 시스템의 요소들을 구성하는 힘과 파괴하는 힘들 – 사이의 긴장 상태에서 스스로를 유지하기 때문이다. 열린 시스템은 에너지를 끌어들여 처리함으로써 퇴화된 것을 보충한다. 열린 시스템은 불합리하여 개연성이 없는 스스로의 상태와 주변적 매체 사이에서 역동적인 평형을 이루며 유지한다. 마치 불꽃처럼 시스템의 요소가 소모되는 동안 시스템의 패턴은 지속되며, 그 패턴이 더욱 복잡해지기도 한다. 이와 같이 열린 시스템의 과정들은 반-엔트로피적(anti-entropic)이다. 즉 무질서와 혼란을 지향하는 전반적인 열역학적 경향 속에서 열린 시스템의 과정들은 질서의 유지와 증가를 드러낸다. 열린 시스템의 질서정연함은, 촛불이 타면서 그 상태를 유지하듯이, 소모되는 힘들을 무시하고 나타날 뿐만 아니라 바로 그 힘들에 의해서 나타난다.

　　　　　　　　　　　　　　　　　　붓다의 연기법과 인공지능

이 관점이 변증법적 성질을 지니고 있다는 것을 전제할 때, 폰 베르탈란피가 쿠사의 저술을 칭찬하고 연구했던 것은 결코 놀라운 일이 아니다. 그는 이 15세기 추기경의 사상에 깊은 관심을 가졌는데, 그에게서 신비적 직관과 수학적 이성의 통일을 보았으며, 새로운 시스템 과학에 대한 선구자의 면모를 보았다. 폰 베르탈란피는 쿠사의 삶과 철학에 대한 논문에서 "대립의 통일 또는 반대의 일치(coincidentia oppositorum)가 쿠사 철학의 핵심 사상"이라고 이야기한다. 그리고 이 사상이 어떻게 쿠사의 신 관념 속에 무한한 원으로 반영되어 있는지를 밝히고 있다.**12** 폰 베르탈란피는 모든 곳이 원의 중심이 되기 때문에 무한한 원의 이미지가 시스템 철학과 일치하는 관점을 드러내고 있다는 사실, 즉 "세계의 어떤 부분도 한정된 의미에서는 무한한 전체를 포함하고 있다"라는 시스템 철학의 견해를 나타내고 있다는 사실에 주목했다. 폰 베르탈란피는 쿠사가 "유기체적 세계에 생기를 주는 원리로서의 신을 불에 비유함으로써 모든 생성은 불의 변형 – 오늘날 우리 식으로 말하면 에너지의 변환 – 에 의해 이루어진다고 보았다는 점에서 헤라클레이토스를 연상시킨다"고 말한다.

유동-평형 상태에서 열린 시스템이 질서를 유지하고 창조하는 과정들은 이중적인 것으로 여겨진다. 하나는 항상성을 유지하는 과정인데, 이 과정을 통해 구조나 패턴이 지속성을 유지한다. 다른 하나는 자기 조직의 과정인데, 이 과정을 통해 구조가 변형되고 조직이 증가된다. 이렇게 복잡화하는 과정에서 열린 시스템은 점점 더 개연성

---

**12**   von Bertalanffy, *Perspectives on General Systems Theory*, pp. 60-66.

이 없는, 그리고 다양한 모습으로 변해 간다. 이 과정은 구조적 안정성의 감소를 초래한다. 즉 시스템은 정교하게 조정될수록 물리적인 조직 파괴에 취약해진다. 그러나 이 취약성은 다른 한편으로 정보를 응용하고 처리하며 대처하는 능력과 유연성이 증가함으로써 상쇄된다.

항상성을 유지하고 자기 조직하는 두 과정을 통해 열린 시스템은 열역학 제2법칙이 나타내는 물리적으로나 통계적으로 명백한 우주의 '무질서화(running down)'에 대한 대응적 운동을 형성한다. 열린 시스템은 질서와 비개연성(improbability)이 유지되고 증가되는 네거티브 엔트로피 주머니(a pocket of negative entropy)가 되는 것이다. [이와 같은] 열린 시스템의 개념화는 물리학의 소산(dissipation) 법칙과 생물학의 진화 법칙 사이에 나타나는 외견상의 모순을 해소한다.

외부의 에너지원(源)을 갖지 못하는 기계 같은 닫힌 시스템(closed system)에서는 엔트로피의 증가를 피할 수 없다. 그러나 열린 시스템은 한편으로는 엔트로피를 생산하지만, 동시에 환경으로부터 에너지를 끌어들여 질서 있는 분화(分化)를 증대할 수 있다. 닫힌 시스템이란 추상적 개념이며, 전체로서의 세계를 하나로 간주하지 않는 한 자연 속에는 존재하지 않는다.[13] 원자들조차도 지속되는 시스템으로서 자기 안정과 자기 조직이라는 이중적 과정을 나타내면서 때때로 주위 환경과 상호작용한다.[14]

---

**13**  케네스 세이어(Kenneth Sayre)는 그러나 "우주는 폐쇄될 수 있는 일관된 개념이 없기 때문에 닫힌 시스템으로 일관되게 이해될 수 없다"고 말했다 (*Cybernetics and Philosophy of Mind*, p. 46).

**14**  Laszlo, *Introduction to Systems Philosophy*, p. 62f, p. 205.

## 인공두뇌학과 피드백 개념

정보이론과 인공두뇌학의 출현은 시스템이 안정성을 유지하면서 스스로를 조직하는 과정들을 이해하는 데 유용한 개념들을 제공했다. 이들 개념은 2차 세계대전 동안 수행된 작업에서 나왔다. 19세기의 발견, 즉 혈액이 화학적 균형을 유지하면서 갖는 항상성(homeostasis) 과 제임스 와트(James Watt)가 발명한 증기기관에 설치하는 조절기는 이미 자기 조절(self-regulation)의 과정들을 입증했다. 이 과정들은 노버트 위너(Norbert Wiener) 같은 과학자들이 전시에 만들어낸 자동 유도 미사일에 의해서 훨씬 더 분명해졌다.

이런 장치들을 설계하기 위해서 인공두뇌학자들은 정보들이 주위에서 일어나는 우발적인 사건들에 적응하기 위해 수용되고, 교환되고, 사용되는 방법들에 관심을 갖고 연구했다. 기계 장치들은 스스로의 작업을 감시하고, 탈선과 변화하는 상태들을 교정할 수 있도록, 그리고 매개변수(parameters)의 범위 내에서 스스로의 목표를 바꿀 수 있도록 만들어졌다. 이 모든 것이 이루어지는 과정을 '피드백 (feedback)'이라고 부른다.

피드백 과정에서 시스템의 출력, 즉 시스템의 작용은 시스템의 수신기에 검색되어 되돌아오며, 그렇게 하여 미리 설정된 목표에 맞게 제대로 작동한 것인지 그렇지 못한 것인지 그 정도를 신호로 알려준다. 피드백 루프에 의한 이 검색 때문에 시스템은 목표의 측면에서 시스템의 작용을 규제할 수가 있다. 피드백은 그것이 일으키는 작용의 형태에 따라 두 가지 형태로 구분된다.

네거티브 피드백 루프들은 현재의 탄도 내에 시스템을 안정시킨다. 그것들은 '귀환(homing-in)' 작용을 일으켜 현 상태를 복구함으로써 목표와 실행 사이의 편차를 줄인다. 포지티브 피드백 루프들은 개개의 변화를 다음의 변화에 추가하여 편차를 보강하거나 확대한다. 포지티브 피드백 루프들은 새로움과 불안정성을 산출함으로써, 보다 포괄적인 네거티브 피드백 루프들 안에서 새로운 것으로 안정되지 않으면 다루기 힘든 상태의 성장이나 붕괴를 초래할 수도 있다. 그런 일이 발생할 때 포지티브 피드백은 이미 주어진 시스템의 목표를 수정하는 데 기여한다. 주의해야 할 것은 통속적 의미로 사용할 때 네거티브는 비판의 의미를 담고 있고, 포지티브는 장려를 의미하지만 이 용어들은 통속적인 비전문적 용례와는 다르다는 점이다.

피드백이라는 개념은 인공적인 조절 장치에서 발전했지만 곧 자연적인 열린 시스템이 작용하는 데 적용할 수 있는 관념으로 인정받았다. 유기체 속에서는 어떤 행위의 결과가 감각에 의해 보고되어 신체적으로 나타나는 – 예를 들면, 운동의 속도와 범위를 지시하는 근육운동 감각, 또는 뜨거운 물체를 만졌을 때 뒤따르는 통증 같은 – 내용이 피드백을 구성할 것이다. 사회적 관계 속에서는 어떤 사람이 다른 사람에게 한 행동의 결과를 직접 지각할 수 있도록 하는 – 어떤 사람이 자신에게 화답의 미소로 인사하는 것을 인지하는 것과 같은 – 내용이 피드백을 구성할 것이다.[15] 인공두뇌학(자동제어)의 과정들은 시스템이 그의 환경과 맺고 있는 관계의 교류적 본성을 설명하는 것으로 여겨졌으며, 시스템의 비상한 자기 조절 능력이 이해되고 해석될 수 있는 원리들을 제공했다.

---

[15]    Milsum, *Positive Feedback*, p. 140.

시스템이론이 인공두뇌학 개념들을 흡수함으로써 시스템의 항상성은 네거티브 피드백의 기능으로 여겨지게 되었다. 이러한 관점에서 보면 시스템은 온도 조절 장치와 같은 방식으로 주변에 있는 불안정 상태들에 반응한다. 시스템은 환경에서 지각하거나 측량한 내용(입력)과 [자율 신경 시스템 같은] 통제 센터에 코드화된 시스템의 내적 수요 사이의 편차를 최소화하도록 시스템의 작용(출력)을 조정한다. 이런 식으로 시스템은 패턴의 지속성을 확보하여 스스로를 안정시킨다.

시스템의 자기 조직(self-organization)은 포지티브 피드백 루프들을 통해 편입된 변화들의 관점에서 이해될 수 있다. 주변에 불안한 상태들이 지속되면서 입력과 코드화된 규준들 사이의 부조화가 발생할 때, 시스템은 기능 장애 상태가 되거나 새로운 상태에 어울리는 새로운 행동을 찾아낸다. 그래서 그것들은 새로운 층위의 네거티브 피드백에서 안정된다. 그 과정에서 시스템은 시스템의 규준들을 바꾸면서 보다 큰 융통성을 갖도록 시스템의 구조를 복잡하게 만들어 간다. 새로움을 산출하는 피드백을 '편차-확장(deviation-amplifying)'이라고 한다. '편차-확장' 활동은 분화(分化)와 훨씬 더 비개연적인 정상 상태를 지향한다.

시스템 연구는 열역학적으로 가장 개연적인 평형상태만 아니라면, 어디서 출발하든지 간에 열린 시스템은 환경으로부터 입력되는 것들에 반응하면서 복잡해질 것이라는 점을 보여준다.**16** 이러한 연

---

**16**　마크리다키스(Spyros Makridakis)는 이 원리를 '시스템 제2법칙'으로 법칙화했는데, 그는 '시스템 제2법칙'이 틀림없이 닫힌 시스템에만 한정적으

구 결과에 따라 애쉬비(W. R. Ashby)는 이러한 시스템 속에서 "생명과 지능은 필연적으로 진화한다"[17]고 말했다.


## 시스템적 불변성과 계층조직

시스템 이론가들의 입장에서 이 과정들은 관찰 가능한 우주 전체에 걸쳐 명백한 불변성을 갖는 것으로 확인될 수 있다. 행동(반응)의 유사성은 생물학적 시스템 안에서뿐만 아니라 원자에서 사회단체, 지구 생물권에 이르는 하부조직 세계와 상부조직 세계 안에서도 인지된다. 이런 불변성들이 일단 인지되기만 하면 개체나 전체는 시스템으로 간주되며, 불변성을 갖는 시스템들의 행동과 상호작용의 논리가 드러나기 시작한다. 불변성들은 또한 이론가들이 자연 시스템의 고유한 특성을 공식화하는 것을 가능하게 했다.

시스템적 특성들은 다음과 같은 네 가지다.

① 시스템은 비누적적 전체다. 즉 시스템들은 그 패턴들을 바꾸지 않는 한 부분들로 환원될 수 없다. 벽돌담이나 도서관, 쇼핑용 손수레의 내용물처럼 다른 요소들

---

로 적용되는 열역학 제2법칙을 보충하는 데 사용되게 될 것이라고 이야기한다. 덧붙이면, 그의 '시스템 제1법칙'은 유기체와 에너지의 관계는 비선형적(非線形的)이라는 것이다. 즉 시스템이 복잡할수록 자기를 조직하는 데 많은 에너지를 필요로 하는 것이 아니며, 때로는 훨씬 적은 에너지를 필요로 하기도 한다는 것이다. ("Second Law of Systems").

**17** Ashby, "Principles of Self-Organizing System," p. 272.

에 영향을 주지 않고 구성 요소들을 보태거나 뺄 수 있는 집합체들은 시스템으로 인정되지 않는다.

②　시스템에는 항상성이 있다. 시스템은 네거티브 피드백을 통해 자신을 안정시킨다. 즉 시스템은 시스템이 받아들일 입력(input)과 시스템 속에 내적으로 코드화된 요건들 사이의 조화를 산출하고 유지하기 위해 시스템의 출력(output)을 조정한다.

③　시스템은 자기 조직적(self-organizing)이다. 입력과 코드 사이의 부조화가 지속되면 시스템은 시스템이 작용할 수 있는 새로운 패턴을 찾아 코드화한다. 포지티브 피드백을 수용함으로써 시스템의 구조는 분화되고 복잡해진다.

④　시스템은 전체일 뿐만 아니라 더 큰 전체 속에 있는 부분이다. 세포이건 기관(器官)이건 원자이건 동물이건 그 하부 시스템을 포함하고 있다.

　　또한 그것은 스스로 그것의 특성을 지닌 더 큰 시스템 속에 있는 하나의 하부 시스템이며, 그것의 기능의 측면에서는 없어서는 안 될 상호 한정적인 하나의 구성 요소다. 열린 시스템들은 상호작용을 하면서 상호 적응하는 기능으로서 보다 포괄적인 구조나 패턴들을 조직한다.

그렇다면 시스템은 야누스의 얼굴을 하고 있다. 즉 전체로서의 시스템은 안을 향하고 있고, 하부통일체(subwhole)로서의 시스템은 밖을

향하고 있다. 시스템 이론가들이 그것을 홀론(holon)[18]이라 부르는 것은 이 때문이다. 철학자이자 작가인 아서 케스틀러(Arthur Koestler)는 그리스어 holos(전체)에, neutron(중성자)이나 proton(양자)에서 보듯이, 분자나 부분을 의미하는 접미사 on을 붙여 시스템적 특성에 어울리는 '홀론'이라는 용어를 만들었다.[19]

시스템적 자기 조직의 이러한 단계들이 점진적으로 향상한다는 것을 인지함으로써, 시스템이론가들은 관찰된 실재의 구조는 계층적이라고 주장한다. 그것은 군대나 교회 같은 지위나 권위의 계층조직도 아니고, 플라톤과 플로티누스의 사상 같은 존재와 가치의 계층조직도 아니다. 그것은 오히려 포개진 상자들의 집합과 비슷하다. 또는 그것은 우빠니샤드에 묘사되어 있는 것과 같은 나무, 즉 시스템 가지들이 하부 시스템을 향해 아래로 뻗어 있는 거꾸로 서 있는 나무다.[20]

계층조직에 관한 인습적인 생각들과 구별되는 이러한 중요한 차이로 인해 신조어 '홀로너키(holonarchy)'[21]가 만들어지게 되었는데,

---

**18** 역주: '홀론(holon)'은 보다 큰 전체 속에 있는 부분으로서의 하나의 전체를 의미한다. 즉 어떤 시스템이 보다 큰 시스템 속에서 부분으로 기능하지만, 그 부분은 단순한 부분이 아니라 더 작은 시스템을 통일하고 있는 전체라는 의미다. (린 마굴리스·도리언 세이건, 『생명이란 무엇인가?』, 황현숙 역, 지호, 1999, p. 26 참조.)

**19** Koestler, *Ghost in the Machine*, p. 48.

**20** Katha Upaniṣad, in Hume, *Thirteen Principal Upaniṣads*, Ⅱ, iii, 1.
역주: 『까타 우빠니샤드』 3부 1장에 다음과 같은 내용이 있다. "뿌리는 위쪽으로 가지는 아래쪽으로 향한 무화과나무를 보라. 그 시작을 알 수 없는 브라흐만처럼 보이도다. 그 뿌리가 바로 순수한 빛 브라흐만의 모습이다."

**21** 역주: 아서 케스틀러(Arthur Koestler)가 명명한, 보다 큰 전체를 이루는 작은 생물들의 공존을 가리키는 홀러키(holarchy)를 의미하는 것 같다. 지

---

몇몇 시스템이론가들은 등급(rank) 또는 단일 방향적 작인(agency)이라는 관념과의 혼동을 피하기 위해 훨씬 문제가 많은 용어 대신에 이 신조어를 채택하고 있다. 왜냐하면 자연의 시스템적 계층조직 속에서는 조직체의 운동이 관료적 피라미드 조직에서 예상되는 방향과 반대로 흐르기 때문이다. 보다 높은 또는 보다 포괄적인 단계의 통합체가 그것을 구성하고 있는 요소들의 상호작용에서 창발(emerge)한다. 즉 조직하는 추진력은 상향적이다. 각각의 새로운 패턴은 이전의 패턴들에 의존하고 있으며, 이전의 패턴들은 그것들이 통합됨으로써 새로운 성질을 만들어낸다. 시스템은 결코 무(無)에서 시작하지 않으며, 이것 때문에 새로운 형태들은 안정성을 가지고 유기적 조직으로 신속하게 나타날 수가 있다.[22] 발생학, 어린이의 발육, 그리고 진화에서 볼 수 있듯이 성장은 단계적이며, 먼저 조직된 요소들의 조직을 토대로 한다.

거꾸로 선 나무의 형태처럼, 또는 피라미드처럼 자연의 시스템적 계층조직들은 올라갈수록 좁아진다. 즉 높은 단계들은 낮은 단계들로 이루어져 있기 때문에 수적으로 적다. 예를 들면, 분자는 그것들을 구성하고 있는 원자보다 수가 적고, 분자들로 구성된 세포는 분자

---

구상의 생물은 계층적으로 창조된 계급조직이 아니라, 즉 지구 생물계는 인간이 가장 우위에 있고 그 아래로 차등적인 계급 질서를 갖는 것이 아니라 작은 생물들이 함께 공존하면서 통일체를 이루고 있다는 것을 표현하기 위해 차등적 계급조직을 의미하는 하이어러키(hierarchy)와 상대적인 의미로 'holon'과 '-archy'를 결합하여 홀러키(holarchy)라고 부른다. (린 마굴리스·도리언 세이건, 『생명이란 무엇인가?』, 황현숙 역, 지호, 1999, p. 26 참조.)

**22**    Simon, "Organization of Systems," p. 7.

들보다 수가 적으며, 유기체는 세포보다 수가 적다. 그러나 동시에 개개의 새로운 단계의 통합체, 또는 새로운 단계의 자기 조직은 수량은 적지만 종류는 더 다양하게 나타난다. 원자보다 더 많은 종류의 분자가 있으며, 세포보다는 유기체의 종류가 더 많은 것이다.

래즐로가 아원자 입자에서 태양계에 이르는 자연의 계층조직을 하나가 아닌 두 개의 피라미드로 도식화한 것은 이러한 현상 때문이다. 아래가 넓고 올라가면서 좁아지는 피라미드는 수량을 나타낸다. 아래는 좁고 올라가면서 넓어지는, 앞의 피라미드를 뒤집어놓은 쌍둥이 형태의 피라미드는 질적인 다양성을 나타낸다. 이 모양은 실재에 대한 시스템 철학의 견해가 갖는 주된 특징, 즉 통합과 분화의 상보성(相補性)이라는 특징을 반영하고 있다. 패턴들이 상호작용을 하는 가운데 그것들의 상호작용이 새로운 특징, 새로운 속성을 낳는다.[23]

화이트(L. L. Whyte)가 상술한 것처럼 자연의 계층조직, 즉 홀로너키(holonarchy)들은 제약에 의해 발생한다.[24] 그것들의 단계적 발달은 한정(definitions) 또는 필연적으로 제한된 구조에 의해 가능해지며, 그것들의 구성 요소들에 의해 채택된다. 그래서 화이트는 "계층조직적 제약은 형태적(morphic) 속성을 띤다"고 말한다. 그러한 제약들이 에너지를 흘려보내 형태를 발생시킨다. 그러한 제약들이 잡음을 거르거나 제한하여 정보를 드러낸다. 천문학 영역에서 이러한 제한 작

---

**23**   이 상보성을 설명하는 래즐로(E. Laszlo)의 피라미드는 시인 예이츠(W. B. Yeats)가 그의 유명한 상상 속에서 보았던 반대로 돌면서 교차하는 두 개의 나선형을 연상시킨다. (Yeats, *A Vision*).

**24**   Whyte, "Structural Hierarchy," p. 275.

용을 하는 것은 중력이며, 미시물리학에서 유기적 생명에 이르기까지의 계층조직에서는 전기화학적 힘들이 그러한 제약들이다. 사회적·인지적 계층조직에서는 그러한 제약들이 상징들에 의한 의사소통을 통해 작용한다. 이러한 제약들의 형태적, 즉 형태-발생적(form-generating) 성질은 우리가 인과율에 대한 초기불교 교리에서 보았던 용어, 즉 니다나(nidāna)와 우빠디(upadhi)를 상기시킨다. 인과관계의 요인들을 가리키면서 호환적으로 사용되었던 이 두 용어는 구속과 제한의 의미를 가지고 있다.

자연 시스템의 계층적 자기 조직 속에서 새로운 것이 산출된다는 사실은 분명히 환원주의에게는 큰 타격이다. 마루야마는 그것이 일종의 무(無)로부터의(ex nihilo) 창조를 보여 주는 것이라고 주장한다. 개개의 계층에서는 개개의 더 큰 시스템적 패턴들 속에서 특징들이 나타나는데, 그 특징들은 그 패턴을 구성하고 있는 요소들 속에 내재하는 특징들로 역추적 될 수 있는 것이 아니다. 래즐로가 지적하듯이 이 견해는 계층들의 비환원성을 주장한다는 점에서 일원론과 모순되고, 계층들 사이에 생성 관계를 마련해 준다는 점에서 이원론이나 다원론과 모순된다.**25**

## 사회과학에서의 시스템이론

시스템-인공두뇌학의(systems-cybernetic) 개념들은 자연과학과 생명

---

**25**    Laszlo, *Introduction to Systems Philosophy*, p. 179.

과학의 범위를 넘어서 사회제도와 행동에 대한 연구, 그리고 심리 과정에 대한 연구에 이르기까지 빠르게 퍼지고 있다. 점점 더 많은 생명의 영역들이 시스템적 특성을 나타내고 있는 것으로 여겨졌으며, '시스템'은 인간 – 생물학적 현상으로서의 인간뿐만 아니라 사회적이고 인지적인 실재로서의 인간 – 에게도 적용 가능한 새로운 방식이라는 것이 밝혀졌다. 시스템은 내적으로 역동적이라는 생각, 그리고 시스템이 처리하는 정보의 특성에 대한 인식은 주관적 데이터와 객관적 데이터를 가르는 이분법(dichotomies)을 붕괴시킨다. 시스템 철학의 입장에서는 느낌, 인지, 그리고 의도의 지각을 포함하여 내부의 경험에 의해 주어진 것들이 더 이상 비경험적인 것으로 배제되지 않고, 과학적 탐구에 적절하며 수용 가능한 것으로 인정된다.

    사회 이론에서 시스템 철학의 견해는 사회의 본질에 대한 유명론자와 실재론자 사이의 오랜 논쟁에 하나의 해결책을 제공했다. 왜냐하면, 시스템 철학의 견해는 사회를 자유로운 행위자의 집합(루소와 로크의 이론처럼) 이상으로 이해하면서도, 사회를 부분들의 관계와 무관하게 그 자체로 독립적인 실재나 본질과 일치시키는(몇몇 마르크스주의나 민족적 사회주의 이론에서처럼) 문제들을 해소하기 때문이다.[26] 방법론적 측면에서 일반시스템이론은 '환원 불가능한' 독자적 특성을 지닌 '부분들의 상호의존'의 관점에서 사회에 접근하게 함으로써 현대사회학에서 기능주의(functionalism)를 낳았다. 이런 의미에서 텔코트 파슨즈(Talcott Parsons)는 사회 시스템이 역동적 통일체(dynamic

---

26    Ibid., p. 98f.

wholeness)라는 것을 강조한다. 그가 이야기하는 '평형 유지'와 내생적인 구조적 변화(endogenous structural change)라고 하는 자기 조절(self-regulatory) 과정은 개념적으로 네거티브/포지티브 피드백과 유사하다.[27] 가족 단계에서 연방 단계에 이르는 제도상의 사회 구조들과 그것들의 계급조직적 기제들, 그리고 이 기제들이 구성원들에게 압력을 가하고 권력을 위임하는 방법에 대한 연구는 시스템 철학의 견해에서 접근할 때 좋은 결과를 가져올 수 있다. 이러한 견해는 사회 구조와 사회적 관습, 관료주의적 절차와 행동이 상호 간에 창조적으로 상호작용한다는 것을 밝혀 준다.

비슷한 방식으로 시스템적 패러다임은 교류 과정이 에너지와 정보는 물론 상품과 돈의 이동까지도 포함하고 있는 경제 시스템과 그 하부 시스템들에 적용되어 왔다. 케네스 보울딩(Kenneth Boulding)은 수많은 영역에 시스템적 개념이 적절하며 중요하다는 것을 지적한다. 시스템적 개념들은 가격과 상품 출하의 균형을 맞추는 이론에 기초가 되고, 조직의 성장과 정체에 관련되어 있는 문제가 무엇인지를 분명하게 드러내며, 경제 주기를 설명하는 데 도움을 줄 수도 있다.

> 만약 경제 주기나 변동 혹은 증권 시장과 같은 특별한 투
> 기 시장이나 경제 일반에 대한 설명을 찾고 있다면, 피드
> 백 모델은 대단히 유용하다. 그것은 평형을 유지하는 (네
> 거티브) 피드백의 경우에는 규칙적 변동을 설명할 수 있을

---

27    Ibid., pp. 100-109.

뿐만 아니라, 안정을 깨는 [포지티브] 피드백의 경우에는 불안전한 과정도 설명할 수 있다. 그러나 놀랍게도 이 모델은 거의 사용되지 않고 있는데, … 아마도 경제학자들이 스스로 그것을 만들지 않았기 때문에 중요한 지적 도구로 사용하지 못한 결과로 보인다.[28]

정치 구조와 과정은 칼 도이취(Karl Deutsch)와 같은 이론가들에 의해 시스템-인공두뇌학적 아이디어로 개념화되고 분석되었다. 사회를 시스템적으로 정보를 처리하는 의사소통 네트워크로 보는 도이취는 신경시스템, 전자 회로, 그리고 사회 사이에서 파악된 유사성에 근거하고 있다. 그는 피드백 모델의 적용이 사회적 가치를 명시하고 정치 시스템의 건전성을 평가하는 데 도움을 줄 수 있다고 지적한다. 피드백 모델은 통신이 매우 중요한 역할을 한다는 것, 그리고 변화하고 있는 조건들에 관한 적절한 정보와 반응의 확보에 대한 논의가 결정적인 역할을 한다는 것을 보여준다.

> 연결망(nets)과 사회에 대한 학습은 그것들의 부분이나 구성원들을 단일화하거나 엄격히 종속시키는 것으로는 최상의 성장을 할 수 없으며, 그보다는 그것들이 상호 간의 의사소통을 성공적으로 유지하고 증대하기만 하면 이 구성원들의 복잡성과 자유에 의해 최상의 성장을 한다.[29]

---

28    Boulding, "Economics and General Systems," p. 86.

29    Deutsch, "Toward a Cybernetic Model," p. 399.

시스템적 사고가 사회과학으로 확장됨에 따라 그것은 사람에 대한 연구 – 즉 정신 건강의 본성과 심리학적 발육과 이상에 대한 이해 – 로 확장되었다. 시스템이론이 심리학과 정신의학에 미친 영향은 고든 올포트(Gordon Allport), 칼 메닝거(Karl Menninger), 빅터 프랭클 (Viktor Frankl), 제롬 브루너(Jerome Brunner), 장 삐아제(Jean Piaget), 그리고 특히 애브라함 매슬로우(Abraham Maslow)의 저작에서 뚜렷이 드러나며, 정신과 의사 윌리엄 그레이(William Gray)는 "폰 베르탈란 피의 위대한 공헌 가운데서 가장 중요한 것은 아마도 … 인간성을 연구하는 심리학이 과학적으로 발전할 수 있는 길을 [보여준 것]일 것"이라고 생각했다.**30**

폰 베르탈란피가 생물학적 과정에서 파악한 시스템의 원리들은 고스란히(in toto) 심리-물리적 개체로서의 인간으로 확장되었다고 윌리엄 그레이는 주장했다. 이와 같이 인간은 개방된 상태에서 자신의 세계와 상호작용을 하는 가운데, 의미와 상징을 전용(專用)하고, 변형하고, 구별함으로써 그 자신을 유지하고 조직하는, 환원 불가능한 역동적 통일체다. 그는 행동주의 심리학의 기초를 이루는 자극-반응 모형에 강력하게 반대했으며, 행동주의 심리학은 들쥐, 비둘기, 그리고 다른 동물들에 대한 관찰들에 근거하고 있는 한 그만큼 '로봇 심리학'이며 '동물형태학적'이라고 규정했다.

행동주의는 인간을 긴장 감소에 의해 자극되어 우선적으로 반응하는 존재라고 설명한다. 즉 행동주의는 휴식이나 정지가 목적인 항

---

**30**    Gray, "Bertalanffian Principles," p. 125.

상성적인 유형의 평형을 가정하고 있는 것이다. 만약 이것이 사실이라면 "생명은 결코 세상에서 가장 잘 적응하는 생명체인 아메바 이상으로 진화하지 않았을 것이며, … 미켈란젤로는 아버지의 간청에 따라 양모 장사가 되어 평생 동안 스스로 고뇌하지 않았을 것"이라고 폰 베르탈란피는 말한다.**31** 자극-반응(S-R) 모형과는 대조적으로 시스템이론은 개인을 휴식을 추구하는 것이 아니라 상호작용의 긴장에 의해 지속되는 정상 상태를 추구하는, 기본적으로 활동적인 존재로 보는데, 이것은 인간의 자발적이고 모험적이며 유희적인 행동을 통해 명백한 것으로 드러난다.

> 자극-반응 도식 — 욕구의 충족으로서의 행동, 긴장의 완화, 항상성적 평형의 회복, 이 도식의 공리주의적 해석과 환경론적 해석, 등등 — 으로 표현되는 반응 유기체 모형과는 대조적으로 우리는 오히려 심리적 유기체를 기본적으로 활동적인 시스템으로 여기게 되었다. 나는 인간의 행동이 달리 생각될 수는 없다고 본다. … 인간은 외부 세계로부터 오는 자극을 수동적으로 받아들이는 존재가 아니라 매우 구체적인 의미에서 그의 세계를 **창조하는** 존재다.**32**

기본적으로 활동적인 존재로 파악됨으로써, 인간 시스템은 이제 의

---

**31**    von Bertalanffy, *General Systems Theory*, p. 192.

**32**    Ibid, pp. 193-194.

도성을 가진 존재로 간주된다. 의도라는 개념은 수 세기 동안 목적론과 목적인(目的因) 냄새가 나는 비과학적인 것으로 여겨졌던 개념이다. 그런데 이제 인공두뇌학자들이 기계 속에 있는 피드백으로 목표 추적과 목표 설정을 입증한 이상, 완고한 심리학자들조차 인간도 역시 의도를 가지고 있다는 생각을 받아들이고 존중할 수 있게 되었다.[33] 이반 파블로프(Ivan Pavlov)와 존 왓슨(John Watson)의 저술 이래로 인간 행동의 기본 단위로 여겨졌던 반사호(反射弧, reflex arc)[34]와 조건 반사는 피드백 루프(feedback loop)로 대치되었다. 피드백 작용은 정보 시스템으로서의 유기체가 어떻게 목표를 향해 움직이는가를 보여준다.

시스템적 관점의 출현은 질병 치유에 성장을 희생하고 안정을 강조하는 고전적 방법에서 벗어나 '정신의학 분야의 새 시대'를 여는 것으로 예고되었다.[35] 시스템적 관점은 게슈탈트심리학(gestalt psychology)의 통찰(배열의 전체성에 대한 강조), 고전적 정신분석학의 통찰(무의식적인 자기 계시에 대한 강조), 원형심리학(archetypal psychology)의 통찰(성격의 자기 분화적(self-differentiating) 성질의 인정)을 통합하고 있다. 매슬로우(Maslow)와 프랭클(Frankl)의 연구가 입증하듯이, 시스템적 관점은 가치를 창조하고 정의할 수 있는 성격의 잠재력에 주목한다.[36] 시스템적 관점은 성격을 홀론(holon)적으로, 즉 상호 결정력

33    Kramer, "Man's Behavior Patterns," p. 141.

34    역주: 반사작용이 일어날 때 작용하는 신경섬유의 일련의 전도로(傳導路).

35    Jackson, "Individual and Larger Contexts," p. 387.

36    Frankl, "Beyond Pluralism," p. 943f.

을 가지고 있는 여타의 시스템들에 의존하는 하나의 시스템으로 파악함으로써 정신질환을 가족 요법에서처럼 맥락적으로 다룬다. 예를 들면, 시스템 지향적인 심리학자들은 일정한 콤플렉스의 근본 원인을 찾기보다는 그것의 구조, 즉 그것이 어떻게 서로 얽혀 있는가를 살펴본다. 시스템 심리학자 고든 올포트가 밝혔던 것처럼 "동기는 기능적으로 그것의 기원(origins)으로부터 자율적이 될 수 있다."[37] 따라서 초기의 원인들을 추적하여 밝히는 병인론(病因論)적인 접근 방법은 효과에 한계가 있었다. 그의 표현에 따르면 시스템적 접근 방법은 그 전망에 있어서 좀 더 개별적(idiographic)이다. "왜냐하면 이제 어떤 한 사람 안에서 무엇이 그 시스템을 유지하게 만드는지가 핵심적 물음이 되기 때문이다."[38]

하부조직 시스템, 식물 시스템, 전자 시스템, 사회 시스템, 그리고 정신 시스템은 통일체, 피드백, 자기 안정과 분화, 정보의 흐름, 그리고 변형과 같은 구성 개념에 의해 비환원적으로 다루어질 수 있다는 것이 다양한 연구 분야에서 입증되었다. 이 시스템들의 불변성은 그 시스템들을 구성하고 있는 것들의 특성과 그것들의 질료적 수준으로부터 독립적이다. 자연세계의 생물 시스템이 외적으로 관찰 가능한 물리적 사건들의 한 패턴이듯이, 사람, 즉 인지 시스템은 내적으로 경험된 정신적 사건들로 이루어져 있다. 이 사건들은 그것이 지각이든, 사유든, 의지든, 정보의 흐름을 나타내는데, 이 정보의 흐름이 시스템의 조직을 변형시키면서 동시에 시스템의 조직에 의해 변형된다.

---

**37**    Allport, "Open System in Personality," p. 349.

**38**    Ibid.

## 인지 시스템

시스템적 관점에서 보면, 이 주관적 사건들은 물리적 현상으로 환원되거나 이해될 수 없다. 신경과 전문의가 관찰한 뇌를 뇌의 신경세포 활동에 해당하는 마음의 경험과 동일시할 수는 없다. 제아무리 섬세하고 정밀한 도구라 할지라도 피실험자의 감각을 관찰하게 할 수는 없다. 왜냐하면 감각은 동일한 연속체 위에 있지 않기 때문이다. 래즐로는 그것들이 실재에 관해, 구별되지만 서로 관련이 있는 두 가지 관점을 드러낸다고 주장한다.**39** 하나는 밖으로부터 관찰된 실재(우리가 외적으로 보는 물질세계)이고, 다른 하나는 안으로부터 경험되거나 느껴진 것이다. 둘 중 어느 것도 다른 것의 결과가 아니며, 양자는 서로 관련되어 있다. 그래서 시스템이론가들은 내부의 주관적 경험 세계를 타고난 그대로 이해될 수밖에 없으며, 그 과정이 시스템적 자기 조절(self-regulation)에 의해 이해될 수 있는 어떤 것으로 받아들인다.

시스템적 관점에서 경험은 개인이 환경과 상호작용하는 수단인 지각 데이터(perceptual data)와 정보의 흐름으로 개념화된다. 이 흐름 속에서 개인은 소리로부터 메시지를, 즉 지각으로부터 의미를 끌어내서 그 메시지의 적절성의 관점에서 내부 조직에 반응한다. 인지 시스템은 정보를 변화시키고 전달하는 자로서 물리적 시스템에서 관찰되는 것과 유사한 불변성을 나타낸다. 의사소통 이론가인 리 세이어(Lee Thayer)는 인지 시스템과 물리적 시스템을 다음과 같이 비교

---

**39**      Laszlo, *Introduction to Systems Philosophy*, pp. 151-155.

한다.

> 가공되지 않은 주위의 과정들을 어떤 특수한 생명 시스템
> 이 소비하거나 처리할 수 있는 에너지 형태로 전환하는
> 것이 물리적 신진대사의 가장 중요한 요소이듯이, 의사소
> 통 과정의 가장 중요한 요소는 가공되지 않은 사건-데이
> 터(event-data)를 그 생명 시스템이 소비하거나 처리할 수
> 있는 정보의 형태로 전환하는 것이다.**40**

이 가공되지 않은 사건-데이터는 시스템 안으로 들어가는 입력이다.
시스템의 환경에서 유래하는 이 데이터들은 지각 표상의 형태로 주
어진다. 그러나 환경은 순수하게 지각되는 것이 아니라 우리가 그렇
게 보도록 배웠던 형태로 분별되고 해석된다. 대상과 관념은 우리에
게 친숙하고 의미 있는 패턴과의 관계 속에서 등록된다. 세이어의 표
현을 빌리면 그것들은 우리에 의해 "소비되거나 처리될 수 있는 정보
형태로 전환된다." 우리가 사물을 식별하는 수단이 되는 형상이나 게
슈탈트들, 그리고 우리의 개념화 수단이 되는 구성물들은 과거의 경
험에 의해 우리 안에서 전개되거나 코드화된다. 여기에서 과거의 경
험이 우리 자신의 경험인가 아니면 우리 인류의 경험인가, 코드화가
유전적으로 되었는가 아니면 문화적으로 되었는가 하는 문제는 상관
이 없다. 왜냐하면 어떤 경우든 이 코드들이 우리가 경험의 흐름을 형

---

**40**　　Thayer, "Communications," p. 52.

성하는 방법을 제공하고, 어떤 경우든 그 코드들은 주변 세계와의 상호작용을 통해 변형될 수밖에 없기 때문이다.

지각 내용이 코드에 합치할 경우, 즉 유입된 데이터가 우리의 경험을 조직하는 수단인 구성물들의 관점에서 유의미한 경우, 우리는 이 합치를 안정화시키는 방식으로 반응한다. 결국 이것은 네거티브 피드백의 작용이며, 이 작용에 의해 인지 시스템은 스스로 안정되고, 세계는 의미를 갖게 된다. '인공두뇌학 I '이라고도 불리는 이 네거티브 피드백 기능에 관해 래즐로는 다음과 같이 말한다.

> 기존 개념들의 이미지 속에서 환경(milieu)을 구성하고 유지하는 것은 자기 안정화 활동으로서, 각자가 자신의 경험을 통해 전개한 '가정된 형태-세계' 안에서 살 수 있게 해 준다. … 이러한 기술에 의해 인지 시스템은 그것의 현존하는 인지 조직을 확립하고, 그 인지 조직에 상응하는 환경 속에서 조건을 성취한다. 모든 사람은 자신의 주변에 크든 작든 세계에 대한 자신의 개념들을 충족시키는 세계를 건설한다. 사람들이 과학기술 능력을 장악하자, 사람들이 의도적으로 수정한 환경은 사람들의 인지적 구성물들의 영향을 강하게 나타내고 있으며, 그 구성물들을 확증하고 보강하는 방식으로 작용한다.[41]

---

41    Laszlo, *Introduction to Systems Philosophy*, p. 128.

네거티브 피드백에서 인지 시스템의 반응은 투사(projection)의 관점에서 이해될 수 있다. 인지 시스템은 지각과 구성물의 합치를 유지하려는 방식으로 환경에 작용한다. 이러한 의미에서 인지 시스템의 구성물들은 환경에 투사된다고 할 수 있다. 그 결과 안정성을 확보할 뿐만 아니라 후속적인 지각을 기존의 구성물들의 관점에서 변형할 수 있게 된다. 이러한 방식으로 과학자는 가설을 투사하여 그것을 입증하고, 예술가는 미적 관념을 투사하여 그것을 그림이나 음악에서 새롭게 구현된 것으로 지각한다. 그것이 둔주곡과 변주곡을 작곡하기 위한 선율적인 모티브이건, 시스템이론 같은 새로운 아이디어이건 우리는 우리의 구성물들을 투사함으로써 삶을 이해 가능한 것으로 만들 뿐만 아니라, 구성물들을 새로운 형태로 인식하고, 또한 그 구성물들의 관점에서 우리의 지각을 변형할 수 있게 된다.

그러나 변화하는 상황이 지각과 구성물들 사이의 지속적인 불일치를 초래할 수 있다. 이 경우 경험은 예상했던 것에 대해 이례적인 것이 된다. 새 데이터를 의미 있고 사용 가능한 것으로 만들기 위해 새로운 구성물들이 형성된다. 인지 시스템은 이 새로운 구성물들에 의해 자신의 세계의 구도를 수정하거나 정교화한다. 불일치, 그리고 새로운 구성물이나 코드 탐색은 포지티브 피드백의 관점에서 이해되며, 포지티브 피드백은 우리가 '학습(learning)'이라고 부르는 과정에 상응한다. 이것은 인지 시스템의 내부 구조를 근본적으로 수정하는 시스템의 재조직, 또는 자기 (재)조직을 의미하는데, 래즐로는 그것을 '인공두뇌학 Ⅱ'라고 규정하면서 다음과 같이 설명한다.

학습은 [그 시스템의] 본질적인 매개변수들(parameters)의

재조직을 초래하며, 성격상 형태 발생적(morphogenetic)이
된다. … 피드백 효과에서 근본적인 보상은 이해 가능성
인데, 그것은 입력-구성물(input-construct)과 맞는 짝에 의
해서 획득된다. 만약 그 반응을 통해 어떤 보상도 기대되
지 않을 경우 외적인 행동 반응이 전혀 이루어지지 않을
수도 있다. 즉 이해 가능성이 최종목표이며, 그럼에도 불
구하고 그것은 획득될 것이다. 동기는 여기에서 행동적으
로 획득된 보강(補强)을 지향하는 노력이 아니라 의미를
지향하는 노력으로 평가된다.[42]

자연의 생물학적 시스템이 변화하는 상황에 적응하기 위해 자기 안
정과 자기 조직을 하듯이, 인지 시스템도 그의 세계를 이해하기 위해
그렇게 한다. 인지 시스템이 의미를 이끌어내는 과정은 그의 구성물
들을 투사함으로써 환경을 바꾸고, 동시에 새로운 방식으로 환경을
구획하면서 그 스스로를 변화시키는 것이다.


## 시스템과 가치

모든 자연 시스템에서 자기 조직이 점점 복잡해진다는 것은 구조적
안정으로부터 멀어져간다는 것을 의미한다. 시스템이 내적으로 보다
고도로 조직화되고 외적으로 더 많은 요인들과 상호관계를 갖게 될

---

**42**     Ibid., pp. 129-131.

수록, 시스템은 점점 더 불안정해지며 예측하기 어렵게 된다. 동시에, 그리고 마찬가지 이유로 반응의 종류가 다양하게 증가함으로써 보다 잘 적응할 수 있게 된다.

이 적응력의 획득은 시스템이 환경에 보다 개방적이 되어 환경에 민감해짐으로써 구조적 안정성과 평정성을 희생한 대가로 얻어진다. 진행 중인 것들을 등록하고 그것들에 반응하기 위해서 시스템은 더욱더 취약해진다. 한편 이 취약성은 다시 좀 더 복잡한 수준으로 시스템의 대처 능력을 높이는데, 이 능력을 시스템 이론가들은 '인공 두뇌학적 안정성(cybernetic stability)'이라고 부른다. 이 안정성은 모든 시스템이 본성적으로 지향하는 내재적 목표나 가치다.

인지 시스템에 있어서 대처 능력은 현존하는 일들뿐만 아니라 앞으로 일어날 일들에 대한 적응을 의미한다. 인지 시스템은 생존뿐만 아니라 이해 가능성을 확보하기 위해, 변화의 결과뿐만 아니라 변화의 요인들 자체 또한 이해하려고 한다. 균형을 유지하기 위해 시선을 곧추세워야 하는 줄타기 곡예사처럼, 인지 시스템은 앞을 내다봄으로써 역학적 평형을 유지한다. 인지 시스템은 가만히 서 있음으로써, 즉 정지 상태로 가라앉음으로써 균형을 유지하는 것이 아니라, 앞으로 나아감으로써, 즉 자신의 구성물들을 미래에 투사함으로써 균형을 유지한다. 이러한 적응은 현재 주어진 것에 대한 적응이라기보다는 오히려 예측적이고 추정적인 활동이다.[43]

지각을 코드와 짝지으려고 하는 것이 인지 시스템의 본성이기

---

**43**     Ibid., p. 264.

때문에, 이 적응은 가치를 의미한다. 경험의 대부분의 양상들을 고려하는 능력을 증가시켜 주는 상징들과 행동들도 마찬가지다. 이 상징과 행동들은, 사회적인 것이든, 예술적인 것이든, 종교적인 것이든, 변칙들을 줄이는 역할을 한다. 이것들은 기지의 것으로부터는 좀 더 확장된 이해 가능성을 이끌어내고, 미지의 것에 관해서는 보다 큰 확신을 이끌어낼 수 있는 방법을 제공한다.

따라서 가치는 변화를 떠나서는, 변화를 피하려는 시도 속에서는, 또는 변화에 초연한 어떤 불변의 영역을 설정하는 데에서는 발견되지 않는다. 가치는 오히려 파도타기를 하는 사람이 파도를 타는 방식으로, 우리가 변화와 일체가 되어 변화로부터 배우면서 변화를 '타고 있을 때' 발견된다. 왜냐하면 시스템적 관점에서 실재(reality)는 그 자체가 역동적으로 흐르면서 생동하는 바다의 파도처럼 우리에게 항상 돌발적으로 나타나기 때문이다. 그리고 인지 시스템, 즉 마음은 의미를 지각하고 만드는 지속적인 과정을 통해 그 변화를 탄다.

일반시스템이론은 그 자체가 이러한 과정이다. 일반시스템이론은 [변화 속에서] 원리를 이끌어내고 정교화하는데, 이 원리에 의해 변화는 이해될 수 있고, 조종될 수 있는 것이 된다. 폰 베르탈란피가 "세계는 고정적인 것이었고, 사물은 영원한 원형(archetype)이나 이데아의 반영으로 간주되었다"고 서술하는 그리스적 시각과는 대조적으로, 시스템이론은 "실재의 모든 영역에서 역동적인 상호작용을 중추적인 것"으로 본다.[44] 그리고 이 상호작용이 패턴들과 원리들을 드러

---

**44**     von Bertalanffy, *General Systems Theory*, p. 88.

내는데, 그것들은 다시 실재 자체의 본성이 조직된 것임을 입증한다. 그는 이렇게 말한다.

> 통합 원리(the unifying principle)는 우리가 모든 층위에서 조직을 발견할 수 있다는 것이다. 물리적 미분자들의 활동을 궁극적 실재로 간주하는 기계론적 세계관은 결국 우리 시대를 재앙으로 이끌었던 물리적 과학기술을 찬미하는 문명 안에서 나타났다. 아마 세계를 하나의 거대한 조직으로 보는 세계관은 살벌했던 지난 수십 년의 인류 역사에서 거의 대부분을 상실했던, 살아 있는 것들에 대한 존경의 의미를 증진하는 데 도움을 줄 수 있을 것이다.[45]

조직(organization)이라는 말은 우리가 숭배하도록 요청받고 있는 우주의 특징을 나타내기에는 다소 차갑고 생기 없는 용어다. 이 용어를 관리, 획일, 통제 같은 개념들과 연관짓기 때문에, 우리는 경외나 감사의 의미로 그것을 맞이하거나 그것 속에서 힘과 아름다움을 지닌 살아 있는 세계를 드러내는 구세주의 현현을 발견하기는 어렵다. 그러나 본래 그 단어는 바로 '정합적인 통일체로 정돈되고 작용하는 전체로 형성된'[46]을 의미한다.

우리의 개별적 자아를 포용하면서 동시에 초월하는 질서를 나타내도록 조직된 것으로 우주를 보는 것은 마치 종교적 인식과도 같

---

**45**  Ibid., p. 49.

**46**  *Webster's New Collegiate Dictionary*. Merriam-Wester, Inc., 1969.

으며, 우리는 그 속에서 축복을 발견할지도 모른다. 그것은 우리가 우리의 본성상 불가결한 관계의 패턴 속에서, '그것의 밖으로 우리가 떨어져 나갈 수 없는', 무엇보다도 소중한 관계의 패턴 속에서 살아가고 있음을 의미한다.

이 관계들은 세계의 재료로서 끊임없는 변화 속에 내재하는 질서를 드러내 보이고, 삶의 방식들이 상호작용하여 개인과 사회를 창조하도록 허용한다. 이와 같이 그 관계들은 인과의 과정이며, 생물학에서 정신의학과 물리학에 이르기까지 여러 연구 분야에서 판별되었듯이, 우리가 인과율을 이해하는 데 직접적인 영향을 준다. 다음 장에서 보다 자세히 고찰하겠지만, 그 관계들은 현상들이 의존하여 함께 발생한다는 것(연기), 즉 인과관계의 특성은 상호적이라는 것을 입증한다.

# 제5장

일반시스템이론의 상호인과율

결국, 우리는 상호작용하는 요소들을
시스템의 측면에서 생각하지 않으면 안 된다.

_ 폰 베르탈란피[♦]

---

♦   von Bertalanffy, *General Systems Theory*, p. 44.

일반시스템이론은 다양하게 변화하는 현상들을 이해하려는, 즉 변화하는 것들을 개별적인 실체로 분석함으로써 그 현상들을 이해하는 것이 아니라 이 변화하는 것들의 상호작용에 유의함으로써 그 현상들을 이해하려는 노력에서 비롯되었다. 구성 요소를 분석하는 것은 유용하기는 하지만 전체를 드러내기에는 한계가 있다. 왜냐하면 구성 요소들의 특징에 초점을 맞춤으로써 전체의 특징은 시야를 벗어나게 되기 때문이다. 따라서 생명 형태를 유기체나 시스템으로 보는 것은 분명히 타당했고 필연적인 것으로 생각된다. 이 관점이 받아들여짐에 따라 유기체들은 사실상 그것들의 물질적 요소나 외형에 상관없이 유사한 원리나 불변성을 나타낸다는 것이 분명해졌다.

그렇다면 이 동일구조의 형태 발생적인 과정들을 이해하는 방법은 어떤 것일까? 선형적인 단일 방향의 인과적 가정들은 부적합한 것으로 판명되었다. 왜냐하면, 선형적 가정들은 오직 한 번에 두 개의 변수에만 부분적으로 적용될 수 있기 때문이다. 패턴을 형성하는 현상들의 상호작용이 연구됨에 따라 색다른 인과율이 나타났는데, 그것은 원인과 결과의 상호의존성과 상호작용을 수반하는 상호적 인과율이다. 이러한 관념은 서구 문화를 지배해 온 선형 패러다임 속에서는 예외적인 것으로서 우리가 이 책에서 공부한 불교의 인과율에 대한 교리와 현저한 유사성을 가지고 있다.

우리가 이 장에서 다루려고 하는 것은 일반시스템이론 속에 나타나는 상호적 인과 과정의 독특한 성질에 관한 것이다. 즉 상호적 인과 과정들이 선형적 가정들과 다른 점들, 그리고 현상들이 상호의존적으로 발생하여 상호 규정하는 방법들을 보다 분명하게 살펴보려는 것이다.

## 시스템 안에서의 원인들의 변환

열린 시스템은 역동적이다. 열린 시스템의 조직은 어떤 방식으로 그려져도 내성적인 구조를 드러내는 것이 아니라 사건들의 패턴을, 즉 그 시스템의 매개변수 내에서 발생하고 있는 교체와 변환을 나타낼 뿐이다. 이 변환들에 의해 열린 시스템은 주위 환경과 상호작용하면서 시스템의 질서를 유지하고 발전시킨다. 열린 시스템은 감각기관을 통해 수용한 것(입력)을 처리하여 시스템의 필요나 코드화된 기준에 따라 에너지와 정보를 이끌어낸다. 이 코드들은 시스템이 입력을 사용하고 반응하는 방식을 나타낸다.

물질이나 에너지 또는 정보는 고정된 통로를 따라 반응을 일으키고, 직접 작용을 드러내면서(출력) 시스템을 관통하여 흐르는 것이 아니다. 오히려 그것들은 그 시스템 내부 구조의 역학에 의해 지배된다. 들어오는 메시지, 즉 입력들은 작동체(作動體, effector)[01]로 전달되어 행동으로 옮겨지기 전에 분류되고, 걸러지고, 평가되어 재결합된다. 열린 시스템은 수동적으로 외적인 원인들의 영향을 받는 것이 아니라 능동적으로 그것들을 변형한다.

인지 시스템에 나타나는 이러한 본질적인 활동은 선형적인 방식으로 입력이 출력을 직접 결정한다고 보는 자극-반응 행동 모형에 부합하지 않는다. 행동주의 심리학자는 자극이 반응을 불러일으킬 수 있다고 생각했다. 예를 들어, 종을 울리면 개는 침을 흘린다. 유기체(생물)는 근본적으로 수동적인 메시지가 중계되고 접속이 일어

---

**01**　역주: 신경 자극에 대한 반응을 관장하는 조직관.

나는 단순한 교환기, 즉 신호를 바꾸면 실행이 바뀌는 교환기로 가정되었다. 그러나 시스템적 관점에서 보면, 폰 베르탈란피(Ludwig von Bertalanffy)가 확언하는 바와 같이, "자극은 자극이 없으면 움직일 수 없는 시스템 속에서 단 하나의 과정(a process)을 일으키는 것이 아니다. 그것은 다만 자율적으로 활동하는 시스템 속에서 다양한 과정들을 수정할 뿐이다."[02] 신경과 의사인 폴 와이스(Paul Weiss)는 다음과 같이 설명한다. "입력 구조는 출력 구조를 산출하는 것이 아니라 단지 고유한 신경 활동들을 수정할 뿐이며, 신경 활동들은 그것들 스스로의 구조적 조직을 가지고 있다."[03]

위에서 능동적인 시스템에 대해 언급하면서, 폰 베르탈란피는 '자율적(autonomous)'이라는 용어를 사용한다. 시스템이론가들은 자율을 축어역으로, 즉 '스스로 다스리는(self-governing)'이라는 어원적인 의미로 사용할 뿐, 결코 독립적이라는 부수적인 의미로는 사용하지 않는다. 왜냐하면 시스템은 분명히 환경과 환경으로부터 들어온 입력들에 의해 영향을 받기 때문이다. 그렇지만 시스템은 입력들이 직접 시스템을 수정하는 것이 아니라, 입력들의 수정 작용이 시스템의 조직에 지배를 받는다는 점에서 스스로 다스리고 있다. 시스템의 반응을 지배하고 결정하는 것은 이러한 내부 구조다.[04] 생물학자이

---

**02** Laszlo, *Introduction to Systems Philosophy*, p. 251에서 재인용.

**03** Weiss, "The Living System" 1969.

**04** 자율(self-governance)과 독립(interdependence)의 이러한 구분은 다른 맥락에서 - 예를 들면 보다 큰 의미의 자율 추구를 가치로 생각하는 정치학이나 인도주의 심리학 같은 곳에서 자율(autonomy)의 의미를 명백히 하는 데에도 도움이 된다. 시스템은 환경과 소통되지 않는 상태를 추구하는

며 인공두뇌학자인 프란시스코 바렐라(Francisco Varela)는 시스템의 자율성을 '오토포에시스(autopoesis)'라는 용어로 묘사한다. 이 입장에서 보면 시스템의 구조는 행동적인 것이라기보다는 순환적인 것으로 보인다.**05** 외견상 환경의 입장에서 보면 제어되는 것으로, 즉 행동적인 것으로 보이는 시스템은 시스템을 구성하고 있는 부분들 간의 상호작용을 고려하면 자율적인 것, 즉 순환적인 것으로 보인다는 것이다. 순환적으로 보는 관점은 관련된 것들을 좀 더 적절하게 설명할 수 있다는 점에서 더 유용하다.

따라서 열린 시스템에서 시스템의 행동을 결정하는 것은 입력이 아니라 시스템 안에서 그 입력에 우연히 발생한 것이다. 즉 시스템의 고도로 구조화된 내부 조직에 의해 입력이 등록되고 사용되는 방식이 시스템의 행동을 결정한다. 래즐로가 확언하듯이, "이것은 선형 인과율의 입력-출력 시스템과는 전적으로 상반된다."**06**

이러한 견해는 선형적 인과 개념에 내재해 있는 생각, 즉 비슷한 조건은 비슷한 결과를 낳고, 다른 조건은 다른 결과를 낳을 것이라는 생각을 바탕에서부터 흔들어 놓는다. 마루야마(M. Maruyama)가 지적하듯이, 이 "고전 철학 속에 있는 신성한 인과의 법칙"은 '시스템 상호적이고 시스템 내의 지속적인 원동력(ongoing inter- and intrasystemic dynamics)'보다는 오히려 최초의 조건들 속에서 현상들 사이의 차이

---

것이 아니라, 시스템의 차별된, 그리고 복합적인 상호관련 속에서 보다 넓은 선택의 영역을 장악하는 내부 구조를 추구한다는 것을 시사한다.

**05** Varela and von Glasersfeld, "Problems of Knowledge"; and Varela and Goguen, "Systems and Distinctions".

**06** Laszlo, *Introduction to Systems Philosophy*, p. 251.

를 설명하도록 과학자들을 이끌면서 많은 연구를 지배해 왔다.**07** 그러나 실은 이 원동력들이 그 조건들의 영향을 약화시켜 그 조건들을 시스템의 코드와 목적에 알맞은 형태로 만든다. 그렇게 하는 가운데 이 원동력들은 동일한 초기의 입력에서 다른 결과를 산출할 수도 있고, 다른 입력에서 비슷한 결과를 산출할 수도 있다. 심리학은 전자의 실례를, 생물학은 후자의 실례를 많이 보여준다.

개인들이 동일한 자극에 반응하는 방식에서 각기 큰 차이를 나타낸다는 것은 그것들의 내부 조직 속에 차이 ─ 환경적 조건에서 기인하는 것이든 유전적 조건에서 기인하는 것이든 ─ 가 있다는 것을 입증한다. 낙조를 볼 때 시신경에 미치는 감각적 충격은 기상학자와 시인에게 동일하겠지만 그들의 반응은 아마도 동일하지 않을 것이다. 일란성 쌍둥이라 할지라도 그 반응은 동일하지 않을 것이다. 서로 다른 방식으로 발전해 온 그들의 인지 구조는 동일한 입력을 서로 다르게 처리하는 것이다.

생물학자들이 발견한 바에 의하면, 동일한 최종적 상태 또는 목표는 상이한 초기 조건들로부터, 또는 상이한 경로를 통해 도달될 수 있다. 예를 들면 일정한 종(種)의 정상적인 유기체는 절반으로 나뉜 난자로부터 성장할 수도 있고, 결합된 두 개의 난자로부터 성장할 수도 있다. 마찬가지로 유기체는 불리한 시작 조건에도 불구하고 정상적으로 그 유기체의 종으로 성장할 수 있다. 그리고 위태로운 불안정을 넘어서면 유기체는 도움 없이 안정된 상태의 진행을 회복할 수 있

---

**07**      Maruyama, "Mutual Causality," p. 306.

는데, 유기체들이 본성상 스스로 치유할 수 있다는 점에서 그러한 능력은 명백히 입증된다. 이런 종류의 현상은 고전적인 물리법칙과 상반되는 것처럼 보이기 때문에 초기의 생물학자들은 유기체에 외부의 인과 작용으로부터 독립된 기(氣, aura)를 부여하여 그 현상을 영혼과 비슷한 생기설(生氣說)적 요인 탓으로 돌렸다. 폰 베르탈란피는 이러한 종류의 설명이 부당하고 불필요하다는 것을 깨닫고, 그 현상을 열린 시스템의 역동적인 조직의 작용으로 설명했다.**08** 열린 시스템은 전적으로 초기 조건이나 외부의 힘에 의해 지배되는 것은 아니다. 왜냐하면 열린 시스템을 구성하고 있는 부분들은 상호작용함으로써 서로를 안정시키고 유지시키기 때문이다.**09** 경련이나 쇼크 또는 열과 같은 간단한 현상에서 볼 수 있듯이, 이러한 부분들은 주위 환경이 제거했거나 손상을 끼친 것들을 전체에 보충해 주기 위해 부가적이거나 응급처치적 역할을 맡는다. 열린 시스템의 성장은 외적인 요인들 못지않게 이러한 호혜적인 상호작용에 의해서 결정된다.

---

**08**    von Bertalanffy, *General Systems Theory*, p. 40.

**09**    동결말성(同結末性, equifinality)이라는 개념은 폰 베르탈란피가 열린 시스템이 출발 조건이 다르고 불안의 원인들이 다름에도 불구하고 동일한 목표에 도달할 수 있는 이 원리를 표현하기 위해 만든 용어다(von Bertalanffy, *General Systems Theory*, p. 132). 심리학자 실바노 아리에티(Sylvano Arieti)는 동결말성을 다음과 같이 규정한다. "이 원리는 초기의 조건에 의해 결정되는 닫힌 시스템에서의 평형상태(equilibrium)와 대조를 이루는 것으로서, 열린 시스템이 초기의 조건으로부터 영향을 받지 않고 오직 그 시스템의 매개변수에 의해 결정되는 시간-독립적 상태에 도달할 수 있다는 것을 이야기한 것이다."(Arieti, "Toward a Unifying Theory of Cognition," p. 49.)

## 인과 고리로서의 피드백

주위 환경과 상호작용하면서 에너지와 정보를 변형하는 열린 시스템의 활동은 호혜적 또는 상호적 인과과정을 나타낸다. 이 상호관계를 보다 면밀히 살펴보기 위해 피드백이라는 개념을 좀 더 자세히 살펴보도록 하자.

피드백은 시스템이 자신의 활동에 대한 정보를 받아들이는 과정을 말한다. 이전의 활동에 관한 데이터는 한 시스템이 받아들이는 입력의 일부분으로 송환되며(feed back), 그렇게 함으로써 그 시스템은 스스로를 감시(monitor)하고, 스스로의 활동을 지도할 수 있다. 모터나 난방 코일(작동체, effector)의 활동이 레이더 스크린이나 광전관(감수기, receptor)에 되돌아와 감시되듯이 근육의 활동도 감각기관에 되돌아와 감시된다. 이런 식으로 활동을 지배하는 토대가 되는 지각 내용들은 바로 그 활동에 의해 변경된다. 따라서 피드백 개념은 본래 순환적이며 자기 지시적(self-referential)이다. 원인과 결과는 명확히 구분될 수 있는 것이 아니라 입력과 출력, 즉 지각과 활동이 끊임없이 상호작용하는 과정 속에서 서로를 수정할 수 있다. 이러한 지각과 행동 간의 상호작용은 스스로를 적응시키고 조직하는 유기체의 능력에 기본적이다. 이러한 사실은 자기 안정화에서도 그렇듯이, 탐구하고 학습하는 행위에서도 분명하게 드러난다.

입력과 출력은 어떤 한 시스템이 작용할 때 상호작용을 하는 것과 똑같이 여러 시스템들 사이에서도 상호작용을 한다. 즉 실행에 관한 데이터가 다른 시스템들을 통해 되돌아온다. A로부터 나온 출력이 B를 수정하고, B의 반응은 A가 뒤이어 받아들인 입력의 일부분이 된다. B가 A에 반응하는 방식은 A의 자기 감시(self-monitoring)의 일면이다. 따라서 B의 반응은 A에게 A 자신과 목표에 대한 A의 진행 상태를 알려준다. 이렇게 정보를 처리하고 교환하는 가운데 A는 B에게 같은 방식으로 작용한다. 그것들은 각각의 내적 코드에 따라 주어진 데이터를 매우 다른 방식으로 지각할 수도 있지만, 그것들이 각기 상대에게 끼친 영향을 지각함으로써 둘 다 변화한다.

인과관계의 복잡한 상호성은 래즐로에 의해 기호화되었는데, 그는 그것을 상호결정이라고 불렀다.[10]

> 상호결정(interdetermination)은 원인과 결과 사이의 이중적 관계를 의미한다. … A가 B를 결정하고 B가 A를 결정한다. … A와 B를 연결하는 인과율의 상호관계는 다음과 같이 되어 있다. B는 A에서 나온 원인의 결과로서 A와의 관계에 의해 변화된 형태를 명백히 보여 주며, 변화된 형태 자체는 B에 의해 산출되어 A에 작용하는, 그리고 최초 원인(B에 작용하는 A)의 영향을 받아 결과로서 생긴 원인으로 간주될 수 있다.

관련된 복잡한 피드백 과정들은 고리들(loops)과 같으며, 실제로 그런 방식으로 영상화된다. 이 고리들은 정보나 에너지의 끊임없는 흐름 속에서 인과적으로 변화하는 것들을 연결하면서, 전기 회로들과 마찬가지로 출력을 입력에 연결하는데, 일정한 하나의 시스템 속에서

---

**10**    Laszlo, *Introduction to Systems Philosophy*, p. 246.

도 그렇게 하고 여러 시스템들 사이에서도 그렇게 한다. 이 고리들은 우리가 일반적으로 생각하는 상호작용 이상의 것, 즉 쌍방으로 영향을 미치고 있는 상호작용을 다루고 있음을 보여준다. 이처럼 쌍방으로 미치는 영향이 상호인과적 고리에 의해 작용하기 위해서는, 마루야마가 지적하듯이, 서로서로 영향을 끼치지 않을 수 없다.[11] B가 A에게 영향을 미치는 것과는 무관하게 A가 B에게 영향을 줄 수도 있을 것이다. [예를 들면, B가 A의 단골이 아니어도 A는 B의 고객으로 관계를 맺을 수 있다.] 그러나 오직 B에 대한 A의 영향이 A에 대한 B의 영향에 의해 제한될 때에만(A가 그가 B에게 끼친 영향으로 변화되었을 때에만) 상호적 인과관계가 존재한다.

고리, 즉 원의 이미지는 새로운 것을 배제하고 이전 상태로의 회귀, 즉 같은 지점으로의 끝없는 복귀를 암시하는 경향이 있다. "우리는 원 안에서 회전할 뿐 어디에도 이르지 못한다." 그러나 시스템적 관점에서 이야기하는 피드백 과정은 정보와 새로운 것을 산출한다. 시스템을 구성하는 요소는, 그것이 가족의 구성원이든 신체를 이루는 세포든, 피드백 과정이 작용함으로써 학습되고 분화된다.

샤논(Shannon)은 정보 이론에 대해 초기의 고전적인 공식화를 통해 정보, 즉 무작위적 소음에 대한 작위적 메시지 부분이 전달된다고 주장했다. 즉 정보는 어디에서인가 온 것이 분명하다는 것이다. 어떤 다른 곳에서 오는 것이라면 정보는 차츰 줄어들 수도 있다. 선형적 가설들의 흔적을 드러내면서, 정보는 [엔트로피적으로, 즉 무작위적인 소

---

**11**　　Maruyama, "Mutual Causality," pp. 80-81.

음의 증가와 함께] 감소할 수는 있지만 '무(無)로부터(ex nihilo)' 생길 수는 없다고 주장되었다.[12] 그러나 상호적인 인과의 과정은 새로운 것을 산출할 수 있고 메시지를 산출할 수 있다. 어떤 개체에는 그 개체가 지금까지 진화되어 오고, 앞으로 진화되어 가는 데 필요한 정보를 처음부터 그 안에 모두 코드화하고 있는 것은 아니다.[13] 그것의 현재와 미래가 과거 속에 미리 존재하는 것이 아니고, 그것의 패턴이나 가능성도 미리 만들어져 있는 것이 아니다. 그것들은 상호작용에서 나온다.

이 상호적인 인과과정들은 시스템이 질서를 유지하고 발전시키는 데 기초가 된다. 그 과정들은 엔트로피의 붕괴적인 성향에 대항하여 시스템으로 하여금 스스로를 안정시킬 수 있게 해 주기 때문에, 또한 다양하고 복잡하고 비개연적인 것들이 발현될 수 있도록 해 주기 때문에, 케네스 보울딩(Kenneth Boulding)과 엘시 보울딩(Elsie Boulding) 같은 이론가들은 그것들을 '반-엔트로피적 과정들', '사랑 원리', '아가페' 등으로 불렀다.[14]

질서를 유지하고 발전시키는 데는 두 종류의 상호적인 인과과정이 수반된다. 이전에 설정된 규준을 크게 벗어나지 않는 범위에서 시

---

**12**    Maruyama, "Paradigmatology," p. 252.

**13**    유전학은 신체의 부분들은 다른 부분으로부터 정보를 끌어내며, 개개의 부분은 자신 속에 그 기관을 위해 그것이 그렇게 되도록 예정된 미리 확정된 청사진을 가지고 있지도 않고, 그것을 필요로 하지도 않는다는 것을 보여준다. 예를 들어, 만약 배아(胚芽) 조직 속에서 눈이 될 조직이 발아기의 적절한 단계에서 피부가 될 부분으로 이식되면 안구 조직은 피부가 된다. (Maruyama, "Mutual Causality," p. 310).

**14**    Maruyama, "Symbiotization of Cultural Heterogeneity," p. 128에서 재인용.

스템을 안정시키는 과정(네거티브 피드백), 그리고 새로운 규준에 이를 수 있는 변화를 일으키는 과정(포지티브 피드백)이 그것이다. 이제 이 두 종류의 피드백 루프와 그것들이 세계 속에서 작용하는 방식을 살펴보기로 하자. 우리가 학술적으로 사용하게 될 네거티브와 포지티브라는 개념은 그 함축이 통속적인 어법에 채택된 것과는 정반대다. 인공두뇌학에서는 네거티브 피드백이 "너는 목표를 벗어나 있다"를 의미하는 것이 아니라 정확히 그 반대다. [즉 이미 정해진 목표들에서 나온 행동이 네거티브 피드백이다.] 포지티브 피드백도 긍정을 함축하지 않는다. 오히려 그것은 행동을 변화시켜야 할 적극적인 요구를 의미한다.

## 네거티브 피드백 과정

앞장에서 지각된 것(입력)이 코드, 즉 그 시스템의 현재 목표에 합치할 때 피드백은 네거티브라는 것을 설명했다. 네거티브 피드백 과정은 신호를 받고 있는(입력) 상태에서 시스템이 입력과 코드 사이의 불균형을 최소화하도록 출력을 조절할 때 나타난다. 네거티브 피드백 작용은 입력과 이전에 설정된 규준 사이의 합치를 유지하도록 내외의 환경에 영향을 주는 것을 목표로 한다. 이 과정은 항상성적인 (homeostatic) 것으로서 변화하고 있는 상황에 직면하여 시스템을 안정시킨다. 따라서 그것은 일탈-저지작용이라고 알려져 있다. "한쪽이 많아지면 다른 쪽은 적어진다"고 이야기할 수 있는 경우들이 있다. 온도 조절 장치의 경우 네거티브 피드백은 온도 감지와 보일러 스위치 사이의 관계 속에서 작용한다. 집안의 온도가 낮을수록 보일러는 더 많이 작동한다. 마찬가지로 생물학적 항상성의 경우, 추위는 오한에 의해 저지된다. 즉 덜 따뜻할수록 더 떨린다. 어느 경우든 상호 간에 영향을 주는 변수들이 작용하여 서로 저지하거나 균형을 잡는다.

사회 시스템에서도 그러한 인과관계를 볼 수 있다. 도시 인구와 질병 간의 관계가 바로 그 예이다. 도시 인구가 증가하면 면적 당 쓰레기의 양과 그 결과로 생긴 박테리아의 밀도가 증가하는데, 이것이 질병의 발생을 늘린다. 질병은 주민들의 수를 줄이기 때문에 그 피드백 루프는 네거티브로서 인구를 안정시키는 작용을 한다. 변덕과 유행은 대부분 이런 식이다. 새로 발견된 열대 해변의 경우 관광객의 반응이 클수록 매력은 줄어든다. 야구 선수 요기 베라(Yogi Berra)는 언젠가 인기 있는 나이트클럽에 대해 "그곳은 너무 붐벼서 더 이상 아무도 거기에 가지 않는다"라고 말한 적이 있다.

약간 비슷하게 네거티브 피드백은 조직체의 성장을 안정시키는 것으로 보일 수도 있다. 케네스 보울딩은 다음과 같은 사실을 지적했다. 회사의 규모가 커질수록 의사소통 경로는 더 길어지고 느려진다. 지체와 번거로운 수속의 증가는 비능률성을 낳고, 적응성과 수익을 이것은 다시 규모를 축소하는 방향으로 작용한다. 물론 그 인과의 고리는 축소된 규모를 가지고 의사소통과 효율성을 향상시키면서 성장할 수 있는 힘을 회복할 때까지 지속된다.**15**

경제 분야에서 볼 수 있는 또 다른 간단한 예는 정부보조금과 근로소득 세입 사이의 관계다. 붓다는 『꾸타단따 쑤따(Kūṭadanta sutta)』에서 왕에게 제물을 바쳐 제사를 지내는 대신에 그 자금을 일자리를

---

**15**     Boulding, "Business and Economic Systems," pp. 104-107.

만드는 데로 돌리도록 충고했다.[16] 붓다는 이것이 경제를 안정시키고 풍요로운 경제 상태를 확립하게 될 것이며, 그렇게 되면 그 어떤 제사보다도 왕에게 많은 이익을 주게 될 것이라고 설득했다. 여기에서 고용과 왕실의 지출 사이의 관계는 또 하나의 네거티브 피드백이다. 즉 일자리가 많을수록 보조금의 요구는 줄어들고, 반대로 일자리가 적어질수록 보조금의 요구는 늘어난다.

## 포지티브 피드백 과정

네거티브 피드백의 안정화 효과와는 대조적으로 포지티브 피드백은 안정을 깬다. 포지티브 피드백은 일탈을 지시하는 신호(입력)가 일탈을 증가시키는 행위(출력)를 끌어낼 때 발생한다. 포지티브 피드백 반응은 지각된 것과 이미 설정되어 있는 코드 간의 부조화를 줄이는 것이 아니라 그 부조화를 증대하고 촉진한다. 이런 식의 인과적 과정을 통해 변수들은 서로 상대를 저지하는 것이 아니라 각기 서로의 영향을 부추기고 강화한다. 네거티브 피드백이 '많을수록 적어지는' 작용을 하는 반면, 포지티브 피드백은 복리 이자나 군비 확장 경쟁 또는 내리막을 굴러가는 눈덩이처럼 '많을수록 더 많아지는' 작용을 한다. 포지티브 피드백은 스스로를 보강하는, 그리고 누진적인 특성을 지니고 있기 때문에 '일탈-확대작용'으로 불린다. 포지티브 피드백 현상은 편재적이며 생성적 특성이 있다는 점을 인정받아 '제2인공두뇌

---

16      Dīgha Nikāya, Ⅰ : 127f.

학'으로 불려 왔다. 즉 포지티브 피드백 시스템은 자본의 축적, 빈곤의 증대, 질병과 새로운 관념의 확산 등 도처에서 작용하고 있다.

　도시 성장의 예로 돌아가 보자. 우리는 포지티브 피드백 과정이 세계 도처의 도시들에서 현대화와 이주 사이의 관계에 작용하고 있음을 보게 된다. 인구와 재물의 집중은 편의시설을 현대화하게 하고, 현대화한 편의시설은 시골로부터 더욱 많은 사람들을 불러들인다. 이것들은 시민이 주택과 서비스를 소비하는 경향을 증대시키며, 증대한 주택과 서비스가 한편으로는 소용돌이치며 상승하는 효과를 가지고 더욱더 많은 이주를 부추긴다. 부정적인 자기 이미지와 초라한 행동이 그러하듯이, 빈곤과 무관심도 마찬가지로 상호작용한다. 군비확장 경쟁도 이런 식이다. 각기 상대편에 있는 무기의 증가는 다른 편에게 위협으로 인식됨으로써 군사력을 한층 더 강화하도록 부추기며, 이것이 이제는 상대를 더욱 자극한다. 불교 사상에서는 이러한 포지티브 피드백 관계가 무명(無明, avijjā)과 갈망[愛, taṇhā] 사이에 존재한다. 개별적인 자아가 존재한다는 망상이 근심과 탐욕을 낳고, 근심과 탐욕은 실재에 대한 시각을 한층 더 왜곡시켜 무명을 심화시키며, 심화된 무명이 그 자아 병(disease of ego)을 악화시킨다.

　고립된 상태에서 억제되지 않고 작용할 때, 포지티브 피드백 과정은 일방적인 성장이나 붕괴에 이르게 된다. 그러나 진화 또는 유기체와 문화에서 포지티브 피드백 과정들은 기본적이고 건설적인 역할, 즉 자기 조직화를 추진하고 적응력과 지능이 새로운 형식으로 분화하도록 추진하는 역할을 한다. 이것은 포지티브 피드백이 이미 확립된 규준에서 벗어난 변화된 행위를 야기하기 때문이다. 만약 이 새로운 작용이 새로운, 보다 포괄적인 네거티브 피드백 속에 안정되거나 정착하게 되면, 이는 포지티브 피드백 과정들이 적응성이 있는 새로운 무엇인가를 생산한 것이다. 자연과 문화 안에서 가치 있게 여겨지는 것들은 대부분 이러한 종류의 상호적 인과관계의 산물이다. 포지티브 피드백을 통해 생물학적 시스템, 인지 시스템, 그리고 사회 시스템은 열역학 제2법칙을 명백히 무시하고, 그것들의 조직을 복잡하게 만든다. 즉 좀 더 많은 다양성, 상호작용, 그리고 비개연성을 위해 지반을 파괴한다.

진화의 과정은 돌연변이와 환경 사이에서 포지티브 피드백 루프를 형성하고 있는 수많은 방식의 일탈-확대 작용으로서 종(種) 안에서도 일어나고 종들 사이에서도 일어난다. 종들 사이에서 작용하는 포지티브 피드백 루프의 예에서, 우리는 먹이와 포식동물이 어떻게 상호작용하여 항상 더욱 세련된 모습으로 발전하는가를 볼 수 있다. 보다 효과적으로 위장한 나방이 더 잘 생존하며, 마찬가지로 보다 예민한 탐지기관을 가진 나방 포식자들이 더 잘 생존한다. 여러 세대를 거치는 가운데 나방의 위장술은 더욱더 정교해지며, 반면에 포식자의 감각도 마찬가지로 더욱 예민해진다.**17**

---

**17**  스테파니 호프(Stephanie Hoppe)는 동물의 지각을 다룬 책에서, 먹이와 포식자는 "서로 상대방을 만들고 있다. 포식자로 산다는 것은, [먹이에] 사로잡히지 않으면 안 되는, 즉 전적으로 그의 먹이를 포식하는 방향으로 형성되어 있다는 것이며, 다른 한편으로, 먹이로 산다는 것은 그러한 흥미로운 현존이다"라고 말한다. 인과율은 물론 먹이와 포식자에 대한 인습적인 생각에 전환을 가져오는 내용이 같은 책 속에 주디 그란(Judy Grahn)의 환상적인 이야기로 다음과 같이 실려 있다. 생쥐는 "움직이지 않고도 몸을 떠는 습관 때문에 올빼미를 오래 앉아서 졸도록 가르쳤다. 이 습관이 없었다면 올빼미는 오래 앉아서 졸 수 없었을 것이다. 어미 생쥐가 밤에 돌아다니는 습관이 있기 때문에, 올빼미는 어미 생쥐를 위에서 아래로 덮치기 위

붓다의 연기법과 인공지능

문화의 성장도 유사한 현상을 드러낸다. 즉 가치 있는 특성들은 문화적 조건화를 통해 빈도가 증가한다. 이 증가는 자연 선택(미국 문화에서는 큰 키와 긴 다리 같은 풍채를 선호)을 통해서도 나타나고 훈련과 기회를 통해서도 나타난다. 18세기 독일과 같이 음악을 사랑하는 사회는 작곡가와 청중, 연주자와 후원자를 만들어내고, 이들은 역동적인 공생관계 속에서 서로를 가르치고 자극하고 키우며, 그 관계가 새로운 기술과 표현 형식을 가능케 한다. 실제로 청중은 배우를 만들고 학생은 교사를 만든다. 즉 서로가 상대를 만들어낸다. 이러한 공생이 초기 불교사회의 특징을 이루었다. 승단(Saṅgha)과 재가 신자의 상호 증진적 역할은 한편으로는 승려의 학문과 수행을 촉진했고, 다른 한편으로는 재가 신자의 지원과 헌신의 표현인 수도원의 설립과 예술의 번영을 촉진했다.

포지티브 피드백은 문화적 패러다임의 변화와 형성에도 작용하고 있음을 알 수 있다. 과학자든 신학자든, 사상가들이 서로서로 아이디어를 주고받음으로써 새롭게 파악된 관점은 탄력을 받아 가속된다. 각각의 사상가는 다른 사상가의 직관, 즉 기존의 생각에서의 일탈을 확장시키며, 그렇게 되면 대부분 어떤 생각을 처음 제시한 사람이 누구인지를 정확하게 지적할 수 없게 된다. 군비확장 경쟁이나 부부

---

해, 충분한 야간 시력과 소리 없이 재빨리 낙하하는 비행술을 얻게 되었다. … 생쥐는 한 번에 많은 새끼를 갖고, 그렇게 하기를 좋아하기 때문에, 새끼들을 넘겨줄 누군가를 가져야 한다. 이런 이유에서 생쥐 종족은 올빼밋과를 생각해 냈으며, 그러한 올빼미들을 현실화했다. (*With a Fly's Eye, A Whale's Wit and a Woman's Heart*, Theresa Corrigan and Stephanie 편, *The New Settler Interview*, Willets, California, July 1989.에서 재인용)

싸움의 경우처럼, 누가 그것을 시작했는지 결정하려고 하는 것은 무익하다. 왜냐하면 상호인과관계 속에서 각각은 나선형 진행 과정에 하나의 원인이 되고 있기 때문이다. 때로 나선형 진행을 시작한 최초의 자극이 역사적으로 확정될 수 있지만, 그것이 어떤 결정적이거나 확실한 의미에서의 원인으로 간주될 수는 없다. 말의 편자에 박을 '못이 부족하여' 패한 전쟁처럼, 결과는 처음 사건과는 전혀 딴판이 된다. 진정한 원인은 작용하고 있는 역동성 속에 있는 것이다.

이러한 역동성을 인식하는 것은 최초의 시동(kick)이 어디에서 어떻게 원하는 상호인과 과정을 시작하게 하는지를 보여 주는 데 도움이 될 수 있다. 예를 들어 우리의 경제시스템에서 공중위생과 공공복지 프로그램, 조세와 교육의 효과는 일탈-억제작용을 하도록 기획된 것이다. 왜냐하면 그것은 빈부 격차를 줄이는 데 도움이 되기 때문이다. 그러나 경제적으로 후진 사회에서는, 경제학자 뮈르달(Gunnar Myrdal)이 설득력 있게 보여 주었듯이, 부자는 더욱 부유해지고 빈자는 더욱 가난해진다.[18] 가난한 사람들 사이에서 질병, 무능 그리고 교육의 결여가 가난을 악화시키는 동안, 소수의 특권층은 그들의 재산과 권력을 사용해서 더 많은 재산과 권력을 얻는 일탈-확대 과정이 진행되는 것이다. 뮈르달은 그러한 경제는 최초의 시동에 의해 상호증진하는 인과과정들을 일으키기에 충분한 액수와 지시와 기간 속에서 계획된 것일 뿐만 아니라 강화된 것이 분명하다고 주장한다. 그는 이 과정들이 [다음 단계로] 넘겨지면, 그 결과 나타나는 경제적 성장은

---

18  Myrdal, *Economic Theory*, quoted in Maruyama, "Mutual Causality," p. 93.

처음 투자하여 얻는 성장보다 훨씬 클 것이라고 주장한다.

인간관계 속에서 포지티브 피드백 루프의 역할은 시스템-지향적인 심리학자와 정신과 의사에 의해 점점 더 중요하게 인식되어 가고 있다. 개인사보다 인간관계의 전후 관계로 관심을 돌림에 따라 일정한 가족 내에서 나타나는 신경증은 상호인과적인 것으로 여겨지고, 가족 모두를 포함하는 방식으로 접근할 수 있는 것으로 여겨진다. 개별적 테스트나 분석에서는 종종 작동 중인 일탈-확대작용의 원동력이 드러나지도 완화되지도 않는다. 예를 들어 결혼생활에 문제가 있는 부부의 경우, 한사람 또는 두 사람 각각 정신적 장애가 있고 치료가 필요한 것으로 처리될 수도 있고, 그렇지 않으면 그들은 돈 잭슨(Don Jackson)이 말하는 것처럼 "상호 보완적인 의사소통이 그들의 상호작용의 성격을 강화시키는 상호인과시스템으로"[19] 간주될 수도 있다. 그들 각자의 행동은 상대의 행동을 유발하고 강화한다. 이 경우에 그 써클이나 게임 자체가 중단되는 경우를 제외하면, 그 모든 것이 어떻게 시작되었는가는 중요하지 않으며, 개인의 증상을 완화시키는 것이 효과적이지도 않다. 잭슨은 여기에는 전통적인 정신의학이 상관적인 면을 고려하여 제시했음직한 '가학적 공생'과 같은 이론 이상의 것이 함축되어 있다고 주장한다.

> 나는 '가학적 공생' 같은 말은 쓸모없다고 느낀다. 왜냐하
> 면 그것은 인과관계의 중요한 요소를 환원주의적으로 모

---

**19**     Jackson, "Individual and Larger Contexts," p. 392.

호하게 만들기 때문이다. 이러한 공식화는 사디스트(가학성 음란자)가 마조키스트(피학대 음란자)를 만나서 서로 내내 행복하게 사는 것은 이들이 '서로 상대에게 도움이 되기 때문'이라는 것을 의미한다. 그러나 이와 반대로 우리는 끊임없이 [우리가 맺고 있는 관계를] 규정하면서, 동시에 우리가 맺고 있는 관계의 성질에 의해 규정되고 있다.[20]

이러한 관점에서 보면 일반적으로 일신상 좋지 않은 건강의 징후로 여겨지는 개인의 행위도 그가 활동하고 있는 시스템 속에서 그에게 기능적이고 적응성이 있으며, 또 유용한 것으로 여겨질 수 있다. 그 행위들이 그가 좋아하지 않는 방식으로 행위자에게 되돌아갈지라도 그것들은 그의 나약함의 증거가 되기보다는 그의 기초 체력, 지략, 심지어 교활함의 증거가 된다. 이것을 인정하는 치료법은 이해하고 변화할 수 있는 그의 융통성과 능력을 고려한다.

　신경증적인 행동을 '사람들이 하는 놀이(games people play)'로 보는 최근에 유행하는 심리학은, 그러한 관점에서는 모든 부분이 인과적으로 얽혀서 각기 상대의 역할과 목표를 상호-결정하는 것으로 간주된다는 점에서 시스템적 견해와 상당히 일치한다.[21] 그러한 상호적 인과관계는 치료사와 환자 사이의 역학 구조 속에서도 인지할 수 있다. 프로이트(S. Freud) 자신도 언급했듯이 환자는 정신분석가의 이론에 맞는 자료를 제시하는 경향이 있다. 심지어 꿈조차도 융(C. G.

---

**20**　Ibid., pp. 393-394.

**21**　Berne, *Games People Play*.

붓다의 연기법과 인공지능

Jung)적인 정신분석을 받은 사람은 융적인 꿈을 꾸고, 프로이트적인 정신분석을 받은 사람은 프로이트적인 꿈을 꾸는 등, 적절한 상징과 스타일을 만들어내는 것 같다. 요컨대 포지티브 피드백 인과과정이 여기에 있다. 그 '훌륭한' 환자는 적절한 자료를 제출함으로써 치료사의 욕구를 만족시킬 뿐만 아니라, 다른 한편으로는 그의 지론(持論)으로 환자를 치료하려는 치료사의 노력을 북돋운다. 시스템 심리학자 어네스트 크래머(Ernest Kramer)가 주장하듯이, 그 과정은 그 치료를 지속시킨다. 즉 그 과정은 그가 '끝이 없는 정신 요법의 과정'이라고 부르는 것의 핵심을 이루고 있다.

> 환자와 치료사가 이런 식으로 서로를 만족시키기 때문에 … 외부의 작용이 시스템을 변화시켜 포지티브 피드백 루프를 방해하기 전에는 이 행복한 한 쌍에게 말하고 듣는 많은 세월이 쉬지 않고 흘러갈 것이다.[22]

## 원인에 대한 고찰

인과의 과정이 상호적이라는 생각이 우리의 일부 직감과 경험에 일치한다 하더라도 그것은 우리에게 익숙한 논리와 상충된다. 변화를 일으키도록 책임을 지우고 압박을 가할 지점을 설정하기 위해서 우리는 고립된 하나의 원인을 찾는 경향이 있다. 이러한 경향은 우리의

---

[22]    Kramer, "Man's Behavior Patterns," p. 147.

개인적인 삶뿐만 아니라 사회적·과학적 시도까지도 왜곡한다. 사회학자 로버트 듀빈(Robert Dubin)이 주장하듯이, 그것은 개인적 행복을 추구하건 사회적 정의를 추구하건, 우리가 왜소하게 평가하고, 그릇되게 예측하고, 무익한 노력을 하도록 해 왔다. 우리가 마주치는 '원인들'은 우리가 우리의 문제를 해결하게 할 만큼 충분치 않다.

> 보다 나은 주택 보급이 빈민가의 재난을 경감하는 '원인'이 될 것이라고 우리는 예측했었다 (슬럼 문화가 자리 잡았을 때 주택 보급 계획이 슬럼화가 되리라는 것은 예측할 수 없었다). 우리는 학교에서의 인종차별 폐지가 흑인들에게 보다 나은 주거를 제공할 것이라고 제안했었다(백인들이 중심도시에서 벗어남으로써 흑인 교육에 미치는 귀결은 고려하지 않고). 우리는 대변혁이 우리의 대학 캠퍼스에서 퍼져 나오리라고 경건하게 예측했었다(국가와 국가 제도의 반발력에 대해서는 조금도 생각하지 않고). 우리는 '범죄 문제'는 개인적인 범죄인에 초점이 맞추어져야 한다고 확신했었다(훨씬 주요한 '대기업' 차원의 범죄를 보려는 시도조차 하지 않고), 등등 …. 우리는 어떤 고정된 인과의 틀에 얽매어 사고했기 때문에 두 개의 변수로 제한된 분석에 토대를 두고 연구된 사회의 모습에 관해 직선적인, 그리고 대개는 잘못된 예측을 계속해 왔다.[23]

---

[23]    Dubin, "Causality and Analysis," p. 112.

붓다의 연기법과 인공지능

듀빈이 보고 있듯이, 고립시킬 수 있는 단일 방향의 원인들을 찾는 우리의 경향에 문제가 있다. 이 경향은 변수들 간의 상호성을 자각하면 약화된다. 그러나 피드백 과정들은 알아보기가 어려울 수 있다. 왜냐하면 선형적 관점의 맥락에서는 피드백 과정들로 관심이 쏠리지 않을 뿐만 아니라, 파워즈(W. J. Powers)가 지적하듯이 그 과정들은 너무나 널리 퍼져 있어서 무시되는 경향이 있기 때문이다.

> 피드백은 모든 것에 편재적이며 기본이 되는 행동의 측면이기 때문에 우리가 숨 쉬는 공기처럼 보이지 않는다. 정말이지 문자 그대로 그것은 행동이다. 우리가 우리 자신의 행동에 대해 알고 있는 것은 우리 자신의 출력의 피드백 효과뿐이다. 행동한다는 것은 지각을 통제하는 것이다.[24]

우리가 상호적인 인과 과정들을 쉽게 식별할 수 있다고 깨닫든 깨닫지 못하든, 인과의 과정이 상호적이라는 가정은 선형적인 관점에 내재하는 것과는 아주 다른 세계의 그림을 보여준다. 상호적인 인과 과정들은 우리가 개입하고 있는 사건들, 우리가 해결해야 할 문제들, 그리고 우리가 설치한 프로그램들에 새로운 방식으로 우리 자신을 연루시킨다. 이 책의 다음 장이 다루고 있는 것은 바로 이러한 상호적 인과관계에 내포된 의미이며, 그 의미들의 고찰은 불교의 견해와 시스템적 견해 양자에 의지하게 될 것이다.

---

**24**    Powers, "Feedback," p. 351.

머리말에서 언급했듯이, 이 책은 일반시스템이론과 불법(佛法, Buddha Dharma)을 직접 비교하려고 하지 않는다. 그 성격이 본성상 이처럼 다른 인간의 시도들을 일 대 일로 비교하는 것은 우리를 길에서 멀리 벗어나 우리의 주제인 상호적 인과관계와는 무관한 토론으로 이끌어 갈 것이다. 우리가 상호적 인과관계의 인식론적·존재론적·윤리학적 차원들을 탐구하면, 이 두 사상 체계의 유사성과 차이가 드러날 것이다. 그러나 그것은 우리 논의의 초점이 아니다. 우리의 목적은 어떻게 현상들이 호혜적으로 서로 원인이 된다고 이해될 수 있는가를 살펴보는 것이며, 이 세계에 대한 우리의 이해와 그 세계 속에서 우리가 살아가는 방식에 어떤 변화가 나타날 것인가를 살펴보는 것이다.

# 제3부

# 상호인과율의 여러 차원

제6장

과정으로서의 자아

만물은 유전(流傳)한다.


＿ 헤라클레이토스

상호인과율의 관점이 보여 주는 세계에서는 "만물이 유전한다." 상호의존적이며 호혜적으로 영향을 준다는 것은 과정 속에 있다는 것을 의미한다. 자아도 예외 없이 이러한 사건들의 유동적인 상태 속에 있다.

우리 자신을 물처럼 유동적으로, 불꽃처럼 덧없이 변화하고 있는 패턴으로 생각하는 것은 인습적인 가설에 역행한다. 언어와 사회가, 즉 실로 '여기에 있는' 자아와 별개의 세계가 '저 밖에 있다'라는 지각 자체가, 자아로서의 우리는 분리되고 개별적인 개인 — 분리된 개별적 신체에 고정된 — 이라는 생각을 부추긴다. 만약에 우리가 우리 스스로 시간이 지나도 변치 않는 동일성을 가지고 독립적으로 존재하고 있다고 단정 — 이것이 자연스러운 것이겠지만 — 한다면 변화는 우리가 그것으로부터 우리 자신을 보호해야 할 위협으로 여겨질 수 있다. 불교의 관점과 시스템적 관점에서 명백하게 드러나듯이, 인과관계는 상호적이라는 사고방식과 인식에 의해 그러한 생각은 토대를 잃게 된다.


## 모든 것은 변한다

초기불교와 시스템이론은 다 같이 인과관계란 서로 조건이 되어주고 있는 현상들의 상호작용으로서 이 현상들의 근본적인 무상성(無常性)을 필연적으로 수반하고 있음을 강조한다. 실재하는 사물들은 끊임없이 변화하고 있는데, 이는 그것들이 관계들에 의해 구성된 세계 속에서 관계들에 참여하고 있으며 관계들에 의존하고 있기 때문이다.

불경에서 반복적으로 이야기하듯이, 모든 것은 무상하다(sabbe

붓다의 연기법과 인공지능

anicca). 사실 붓다는 당시 인도의 베다 사상과 여타의 비-베다적(non-Vedic) 사상 모두에 명백히 반대하는 입장에서 실재(reality)의 기원을 그 어떤 실체에, 즉 물질적인 실체나 정신적인 실체 또는 초자연적인 실체에 두지 않고 변화 자체에 두었다. 인과관계에 대한 붓다의 교설인 연기설은 이러한 생각과 뗄 수 없는 것이며, 사성제(四聖諦)도 마찬가지다. 사람의 괴로움은 지속하는 자아가 없음에도 불구하고 어떤 지속하는 자아를 가정하기 때문에, 즉 변화가 바로 사람의 존재 원리임에도 불구하고 자아를 변화하지 않게 하려고 하기 때문에 나타난다.

우리의 세계를 구성하고 있는 사물들과 실체들, 즉 담마(dhammā, 法)와 쌍카라(saṅkhārā, 行)는 변화 과정을 본성으로 한다. 올덴베르크(H. Oldenberg)는 이 단어들을 '질서(order)'와 '형성(formation)'으로 번역하면서, "이 두 개념은 세계의 재료는 질서정연한 어떤 것이거나 형성된 어떤 것이 아니라, 자기-규정하기(self-ordering)와 자기-형성하기(self-forming)라는 생각을 함축하고 있다"**01**고 말한다. 붓다가 천명했던 바로 그 가르침, 즉 법칙은 이런 성질의 것으로서, 다르마는 변화의 영역에서 벗어나 있거나 우선하는 영원한 본질이 아니라, 과정이 나타내는 법칙이나 불변성으로서 변화의 영역에 고유한 것이다.

마찬가지로 인과관계를 상호적으로 보는 시스템적 관점도 모든 것은 과정 속에 있다는 가정에 기초하고 있다. 폰 베르탈란피는 일반

---

**01**     Oldenberg, *Buddha: Life, Doctrine, Order*, p. 250.

시스템이론이 "모든 것은 변화를 피할 수 없고, 변화는 모든 곳에서 일어난다는 것을 인식하고 있음"[02]을 강조한다. 우주는 사물들로 이루어진 것이 아니라 흐름(flows)과 관계(relationships)로 이루어진 것으로 간주된다.[03] 존속하는 것은 이러한 관계 맺고 있는 패턴들이지 지속하는 어떤 '물건(stuff)'이 아니다. 따라서 래즐로는 일반시스템이론의 형이상학적인 함축을 도출하면서 시간과 변화를 넘어선 어떤 불변적 본질도 가정하려고 하지 않았다. 그에게 "플라톤 철학의 이데아(ideas)나 화이트헤드 철학의 영원한 대상(eternal objects)은 불필요한 것으로 거부된다."[04] 그는 화이트헤드의 영원한 대상은 "현실과 단일 방향의 인과적 관계를 누리고 있다. … 영원한 대상들은 현실과 외적으로 관련되어 있다. 다시 말해서, 그것들은 변할 수 없는 그것들 자신이며, 현실 세계 속에서 그것들의 사례들에 의해 제약되지 않는다"[05]라고 주장한다. 그러나 인과를 상호결정적으로 보는 시스템적 관점에서 "질서는 내부로부터 온다." 모든 것이 서로 조건이 되는 곳

---

**02**      von Bertalanffy, "General Systems Overview," Gray 등, *General Systems Theory*, p. 20에서 재인용.

**03**      형태의 유지와 확산을 인정하기 때문에 시스템의 인과적 회로를 흐르는 그 어떤 것이 부정되지는 않는다. 래즐로는 때때로 '에너지(energy)'라는 보통명사를 사용한다. 그는 "흐르는 것은 우리가 에너지라고 부르는, 신비하고 개별화되지 않는 어떤 것이다"라고 말한다. (*Systems View of World*, p. 80.) 그러나 노버트 위너(Norbert Wiener) 같은 인공두뇌학자들은 정보의 입장에서 더 많은 이야기를 한다. 전달된 정보가, "물이 끊임없이 흐르는 강 속에서"(Wiener, *Human Use of Human Beings*, p. 130), 메시지와 의미들을 이끌어내고, 패턴들로 하여금 스스로를 영속시키도록 한다.

**04**      Laszlo, *Introduction to Systems Philosophy*, p. 294.

**05**      Ibid, p. 246.

에는 "오직 내적인 관계만 있을 뿐" 과정의 인과적 작용 외부에 인과 작용의 영향을 받지 않는 행위자를 가정할 근거는 없다.**06**

실체의 측면이 아닌 관계의 측면에서 바라본 세계에서는 개인의 정체성은 주변 환경과 상호작용하면서 제한하고 제한받는 창발적이고(emergent) 우연적인(contingent) 것으로 여겨진다. 그 세계에서는 모든 것이 과정이며 자아도 마찬가지다. 뿐만 아니라 자아는 타자와 범주적으로 별개의 존재도 아니고, 어떤 변치 않는 본질을 타고난 것도 아니다. 이러한 생각은 경험에 대한 인습적인 관점과 인도와 서구에 지배적인 전대(前代)의 철학적 원리에 어긋나기는 하지만, 초기불교 사상과 일반시스템이론 속에 함께 나타난다. 자아란 경험을 소유하는 하나의 실체이며 본래 경험과는 별개의 것이라고 생각하는 가설과는 달리, 이러한 생각은 자아란 자아의 경험과 분리할 수 없으며, 자아가 우리가 행위자에서 기인하는 것으로 여기는 사유, 말, 행위로부터 행위자로서 분리되어 있는 것도 아니라는 것을 이야기한다.

## 자아를 개별적이라고 생각하는 착각

불교는 한마디로 무아(無我, anattā)의 교설이다. 연기설(緣起說, paṭicca samuppāda), 사성제(四聖諦)와 마찬가지로, 무아설은 붓다 특유의 가르침으로 이야기된다.**07** 무아설은 두 가지 유형의 사견(邪見)을 없애려고 애쓰는 가운데 크게 강조되었다. 하나는 일반 대중들이 생각

---

**06**     Ibid, p. 294.

**07**     Majjhima Nikāya, Ⅰ: 380.

하는 자아가 영속적으로 존재한다는 가설인데, 그 자아는 부분적으로 '나'와 '나의 것'이라는 말의 인습적 사용에서 유래된 것으로서 결국은 걱정·집착·탐욕에 이르게 된다. 다른 하나는 철학적이고 사변적인 가설이다. 우빠니샤드와 쌍캬 철학자는 미묘한 형이상학적 본질이 자아로 존재한다고 믿었는데, 그것이 아트만(ātman)이건, 지바(jīva)건, 아니면 뿌루샤(puruṣa)건, 그것은 경험으로부터 초연한 불변의 실체로서 모든 존재의 중심에 자리잡고 있는 자아다.

초기불교인들은 이러한 생각을 아견(我見, attadiṭṭhi: 영속적인 자아가 존재한다는 견해)과 유신견(有身見, sakāyadiṭṭhi: 영원한 개체로서의 자아가 존재한다는 견해)이라고 부르고, 이것을 깨달음의 길로 들어가기 위해서 먼저 벗어 던져야 할 족쇄라고 했다.**08** 영속하는 자아에 대한 믿음은 중생을 고통과 윤회 속으로 몰아넣는 네 가지 취착(upādāna, 取) 가운데 하나다. 궁극적인 해탈은 "내가 있다"는 생각, 즉 자신을 영속하는 행위자라고 믿는 집요한 경향이 마지막 한 조각까지 남김없이 근절되기 전에는 성취될 수 없다.**09**

에드워드 콘즈(Edward Conze) 같은 학자들은 우리에게 "붓다는 결코 자아가 '없다'고 가르치지 않았다. 단지 자아는 파악될 수 없다고 가르쳤을 뿐이다"**10**는 점을 일깨운다. 그렇게 [자아는 "없다"고] 단언적으로 형이상학적으로 부정하는 일은 경험을 신뢰하는 붓다의 생각에 어긋났을 것이며, 그의 가르침을 단견(斷見, ucchedavādin), 즉 단

---

**08**　Ibid., I : 380.

**09**　Saṃyutta Nikāya, III. 131.

**10**　Conze, *Buddhist Thought*, p. 39.

멸론자(斷滅論者, annihilationist)의 가르침과 혼동하게 했을 것이다. 붓다는 경험의 주관성을 부정한 것이 아니라 주관의 고립성을 부정했다. 경험의 모든 국면, 우리가 자아의 기능이라고 볼 수 있는 모든 기능은 철저히 분석되어 무상함을 보여준다. 붓다고사(Buddhaghosa)가 지적했듯이, 오온설(五蘊說), 즉 '다섯 가지 덩어리(khaṇḍa: 色; 신체, 受; 감정, 想; 지각, 行; 의지, 識; 의식)'에 대한 가르침은 영속하는 자아가 없음을 이야기한 것이다. 우리가 "이것은 내 것이다, 이것이 나다, 또는 이것이 나의 자아다"라고 말하는 것은 이들 오온의 본성이 합성된 것임을 모르기 때문이다.[11]

붓다가 가르쳤던 명상이 밝혀 주듯이, 경험과 분리된 경험하는 자도 없고, 다르마의 흐름과 별개의 주체(identity)도 없으며, 우리가 지키거나 고양하기 위해 애써야 할 고립된 자아도 없다.[12] 행위자인 '나'는 단지 편리한 추상적 개념일 뿐이며, 통속적인 언어 습관일 뿐이다. 우리가 "비가 온다"고 말할 때, 그것이 비의 외부에 있는 어떤 것이 내리고 있다는 것을 의미하지 않는 것처럼, '나'는 우리의 행위와 더불어 있다. 붓다가 그의 제자 깟싸빠(Kassapa)와 띰바루까(Timbaruka)에게 이야기했듯이, "누가 괴로움을 받는가?"라고 묻는

---

**11**    Saṃyutta Nikāya, Ⅲ. 46f; Majjhima Nikāya, Ⅲ. 19.

**12**    붓다 특유의 명상 수행법은 『싸띠빳타나 쑤따(Satipatthana Sutta, 中阿含 念處經)』에 기술되어 있으며, 영어로는 'mindfulness, 마음챙김'또는 'insight meditation'으로 알려져 있다. 붓다를 깨달음으로 인도한 수행법으로 간주되는 이 명상 수행법은 마음의 집중이나 평정을 꾀하는 묵상과는 뚜렷한 차이를 보인다.

것은 적절한 질문이 아니다.**13** 실존의 징표로서의 무아는 무상(無常, anicca)보다도 더 일반적이 될 정도로, 자아가 영속한다는 독단의 귀결인 실체론과 구체화는 철저히 거부된다. 모든 쌍카라(saṅkhāra, 行), 즉 합성물 또는 구성물은 무상(anicca, 諸行無常)이며 괴로움(dukkha, 一切皆苦)이고, [열반까지도 포함하여] 모든 담마(dhamma, 법)는 무아(anatta, 諸法無我)로서 독립적이고 실체적으로 자립자존하지 않으며, 자신의 존재도 공(空)이다.**14**

　　따라서 자아 없음[無我]은 불교에서 전체로서의 우주와 그 속에 존재하는 모든 것의 특징이다. 대승불교에서 '절대적인 것', 즉 실재의 궁극적인 본성으로 인정받게 되는 이러한 자기 존재의 비어 있음[空]은 연기(의존적 상호발생)에서 유래한다. 서로서로 조건이 되기 때문에 모든 사물은 관계 속에 존재하며, 독립적으로 자존(self-existence)하는 것은 없다. 개인의 '자아'는 고립되지도 고정되지도 않은 것으로서 흘러가는 하나의 흐름, 존재의 흐름, 의식의 흐름, 즉 바와쏘따(bhavasota, 有流), 윈냐나쏘따(viññāṇasota, 識流)로 여겨진다.**15** 자신의 환경과 끊임없이 상호작용하는 가운데 자신의 느낌에 의해 소멸하면서 구성되고, 보이는 모습[色], 들리는 소리[聲], 냄새[香], 맛[味], 감촉[觸], 마음의 대상[法]에 의해 연료를 공급받고, 이것들(색, 성, 향, 미, 촉, 법)이 일깨운 욕망에 의해 조종되는, 과정 속의 자아(the self-in-process)는 마치 불꽃과도 같다. 붓다가 가야(Gaya)에서 행한

---

**13**　　Saṃyutta Nikāya, Ⅱ. 20f.

**14**　　Ibid., Ⅲ. 133; Majjhima Nikāya, Ⅰ. 288ā; Aṅguttara Nikāya, Ⅰ. 286.

**15**　　Saṃyutta Nikāya, Ⅳ. 128; Dīgha Nikāya, Ⅲ. 105.

최초의 설법에서 이야기했듯이, "비구들이여, 모든 것이 불타고 있다. … 눈이 불타고 있으며, 보이는 것들이 불타고 있으며, … 귀가 불타고 있으며, 소리가 불타고 있으며, … 마음이 불타고 있으며, 생각이 불타고 있다. … " 윤회전생(輪廻轉生)이 끝나기 전까지는, "청정한 수행이 완수되고 성취될 때까지는", 이러한 것이 우리 인간 실존의 본성이다.[16]

자아는 지각하고 행동하는 것과 상호의존적으로 나타나고 있기 때문에, 즉 함께 '불타고 있기' 때문에, 그것들과 따로 떨어진 것으로 간주될 수 없다. 따라서 사후에 자아가 죽지 않고 살아남는가를 묻는 것은 적절한 물음이 아니다. 그러므로 여래(如來)는 사후에 존재하는가, 존재하지 않는가 하는 물음에는 답할 수 없다. 왜냐하면 긍정이든 부정이든 그 답은 행위와 분리된 행위자, 즉 경험과는 별개의 '나'를 함축하게 될 것이기 때문이다.[17]


## 명확한 경계선은 없다

자아에 대한 물리주의자나 행동주의자의 생각과는 대조적으로, 시스템적 관점에서는 정신활동의 본성은 역동적이며 환원 불가능한 것이라고 주장한다. 그렇게 함으로써 시스템적 관점은 과학 탐구에 새로운 방식으로, 다시 말해서 사유, 감정, 의도는 외적으로 관찰된 현상들과 동일시될 수 있다거나, 오로지 외적으로 관찰된 현상들에 의해

---

16    Vinaya, Mahāvagga, I. 21.

17    Dīgha Nikāya, I. 1f.

이해될 수 있다고 생각하지 않는 방식으로 사유와 감정과 의도의 영역을 열어 준다. 그러나 비록 주관성이 자아라는 시스템의 특성으로, 즉 그 시스템의 내재적 차원이나 그 시스템에 의해 느껴진 차원으로 인정되기는 하지만, 주관, 즉 생각하고 느끼는 그 무엇은 [생각하고 느끼는 행위와] 구분하거나 분리할 수 있는 행위자로 여겨지지는 않는다.

인지 시스템은 그 자체가 환경과 상호작용하는 하나의 지속적인 패턴 속에서 일어나고 있는 일련의 심적인 사건들이다. 우리가 자아라고 부르는 것을 형성하는 관계의 연결망 속에 "이것은 나다"라고 말할 수 있는 명확한 경계선은 없다. 뇌 속에는 우리가 행위자, 실체 또는 연속성을 부여할 수 있는 인체모형이 들어 있지 않다. 시스템적 관점은 근본적으로 경험은 경험하는 자가 없을 때 이해될 수 있다는 급진적 제안을 통해 불교에 근접한다. 시스템적 관점은 범주적으로 구별되는 '너'나 '그것'을 마주하고 있는 범주적인 '나'를 생각하지 않는다고 래즐로는 말한다.

> 우리는 경험을 분석할 때 주관과 객관을 구분해서는 안 된다. 이것은 자연과학이 우리에게 물려준 유기체와 환경이라는 개념을 우리가 거부한다는 말이 아니다. 그것은 단지 우리는 경험을 끊임없는 사건들의 연결 고리 속에서 유기체와 환경을 연결하고 있는 것으로 생각하며, 독단이 아니라면 그 가운데 어느 한 실체를 뽑아서 '유기체'라고 부르고, 다른 것은 '환경'이라고 부를 수 없다는 뜻이다. 유기체는 환경과 더불어 지속되며, 유기체의 경험이란 유기체-환경 연속체를 구성하고 있는 일련의 교류

(transaction)를 말한다.[18]

주변 세계와의 이러한 교류에 의해 [유기체] 시스템은 대립하는 힘들의 상호작용 속에서 역동적인 평형을 유지한다. 한 개인의 신체적 동일성은 그 개체를 구성하고 있는 물질로 이루어진다기보다는 음식과 공기가 살이 되고, 다시 무너져서, 몸 밖으로 빠져나오는 신진대사 과정으로 이루어진다. 마찬가지로 개인의 정신 활동은 인지 시스템이 환경의 지도를 만들고, 변화에 순응하고, 정보를 얻고, 해석적인 구성물들을 전개하고 투영하는 것과 같은 심적 사건들의 흐름이다. 벅민스터 풀러(Buckminster Fuller)가 "나는 동사인 것 같다"[19]고 말한 것도 같은 맥락이다. 노버트 위너(Nobert Wiener)는 다음과 같이 말한다.

> 그것은 우리의 인격적 정체성의 척도인 이 항상성에 의해
> 유지되는 패턴이다. … 우리는 단지 끊임없이 물이 흐르
> 는 강 속의 소용돌이들일 뿐이다. 우리는 지속하는 물건
> 들이 아니라 스스로를 영속시키는 패턴들이다.[20]

시스템은 내용이 끊임없이 변화함에도 불구하고 형체를 유지하는 패턴으로서 하나의 불꽃과 같다. 위너는 이 비유를 몸에 사용했지만, 그 비유는 우리가 자아라고 부르는 것에도 마찬가지로 부합한다. "몸

---

**18**   Laszlo, *System, Structure, and Experience*, p. 21.

**19**   Fuller, *I Seem to be a Verb*.

**20**   Wiener, *Human Use of Human Beings*, p. 130.

의 개체성은 돌덩어리의 개체성보다는 불꽃의 개체성과 같으며, 실체라고 할만한 것이 전혀 없는 형태로 된 개체성이다."[21] 폰 베르탈란피는 일찍이 시스템의 과정적 특성을 설명하면서 불꽃의 이미지를 사용했다. 그는 시스템이론이 헤라클레이토스의 "만물은 유전한다(panta rhei)"라는 인식과 어떤 관련이 있는지에 관해 특별히 언급하면서, 헤라클레이토스와 시스템적 관점에서 보면 "[사물의] 구조는 작용의 결과이며, 유기체는 수정보다는 불꽃을 닮았다"[22]고 말한다. 시스템이론가 리언 브릴로우인(Leon Brillouin)은 불꽃의 이미지를 포착하여, "살아 있는 세포는 불꽃에 비유될 수 있다. 여기에서 물질은 들어오고 나가면서 타고 있다. 불꽃의 엔트로피(동질화)는 정의될 수 없다. 왜냐하면 불꽃은 [정지된] 평형 속에 있는 시스템이 아니기 때문이다"[23]라고 말한다.

불꽃이 타는 까닭은 환경과 끊임없이 상호작용하기 때문이며, 연소 과정에서 '물질이 드나들고 있기' 때문이다. 비슷한 방식으로, 인지 시스템은 주변 세계에서 들어와 그 시스템을 통과하여 주변 세계로 흘러나가는 정보의 교환·처리·변형에 의해 유지되고 이루어진다.

이러한 관점에서는 자아를 행위자로 지정하기 어렵게 된다. 자아는 항상 변화하고 있을 뿐만 아니라, 베이트슨이 명시하듯이, 바로 그 변화 과정의 매개변수를 종잡을 수 없다. 결정하고 행위 하는 것은

---

**21**     Ibid., p. 139.

**22**     von Bertalanffy, *Perspectives on Systems Theory*, p. 127.

**23**     Brillouin, "Life, Thermodynamics and Cybernetics," p. 153.

더 이상 순수하게 그 개인의 고립된 주관성과 동일시될 수 없고, 그의 몸으로 한정될 수조차도 없다. "'정보'를 처리하는, 즉 '생각하고', '행동하고', '결정하는' 총체적인 자기 교정 단위는 하나의 시스템으로서, 그 시스템의 범위는 몸의 범위나 통속적으로 '자아' 또는 '의식'이라고 부르는 것의 범위와 전혀 일치하지 않는다." 베이트슨은 자아라는 생각에 대해 인공두뇌학이 함축하는 의미들을 밝혀 주는 몇 가지 예를 든다.

> 도끼로 나무를 베어 넘기고 있는 사람을 생각해보자. 이전의 도끼질에 의해 남겨진 나무의 절단면에 따라 도끼질은 매번 수정되고 교정된다. 이 자기-교정적(self-corrective) 과정, 즉 정신적 과정은 전체 시스템, 즉 나무 – 눈 – 뇌 – 근육 – 도끼 – 찍기 – 나무에 의해 이루어진다. 내재적인 마음의 특징들을 유지하고 있는 것은 바로 이 전체 시스템이다. 보다 정확히 말하면 우리는 그 일에 대해 다음과 같이 (나무 속에 있는 차이) – (망막 속에 있는 차이) – (뇌 속에 있는 차이) – (근육 속에 있는 차이) – (도끼질의 차이) – (나무 속에 있는 차이) 등등을 뚜렷이 설명해야 한다. 그 시스템의 회로를 둘러싸고 전달되는 것은 차이들의 변환이다. 그리고 차이를 만드는 차이는 생각(an idea), 즉 정보의 단위다.

> 그러나 이것은 보통의 서양 사람이 나무 베어 넘기는 일의 순서를 보는 방식은 아니다. 그는 "내가 그 나무를 베

어 넘어뜨렸다"고 말한다. 그리고 그는 한정된 행위자, 즉 '자아'가 있으며, 그 자아가 한정된 대상에 한정된 '의도를 가진' 행동을 실행했다고 믿기조차 한다. …

만약 당신이 누구에게든 그 자아의 위치와 범위에 대해 물으면 이 혼란들이 금방 드러난다. 지팡이를 짚고 있는 맹인을 생각해보자. 그 맹인의 자아는 어디에서 시작될 까? 그 지팡이의 끝에서 시작될까? 지팡이 손잡이에서 시 작될까? 아니면 지팡이 중간쯤 어디에서 시작될까? 이러 한 물음들은 말도 안 되는 헛소리다. 왜냐하면 그 지팡이 는 차이들이 변형하는 상태에서 전달되는 통로로서, 이 통로를 가로질러 한계선을 긋는 것은 그 장님의 이동을 결정하는 시스템의 회로 일부를 잘라내는 것이기 때문이 다.[24]

베이트슨은 개별적 '자아'는 단지 시스템이라는 큰 '자아'에 내재하는 부분이라고 보는 종교적 직관이 정확하다는 것을 인정한다. 알코올 중독 방지위원회 같은 데서 시행하는 12단계 프로그램에서 주장하 는 "자아보다 더 큰 힘이 있다"는 주장을 그는 이런 식으로 이해한다. 그리고 그는 이것이 그 주장이 그렇게 효과적인 이유라고 말한다.

인공두뇌학이 조금만 더 진전한다면 보통으로 이해되고

---

**24**    Bateson, *Steps to Ecology of Mind*, pp. 317-318.

있는 '자아'는 단지 생각하고, 행동하고, 결정하는 보다 큰 시행착오 시스템의 작은 부분이라는 것을 인정하게 될 것이다. 이 시스템은 어떤 주어진 순간에 어떤 주어진 결정에 직접 관련된 모든 정보 통로를 포함한다. '자아'는 서로 얽혀 있는 보다 큰 과정들의 영역에서 부적절하게 한정된 부분의 그릇된 실체화다.[25]

따라서 한 사람의 자아 개념은 그가 어떤 주어진 상황이나 활동에 적용하는 시스템의 매개변수에 달려 있다. 자아 개념은 나무꾼의 도끼를 포함할 수도 있고, 심지어 나무의 잘린 단면(斷面)까지도 포함할 수 있는데, 이는 자아 개념이 과정 속에서 작용 중인 그것들의 역할에 의존하고 있기 때문이다. 자아라는 단어는 개인의 신체적·정신적 활동의 연속성을 가리킨다는 점에서 하나의 유용한 규약이다. 그러나 실제로 그 단어가 적용되어야 할 영속적이고 한정된 행위자는 없다. 베이트슨이 이야기하듯이, 그러한 문자적 관념의 '나'는 '그릇된 실체화'다.

래즐로는 우리가 이런 식으로 추상하는 과정을 통해 주관을 고립시켜 주어진 것으로 간주함으로써 어떻게 게슈탈트(gestalts)[26]와 구성물들을 실체화하는지를 설명한다. 우리는 우리의 경험의 흐름을 이해하고 그것을 안정시키려고 노력하는 가운데, 우리의 게슈탈트들을 구별하여 우리의 경험 위에 그것들을 투영하고, 그것들이 우

---

25    Ibid., p. 331.
26    역주: 게슈탈트란 우리 경험에 주어지는 통일적 전체를 말한다.

리의 지각과 독립하여 존재한다고 가정한다. 우리는 자아를 자아 아닌 것, 즉 세계와 구별하고, 그 구별을 언어적 관습으로 부추김으로써 '안에 있는' 자아와 '밖에 있는' 대상을 분할하는 자아-경계선(ego-boundary)을 긋는다. "그 장면은 그리하여 대상들의 세계를 바라보는 주관에 의해, 인식 과정을 구경꾼-구경거리로 보는 상식적인 관점으로 고정된다."[27]

## 치명적인 망상

따라서 상호인과관계의 맥락에서 보면 실현되어야 할 개별적인 개인적 자아는 없다. 개인의 진정한 정체성을 드러내서 개인의 참된 자아를 확정하는 것을 목표로 하는 통속적인 심리학적 관념은 잘못된 오해로 보인다. 시스템 지향적 신학자 랄프 웬델 부르회(Ralph Wendell Burhoe)는 다음과 같이 이야기한다.

> 오늘날 우리의 '영혼론' 또는 인간의 '자아'는 환상이다. ··· 포괄적인 관점은 보다 큰 문명 세계라고 하는 생태계와 생물권 속에서 자아가 하는 역할이나 자아가 차지하고 있는 적절한 자리와 떨어져서 개인의 자아실현(self-actualization)과 같은 것은 없다는 것을 폭로한다. 실현되어야 할 독립된 자아에 대한 환상은 치명적인 망상이다.[28]

---

**27**    Laszlo, *Introduction to Systems Philosophy*, p. 205.

**28**    Burhoe, "Civilization of the Future," pp. 171-173.

고든 올포트는 그 망상을 '인간에 대한 외피적 견해'라고 부른다. 그는 자아가 피부로 둘러싸여 있다는 우리의 생각에 대해서 "그것은 현대 사회과학에서 가장 복잡한 문제다. … [그것은] 우리가 심리학적 학문과 사회·문화적 학문을 조화시키는 적절한 방법에 합의하는 것을 방해해 왔다"[29]고 주장한다. 이 학자들은 자아에 대한 인습적인 생각이 우리의 인지(지혜)와 연민(자비)의 지평을 좁혔다는 것을 시사하고 있는 것이다. 부르회의 말을 다시 인용해보자. "우리의 문명은 더 큰 생태계의 하인이라고 하는, 보다 큰 자아의 범위에 대한 이해를 개인에게 고취시키는 데 실패함으로써 개인들을 망쳐 놓았다."[30]

다음 장에서는 상호인과율의 이러한 철학적이고 윤리적인 차원들이 보다 상세하게 전개될 것이다. 그 모든 것에 기초가 되는 것은 과정으로서의 자아를 파악하는 것이다. 불교와 일반시스템이론이 다 같이 입증하듯이, 상호인과율은 사고와 행위의 주체가 실제로는 환경과 상호작용하고 있는 행동의 동적인 패턴이며, 경험으로부터 분리될 수 없다는 인식을 수반한다.

이제 다음과 같은 몇 가지 의문이 남는다. 그렇다면 지각하는 자는 어떻게 그가 지각하는 세계를 아는가? 현재의 정체성은 과거의 행동과 어떻게 관계를 맺으며, 우리의 연속성을 구성하는 것은 무엇인가? 마음은 몸과 어떻게 관계를 맺을까? 그리고 인과관계를 상호적인 것으로 보는 이 인과관에서 윤리와 가치의 측면에서 문제가 되는 것은 무엇인가?

---

29    Allport, "Open System," p. 347.

30    Burhoe, "Civilization of the Future," p. 173.

# 제7장

---

## 이는 자와 알려지는 것의 연기

만일 이리(Erie) 호수가 비정상적으로 된다면,
이리 호수의 비정상성은 당신의 사고와 경험이라는
보다 큰 시스템 속에 편입된다.

_그레고리 베이트슨♦

♦  Bateson, *Steps to Ecology of Mind*, p. 484.

우리가 주관적으로 경험하는 마음과 우리가 지각하는 마음 밖에 있는 세계의 불가사의한 관계는 인류가 사물들의 본성에 대해 심사숙고하기 시작한 이래로 계속해서 인류를 괴롭혀오고 있다.[01] 우리는 일련의 감각들을 가지고 지구상에서 활동하면서 보고, 듣고, 맛보고, 만지고, 냄새 맡는다. 우리는 우리 세계의 외형과 색깔을 인식하고, 세계의 구조와 지형을 인식한다. 그러나 동시에 우리는 우리의 머릿속에 갇혀서, 이 인상들을 받아들여 그것들에 대해 숙고하는, 머리라고 하는 독방에 홀로 앉아 기만당하고 있는 수감자처럼 생각될 수도 있다. 내가 보고 만진 것은 머릿속에 있으며, 내가 그것을 보고 만질 때 그것이 있다. 그것이 있는 것일까? 내가 그것을 만들어 내고 있는 것은 아닐까? 나는 어떻게 인식하는 것일까? 이러한 끊임없는 의문들은 성장기 어린이의 마음을 곤혹스럽게 한다. 그러한 의문들은 보다 격식을 갖추어 철학자들에게 인식론을 탐구하게 하고, 과학자들에게 지각을 연구하도록 한다.

인식하는 자와 인식되는 것 사이의 수수께끼 같은 관계에 직면해서 선형적 인과 패러다임은 둘 가운데 배타적으로 어느 하나를 강조하는 경향이 있었다. 고전적인 경험론자들은 세계가 우리 지각의 근거라고 생각해 왔다. 경험론자들에게 논쟁의 여지없이 명백하게 여겨진 것은 세계가 수동적이고 중립적인 감각 기관에 세계의 데이터를 기록한다는 것이다. 쿤(T. S. Kuhn)이 지적하듯이 이 데이터는 주

---

01 여기에서 마음(mind)은 인습적인 의미로 사용되며, 형이상학적 함축은 없다. 즉 그것은 경험의 주관성, 또는 한 개인 속에서 "느끼고, 관찰하고, 지각하고, 사유하고, 하고 싶어 하고, 판단하는"것을 나타낸다. (*Webster's New Collegiate Dictionary*. Merriam-Webster, Inc., 1969).

어진 것으로 여겨졌던 것이다.

> 감각적 경험은 고정적이고 중립적일까? 이론들은 단순히
> 주어진 정보에 [의존하고] 있는 것일까? 3세기에 걸쳐 서
> 양철학을 주도해 온 대부분의 인식론적 관점은 즉각적으
> 로 명백하게 그렇다라고 답하도록 강요한다.**02**

이와는 대조적으로, '아니다'라고 말해 온 사상가들과 전통들이 있다. 마음의 능력을 이해하고 감각적 세계의 일방적인 실재성을 의심하는 주관적 관념론자들은 외부의 현상을 투사에 지나지 않는 것으로 보아왔다. 외부 현상의 근거는 마음이며, 따라서 지식은 지각된 데이터와 무관할 수 있다는 것이다.

    선형적 사고를 나타내는 이들 두 입장들 사이에는 해결책이 없다. 그러나 불교와 시스템적 사고에서 볼 수 있듯이 인과관계를 상호적으로 보는 관점은 제3의 대안을 제시해 준다. 상호적 관점은 인식 주관을 감각적 접촉과 의존적으로 함께 발생하는 것으로 보거나, 정보가 교환되고 변형되는 회로에 불가결한 부분으로 봄으로써, 아는 자와 알려지는 것이 인과적으로 상호 결정되는 것으로 보이는 관점을 제공한다.

---

**02**    Kuhn, *Structure of Scientific Revolutions*, p. 126.

## 요인들의 수렴으로서의 지각

지각의 과정을 명확하게 이해하면 괴로움의 근원을, 그리고 자아가 망상임을 통찰하게 된다는 것이 붓다의 견해였다.[03] 이 목적을 위해 그와 그의 제자들은 감각적 인상들이 일어나는 과정과 그것들이 여타의 인지 활동과 정서적 활동에 어떻게 관계하는지를 분석하는 데 전념했다. 이 지각들에는 서양에서 인정하는 오감(五感)의 기능뿐만 아니라 사고의 기능까지도 해당된다. 인도인의 관점에서는(불교인뿐만 아니라 힌두교인도 마찬가지로) 감각은 여섯 개이며, 거기에는 정신적 대상의 지각도 포함된다.

영속하는 정신, 즉 아트만(attā, 산스크리트: ātman)의 존재에 대한 신념을 버림으로써 초기불교인들은 베다 사상과는 매우 다른 방법으로 감각적 지각의 원인들을 설명했다. 우빠니샤드는 감각 작용을 궁극적으로 아트만의 활동으로 봄으로써, 선형적이고 단일 방향적인 관점에서 설명하는 경향이 있다. 근본적인 행위자로서 우리의 눈을 통해 보고 귀를 통해 듣는 것이 아트만이다. 우리가 세계를 지각하는 것은 아트만 덕분이다. 왜냐하면 "아트만이 바로 보는 자이고, 듣는 자"[04]이기 때문이다. 쌍캬(Sāṃkhya) 철학에서 감각 대상의 형태를 취하여 초월적 자아, 즉 수동적인 뿌루샤(puruṣa)에 그 영상을 던지는 것은 통각(統覺, buddhi)이다. 아트만과 뿌루샤는 다 같이 무언의 목격자, 마차의 냉정한 기수, 모든 사건의 구경꾼을 의미한다.

이런 생각과는 대조적으로 초기불교인들은 지각을 요인들의 화

---

**03**　Saṃyutta Nikāya, Ⅳ. 138.

**04**　Brihad-Araṇyaka Upaniṣad, in Hume, *Thirteen Upanishads*, Ⅲ, 7, 16-23.

합에 의해 생기는 것으로 설명했다. 여기에서 감각적 지각은 한 행위자의 능력에 귀속되는 것이 아니라, 오히려 다음과 같은 세 가지 조건들의 상호작용 안에 있다. (1) 손상되지 않은 내적 감각 기관, (2) 감각 기관의 범위 안에 들어오는 감각 대상, (3) 접촉 또는 무의식적이든 고의적이든 적절한 관심 갖기. 감각적인 인지가 발생하기 위해서는 반드시 이 모든 조건들이 빠짐없이 있어야 한다. 만약 조건 (1)이 만족되었다 할지라도 (2)나 (3)이 만족되지 않거나, (1)과 (2)는 있으나 (3)이 없으면 결과는 나타나지 않게 된다.[05] 자야띨레께(Jayatilleke)가 지적하듯이, 그러한 관점에서는 "감각적 대상들과 그것들 각각의 인지가 상호인과적으로 의존한다는 것이 인정된다."[06]

이러한 감각 요인들의 상호의존은 12연기지(十二緣起支, nidāna series)에서 분명해진다. 거기에서 지각의 요인들은 여섯 가지 감각에 상응하는 육입처(六入處, salāyatana)로 표현되며, 그것은 이름과 형태(nāmarūpa, 名色)를 조건으로 나타난다. 다시 말해서, 지각의 선행 조건은 심리-물리적 실체가 나타날 때, 즉 명색(名色)이 자리잡고 있을 때 존재한다. 그런데 매우 흥미롭게도, 입처(入處, āyatana)들은 감각 기관과 감각 대상 모두를 가리킨다. 즉 그것들은 감각의 '영역(āyatana의 또 다른 번역)'을 나타내는데, 이 영역은 감각 기관과 감각 대상을 모두 포함한다. 이 영역 안에서의 감각 기관과 대상의 화합, 즉 그것들

---

**05**    Majjhima Nikāya, I. 190f.

**06**    Jayatilleke, *Early Bubbhist Theory*, p. 434. 싸라트찬드라(Sarathchandra)는 그의 저서 *Bubbhist Psychology of Perception*, p. 9.에서 이와 유사한 분석을 한다.

간의 접촉은 '촉(觸, phassa)'으로 표현된다. [그래서 촉은 12연기에서 육입처(六入處) 다음의 요인으로 나타난다.] 12연기를 논리적인 연관을 가지고 보면, 촉이 없어서는 안 되는 일 뒤에 촉이 나온다는 것, 즉 촉이 촉의 요인들의 결합을 의미한다는 것이 이상하게 보일지도 모른다. 그러나 이렇게 촉을 따로 떼어놓는 것은 예외적으로 보이게 함으로써 지각이라는 사건의 상호관계적, 수렴적 본성을 강조하여 극적으로 표현한 것이다. 12연기설은 촉, 즉 접촉 자체를 분리함으로써 감각 기관이나 감각 대상 어느 쪽에도 인과적 우선권을 부여하기 어렵게 만든다. 순수한 접촉으로서의 촉은 지각하는 자나 지각되는 것 어느 한쪽을 결정력이 있는 것으로 만들려는 우리의 성향을 마치 가로막기라도 하듯이 끼어들어 있다.


## 의식: 조건에 의해 변천하는 것

12연기 속에서 촉(觸)은 느낌[受]의 조건이 된다. 그리고 느낌으로부터 갈망[愛] 등이 일어난다. 다른 경문(經文)에서 촉은 의식[識] 자체가 발생하는 원천으로 표현된다. 의식 또는 인식(viññāṇa, 識)은 비록 12연기 속에서는 감각 활동보다 앞선 자리가 주어지지만, 다른 곳에서는 감각 활동의 산물로 명시되기도 한다. 의식은 지각된 대상에 의해 나타나고 형성되는 것으로 여겨진다.

> 비구들이여, 의식이 이런저런 이름으로 불리는 것은 그
> 의식을 일으킨 특정한 조건들 때문이다. 만일 의식이 눈
> [眼]과 물질적 형태[色] 때문에 일어난다면, 그것은 시각

의식[眼識]이라고 불린다. 만일 귀와 소리 때문에 의식이
일어나면, 그것은 청각의식[耳識]이라고 불리며, … . 비구
들이여, 그것은 마치 이런저런 특정한 조건 때문에 불이
탄다면, 불이 그 조건에 의해 알려지는 것과 같다. 만일 장
작 때문에 불이 탄다면, 그것은 장작불이라고 불린다. …
그리고 만일 건초 때문에 불이 탄다면, 그것은 건초불이
라고 불린다. … 이와 같이, 비구들이여, 눈과 물질적 형태
때문에 의식이 나타날 때, 그것은 시각의식(眼識)이라고
불린다. … 마음과 정신적 대상 때문에 의식이 일어날 때,
그것은 마음의식(意識)이라고 불린다.**07**

그렇다면 여섯 가지 감각을 통해 세계와 만나는 것이 의식을 산출하
며, 의식은 실제적으로 인식된 것이든 상징적으로 인식된 것이든 인
식된 것에 의해서 발생한다. 감각 활동과 함께 발생하기 때문에 의식
은 지각에 의한 해석과 인지를 모두 포함한다. ["우리가 어떤 것을 인식
하는 것은 식(識)을 가지고 하는 것이다."]**08** 의식은 작용하면서, 즉 데이
터를 처리하면서 나타난다. 의식은 그것의 환경에 선행하여 존재하
거나 독립적으로 존재하는 것이 아니라, 의식의 대상이 되는 것에 의
해 생기며, 그 대상을 조건으로 한다. 그것은 항상 무엇에 대한 의식
이다. 왜냐하면 "조건을 떠나서는 어떤 의식도 발생하지 않기 때문이

---

**07**     Majjhima Nikāya, Ⅰ.259-260.
**08**     Ibid., Ⅲ.242.

다."**09**

　자야띨레께가 인증(引證)했듯이, 마찬가지 이유로 붓다는 선험적 추론(a priori reasoning)의 독립적인 정당성을 거부한다.**10** 순수 논리(takka)는 추론적 또는 경험적 논증(anumāna)과 구별되었으며, 의심스럽고 신뢰할 수 없는 것으로 여겨졌다. 우선적으로 추론은 지각에서 나온다. 즉 감각적 세계로부터 떨어져 있거나 감각적 세계를 조건으로 하지 않고 스스로를 정당화하는 순수 이성의 영역은 없다.

　　이 세상에 지각과 분리되어 영원한 별종의 진리가 존재하는 것은 아니다. 논리에 따라 이론을 공식화함으로써, 그들은 '참'과 '거짓'이라는 두 범주에 도달했다.

　　개념적인 증식에 의해 특징지어지는 추론(reckoning)은 지각을 근원으로 한다.**11**

그러므로 만일 독립적으로 고려된다면 순수 논리의 결론은 의심스러운 것이다.

　　잘 추론된 것(suparivitakkitam)이라 할지라도 그것은 근거가 없는 것일 수도 있고, 사실에 근거하지 않은 것일 수도

---

**09**　　Ibid., Ⅰ.257.

**10**　　Jayatilleke, *Early Buddhist Theory*, p. 270f.

**11**　　Sutta Nipāta, V.886, V.874.

있고, 거짓일 수도 있다. 반면에 잘 추론되지 않았거나 제 대로 사유되지 않은 것이 거짓 없는 진실로 판명되기도 한다.[12]

단지 순수 논리에 의해서만 도달되고 옹호되는 견해는 불교의 관점에서는 의심스러운 것이다. 왜냐하면 앎이란 습관과 습관적으로 굳어진 관심에 의해 제약을 받기 때문이다. 앎의 기능인 식(識)은 하나의 온(蘊, khanda)으로서 (신체[色], 감각[受], 지각[想], 의지[行]와 더불어) 인간 활동의 다섯 가지 구성 요소[五蘊] 가운데 하나이며, 이들 다른 넷과 상호의존적이다. 경전에 기록된 붓다의 말씀은 이 점을 뚜렷이 밝히고 있다.

> 어떤 사람이 "나는 신체[色], 감각[受], 지각[想], 의지적 구성[行]을 떠나 의식[識]이 나오고, 활동하고, 사라지고, 발생하고, 성장하고, 증장(增長)하고, 발전하는 것을 보여 주겠다"고 한다면, 그는 있지도 않은 것에 대해 이야기하는 것이 될 것이다.[13]

12연기에 나타나듯이, 의지적 구성물들[saṇkhārā, 諸行]은 ― 마음의 행위[意行]든, 신체의 행위[身行]든, 말에 의한 행위[口行]이든 ― 행위들이 발생시킨 지속하는 성향을 나타내는 것으로서, 의식[識]의 조건

---

**12** Majjhima Nikāya, Ⅰ.171.

**13** Saṃyutta Nikāya, Ⅲ.57.

이 된다. 다시 말해서 정신 활동이 만들어내는 습관과 충동이 역으로 정신 활동을 변화시키게 되며, 그렇게 함으로써 외부 세계를 해석하고 정신 활동에 허상을 부과한다.

이러한 허상이 발생하는 과정이 『마두삔디까 쑤따(Madhupiṇḍika Sutta, 中阿含 蜜丸喩經)』에 설명되어 있다.

> 눈[眼]과 보이는 것[色]을 인연으로 하여 시각의식[眼識]이 생긴다. 이 세 가지의 화합이 촉(觸)이다. 촉 때문에 느낌, 즉 감각(vedanā, 受)이 일어난다. 느낀 것을 지각하고(sañjānāti), 지각한 것을 추론하고(vitakketi, 尋思), 추론한 것을 개념적으로 증식하고(papañceti, 戱論), 개념적으로 증식한 것[戱論]을 토대로 눈에 의해 지각될 수 있는 가시적 형태에 관해 이러한 허상에 오염된 개념들(papañcasaññāsaṅkhā, 妄想)이 과거, 미래, 현재에 걸쳐 일어난다.**14**

여기에서 어떤 사람의 지각된 것에 대한 추론(vitakketi)은 개념의 증식과 객관화를 낳으며, 개념의 증식과 객관화가 한편으로는 지각하는 사람을 '공격하고' 그 사람의 지각을 형성하는 작용을 한다.

냐나난다(Ñāṇananda) 비구는 이 경문에 주석을 달아 이러한 순환적 과정의 특성을 밝힌다. 그는 위에서 인용한 『마두삔디까 쑤따

---

**14**    Majjhima Nikāya, Ⅰ.111, *Concept and Reality*, p. 516의 Ñāṇananda 역.

(Madhupiṇḍika Sutta, 中阿含 蜜丸喩經)』가 묘사하고 있는 지각이라는 사건을 세 단계로 나눈다. 그의 주석에 의하면 그 첫 단계는 연기(緣起)의 일반적인 공식화 형태 – '~에 의지하여 ~이 나타난다' – 로 표현되며, 인칭화되지 않은 형태의 작용을 다룬다. 그러나 수(受, vedanā, 느낌)에서부터 인칭화되지 않은 형태가 끝나고, 이후의 작용은 능동태 3인칭 동사형으로 표현된다. 그리하여, 고락의 감정이 판단과 기피나 매력을 일으키면서, 주관, 즉 에고-의식(ego-consciousness)의 침투가 암시된다고 그는 이야기한다. 3단계에서는 개념의 증식과 함께 그 주관이 개념들에 의해 '공격받게' 된다. 냐냐난다가 주석하듯이 "지금까지 주관이었던 것이 이제는 불운한 객관이 된다." 그 발전 단계를 냐냐난다는 다음과 같이 요약한다.

> 잠재되어 있는 자아(ego)의 환상은 수(受)의 단계에서 깨어난다. 그 후로 그 환상이 개념의 수준으로 구체화되고 정당화될 때까지 사악한 이중성은 지속된다. 따라서 복합체였던 것, 즉 조건에 의해 발생한 과정은 자아(ego)와 비아(非我, non-ego)의 직접적인 관계로 바뀌는 경향이 있다.**15**

이러한 발전 단계를 보여 주기 위해 그는 생생한 이미지를 제시한다. "해골바가지이던 자신에게 생명을 부활시켜 준 마법사를 먹어치운

---

**15**　Ñāṇananda, *Concept and Reality*, p. 10.

전설 속의 호랑이처럼, 개념과 언어적 관습은 그것들을 만들어낸 중생을 압도한다."**16**

따라서『니까야』의 관점에서 보면 지각은 고도의 해석 과정이다. 감각적 자극이 자아의 기획과 선입견에 의해 선별되고 평가되듯이, 지각은 지각하는 자와 지각되는 것의 상호작용을 나타낸다. 스트렝(F. Streng)이 이야기하듯이, 연기설은 "생각 그 자체가 현상들의 발생에 기여하는 요소"라는 것을 인정한다.**17**

우리는 우리의 세계를 창조하지만 일방적으로 창조하는 것은 아니다. 왜냐하면 의식은 그것이 먹이로 하는 것의 영향을 받기 때문에, 즉 주관과 객관은 상호의존적이기 때문이다.『니까야』는 감각 대상의 '거기 있음(there-ness)'과 마음의 객관화 경향 어느 것도 부정하지 않음으로써 세계 창조의 과정을 호혜적 관계로 본다. 감각적 경험은 우리를 형성하고, 한편으로는 우리가 감각적 경험을 형성한다. 조건 지우기는 상호적이다.**18** 세계는 결코 보는 자로부터 독립적으로 보이지 않고, 보는 자도 지각으로부터 독립적으로 보이지 않는다. 왜냐하면 인지는 타동사이기 때문에, 즉 식(識)은 대상을 취하기 때문이다.

현대의 감각 상실 실험은 이러한 견해를 지지하는 결과를 제공

---

**16**   Ibid., p. 6.

**17**   Streng, "Reflections," p. 78.

**18**   미즈노(K. Mizuno)는 초기불교 교리를 기술하면서, 개인은 "끊임없이 외부세계로부터 자극과 영향을 받으면서 동시에 외부 세계에 영향을 미친다. … 상호 간에 영향을 주고 있는 것이다. … 우리는 우리를 둘러싸고 있는 것에 의해 존재한다"고 적고 있다. (Mizuno, *Primitive Buddhism*, pp. 126-27.)

한다. 외부의 자극을 제거하거나 방해하기만 해도 시각과 청각의 환각과 같은 혼란이 나타나며, 이것은 유기체들이 내적 안정을 유지하기 위해 외부 자극의 흐름에 의존한다는 것을 보여준다.[19] 마찬가지로 연구 결과가 말해 주듯이, 망막 위에 맺힌 이미지는 붕괴하여 암흑이 된다. 한결같은 소리는 들리지 않게 되듯이, 고정된 손은 더 이상 감촉을 느끼지 못하며, 손이 접촉을 확인하기 위해서는 손가락을 움직이지 않으면 안 되듯이 운동과 자극의 변화는 지각에 필수적이다. 시각이 발생하기 위해서는 눈이 움직이거나, 아니면 아무리 희미한 명멸일지라도 대상이 움직여야 한다.[20] 이러한 예들은 지각과 인식이 접촉에 의해 촉발된, 즉 주관과 객관 대상의 마찰에 의해 발화된 능동적인 만남이라는 불교의 견해를 지지한다.

> 비구들이여, 두 막대기를 맞대어 마찰함으로써 열과 불이
> 발생하듯이, … 바로 그와 같이, 비구들이여, 느낌은 접촉
> [觸]에서 일어나고, 접촉에 뿌리를 두고 있으며, 접촉으로
> 부터 발생하고, 접촉에 의지한다.[21]

우리가 우리의 마음과 세계를 함께 창조한다고 여겨지기 때문에, 불교의 관점에서는 우리가 어떻게 마음과 세계를 창조하는지를 이해하는 것이 중요하다. 감각적 데이터, 즉 심리 물리적 사건들(dharmas)

---

**19**　　Allport, "Open System in Personality Theory," p. 347.

**20**　　Koestler, *Beyond Reductionism*, p. 297.

**21**　　Saṃyutta Nikāya, IV. 215.

의 발생과 소멸을 주의 깊게 관찰하는 것이 『싸띠빳타나 쑤따 (Satipaṭṭhāna Sutta, 中阿含 念處經)』에서 붓다가 가르친 명상의 기본이 된다. 그 명상의 목적은 마음을 평온하게 하는 것이라기보다는 객관 대상과 자아(ego)를 만들어내는 마음의 과정을 통찰하는 것이다. 이 명상이 가져오는 알아차림이 팔정도(八正道)의 필요조건인 마음챙김 [正念]으로서 모든 행동 속에서 실행된다. 알아차림과 마음챙김은 다 같이 실존을 '있는 그대로(yathābūtham)' 보는 능력을 형성한다. 불경 이 보여 주는 지각과 인지를 보면, 이러한 '있는 그대로 보기'는 해석 이 주어지지 않은 세계를 볼 수 있다는 소박한 실재론적 가정을 의 미하는 것은 아니다. 그것은 오히려 우리가 우리의 세계를 구성하는 상호작용의 과정의 해명을 의미하는 것 같다. 냐나난다의 표현처럼 있는 그대로 보기는 "경험의 구조 바로 그것을 분석하여 드러낸다." 이 구조, 즉 '있는 그대로'는 세계와 관찰자의 역동적인 상호관계를 의미한다.

## 정보 회로

오늘날 일반시스템이론은 이러한 상호관계를 인정한다. 지각하고 인 지하는 활동은 정보가 흐르면서 변형되는 회로로 간주되기 때문에, 지각되는 것과 지각하는 것 양자를 포함하고 있는 것으로 여겨진다. 이 정보의 흐름 속에서 자아(自我)와 비자아(非自我)가 범주적으로 분 리될 수 없듯이, 아는 자와 알려지는 것도 분리될 수 없다. 자아와 비 자아, 아는 자와 알려지는 것은 상대적이며 관점 의존적이다. 왜냐하 면, 불교 사상에서 그러하듯이, 우리는 여기에서 실체가 아니라 과정을, 행위자보다는 행위를 다루고 있기 때문이다.

우리가 알고 있듯이 시스템적 관점에서 보면 주변으로부터 입력된 정보는 지각의 형태로 주어지며, 이 지각은 그 시스템의 게슈탈트와 구성물들에 의해 해석된다. 우리는 대상들을 보지 않으며, 대상들에 대한 우리의 관념들조차 보지 않는다. 래즐로는 그것을 이렇게 이야기한다.

> 만일 우리가 지각적으로 신호 전달된 대상 자체를 본다면, 본다는 것은 단순한 일일 것이다. 그리고 그것은 극히 혼란스러울 것이다. 왜냐하면 매 순간 우리는 우리의 눈이 우리에게 알려주는 것을 보게 될 것이며, 우리의 눈은 결코 똑같은 것을 거듭해서 알려주지 않을 것이기 때문이다. 그러나 보기(듣기, 만지기 등등)는 단순한 일이 아니며, 그것은 [적어도 일상적이지 않게] 혼란스러운 것도 아니다. 우리는 우리의 감각적 정보를 곧바로 이미 확립되어 있는 우리의 게슈탈트들에 전달하며, 우리가 실제의 지각에 의한 감각적 재료로 덮여 있다고 이해한 것들은 이 게슈탈트들이기 때문이다. 우리는 데이터 자체를 본다기보다는 우리의 감각 데이터를 우리의 주변 세계를 이루는 친숙한 대상으로 보는 것이다.[22]

---

22  Laszlo, *System, Structure, Experience*, p. 43.

우리의 게슈탈트는 우리의 감각으로 등록한 정보를 선별하고(우리의 개념 구조가 그렇게 한다), 우리가 마주치는 관념(idea)을 여과한다. 쿤(T. S. Kuhn)이 예증했듯이 선행하는 가설과 구조가 과학 연구의 방향과 내용을 정한다. 대상은 물론 개념과 더불어 지각은 선행하는 지식에 의해 형성되며, 핸슨(N. R. Hanson)의 표현을 빌리면 "본다는 것은 하나의 이론 의존적(theory-laden) 이해다." "만일 x - 같은 것(x-ish things)을 전혀 알지 못하는 사람이 x를 보았다고 한다면(예를 들어, 책상에 대해 전혀 알지 못하는 부시맨이 책상을 보았다고 주장한다면), 이 보고를 우리는 어떻게 생각해야 할까? 그것은 중성자 소나기를 보았다는 네 살배기의 보고를 대하는 것과 똑같은 것이 아닐까?"라고 그는 묻는다.[23]

    세계를 해석하는 배경이 되는 게슈탈트와 구성물은 시스템적 관점에서 과거의 경험에 의해 코드화된 것으로 이해된다. 이와 같이 심리 상태와 구조는 기능적으로 지각과 인지의 공동 조건이 되는 이전의 행위[業]를 통해 통합된 의지적 구성물을 의미하는 불교의 행(行, saṅkhārā)이라는 개념에 상응한다. 냐냐난다에 의하면, "축적된 감각적 경험이 무지[無明]에 의해 야기될 때", 그것들이 "우리의 정신적 지형에 자국과 홈(관습과 습관)"을 만들고, "우리가 살아가면서 경험하는 매 순간 영향을 준다."[24] 우리가 주어진 것으로 여기는 지각은 숙고해 보면 인공적으로 합성된 복합적인 것, 즉 쌍카따(saṅkhata, 有爲)임이 판명된다. 시스템 철학과는 달리 불교 사상은 이러한 의지적 구성

---

23    Ibid., p. 102.

24    Nāṇananda, *Magic of the Mind*, pp. 41-43.

물들을 영속화하는 집착의 역할을 강조하기는 하지만, 두 사상 체계는 모두 지각에 있어서 이러한 구성물들이 중요하다는 것을 인정하며, 그 구성물들이 변하지 않을 수 없다고 본다.

그런데 자극이 그 구성물들의 의미를 부과하는 것은 아니다. 그보다는 우리가 현재의 필요와 과거의 행위, 그리고 미래의 계획을 평가하는 배경인 친숙한 형식들에 그것들을 비추어봄으로써 그것들에 의미를 부여한다. 래즐로가 강조하듯이 인지(cognition)는 알아보기(recognition)를 전제한다. 그는 "준거점이 결여된 것은 우리에게 하나의 수수께끼를 제공한다"고 지적한다. "전적으로 새로운 것은 이해될 수 없다"[25]는 것이다. "다소 과장한다면 우리는 지각한 것을 안다기보다는 오히려 아는 것을 지각한다고 말할 수 있다."[26] 애쉬비(W. R. Ashby)가 이야기하듯이 조직적인 '유기체'조차도 "부분적으로 보는 자의 눈 속에 있다."[27] 동일한 지각 데이터가 주어진다고 해도 우리는 사회, 가족, 또는 꿀벌을 상호작용하는 개체들의 집합으로 볼 수도 있고, 자신의 동력과 궤도를 가지고 있는 하나의 조직된 시스템으로 볼 수도 있다. 베이트슨은 이렇게 말한다. 우리는 잉크 얼룩 속에 있는 박쥐를 셀 수 없다. 왜냐하면 거기에는 박쥐가 한 마리도 없기 때문이다. "그렇지만 어떤 사람은 – 만약 그가 박쥐에 관심을 가지고 있다면 – 아마도 몇 마리를 '보게' 될 것이다."[28] 바꾸어 말하면 우리

---

**25**    Laszlo, *System, Structure, Experience*, p. 43.

**26**    Laszlo, *Introduction to Systems Philosophy*, p. 199.

**27**    Ashby, *Principles of Self-Organizing System*, p. 110.

**28**    Bateson, *Steps to Ecology of Mind*, p. 272.

는 자신의 해석에 따라 보며, 우리 각자는 우리 스스로 가정해 놓은 형상-세계(form-world) 속에서 살아간다. 이러한 형상-세계라는 가정은 평범한 지각과 과학적 사고 모두에 반드시 필요하다. 왜냐하면 양자는 모두가 연역적 추론으로서 지각 표상의 단계를 뛰어넘어 가정과 전제에 의해 실재를 해석할 것을 요구하기 때문이다.**29**

　폰 글라저스펠트(Von Glasersfeld)와 바렐라(F. Varela)는 이 새로운 인식론에 스펜서 브라운(G. Spencer Brown)의 아이디어(Laws of Form, 1969)를 끌어들인다. 그래서 이들은 모든 지각 활동과 인지 활동에 어떤 방식으로 형태와 배경을 분리시키는, 가치 의존적인 ─ 궁극적으로는 본성상 자기 지시적인 ─ 구분과 구획 만들기가 개입되는지를 보여준다. 그들은 또한 삐아제(J. Pieget)의 연구(La construction du reel chez l'efant, 1937)가 어떻게 우리 세계의 대상들이 이러한 지각상의 차이들과 개념상의 차이들의 점진적인 조정을 통해 창발(創發)하는 방식을 밝히고 있는지에 주목한다. "인지 활동에서 주관과 객관 사이의 특이하고 난해한 관계는 … 순환적인 상호작용을 통해 상호 안정성이 이루어지고 유지되는 총체적 상호의존의 [관계]다."**30**


## 투사를 통한 세계 만들기

이 '총체적 상호의존' 속에서 우리들의 선입관은 세계에 대한 우리의 해석을 형성할 뿐만 아니라 세계 자체에 영향을 미친다. 왜냐하면 피

---

**29**　　Laszlo, *Introduction to Systems Philosophy*, pp. 208-210.

**30**　　von Glasersfeld, and Varela, "Problems of Knowledge."

드백 루프(feedback loop)는 주관의 영역과 감각 데이터의 선택적 해석의 영역을 넘어 확장되면서 '저 밖에 있는' 환경을 둘러싸고 있기 때문이다. 이것은 우리가 이 인과의 고리, 즉 피드백 작용에 의지하여 의미, 즉 이해 가능성을 유지하기 때문에 그렇다. 인지 시스템은 의미를 추출함으로써, 즉 소음에서 메시지를 끌어내어 세계를 이해함으로써, 만족과 가치를 느낀다. 지각된 것을 내부의 코드로 해석하는 데 성공할 경우, 인지 시스템은 [네거티브 피드백 과정 속에서] 이 합치를 지속시키려고 노력한다. 인지 시스템은 이 해석된 지각들을 확인하고, 그것들을 더 많이 만들어내는 방식으로 주변 환경에 작용한다.

이러한 방식으로 인지 시스템은 주변 환경에 그 시스템의 코드를 '투사'하며, 그 결과 지각을 그들의 언어로 변형하는 일을 계속한다고 말할 수 있다. 이와 같은 투사에 의해 과학자는 자신의 연구 계획을 세우고, 자신의 생각에 어울릴 수 있는 데이터의 종류를 결정하며, 건축가는 그의 꿈을 구체화한다. 인지와 지각 사이의 조화를 지속시키기 위해 우리는 우리의 세계에 형체를 부여하며, 우리의 세계는 거꾸로 그 형체를 나타낸다. 발굴된 정원이나 성채에서 우리는 고대 도시의 특성을 어느 정도 읽어낼 수 있다. 왜냐하면 그것들 속에는 고대 도시의 의미와 게슈탈트, 그리고 구성물들이 형태를 갖추고 있기 때문이다. 즉 관념들이 구체화되어 있기 때문이다. 그리고 우리가 강력한 기술을 소유하고 있을 때 이 구체화 능력은 무시무시하다. 우리의 상상력이 펜타곤과 디즈니랜드를 세운 것이며, 대지 그 자체까지도 우리의 환상을 반영하고 있다. 즉 파헤쳐지고 포장된 땅은 우리가 땅을 지배하려고 하고, 통제 불가능한 것들을 두려워한다는 것을 입증한다. 우리는 우리가 창조한 세계에서 우리 자신을 만나고 있는 것이다.

## 자기 재조직으로서의 학습

시스템이론에 의하면 예외적인 것이 발전하여 지속되면 코드가 바뀐다. 다시 말해서 조건과 상황이 변해서 유입되는 지각을 해석하는 데기존의 코드를 더 이상 사용할 수 없게 되거나, 데이터가 이 코드에 의해 더 이상 의미를 산출할 수 없을 때 코드는 바뀌게 된다. 포지티브 피드백 속에서 코드가 경험의 흐름을 처리하는 데 부적절한 것으로 드러나면 인지 시스템은 낯설고 혼란스러운 지각을 이해할 수 있도록 해 주는 새로운 코드를 찾는다. 이러한 탐색적 자기-조직(self-organization)은 구성 개념이 발전하여 새로운 데이터를 처리할 수 있을 때까지 계속된다. 이러한 포지티브 피드백 작용은 학습을 의미한다. 그것은 또한 세계가 인지 시스템을 형성하는 방식을 의미한다. 네거티브 피드백 속에서는 아는 자가 투사를 통해 알려지는 것을 변형했지만, 포지티브 피드백 속에서는 세계가 보는 자에게 인지 시스템의 내부 조직 속에 새로운 방식으로 그 자신(세계)을 구상하도록 영향을 미친다. 이와 같이 학습은 어떤 것의 첨가가 아니다. 오히려 그것은 인지 시스템의 근본적인 재조직을 의미한다. 새로운 연결망과 집합이 발생하고, [피드백] 루프가 형성되며, 교체 통로가 발달한다. 보이는 세계가 달라지면, 보는 자도 달라진다.

이와 같은 관점은 인지의 위기가 창조적인 작용을 한다는 것을 인정하고 있음을 함축한다. 오래된 습관적 해석 방식이 기능 장애가 될 때는 혼란이 효과적일 수 있다. 예외적인 것의 경험은 인지 시스템을 자극하여 그 시스템이 이전에는 의식하지 못했던 데이터를 파악하고 통합하는 보다 높은 수준의 조직을 이룩하도록 한다.

불교 사상에서도 학습은 데이터의 단순한 첨가가 아니라 인지 시스템과 그 시스템의 구성 요소를 재조직하는 일을 의미한다고 인정한다. 불교 사상에서 유기체는 오온(五蘊, khandas), 즉 경험의 구성 요소들에 의해 이해되는데, 유기체를 지각으로 분석하면서 『마하핫티빠도빠마 쑤따(Mahāhatthipadopama Sutta, 中阿含 象跡喩經)』에서 주장하듯이, 오온은 세계를 파악하거나 이해하는 다섯 가지 방식을 의미한다. 이러한 이해에서 보면 "이들 다섯 가지 파악의 방식이 함께 모이고 회합하여 결국은 함유물(inclusion)이 된다."**31**

붓다는 이론을 전수하는 데 관심이 있었던 것이 아니라, 제자들이 경험의 과정에 주의를 기울여 그들의 경험을 재조직하도록 자극하는 데 관심이 있었다. 어떤 선사(禪師)는 누군가 가르침을 받고자 찾아오면 그 방문자의 찻잔이 넘칠 때까지 차를 따랐다. 이렇게 해서 스스로 선입관을 비우기 전에는 새로운 것이 지각될 수 없음을 보여 준 것이다. 붓다는 제자들의 머릿속에 개념을 '쏟아부은' 것이 아니라, 그들을 안내하여 습관화된 앎의 방식에서 스스로 벗어나도록 했던 것이다. 이것이 묵은 해석 구조의 해체를 의미한다는 것은 붓다가 가르친 명상에 의해 입증된다.

시스템적 용어로 보면 다르마들(諸法, dharmas)이 생기고 사라지는 것[生滅]을 그저 바라보기만 하는 위빠싸나(vipassanā) 수행은 우리가 실재에 부과하는 코드를 잘게 자르기(短絡하기, shortcircuiting)다. 마음이 편집자적 주석이나 추리적 사고를 하지 않고 지각을 기록하는 법을 익히면, 이 코드들은 단절되고 영향력을 상실한다. 이전에 확

---

**31**      Majjhima Nikāya, Ⅰ.190.

립된 구조 속에서 작용하는 경향이 있는 개념화로부터 초연함으로써, 수행자는 코드의 효력을 지속시키는 일을 멈춘다. 수행자는 소음을 처리하여 메시지를 추출하기보다는, 요컨대 보다 많은 소음을 받아들이기 위해 메시지를 차단한다. 알아차림이 비인칭적인 다망(多忙)한 심리 물리적 사건으로 범위를 넓히면, 그 수련은 결국 의도적인 불일치 훈련과 포지티브 피드백 훈련이 되며, 거기에서 영속적인 '나'는 없다는 것이 분명해진다. 인공지능 회로는 이런 식으로 경험되기 때문에, 특히 자아에 관한 붓다의 가르침을 정당화하는 데 적절하다. 왜냐하면 래즐로가 지적하듯이, "우리는 이러한 [경험의] 분석을 통해 범주적으로 구분되는 '너'나 '그것'과 마주하고 있는 범주적인 '나'를 보지 못하기" 때문이다.**32**

묵은 구조를 해체하기 위해 고의적으로 불일치와 포지티브 피드백을 사용한다는 것은 다양한 종교적·미적 노력을 통해서 명백하게 드러난다. 세계를 해석하는 묵은 습관을 떨쳐버린 일례로, 돈 쥬앙(Don Juan)은 까를로 까스따네다(Carlos Castaneda)에게 시각적 지각을 정의하려고 하면서 고정된 형태 대신에 그림자나 공간으로 보는 법을 가르쳤다. 마찬가지로 환각제 체험의 몇몇 동기와 결과도 이런 유형이다. 랭보(Rimbaud)의 '의미 해체(dérèglement des sens)'도 비슷한 경우다. 이 프랑스 시인은 처음이기에 겪어야 하는 방향감각 상실의 아픔을 무릅쓰고 [비록 실제로 그가 '탈선시킨 것'은 그의 감각이 아니라 그의 게슈탈트와 구성물이었지만] 스스로 새로운 시각을 열려고 노력했다. 이

---

**32**    Laszlo, *System, Structure, Experience*, p. 21.

붓다의 연기법과 인공지능

모든 경우에 세계는 인지 시스템 안에서 새로운 방식으로 스스로를 지도로 그리고 있는 것이다.

따라서 각기 투사와 지도 그리기(mapping)를 포함하고 있는 두 가지 유형의 피드백은 보는 자와 세계, 즉 아는 자와 알려지는 것이 서로를 결정하면서 상호작용하는 상호 보충 방식을 보여준다. 래즐로는 이러한 상호작용을 그가 명명한 시스템의 '두뇌-언어(brain-language)'로 표현하면서 다음과 같이 말한다.

> 지각이 순수하게 인지에 사용된다고 할지라도 지각은 …
> 여전히 유기체와 그 유기체와 연관된 환경과의 상호작용
> 이다. 즉 지각은 하나의 과정인데, 그 과정에 의해 환경 상
> 태는 유기체의 보다 높은 수준의 신경 중추에 의해 구상
> 되며, 유기체와 서로 연관되어 있는 운동 신경 반응은 이
> 미 형성된 구상에 상응하는 환경에 지위를 부과한다.**33**

아는 자와 알려지는 것 사이의 필연적인 상호의존성은 시스템이론가들이 지극히 일반적인 단어들을 새롭게 사용함으로써 극적으로 표현된다. 로버트 로젠(Rovert Rosen)은 복잡성이라고 하는 관찰자와 관련된 성질이 어떻게 측정될 수 있는가를 논하면서, '측정하다(measure)'라는 단어를 '상호작용하다(interact)'라는 단어와 호환적으로 사용한다.**34**

---

**33**    Laszlo, *Introduction to Systems Philosophy*, p. 185.

**34**    Rosen, "Complexity as a System Property," p. 228f.

## 인지의 한계

만일 앎(knowing)이 상호작용이라면, 궁극적인 진리는 주장하기 어려우며 증명할 수 없는 것이 된다. 왜냐하면 앎은 아는 자의 관점과 관련될 뿐만 아니라 그의 과거와 현재의 경험에 의해 결정되고, 그가 지각 데이터에 부과하는 게슈탈트들과 구성물들에 의해 영향을 받기 때문이다.

시스템 사고에서는 인지에 대한 이러한 한계들이 다양한 방식으로 알려진다. 한계 가운데 하나는 피드백의 자기-지시적(self-referential) 특성에 고유한 것이다. 우리가 지금까지 살펴보았듯이, 관찰자와 그의 환경을 상호 연결하는 인과적 고리를 토대로 지각되고 인지된 모든 것은 과거의 경험에 의해 변경되며, 따라서 해석적이다. 나아가 이 회로들은 다음과 같은 것이다. 즉 오직 '짧은 원호(圓弧)들'만이, 즉 그 고리들이 연결하는 인자들의 부분들만이 의식을 지닌 아는 자에 의해 식별될 수 있는 그런 회로다. 베이트슨이 지적하듯이, "생명(삶)은 우연성이 맞물린 회로에 의존하고 있으며, 반면에 의식은 단지 인간의 의도가 지향할 수 있는 짧은 원호만을 볼 수 있을 뿐이다." 그는 이것을 "의도적 합리성"은 "예술, 종교, 꿈, 등과 같은 현상의 도움이 없는" 경우에만 발병한다는 주장의 근거로 삼았다.**35**

더욱이 시스템은 환원 불가능한 것이기 때문에, 보다 큰 시스템 속에 있는 시스템은 다른 시스템들과 교체할 수 있는 것이 아니다. 베이트슨이 다른 곳에서 이야기하듯이, 시스템은 그 자신의 독특한 역

---

**35**　Bateson, Brand, *Cybernetic Frontiers*, p. 10에서 인용.

할과 관점을 지닌다.

> 인공두뇌학적으로 말해서 나를 둘러싸고 있는, 그리고 다른 사물들과 사람들을 포함하고 있는 보다 큰 어떤 시스템과 '나의' 관계는 너를 둘러싸고 있는 어떤 유사한 시스템과 '너의' 관계와 다르기 마련이다. 관계로서의 '~의 부분'은 필연적으로, 그리고 논리적으로 언제나 상보적이지 않으면 안 된다. 그러나 구(句)로서의 '~의 부분'의 의미는 사람마다 다를 것이다.[36]

폰 베르탈란피는 인지 특유의 한계에 주의를 환기했다. 즉 실존 자체의 변증법적인 특성에 주의를 환기했다. 그가 지적하듯이, 열린 시스템은 상반된 일들의 상호작용에 의해, 즉 열린 시스템의 실체(substance) 자체의 형성되기와 소멸되기에 의해 가능해진다. 그는 이 창조적인 긴장 상태가 '실재'를 하나의 전체로 특징짓는다고 보았다. 양극(polarities)의 작용은 직관될 수 있지만, 열린 시스템에 관한 모든 진술은 단지 부분적일 수밖에 없다. 폰 베르탈란피는 이러한 한계를 인정함으로써 [열린 시스템에 대해서는] 대립적 진술이 논리적 필연성을 갖는다고 단언하게 되었다.

> 우리의 모든 지식은, 그것이 탈인격화된 것이라 할지라

---

**36**     Bateson, *Steps to Ecology of Mind*, p. 332.

도, 단지 실재의 어느 특정한 측면만을 반영한다. 만일 [시스템에 관해] 지금까지 이야기한 것이 사실이라면 실재는 쿠사(Cusa)**37**가 반대의 일치(coincidentia oppositorum)라고 불렸던 그것이다. 추리적 사고는 언제나 쿠사의 용어에서 신(God)이라고 불리는 궁극적 실재의 한 측면만을 나타낸다. 그것은 궁극적 실재의 무한한 다양성을 결코 속속들이 알 수 없다. 그러므로 궁극적 실재는 반대의 일치다. 즉 어느 특정한 관점만을 갖는 진술은 모두 상대적인 타당성만을 지닐 뿐이며, 따라서 반대의 관점에서 나온 정반대의 진술에 의해 보충되지 않으면 안 된다.**38**

연기설을 표명함으로써 초기불교 사상도 확인되고 주장될 수 있는 것의 한계를 설정한다. 고따마(Gotama) 붓다는 그 당시 여러 스승들 가운데 확정적인 형이상학을 수립하는 일을 피했던 유일한 스승이었다. 그는 많은 제자들이 당황하고 안달할 정도로 아는 자로부터 독립

---

**37**　역주: 중세 말기에 스콜라 철학과 신플라톤학파의 신비주의 사상을 융화시켜 신의 무한성을 주장한 철학자 니콜라우스 쿠사누스(Nicolaus Cusanus, 1401–1464). 그는 세계는 본질적으로 신과 반대되는 것이 아니고, 신의 유한한 자기표현, 즉 유한한 무한성, 또는 창조된 신이라고 했다. 그에 의하면 무한한 것은 동시에 유한한 것이다. 모든 개체는 자신 속에 다른 개체의 본질적인 것을 가지고 있으며 무한성을 가지고 있기 때문에, 만물에는 전체가 항상 나타나고 있으며 빛나고 있다. 따라서 모든 개체는 참으로 완전하게 인식될 때, 그것은 우주의 거울이다. 그 대표적인 것이 소우주로서의 인간이다. 이러한 그의 사상을 '반대의 일치'라고 한다. (김계숙, 『서양철학사』, 일조각, 1970, p. 154 참조.)

**38**　von Bertalanffy, *General Systems Theory*, p. 248.

된 객관적 실재로서 사물이 '저 밖에' 존재한다는 식의 결정적인 표현으로 정의하기를 거부했다. 고따마는 사물의 궁극적인 근원과 상태를 정의한 이론들을 의심했는데, 그 까닭은 그 이론들이 필연적으로 부분적인 것이며, 또한 그것들이 집착의 대상이 되기 때문이었다. 그는 형이상학을 수립하는 대신에 보는 마음 자체가 스스로의 세계를 형성하는 과정에 자신과 제자들의 관심을 돌렸다. 배타적이며 궁극적인 정확성을 주장했던 사변적 견해들은 가식이 없는 경멸을 받으면서 회피되고 거부되었다.

> 다른 사람들은 보이거나, 들리거나, 느껴지거나 집착된 것을 모두 진실이라고 생각한다. 자신의 견해를 고집하는 사람들 가운데 … 옳거나 그르다고 할 수 있는 사람은 아무도 없다고 나는 생각한다. 나는 전부터 사람들이 이러한 자기 견해의 갈고리에 걸리고 찔리는 것을 충분히 보았다. 여래(如來, Tathagata)에게는 "나는 안다. 내가 보았다. 그것은 참으로 그러하다"와 같은 집착이 없다.[39]

"나는 안다. 내가 보았다. 그것은 참으로 그러하다(jānāmi passāmi tatheva etam)"라는 구절은 경전에서 붓다가 비난했던 독단론을 나타내는 데 자주 인용되며, "이것만이 옳고 다른 것은 모두 거짓이다(idameva saccam moghannam)"라는 주장 역시 공리공론을 나타내는 데 인용된다.

---

[39]    Aṅguttara Nikāya, Ⅱ.24.

상호인과율의 관점에서 보면, 실재에 대한 궁극적 정의와 명료한 진술에 도달할 수 없다는 것이 탐구 정신의 좌절을 의미하는 것은 아니다. 의심의 대상이 되는 것은 결론적 주장일 뿐이지 앎의 과정 자체는 아니다. 아는 자가 세계로부터 분리되어 있는 무조건적인 존재라는 것은 착각이다. 그는 그 착각이 그를 잘못 생각하게 하고, 그를 진리 추구의 길에서 벗어나게 한다는 것을 알게 될 것이다. 그의 인지적 과정이 본성상 의존적으로 [세계와] 함께 발생하는(연기하는) 것이라는 점을 알아차리게 될 때, 그의 앎은 그 자신이 일부를 구성하고 있는 실재와 한층 더 의식적으로 관계를 맺고 참여하도록 할 것이다.

시스템적 관점에서 보면, 이러한 참여는 보다 많은 것을 고려한, 즉 보다 폭넓은 범위의 데이터와 경험을 포함하는 새로운 의미와 상징, 그리고 질서의 패턴을 계속 만들어냄으로써 증진된다. 최종적 언어라고 할 수 있는 상징이나 구성물은 없지만, 개개의 상징이나 구성물은 보다 광대한 기획의 이력(履歷)이다. 왜냐하면 우리가 수용하는 앎은 우리의 개별적인 정체성과 접경(接境)하고 있는 것이 아니라, 우리를 넘어 다른 시스템들의 자기 조직에도 역시 없어서는 안 되는 정보의 흐름 속으로 확장되기 때문이다.

초기불교의 입장에서는 앎의 의존적 성질을 알아차리는 것이 가치 있는 일이라는 점이 보다 두드러지게 강조된다. 의존적 성질은 연기(緣起)의 본질이며, 따라서 지혜(paññā, 般若)의 근본이고 깨달음에 필수적인 선결 조건이다. 그것은 인간이 집착하고 있는 견해, 판단, 그리고 관점으로부터 인간을 해방시키는 데 도움이 된다. 왜냐하면 인간은 아는 자로서 그가 아는 것에 의존하지 않는 독자적인 존재라는 그릇된 생각이 자아에 대한 환상을 가져오기 때문이다.

## 대상 없는 앎

지각과 인지가 세계와 상호작용한다면, 세계와 감각 기관이 사라진 곳에서 그러한 경험으로 우리는 무엇을 만드는 것일까? 우리의 논의 속에서 아는 행위는 지금까지 – 사물이든 관념이든 – 어떤 대상을 함축하는 타동사적인 것으로 간주되었다. 상호인과율의 패러다임은 대상 없는 앎, 즉 순수 의식에만 의지하는 경험을 허용할 수 있을까? 이러한 물음을 묻기 위해 그러한 경험이 시스템 철학과 초기불교의 입장에서 어떻게 생각되고 해석될 수 있는지를 살펴보도록 하자.

시스템 철학의 관점에서 사물을 보면, 생명의 조직화된 형태들은 그 형태를 이루는 부분들이 상호작용하여 내적으로 자기-규정(self-regulating) 기능을 가능하게 할 때 발생하고 발전한다. 복잡성의 정도가 지나쳐 다른 기능을 고려해야 할 때까지 이 기능들은 자동적으로 작동한다. 즉 자기 반성적 의식은 선택 행위와 함께 나타난다. 이 점에서 학습, 즉 시스템이 적응하기 위한 자기조직은 – 지각된 데이터뿐만 아니라 그 데이터를 해석하는 배경이 되는 구성물들에 대해서도 생각하는 – 뇌의 평가를 필요로 한다. 도이취(K. Deutsch)는 이러한 자기 반성적 의식을 '2차 메시지'를 처리하는 것으로, 즉 인지 시스템이 자신의 시스템 속에 흐르고 있고 저장되어 있는 정보를 정리하는 안내 카드와 색인표를 처리하는 것으로 설명한다.[40] 이들 상징(2차 메시지)의 평가와 처리에 의해 시스템과 환경 사이의 상호작용은 상호작용 자체를 검토할 수 있게 된다. [그리하여] 보다 높은 수준

---

**40**    Deutsch, "Toward a Cybernetic Model," p. 394f.

의 피드백 루프가 조직된다. 즉 하나의 계층조직적 인지구조가 창발하는데, 그 계층적 인지구조 속에서 각각의 단계는 어떤 면에서 보면 필수적으로 그 단계의 하부에 하나의 단계를 완성한다. 각각의 단계는 창조적 통합체로서 비누진적(nonsummative) 유기체(조직)를 포함하고 있기 때문에, 이 단계들은 환원 불가능하다. 이런 식으로 이차적 사고가 경험적인 문제와 결론에 관계없이 개인과 문화 속에서 양자를 발전시킨다. 시스템이 의미의 차원을 탐색할 때 이러한 활동은 생물학적 욕구의 충족을 훨씬 넘어서서, 심지어는 생물학적 욕구를 희생시키면서 그 활동 자체의 목적에 봉사함으로써 자율적이고 자기합법적(自己合法的)인 것이 된다.**41**

인지 회로가 스스로를 인식할 수 있는 방식인 이 순환적 재귀성은 모형 구성이나 관념들의 평가에 국한되지 않는다. 상징들(symbols)의 조작을 초월하여 앎 자체의 경험으로 나아가지 못할 본래적인 이유는 없다. 과학자 할리 샌즈(Harley Shands)가 이야기하듯이, 그런 경험 속에서는 경험적 인지와의 모든 관계가 단절된다.

> 대상(object)을 전적으로 부정할 수밖에 없는, 앎(knowing)
> 이라는 강렬한 느낌이 존재한다. 그 신비주의자가 자신이
> 무엇인가를 안다고 느낄 때는 그 강렬한 느낌의 계기는
> 이미 사라진 후이다. 그 황홀경은 아는 가운데(in knowing)
> 있다. 하지만 이런 의미에서의 앎은 자동사가 되지 않으

---

**41**    Laszlo, *Introduction to Systems Philosophy*, pp. 193-96.

면 안 된다. 왜냐하면 그 앎은 대상을 취하지 않기 때문이다. 혹은 거꾸로 표현한다면, 그것은 앎을 아는 것이다.**42**

이 견해는 신비주의자들이 주장해 온 경험의 순수지성적(noetic) 특성을 인정한다. 롤랜드 피셔(Roland Fischer)는 명상을 통한 몰입(samādhi)에서 경험되는 삼매(三昧, the oneness)를 포함하는 이 의식(대상 없는 의식)의 불이적(不二的) 본성을 신경계 속에 있는 뇌피질 활동과 뇌피질 하부 활동의 통합으로 설명하려고 했다.**43** '두뇌'의 측면보다는 오히려 '마음'의 측면에서 그 문제에 접근하고 있는 래즐로는 대상 없는 의식을 인지 시스템 자신의 인식 능력에 대한 보다 높은 수준의 알아차림(awareness)이라고 본다. 그는 "이런 식으로 우리는 생존에서 앎으로, 앎에 대한 앎으로, 그리고 궁극적으로 앎에 대한 앎 자체의 알기로 점진적으로 한 걸음씩 진행해 나간다"**44**라고 이야기한다. 주관과 객관의 경계는 해소된다. 왜냐하면, 베이트슨이 지적하듯이 인지 시스템의 정신성(심성)은 "어떤 부분에 내재하는 것이 아니라 전체로서의 인지 시스템 속에 내재하고", '전체로서의 인지 시스템'은 '행위자(agent)'와 그 행위자가 상호작용하고 있는 보다 큰 시스템을 포함하기 때문이다.**45**

초기불교 경전들은 순수한 알아차림, 즉 대상 없는 의식을 대

---

**42**    Ibid., p. 195.

**43**    Fischer, "Cartography of the Ecstatic," pp. 897-904.

**44**    Laszlo, *Introduction to Systems Philosophy*, p. 195.

**45**    Bateson, pp. 315-316.

승불교인들이 표기하는 유식(唯識, cittamatra)과 아뢰야식(阿賴耶識, ālayavijnāna) 같은 전문적인 술어로 명기하지는 않는다. 그러나 인습적인 지각과 인지에서 통상적으로 나타나는 주관과 객관의 양극성은 초월될 수 있으며, 또한 감각적 자극과 개념이 전혀 없는 의식이 발생할 수 있다는 것을 분명히 밝히고 있다.

> 언표 불가능하고 무한하며 빛나는 의식, 이것은 땅의 견고함, 물의 촉촉함, 불의 뜨거움, 바람의 움직임, 피조물의 피조성, 신의 신성, 조물주(Pajāpati)의 조물주성, 브라흐만신의 브라흐만신성, … 제왕의 제왕성, 일체의 일체성에 참여하지 않는다.**46**

'~에 참여하지 않는다(ananubhavati)'는 동사는 때로는 '~에 의해 도달될 수 없다'로 번역되기도 한다. 예를 들면, 냐나난다는 전자를 사용하고, 호너(I. B. Horner)는 후자를 사용한다. 그러니까 이 무한한 의식은 감각적 데이터에 물든 것도 아니고, 감각적 데이터로 도달할 수 있는 것도 아니다. 중요한 것은 무한한 의식은 마찬가지로 초자연적인 존재론적 영역, 즉 '브라흐만신의 브라흐만신성' 심지어는 '일체의 일체성'과 연결되어 있지도 않으며 그것을 언표하고 있는 것도 아니라고 강조되고 있다는 점이다. 이러한 강조는 무한한 의식과 베다 사상이 그것에 대해 했던 해석들을 구별하기 위한 것으로 보인다.

---

46    Majjhima Nikāya, Ⅰ.329f.

그러한 의식의 본질은 많은 제자들을 당황하게 했다. 아난다 (Ānanda)는 "수행자가 땅에서 땅을 의식하지 않고, 물에서 물을 의식하지 않고, [등등] … 그러면서도 의식이 있는 그러한 삼매를 성취할 수 있을 것인가?"라고 물었다. 붓다는 다음과 같이 대답했다.

> 아난다여, 여기에서 수행자는 이와 같이 안다. '이것은 평온하다. 이것은 수승하다. 즉, 모든 형성된 것(諸行)의 적멸(寂滅)이며, … 욕망의 멸진(滅盡)이며, 출리(出離)이며, 지식(止息)이며, 열반(涅槃)이다.'<sup>47</sup>[47]

이 대답은 욕망과 괴로움이 그침으로써 나타난 평온함을 이루는 앎의 대상이 아직 존재하고 있음을 시사한다. 냐나난다는 이 구절을 주석하면서 그것을 '의사-대상(疑似-對象, quasi-object)'이라고 불렀는데, 그것은 이 경험이 모든 지각과 개념으로부터 대상적 지위를 박탈한다고 보았기 때문이다.

> '대상들'이 이 '지각'에서 어떤 역할도 하지 못하는 것은 바로 '주관'이 사라져버리고 없기 때문이다. '열반은 지금, 여기'라고 하는 실존의 지멸(bhavanirodha)에 대한 경험은 '내가 있다(I am)'라는 망상이 끊어질 때 나타난다.[48]

---

**47**    Aṅguttara Nikāya, V. 7f.

**48**    Ñaṇananda, *Magic of Mind*, pp. 54-55.

위에서 아난다가 물었던 물음이 사리뿌뜨라에게 물어졌다. 그러자 이 지혜가 뛰어난 상수(上首) 제자는 다음과 같이 대답한다.

> '생성의 지멸49이 열반이다. 생성의 지멸이 열반이다.' 이와 같이, 법우여, 하나의 지각이 나에게 나타나자 다른 지각은 나에게서 사라졌다. 법우여, 비유하면 나무 단이 불탈 때, 하나의 불꽃이 나타나면 다른 불꽃들은 사라지듯이, 이와 같이, 법우여, 하나의 지각, 즉 '생성의 지멸이 열반이다'는 생각이 나에게 나타났다. 그리고 다른 지각, 즉 '생성의 지멸이 열반'이라는 생각이 나에게서 사라졌다. 바로 그때, 법우여, 나는 이것을 알아차렸다. '생성의 지멸이 열반이다.'50

사리뿌뜨라의 대답은 이 의식이 여전히 일련의 순간적인 사건들, 즉 다르마들이며, 이 의식이 끊임없이 변해 가는 세계에 참여하고 있으며, 또한 일반적인 지각에 의한 인지의 지멸 바로 그것이 우리가 의식하는 것으로 된다는 의미에서 이 의식은 타동사적이라는 것이다.

　잘 알려져 있는 것처럼 아난다가 질문했던 그런 종류의 의식은 연기설(의존적 상호발생)에 위배되는 것으로 간주되어서는 안 되고, 연기설이라고 하는 인과설의 문맥 속에서 해석될 수 있어야 한다. 그것

---

**49**　　역주: *bhava-nirodha*를 생성의 지멸(止滅, cessation of becoming)로 번역했는데, 한역(漢譯)으로는 유멸(有滅)이다.

**50**　　Aṅguttara Nikāya, V. 9f.

은 여전히 [평온 또는 인지의 대상으로 남아 있는 괴로움의 지멸을 대상으로 삼기 때문에] 타동사적으로 간주될 수도 있고, 만약 자동사적으로 간주된다면, ['나'가 이미 경험되지 않을 경우에는 대상도 경험되지 않으므로] 주관과 객관의 상호의존에 대한 직접 경험의 확인으로 간주될 수도 있다.

이들 해석들 중 하나의 변형은 상호인과율 그리고 상호인과율의 근본적인 상대성과 일치하는 것으로서, 샌즈(Shands)와 래즐로가 시사한 앎에 대한 앎을 알기(knowing the knowing of knowing)와 유사하다. 래즐로는 그것을 재귀적 의식의 메타적 단계(a metalevel of reflexive consciousness)라고 개념화하지만, 그것은 또한 모든 지성에 내재하는 고유한 것으로, 즉 우리가 세계에 대해 알고 그 세계와 상호작용하는 바로 그 방법이나 능력, 또는 불변식(不變式)으로 여겨질 수도 있을 것이다. 그렇게 해서 그것은 시작이나 끝이 없이 항상 현재일 것이다. 그것은 감각적 경험을 초월해서 세계와 우리의 상호작용 속에서 현상을 등록하고 규정하게 하는 모든 차별을 뛰어넘을 것이다.

초기불교 경전은 이러한 해석의 근거를 제공한다. 이 무분별적인 알아차림은 '육입처(六入處)의 지멸(saḷāyatana nirodha)', 즉 여섯 가지 감각 영역 또는 여섯 가지 감각적 지각 방식의 중지로 불린다.**51** 그러나 그것(무분별적인 알아차림)은 『우다나(Udāna)』 80에 나오는 유명한 구절에서처럼 지각의 대상이라기보다는 여전히 지각의 양식으로 이야기된다.

---

**51**    Saṃyutta Nikāya, Ⅳ. 2.

비구들이여, 흙도 없고, 물도 없고, 불도 없고, 바람도 없는 그런 영역이 있다. 그 속에는 이 세간(世間)도 없고, 출세간(出世間)도 없고, 달도 없고, 태양도 없다. 단언하건대, 비구들이여, 옴도 없고, 감도 없고, 멈춤도 없고, 사라짐도 없고, 생겨남도 없다. 그것은 만들어진 것이 아니며, 머물지 않으며, 아무런 문제도 없다. 실로 이것은 괴로움의 끝이다. … 비구들이여, 불생(不生, a not-born)이 있고, 불변(不變, a not-become)이 있고, 부작(不作, a not-made)이 있고, 부잡(不雜, a not-compounded)이 있다. 비구들이여, 만일 그렇지 않다면, 태어남, 변화, 지어짐, 섞임으로부터 벗어남도 없을 것이다.**52**

여기에서 '영역(sphere)'이라고 번역된 용어가 12연기지(十二緣起支, nidāna series) 속의 육입처(六入處, saḷāyatana), 즉 여섯 개의 지각 영역에 사용된 것과 같은, 통상적으로 지각의 발생을 가능하게 하는 '입구' 또는 기능을 의미하는 입처(入處, āyatana)라는 것은 의미심장하다. 그러니까 이 구절에서 그것을 이러한 의미, 즉 객관적으로 자립자존하는 초자연적 본질이나 권역보다는 우리가 지각하는 방식이나 수단을 나타내는 것으로 받아들이는 것이 합당하다. 대상, 장소, 또는 본질을 나타내는 어떤 용어를 사용하지 않고 '입처'라는 용어를 사용한 것은 그러한 의미가 의도적이었음을 보여준다.

---

52     Udāna, 80-81.

만일 그렇다면 아는 자는 주변 환경과 접촉을 하지 않는 동안에 (여섯 감각이 초월된 가운데) 그가 주변 환경과 상호작용하는 것을 가능하게 해 주는 것과 밀접한 연관 속에 있게 될 것이다. 그는 그가 인식하는 방식을 알아차릴 것이며, 그 결과 그가 그것에 부과하는 허위로부터, 인용된 구절을 사용하자면, '벗어날(step out)' 수 있는 방식을 알아차리게 될 것이다.

무위(無爲, asaṇkhata)에 대한 그릇된 해석(축어역으로 '합성되지 않은(uncompounded)'으로 해석하지 않고 '조건에 의하지 않은(unconditioned)'으로 해석한 것)과 입처(入處, āyatana)에 대한 잘못된 해석('지각의 양식'으로 해석하지 않고, '본질' 또는 '권역'으로 해석한 것)은 많은 사람들로 하여금 『우다나』 80을 형이상학적, 자립 자존적 절대에 관해 이야기하고 있는 것으로 해석하게 만들었다. 우리가 여기에서 제시하는 해석은 그 구절이 모든 다르마들(dharmas)은 무아(anattā, 諸法無我)이고, 실재는 실체에 의해서가 아니라 관계에 의해서 지각된다는, 인과관계에 대한 붓다의 교설과 합치하는 방식으로 해석될 수 있게 해 준다. 『우다나』 80이 이 '영역'을 깨달음과 동일시하는 것처럼 보이지만("이것은 참으로 괴로움의 끝이다"라고 말하고 있기 때문에), 초기경전들은 대체로 무분별적인 알아차림과 깨달음을 동등하게 보지 않는다는 점에 주의할 필요가 있다. 깔루빠하나는 이 점을 지적하고 있다.**53** 흔히 멸진정(滅盡定, nirodhasamāpatti) 또는 상수멸(想受滅, saññāvedayitanirodha)로 불리는 '지각과 느낌의 지멸'은 그 당시의 수행이 깊은 요기들이 성취한

---

**53**     Kalupahana, *Causality*, pp. 180-81.

삼매(samādhi)와 동등한 것이다. 고따마는 보리수 아래 앉기 전에 이 삼매를 익혀 휴식을 얻고, 고통으로부터 벗어나는 데 그것을 활용했으며, 통찰에 필요한 집중력을 키우는 데 도움이 된다고 여겼다. 그러나 그것은 통찰, 즉 모든 부처님과 중생의 깨달음에 없어서는 안 되는 것으로 간주되는 존재의 연기성(緣起性)에 대한 인식과는 별개의 것이다.[54]

## 아는 자는 누구인가

상호인과율은 실재가 아는 자와 알려지는 것이 독립적으로 존재하지 않는 방식으로 구성된 것임을 보여준다. 상호인과율의 인식론이 시사하는 것은, 과정은 지속되고 있으며, 그 점에서 이러한 범주들(아는 자와 알려지는 것)은 결론적으로 실체가 없는 독단적인 것이라는 것이다. 이러한 세계 속에서 이러한 세계를 느끼는 의식은 아는 자와 알려지는 것의 구분이 구체화되는 만큼 방해받는다.

이러한 결론은 시스템-인공두뇌학(systemscybernetics) 속에 암시되어 있다. 인지 시스템은 보다 많은 것을 고려하는 법을 배움으로써 대처하고 의미를 이끌어내는 능력을 고양한다. 이것은 그 코드들의 끊임없는 개조를 수반하며, 그 코드들은 자기-정의(self-definitions)를 포함한다. 보다 많은 정보를 처리하는 법을 배우는 가운데 앎을 수행하는 자의 낡은 구성물들은 폐기되고, 수정되고, 확장된다. 따라서 아

---

**54**    Dīgha Nikāya, Ⅰ. 83.

는 자는 그 아는 자가 앎의 수단이 되는 바로 그 과정을 조건으로 변천하는 구성물로 보이게 된다.

폰 글라저스펠트와 바렐라는 "바로 그 구성 행위에 의해 우리가 경험하여 우리의 인식 구조 속에 편입하는 자아는 경험하기를 — 또는 덧붙이자면 알기를 — 행하는 자아이기를 중지한다"는 것을 입증했다.**55** 그러면 아는 자는 누구인가. 그것은 결코 고립시킬 수 있는 개체가 아니다. 왜냐하면 분별되는 순간, 그것은 알려지는 것이지 아는 자가 아니기 때문이다. 이와 같이 행위자를 규명할 수 없기 때문에 결국 우리는 인지 기능을 인지가 발생하도록 하는 내적이며 상호적인 체계의(intra-and intersystemic) 불변성과, 또는 사실상 스펜서 브라운(G. Spencer Brown)이 결론짓듯이 스스로를 관찰하고 인식할 수 있게 구성된 것처럼 보이는 우주와 일치시키게 된다. **56**

아는 자와 알려지는 것을 분별하는 이분법을 초월해야 할 필요성과 그렇게 할 수 있는 가능성이 초기불교 교리 속에 명백하게 나타나 있다. 그곳에서는 세간에서 우리 존재의 본성을 가리고 있는 정신적 왜곡이 냉철한 지혜 속에서 관찰된다. 뿐만 아니라 동시에 우리가 그 왜곡을 근절하고 그것으로부터 벗어날 수 있는 아이디어가 설해져 있다. 이 가능성이 인정되고 있을 뿐만 아니라, 이 가능성이 성취될 수 있는 방법들도 밝혀져 있는 것이다.

이것은 위빠싸나(vipassanā) 수행에서 우리가 보는 사물에 주의를 집중하지 않고 우리가 사물을 보는 방식, 즉 느낌, 생각, 지각 등의

---

**55**    von Glasersfeld and Varela, *Problems of Knowledge*, p. 18.

**56**    Brown, *The Laws of Form*, App. Ⅰ.

연기성(의존적 상호발생이라는 본성)에 주의를 집중함으로써 이루어진다. 그리하여 '지혜의 눈(paññācakkhu, 慧眼)'을 얻을 수 있으며, '지혜의 눈'은 우리가 세계에 투사한 증오와 탐욕을 해소한다. '지혜의 눈'으로 보는 아는 자는 그의 앎의 대상으로부터 벗어나려고 애쓰지 않고, 그가 대상에 부과한 허위로부터 대상을 해방시키려고 애쓴다. 앎의 대상이 육입처의 지멸을 경험함으로써 사라지는 것처럼 보이듯이, 이제는 통찰이나 위빠싸나 수행에 의해 주관이 사라지는 것으로 보이게 된다.

> 그러므로, 바히야(Bahiya)여, 너는 마땅히 이와 같이 네 자신을 닦아야 한다. 보일 때는 보임만 있고, 들릴 때는 들림만 있고, 느껴질 때는 느껴짐만 있고, 알려질 때는 알려짐만 있게 되도록 하라. 바히야여, 그것이 마땅히 네가 너 자신을 닦아야 할 방법이다. 바히야여, 보일 때 너에게는 보임만 있고, 들릴 때는 들림만 있고, 느껴질 때는 느껴짐만 있고, 알려질 때는 알려짐만 있게 된다면, 그때 바히야여, … 너는 그 속에 있지 않게 될 것이다. 그리고 바히야여, 만약 네가 그 안에 있지 않게 된다면, 그러면 바히야여, 너는 '여기'에도 '저기'에도 '그 중간에도' 있지 않을 것이다. 바로 이것 자체가 괴로움의 끝이다.[57]

---

57    Udāna, p. 8.

상호인과율의 인식론에서는 알려지는 것은 무엇이고 아는 자는 누구인지 파악하기 어렵다. 고정된 자립자존적 개체로 고정되거나 적시될 수 있는 것은 아무것도 없다. 우리가 파악하려고 하는 곳의 밖에서 변화하고 춤추는 그것들은, '아는 자와 알려지는 것의 연기'라는 이 장의 제목을 조롱하면서, 아는 자와 알려지는 것이 없듯이 '앎 자체'도 없다는 것을 암시한다.

# 제8장

---

## 몸과 마음의 연기

이상하게도 우리와 관계있는 이 허망한 것들이
우리를, 이 세상에서 제일 허망한
우리를 필요로 하는 것 같다.♦

__ 릴케,『제9 두이노의 비가』

♦  역주: 이 번역은『두이노의 비가 외』, 구기성 역 (민음사, 2001), p. 52를
    참조한 것이다.

불가사의한 영육(靈肉)의 문제 – 의식과 물질, 또는 영혼과 육체의 관계 – 는 철학적 사색의 마르지 않는 원천이었다. 이 사색들은 공허하지 않으며 결론이 없는 경우도 거의 없다. 왜냐하면 그 사색들이 산출한 견해들은 상대적인 실재를 결정하며, 따라서 사람들과 문화가 이들 삶의 차원에 부과하는 가치를 결정하기 때문이다. 그 견해들과 일치된 존재론적 지위는 정신적인 가상적 세계의 힘과 범위, 즉 몸과 자연의 존엄성과 권리에 관한 가설에 깊이 영향을 미친다.

마음이 함축하는 많은 의미들, 그리고 마음이 물질과 다르게 보였던 방식들 중 두 가지를 구별하는 것이 여기에서 쓸모가 있을 것이다. 한편으로, 마음은 주관, 즉 내적 경험을 구성하는 지각, 기분, 인지 등을 나타낸다. 우리가 마음이 몸이나 물질과 맺고 있는 관계를 논하는 것은 그런 의미에서이다. 다른 한편으로, 신이건 인간이건 마음은 삶의 물질적 구성 요소에 자신의 목적을 규정하고, 자신의 목적을 구체화하고, 자신의 목적을 세우는 것으로 간주된다. 상호인과율의 관점에서 보면 이러한 의미의 마음은 이미 자연의 물리적 영역과 쉽게 구분할 수 없다. 자기 조직하는 열린 시스템으로 간주되든 연기하는 현존의 요인들로 간주되든, 자연계는 하나의 역동적인 정합적 과정의 모습을 띤다. 그 과정은 규칙적이고 질서를 이루는 특성을 나타내는데, 인과에 대한 선형적 관점에서 그 특성은 인간이나 신의 지성(知性) 때문으로 돌려지며, 마음이 없는 비활성적인 물질계와 구별되는 것으로 간주되었다.

도대체 주관적 의식이란 무엇일까? 그것은 몸이 만들어낸 것, 즉 내분비선의 산물일까? 아니면 그것은 본질적으로 독립적인, 물질을 가공하기 위해 자기 번식하는 이 기묘한 장치(몸)보다 더욱 참되고

붓다의 연기법과 인공지능

신뢰할 만한 것일까? 몇 가지 통상적인 가설들을 살펴보자.

## 선형적 견해들

의식과 물질이라는 수수께끼를 내놓고, 선형적 인과 패러다임은 다양한 접근 방법들을 내놓았다. 이 접근 방법들은 서양과 인도의 전통에서 유사한 형태로 나타난다. 그 패러다임은 현상은 선형적 인과의 고리 속에서 뒤로 추적될 수 있으며, 최초의 원인에 의해 이해될 수 있다고 가정함으로써 의식이나 물질 가운데 어느 하나를 다른 것의 관점에서 설명하거나(마음을 물질로 환원하거나 물질을 마음으로 환원하거나) 그것들을 두 개의 단절된 영역으로 나누었다. 두 해결책 모두 문제가 있다.

정신적인 것을 물질적인 것의 파생물로 보는 고대 인도의 유물론자와 고전적인 서구의 과학은 우리가 내성을 통해 경험하는 자율적인 실재와 우리가 주위에서 관찰할 수 있는 생각과 느낌의 힘을 부정한다. 관념론적 시각은 그 순서를 바꾸어 마음을 물질보다 참된 것으로 본다. 베다와 플라톤적 전통에서 발생하여 힌두교와 서양 종교 사상을 물들이고 있는 관념론적 시각은, 우리가 점차 더 빈번히 경험하는 바와 같이, 물질적인 것을 평가절하하고, 우리를 몸과 자연에 대한 귀머거리로 만들었다. 이 상반된 견해들이 최근 수 세기 동안 현대 세계를 갈라놓았던 '두 문화'의 토대를 이루었다.

쌍캬 철학과 데카르트 철학처럼, 각각의 영역이 독립적이면서도 존재론적으로 동등하다고 보는 이원론적 관점은 어떤 치유책도 제시하지 못한다. 왜냐하면 그것은 가치의 이분법을 치유하기보다는 고

착화시키기 때문이다. 쌍캬 철학의 경우, 뿌루샤(puruṣa, 영혼)와 쁘라크리띠(prakṛti, 자연) 사이에 설정된 구분은 후자에 대한 평가절하 작용을 하는 반면, 서양에서는 데카르트 철학의 이분법이 고전적 경험주의의 맥락 속에서 작용하면서 주관성을 외부 실재에 대한 지식과는 무관한 것으로 만들었다.

상호인과 패러다임은 마음–물질 관계에 대해 위에서 살펴본 것과는 다른 접근 방법을 제시한다. 앞장에서 우리는 상호인과 패러다임의 인식론이 지각하고 인식하는 마음과 마음이 지각하고 인식하는 세계 사이의 호혜적인 상호작용을 포함하고 있음을 살펴보았다. 따라서 상호인과 패러다임의 존재론이 정신과 물질의 영역을 나누지도 않고, 어느 하나를 다른 것으로 환원하지도 않는다는 것은 결코 놀라운 일이 아니다.


## 서로 기대고 있는 두 개의 갈대 단처럼

초기불교 경전들은 몸에 대한 시각에 있어서 확실하게 이전의 형이상학을 벗어났다. 당시의 유물론자들[의식을 물질의 부수 현상으로 생각했던 순세파(Lokāyata)와 쾌락주의자(Cārvāka)]과는 대조적으로, 붓다의 가르침은 마음은 환원 불가능한 것이라고 단언한다. 나아가 우빠니샤드와 쌍캬 철학의 관념론적이고 이원론적인 태도와도 대조적으로 연기설(緣起說)은 마음과 물질을 나누는 이분법을 파기(破棄)하고, 신체적인 것을 정신적인 것과의 상호의존적 관계 속에 놓음으로써 신체적인 것의 가치를 회복시켰다.

빠알리 성전의 강한 금욕주의적인 풍취를 감안할 때, 다르마

(Dharma, 불교)가 몸의 가치를 복원했다는 명제는 아마도 놀랍게 보일 것이다. 몸은 '거품 덩어리'처럼 허망하고, 세계는 '신기루'나 '물방울'처럼 허망하다고 하지 않았던가?[01] 교단의 승려들은 육체의 유혹에서 벗어나 몸이 시시각각 변해 가는 것을 느끼라고 되풀이해서 충고받지 않았던가? 사실 이러한 목적을 위해 경전에는 몸을 "콩팥·심장·간·늑막·비장·허파·창자·장간막·식도·배설물·담즙·가래·고름·피·땀·비계·침·점액·활액·오줌" 등으로 봄으로써 몸에 대한 혐오감을 증진하도록 승려들에게 명상의 지침들이 주어져 있다.[02]

우리는 금욕주의자는 물론 이런 구절들, 그리고 심지어 다수의 초기불교 경전들의 고상한 어조까지도 문맥 속에서 살펴보지 않으면 안 된다. 첫째, 출가와 성적 금욕은 당시 모든 싸마나(samana, 沙門: 걸식하며 유행하는 수행자)들의 활동 규범이었다. 인도에서 수도생활의 규율로서의 교단(Saṅgha)은 그 추종자들이 독신을 유지하도록 돕는 데 그 성패를 걸었다. 빠알리 성전의 경전들이 초기불교 학파들의 가장 편협한 금욕주의적 견해를 보여 주고 있다는 점을 감안할 때, 그 경전들이 극기(self-denial)와 독신을 조장하는 태도를 특색으로 한다는 것은 놀라운 일이 아니다. 더욱이 본질적인 점은 이들 가래·고름·점액 등에 대한 내적 성찰이 몸을 격하시켜 [몸 이외의] 어떤 보다 높은 기능과 능력을 추켜세우지 않는다는 것이다.

몸은 비록 의과대학 초년생이 관찰할 때처럼 냉정하게 고려되지만, 의식이나 이성·지성보다 참되지 못하거나 가치 없는 것으로 폐

**01**　　Saṃyutta Nikāya, Ⅲ. 142; Dhammapada, 170.

**02**　　Dīgha Nikāya, Ⅱ. 293.

기되지는 않는다. 승려들은 몸의 무상하고 합성된 본성에 대해 명상해야 했듯이, 합성되고 변해 가는 마음의 본성에 대해서도 명상해야 했다. 마음도 역시 마음을 구성하고 있는 생각·관념·느낌의 일시적인 흐름으로 분석되었다. 그 까닭은 불교의 관점에서 보면 실재는 과정이며, 그 과정을 떠나서는 ─ 정신적인 것이든 심리적인 것이든, 또는 초자연적인 것이든 ─ 어떤 실체도 존재하지 않기 때문이다. 모든 다르마들과 마찬가지로, 의식과 몸은 모두 조건에 의한 것이며 무상하다. 이 썩어 없어지는 육체보다 본래부터 더 고상하거나, 더 순수하거나, 더 참되다고 내세울 만한 본질은 아무것도 없다. 몸을 성찰하는 승려들의 목표는 몸에 보다 집중하게 되는 것이지, 몸으로부터 벗어나거나 몸을 개조하는 것이 아니다. 이것이 베다(Veda)식의 고행(tapas)과 미묘하지만 중요한 차이를 나타낸다.

마음과 몸에 대한 붓다의 불이적(不二的) 관점은 그의 핵심 교설인 연기설 속에 분명하게 나타난다. 연기설에서 식(識, viññāṇa: 의식과 인지)과 명색(名色, nāmarūpa: 이름과 형태)이라는 두 요인은 함께 발생하고 있는 것으로 설명된다. 명색은 명시적으로 신체성과 동일시된 유일한 요인을 가리키며, 다수의 경전들은 이 지점(식과 명색)에서 연기 계열을 그치고 선회한다. 말하자면, 명색은 식을 조건으로 삼는다고 이야기한 후에 계속해서 나아가지 않고 오히려 순서를 바꾸어 식 자신이 명색을 조건으로 삼아 나타난다고 이야기한다. 여기에서 모든 요인들 사이에 함축된 상호의존성과 상호성은 우리가 앞서 입증했듯이 명백한 것이 되는데, 그것은 아마도 의식을 절대화하는 베다의 경향에 반대하기 위한 의도일 것이다. 우리가 상기하고 있듯이, 사리뿟따라는 이 두 인연(因緣, nidāna)을 "서로 기대고 있는 두 개의 갈대 단

처럼 … 법우들이여, 식은 명색에서 자라나고, 명색은 식에서 자라난다"고 비유한다.**03**

나나난다는 두 갈대 단의 비유에 덧붙여서 소용돌이의 비유를 보여준다. "빙빙 돌아가면서 끊임없이 서로서로 지탱하고 서로서로 소생시키는 식과 명색은 모든 현존의 집결지인 윤회의 소용돌이를 형성한다."**04** 그리하여 주관과 객관, 마음과 물질이라는 이원론적 망상이 여타의 인연들을 유지시키면서 여타의 인연들에 의해 유지된다.

> 식(識)과 명색(名色)의 소용돌이 같은 상호작용에서 시작
> 한 경향은 그 뒤에 나오는 12연기의 구성 요소들에 의해
> 지속된다. 육입처(六入處, 여섯 감각 영역)는, 그에 수반하는
> '여기'와 '저기'라는 개념과 함께 '안'과 '밖'의 이분법을 촉
> 진하면서 둘로 나누어진다.

그리고 수(受), 애(愛) 등은 에고(ego)를 산출하는 속박과 속박이 발생시키는 괴로움을 영속화한다.**05**

어떤 제자 하나가 식(識)을 물질성과는 거리가 먼, 스스로 존재하는 영속적인 본질로 해석했을 때, 붓다는 평소에 볼 수 없는 호된 꾸지람으로 대한다.

---

**03**   Saṃyutta Nikāya, Ⅱ. 103, 113.

**04**   Ñāṇananda, *Magic of Mind*, p. 25.

**05**   Ibid., p. 32.

어리석은 자여, 그런데 그대는 내가 누구에게 그와 같이 법(dhamma)을 가르쳤다고 알고 있는가? 어리석은 자여, 조건(인연)들을 떠나서는 어떤 식의 발생도 없다고 하면서, 식은 조건들에 의해 생긴다고 내가 여러 가지로 이야기하지 않았던가? 그런데 지금 그대는, 어리석은 자여, 그대 자신의 잘못된 이해로 말미암아 내 말을 잘못 전할 뿐만 아니라, 너 자신을 해치고, 어리석은 자여, 오랜 세월을 그대의 고뇌와 슬픔이 될 많은 과오를 저지르는구나.**06**

사리뿟뜨라의 두 개의 갈대 단과 냐나난다의 소용돌이가 예시하듯이, 우리가 마음과 물질이라고 부르는 것은 상호의존적이다. 초기불교의 관점에서 본 의식은 우빠니샤드에서 주장하는 물질에 우선하는 순수한 실체가 아니며, 쌍캬에서 가르치는 물질과 반대되는 것도 아니고, 당시의 유물론자들이 주장하는 물질의 부산물인 마음도 아니다. 연기설의 관점에서 볼 때 마음과 물질은 함께 나타나며, 서로를 떠나서는 인식되거나 주장될 수 없다는 것이 분명하다. 지속적인 음식을 필요로 하면서 썩어 없어질 수밖에 없는 몸은 지극히 무상하게 보이지만, 『싸만냐팔라 쑤따(Samaññaphalla Sutta, 長阿含 沙門果經)』가 강조하듯이 그 점에 있어서 의식이 물질보다 결코 덜 의존적인 것은 아니다.**07**

---

**06**    Majjhima Nikāya, Ⅰ.258.

**07**    Dīgha Nikāya, Ⅱ.76.

나의 이 몸은 형태[色]를 가지고 있다. 그것은 네 가지 요소[四大]로 되어 있다. 그것은 부모로부터 나와서 많은 음식에 의해 끊임없이 새로워진다. 그것의 참된 본성은 무상(無常)이다. 그것은 부서지고, 마모되고, 분리되고, 무너지지 않을 수 없다. 그리고 이 점에 있어서 이 의식이라는 마음도 역시 그것이 의지하고 있는 것과 밀접한 관계가 있다.

이 경은 의식과 몸이 상호 연결되어 있음을 보여 주기 위해 하나의 끈에 꿰어져 있는 티 없이 맑은 구슬의 비유를 든다. "만일 눈을 가진 사람이 그 구슬을 손에 쥐고 있다면, 그는 한 구슬이 다른 구슬과 얼마나 밀접하게 연결되어 있는가를 분명하게 알 것이다."**08**

이와 같이 일관된 증거들을 감안할 때, 우리는 초기불경의 금욕주의적 풍취에 의해 오도되어서는 안 된다. 물질은 결코 의식보다 참되지 못하거나 본래 위험한 것으로 이야기되지 않는다. 우리의 갈망[愛]을 자극하는 육체의 쾌락이 기피되는 것처럼, 편향적인 견해와 판단도 마찬가지로 기피된다. 사물이든 이론이든 어떤 실체가 육체의 쾌락을 만족시켜 줄 수 있다고 믿도록 우리를 현혹하는 모든 것은 기피된다. 왜냐하면 육체의 쾌락은 만족시킬 수 없으며, 따라서 우리의 괴로움이 있다. 육체의 쾌락은 만족시킬 수가 없는데, 그 까닭은 세계가 실체가 아니라 과정이기 때문이다.

---

**08**   Ibid., Ⅱ. 76.

몸은 우리의 개념적 구체화보다 해가 없고, 덜 위험하며, 덜 자극적인 것으로 여겨지는 것 같다. 취착(upādāna, 取)은 『마하니다나 쑤따(Mahānidāna Sutta, 中阿含 大因經)』에서 네 종류의 취착[四取], 즉 "감각적인 것에 대한 취착[欲取] ··· 사변적인 소견에 의한 취착[見取] ··· 계율과 의식에 따른 취착[戒禁取] ··· 영혼에 대한 이론에 의한 취착[我語取]"**09**으로 설명된다. 이들 네 가지 취착 가운데 오직 하나만이 신체적인 것이다.

『상윳따 니까야(Saṃyutta Nikāya)』에서 붓다는 다음과 같이 말한다. "형제들이여, 어리석은 범부들은 몸이 성장하고 늙어 쇠락(衰落)해 가는 것을 보고서, 사대(四大)로 만들어진 이 몸에 싫증 내어 좋아하지 않고, 몸으로부터 자유로워지기를 바랄 수는 있을 것이다." 그렇지만 범부들은 의식은 싫어하지 않고, "이것은 나의 것이다. 이것이 나다. 이것은 나의 영혼이다"라고 생각하면서 그것에 집착한다. 그러나 몸은 수년 동안 − 10년, 30년, 50년, 100년 또는 그 이상 − 존속하지만 의식은 끊임없이 변한다. "마치 숲속을 돌아다니는 원숭이가 ··· 이 가지를 잡았다가 놓아버리고 저 가지를 붙잡듯이, 우리가 생각·마음·의식이라고 부르는 것은 밤이나 낮이나 이 생각으로 나타났다가 저 생각으로 사라진다." 붓다는 무상한 것에 싫증 난 사람이라면 물질보다 마음을 좋아해서는 안 될 것이라고 결론적으로 이야기한다. "그러므로, 형제들이여, 어리석은 범부들이 자아를 생각해야 한다면 마음보다는 차라리 사대(四大)로 만들어진 이 몸을 자아로 생

---

**09**     Ibid., Ⅱ.1.

각하는 편이 나을 것이다."**10**

　　그러나 붓다가 몸을 자아라고 가르쳤던 것은 물론 아니다. 그는 몸을 마음보다 더 참된 것이라고도, 참되지 못한 것이라고도 이야기하지 않았다. 우리의 심리-물리적 인격을 구성하는 붓다의 오온설(五蘊說)과 사념처설(四念處說)은 경험의 정신적 측면과 신체적 측면을 분명하게 인정하고 구분한다. 그러나 붓다는 그것들 각각의 상태에 관해 형이상학적으로 이야기하기를 거부했다. 붓다는 몸과 마음을 존재론적으로 동일시하기도 거부했고, 분리하기도 거부했다. 그 까닭은 연기설의 관점에서 보면, 몸과 마음은 삶의 상호의존적인 두 차원을 의미하기 때문이다.

> 형제들이여, '영혼과 몸은 하나이며 동일하다'는 견해나 '영혼과 몸은 서로 다른 사물이다'는 견해가 있는 곳에는 어떠한 청정한 수행[梵行]도 없다. 여래는 이 두 극단적 견해 가운데 어떤 것도 가르치지 않는다. 여래는 중도(中道)를 가르친다.**11**

이 경 속에서 12인연으로 된 연기설에 대한 설명이 뒤따르는데, 거기에서는 정신적 요인들과 신체적 요인들이 인과적으로 상호작용하며, 상호발생하는(연기하는) 과정 자체로부터 분리된 개별적 행위자는 ― 몸이든 마음이든 ― 존재하지 않는다.

---

**10**　　Saṃyutta Nikāya, Ⅱ. 94-97.

**11**　　Ibid., Ⅱ. 61.

붓다 스스로 전에 함께 고행했던 동료들로부터 깨달음을 추구하면서 육체를 괴롭히기보다는 육체를 만족시켰다는 이유로 경멸받았다. 혹독하고도 무익한 고행을 마친 후, 명상을 하기 위해 보리수 아래 앉기 전에 붓다는 유미죽을 먹었다. 붓다가 유미죽을 먹자 그 수행자들은 "사문 고따마는 … 풍요의 삶으로 되돌아갔다고 말하면서 나를 넌더리내며 외면했다"[12]고 붓다는 전했다. 깨달음을 성취한 후에 붓다가 그들에게 설법하러 갔을 때, 그들은 처음에는 "풍요하게 사는 사문 고따마가 왔다. … 그에게 인사를 하지 말라"[13]고 말했다. 그러나 붓다에게 공양을 올렸던 여인은 대부분의 불교 세계에서 조각으로 새겨져 존경받는다. 그릇을 들고 연화좌 아래에 무릎을 꿇고 있는 그녀는 몸이 마음보다 참되지 못하고 가치 없는 것으로 멸시될 수 없음을 인정하는 상징으로 해석될 수 있다.

몸이 신성과 지혜를 가로막는 본래적 장애로 비쳐지지 않았기 때문에, 그것은 극복되거나 벌해야 할 대상으로 여겨지지 않았다. 고따마는 깨닫기 전에 이러한 육체적 고행을 수행했었다. 그래서 붓다 스스로 겪었던 굶주림·불결함·피로함·야윔 등이 생생하게 묘사되어 있다. 의식의 보다 높은 단계들을 기술하는 『싸만냐팔라 쑤따(Samaññaphala Sutta, 長阿含 沙門果經)』에서 몸 자체가 높은 의식의 단계들이 주는 행복을 느끼는 데 참여한다고 하는 내용은 이와는 큰 대조를 이룬다. 선정 수행자가 점진적으로 첫 번째 선정(禪定, jhāna)에 들어가면, "그 수행자는 욕망에서 벗어남으로써 생긴 기쁨과 안정이

---

12    Majjhima Nikāya, I.247.

13    Vinaya, Mahāvagga, I.6.10.

바로 그의 몸에 충만하고, 흠뻑 젖고, 고루 퍼지고, 가득 차서, 그의 온몸에 기쁨이 가득 차지 않은 곳이 없다."**14** 이러한 몸의 기쁨을 나타내기 위해 다양한 비유가 제시된다. 숙련된 안마사로부터 향기로운 거품 방울로 안마를 받는 것 같고, 시원한 샘물이 가득 찬 연못과 같고, 머리끝에서 발끝까지 깨끗하고 흰 천을 두른 것과 같다.**15**

이 선정(jhāna)의 단계[四禪]를 넘어서면, 무색(無色, arūpa)과 '신통(神通, abhiñña)'으로 평해지는 텔레파시[天耳通], 천안통(天眼通), 숙명통(宿命通) 같은 것들이 있다. 이러한 신통은 삼매 속에서 마음이 평온해지고 유연해지면 성취될 수 있는 것으로 간주된다.**16** 주목할 만한 것은 이 정신적 경험의 불가사의한 형태들이 존재론적으로 물질과 분리된 정신 영역으로 해석되지 않는다는 것이다. 식(識)이 궁극적으로 물질성에 의존하지 않는다는 것을 시사하기 위해 이 경험의 범주들이 사용되는 것도 아니며, 신이나 아귀와 같은 다른 차원의 존재에 대한 신앙이 거론되는 것도 아니다. 실로 경전들이 밝히고 있듯이, 고도의 지혜들은 마음으로 하여금 의식과 몸의 관련을 내성적(內省的)으로, 그리고 직접적으로 관찰할 수 있게 해 준다.**17** 그 지혜들은 감각이 미치지 못하는 것, 즉 초감각적인 것으로 간주되기보다는 오히려 정신 수행을 통한 감각의 보다 집중된 사용과 감각의 정상

---

**14**　Dīgha Nikāya, Ⅰ. 73.

**15**　Ibid., Ⅰ. 74-75.

**16**　Dīgha Nikāya, Ⅰ. 78f; Majjhima Nikāya, Ⅰ. 69; Saṃyutta Nikāya, Ⅱ. 217, 222.

**17**　Dīgha Nikāya, Ⅰ. 76.

적인 범위 확장을 의미한다. 그 지혜는 집중된 마음이 보다 넓은 범위의 기억을 하도록 하고 정신적·시각적·청각적 데이터의 보다 폭넓은 스펙트럼을 수용하도록 열어준다. 그 지혜들은 인과를 넘어선 어떤 것 또는 미래를 예시하는 예지적인 어떤 것으로 말해지지 않는다.[18] 황홀경과 초자연적 능력은 초기불교인들로 하여금 의식이 연기법에서 벗어난 것이라거나 정신적·인지적 경험이 물질로부터 분리된 것이라고 믿도록 가르치지는 않았던 것으로 보인다.[19]


## 동전의 양면

일반시스템이론의 시각은 마음과 몸을 이분하거나 동일시하거나 하나를 다른 하나에 환원시키는 것을 거부한다는 점에서 불교의 시각과 유사하다. 그것은 시스템이론이 마음과 몸의 상호작용을 볼 수 있기 때문에 그런 것이 아니라 볼 수 없기 때문에 그런 것이다. 시스템이론의 관점에서 보면 마음과 몸은 한편으로는 분리될 수 없이 나타나고, 다른 한편으로는 그것들 사이에 어떤 인과관계도 설정될 수 없을 만큼, 또는 어느 하나를 다른 것으로 설명할 수 없을 정도로 경험

---

**18**    Kalupahana, *Causality*, P. 107.

**19**    후대의 아비다르마 논서인 『빳타나(Paṭṭhana, 發趣論)』는 명백하게 이 초기의 가르침을 반복하고 있다. "정신적 경험의 범주(manodhatu, 意界)와 인지 경험의 범주(manoviññānadhatu, 意識界)가 의존하여 작용하는 신체적 토대, 이 신체적 토대가 정신적, 인지 경험의 범주와 그들과 관련된 현상들이 의존하는 조건이다."(Jayatilleke, *Survival and Karma*, p. 47에서 재인용)

과 관찰 속에서 전연 별개의 것으로 나타난다.

4장과 5장에서 살펴보았듯이 인간은 생물 시스템으로 볼 수도 있고, 인지 시스템, 즉 심적 사건들의 패턴화된 연속물로 간주될 수도 있다. 이것들 가운데 어떤 것으로 볼 것인지는 보는 사람에게 주어진 관점과 데이터에 달려 있다. 보는 사람의 데이터가 신체적이라면, 즉 피질(皮質)에서의 신경 활동이라면, 그 사람은 신체적 시스템, 즉 뇌의 시스템을 보고 있는 것이다. 그러나 아무리 엄밀히 관찰해도 신경 세포의 연결관계들이 그것들에 상응하는 느낌이나 생각의 내적인 경험을 산출할 수는 없다. 그런 경험은 내적인 관점, 즉 그 인지 시스템 자체의 관점을 필요로 한다. 우리가 직접적으로 인식하는 유일한 인지 시스템은 우리 자신이다. 우리는 다른 사람들이 남편이나 자녀로, 대통령이나 우체부로 존재하고 있다는 것을 추론하는 것은 그것이 의미가 있기 때문이며, 그렇게 하지 않아야 할 선험적 근거가 없기 때문이며, 그렇게 하지 않으면 우리가 미친 사람이 될 수도 있기 때문이다. 만약 우리가 그들을 스스로의 주체성을 지닌 인지 시스템으로 간주하고 취급한다면, 우리는 추론에 의해서, 그리고 상징에 의한 의사소통에 의해서 그렇게 한다. 우리는 그들의 생생한 경험에 접근할 방법이 없다. 왜냐하면 직접성은 해당 인지 시스템의 사적 영역에 한정되어 있어서 외적 관찰에는 주어지지 않기 때문이다.

관점의 차이가 개입되기 때문에 우리는 마음과 물질의 인과적 상호작용을 관찰할 수 없다. 이 두 차원이 합치하는 지점은 없다. 왜냐하면 그것들은 동일 연속체 위에 있지 않기 때문이다. 우리는 언제 물질적 현상의 지각이 정신적 태도를 변화시키는지 알 수 있는데, 그 경우 그 지각들 자체가 정신적인 상황에서 우리는 하나의 인지 시스템을 다루고 있다. 만약 독자가 이에 반대하여, 우리는 도구를 사용해서 망막과 뇌의 시각신경 부위에 있는 신경 연결부를 관찰할 수 있기 때문에 지각은 물리적인 것이라고 이야기한다면, 모든 후속적인 행위들 또한 물리적으로 – 뇌 속에 있는 신경세포의 신호에서 운동신경의 반응으로 전달된 것으로 – 기술될 수 있다는 점을 상기시켜 주어야 한다. 그 경우 그 사람은 하나의 물리적 시스템을 다루고 있다. 두 영역, 아니 그보다는 두 관점은 동일 구조이지만 서로 다르다. 동전의 양면이나 집의 안팎처럼, 그것들은 상응하면서 분리할 수 없지만 결코 합치하지는 않는다. 이러한 사실에 근거해서 시스템 이론가인 아투로 로젠블루스(Arturo Rosenblueth)와 어빈 래즐로(Ervin Laszlo)는 '비인과적 상호관계(non-causal correlation)'가 개입된다고 제안하게 된다.[20] 따라서 시스템이론의 관점에서 보면 몸-마음 수수께끼에 대한 이분법적 해결과 환원주의적 해결은 모두 적절치 못하며, 필연적으로 증거를 억압하게 된다. 이원론은 수반된 현상들(마음과 몸)의 분리가 불가능하기 때문에 부당하며, 환원주의는 [마음을 몸으로 환원하든, 몸을 마음으로 환원하든] 마음과 몸이 뚜렷이 구분되기 때문에 잘못이다. 그것들의 관계를 한정하기 위해 생겨난 개념을 로젠블루스는 '두뇌-마음 상호관계(brain-mind correlation)'라고 불렀고, 신경과 전문의 로스슈(K. E. Rothschuh)는 '두 이름의 심리-물리적 병행(binomial psycho-physical parallelism)'이라고 불렀다. 로스슈는 심적 경험을 신경작용을 그것들의 '내면'으로 삼아 '조화된' 것으로 보며, 경험의 두

**20**    Rosenblueth, *Mind and Brain*, Chapters 7, 10; Laszlo, *Introduction to Systems Philosophy*, pp. 151f.

유형은 "상호 평행적으로 이루어진다"고 본다.**21** 래즐로는 말을 줄여서 이중관점론(biperspectivism)이라는 신조어를 만들었다.

이 용어는 시스템 사상이 인정하는 정신적인 것과 물리적인 것의 상보성과 비환원성을 의미한다. "시스템이 물리적인가, 정신적인가는 관찰하는 관점에 달려 있다. 어느 한 관점에서 다른 관점으로 옮겨가는 작용이 상보적인 [그러나 동시에 나타나지는 않는] 측면들을 번갈아 점검하게 해 준다"**22**고 래즐로는 이야기한다. 물리성과 정신성은 동일한 실재의 두 측면을 나타낸다. 폰 베르탈란피가 그의 저작에서 단언했듯이, "물질과 마음, 몸과 의식은 궁극적인 실재가 아니다. 오히려 이 양자는 고정된 형이상학적 경계가 없이 경험에 질서를 부여하는 개념화들이다."**23** 마찬가지 이유에서 붓다는 육체와 영혼이 동일한가 다른가에 대해 형이상학적인 주장을 거부했다. 개념화나 은유처럼, 이중관점론은 우리가 의식이나 물질 또는 양자를 궁극적인 본질로 실체화하지 않고 경험의 양면을 다룰 수 있게 해 준다.

신학자 윌리엄 에버렛(William W. Everett)은 인공두뇌학이 제공하는 마음-몸 모형을 가지고 다음과 같이 이야기한다. "자아는 두 가지 모습으로 나타난다. 자아는 한편으로는 정교한 의사소통 시스템이라는 점에서 전적으로 마음이다." "다른 한편으로는, 자아는 완전히 몸이다." 왜냐하면 자아의 정보 조직은 유전자와 염색체에서 대뇌

---

**21**    Rothschuh, "The Mind-Body Problem," p. 876.

**22**    Laszlo, *Introduction to Systems Philosophy*, p. 171.

**23**    Ibid., 43.

에 이르기까지 '물질의' 구조로 이해되고 관찰될 수 있기 때문이다.[24]


## 모든 시스템의 내면성

정신적 경험과 물리적 경험의 병행 현상은 시스템이론가들이 전반적으로 긍정하는 것이지만, 그 철학적 원리와 함축은 래즐로의 시스템철학에서 정교하게 다듬어졌다. 래즐로는 그 이전에 스피노자와 베르그송, 화이트헤드, 테이야드 드 샤르댕(Teilhard de Chardin)의 사상 속에 다양한 마음-몸 상호 확장 원리가 나타나 있다고 지적하면서, 일반시스템이론이 발견한 성과들과 개념들을 통해 그 원리를 전개한다.[25] 이 술어들 가운데 자기-반성적 의식은 4장과 7장에서 설명했듯이 증대하는 조직의 내적 요구에서 유래하는 열린 시스템의 자기 감시 기능처럼 보인다. 열린 시스템은 환경과 상호작용하면서 그 활동을 — 화학적 평형의 측정에서 상징의 조종에 이르기까지 — 감시하고 평가하고 복잡화하는 방법을 정교하게 다듬는다. 복잡성과 적응성의 각 단계에서 이 평가 능력들은 자율적인 것이 된다. 즉 보다 원시적인 조직 형태로 환원할 수 없게 된다. 그리하여 의식은 진화하는 과정에서 열린 시스템의 조직의 내적 경험을 드러낸다.

> 마음의 현상은 외부의 어떤 작인(作因, agency)에 의해 우주 속에 끼어든 것도 아니고, 무(無)로부터 발생한 어떤 것

---

24    Everett, "Cybernetics," p. 100.

25    Laszlo, *Introduction to Systems Philosophy*, p. 171.

도 아니다. 마음은 단지 매트릭스(matrix) 안의 시스템들이 관계하는 내적 측면일 뿐이다. 마음은 매트릭스에서 분화되지 않은 연속체 속의 가능성으로 존재하며, 그 매트릭스가 어느 정도 분리되어 자기-유지적 시스템으로 분화하면 보다 뚜렷한 형태로 발전한다. 아는 자로서의 마음은 알려지는 것으로서의 여타의 삼라만상과 함께 존속한다. 따라서 이 형이상학 안에서는 주관과 객관 사이에 갈라진 틈이 없으며, … 주관과 객관이라는 용어는 자의적으로 추상화된 개체들을 가리킨다.[26]

열린 시스템의 내면성으로서의 마음, 즉 '살았던(lived)' 차원으로서의 마음은 물질, 즉 외적이며 관찰 가능한 차원으로서의 물질과 상호관계가 있다.

  래즐로는 이 내면성을 인간 현상에만 한정할 이유가 없다고 주장한다. 다른 사람들이나 고등 포유동물들의 내면성도 비슷해 보이며, 우리는 서로 다른 현상들을 사물과 대상의 범주 속에 넣는 경향이 있기 때문에, 우리의 경험에서 유추하여 다른 사람과 고등 포유동물 속에 그 내면성이 있음을 추론한다. 그런데 만약에 시스템적 특성이 내면성의 속성의 기준 노릇을 한다면, 어떤 경계선을 그어 그 선 아래로는 내성적인 관점이 없다고 할 근거는 없다. 동물, 식물 또는 하위유기체적(suborganic) 시스템조차도 주관성이 없다고 할 본질적인 이유가

---

**26**    Ibid., p. 293.

없는 것이다. 비록 그것들의 내적 경험에 의해 주어진 것은 인간과 크게 다르다 할지라도 그것들도 마음-사건(mind-events)에 해당한다.

> 만약 우리가 몇 $10^{11}$의 뉴런(neuron)들이 인간의 마음-사건과 상호관계를 갖는 복잡한 뇌의 신경망(물리적 사건)을 형성한다는 것을 상기한다면, 조심스럽게 원자나 분자 같은 하등 시스템에 인간의 마음-사건을 닮은 어떤 성질이 있다고 하지 않을 수 없다. 그것들의 마음-사건은 '느낌(feel)'이 우리와는 전적으로 다를 것이다. 그렇지만 그럼에도 불구하고 그것들은 마음-사건일 수 있다. 즉 우리의 신체적 과정들과는 다르지만 상호관계를 갖는 지각의 유형들일 수 있다.[27]

상호의존적 교류를 통해 점진적으로 조직된 시스템들의 내면성을 통해서 세계는 그 자신을 경험한다. 이중관점론의 논리에 의하면, 하위 유기체적 시스템과 유기체적 시스템만 내면성을 가지고 있는 것이 아니라, 사회 시스템이나 초유기체적(supra-organic) 시스템도 내면성을 갖는다. 의식의 집단 형태들, 가족 속에 있는 '집단 두뇌들(group heads)', 파벌 또는 사회가 내면성을 갖는다는 것을 우리는 분명히 경험한다. 그것들은 그것들을 구성하는 개인으로 환원될 수 없는 특징과 동력을 보여줄 수 있으며, 자율적으로 나타날 수도 있다. 복잡하고

---

**27**    Ibid., p. 170.

결합력이 강한 인간 인지 시스템에 비해 느슨하게 조직되어 있기 때문에, 이러한 사회단체들은 비교적 약한 형태의 의식을 보여준다.

인간의 뇌를 구성하고 있으며 인간의 마음과 상관된 복잡한 기능을 가능하게 하는 천억 개의 뉴런으로 된 유기체(인간)는 통합과 분화의 특성을 모두 지닌다. 어떤 열린 시스템에서나 복잡성과 융통성은 구성 요소들의 정합적이고 응집력 있는 상호관계에만 의존하고 있는 것이 아니라 그것들의 이질적인 성질에도 의존하고 있다. 시스템적 유기체의 복잡성이 구성 요소들의 통일성과 다양성 모두와 균형을 이루듯이, 정신 작용의 상관적인 수준도 마찬가지다. 분자는 비록 고도로 응집되어 있지만, 그것의 분화는 상대적으로 낮다. 한편, 사회적인 시스템은 분자보다 많은 다양성을 포함하지만, 여전히 생물 시스템에 비해 상대적으로 분화되어 있지 못하며, 훨씬 덜 응집되어 있다. 따라서 이중관점론은 사회 조직과 단체에 의식이 있다고 하지만 사회 조직의 심적 사건은 우리 자신의 마음/뇌가 산출한 인지 시스템보다 단순하고 통일성이 없을 것이다.

따라서 심적 상태는 신체 조직의 내면, 즉 '살았던' 차원으로서 열린 시스템의 신체 조직과 상호적으로 관계하는 것으로 보인다. 만약 어떤 기계가 열린 시스템의 모든 특성들을 나타낼 수 있다면, 심적 사건은 인위적인 시스템 속에도 존재할 것이다. 인공두뇌학자들이 가능하다고 전망하듯이, 기계가 자기 조직을 하는 것은 원리상 가능하다. 어떤 컴퓨터도 복잡성에서 인간 두뇌에 접근할 수 있을 것 같지 않기 때문에, 컴퓨터의 내성적인 경험은 훨씬 더 초보적일 것이다. 그렇지만 내성적 경험은 여전히 존재할 것이다. 만약 우리가 모든 열린 시스템을 이중관점론적으로, 즉 물리적 사건들로도 해석할 수 있

고, 정신적 사건들로도 해석할 수 있는 것으로 여긴다면, 래즐로가 주장하듯이,

> 분화와 하부 시스템을 통합하는 기능 수준을 그 시스템의 정신성의 기준으로 삼는다면, 일시적인 사회 조직들이, 인위적으로 만들어진 기계들도 마찬가지로, 심적 사건을 갖는다는 당연한 명제는 … 인정되지 않을 수 없다. [이러한 견해에 대한] 대안은 마음에 대해 독단적인 단절점을 설정하거나 아니면 논리적으로 모순이 없는, 그러나 공허한 유아론적(唯我論的) 교의를 받아들이는 것이다.**28**

결론적으로 시스템 철학은 마음을 물리적 세계와 공동의 외연(外延)을 갖는 것으로 본다. 인간 이외의 시스템 속에 존재하며, 관찰 가능한 대응물을 분명히 가지고 있는 마음의 본성에 관해 이런저런 추측을 하지는 않지만, 시스템 철학은 이중관점론의 논리로 그것의 존재를 인정한다.

## 마음의 편재성과 특징

불교사상도 자연계에서 인간의 영역을 벗어난 정신성의 외연(인간 이외의 존재에도 정신이 있다는 것)을 인정한다. 영국 태생의 승려이며 학자

---

**28**　Ibid., p. 174.

인 쌍가락쉬따(Saṅgharakshita) 스님은 셈족의 종교와 대조적으로 불교의 세계관에서는 인간을 영혼이나 마음을 소유한 유일한 존재로 보지 않으며, 영혼의 소유가 인간과 다른 형태의 생명 사이에 넘을 수 없는 경계를 형성하지 않는다는 점을 강조한다. 인간은 단지 "때로는 신으로, 때로는 동물 등으로 현현하고 있는 심리-물리적 에너지의 흐름의 한 현시(顯示)일 뿐이다."**29** 그는 이러한 정신적 연속성에 대한 믿음이 다른 생명에 대한 자비심, 즉 붓다가 보여 주고 권했던 '한량없는 마음[四無量心]'**30**의 토대를 이룬다고 지적한다.

초기불교의 관점에서 보면, 생명 형태에만 존재하는 의식은 현상계를 초월한 근원에서 나온 것이 아니기 때문에 단일하고 동질적인 것이 아니다. 의식은 신체성과의 상호의존에 의해 발생하기 때문에 매 순간 차이가 난다. 이러한 생각은 의식을 생명에 고유한 것으로 보는 힌두교의 이해와 상반된다. 힌두교에서는 의식이 브라흐만(Brahman)의 편재, 비쉬누(Vishnu)의 편재, 뿌루샤(puruṣa)의 편재로 여겨진다. 환상(māyā)의 장막 뒤에 있는 변치 않고 영원한 이런 의식은 물질에 뒤덮여 있으며, 생명의 형태가 그것들의 물질성과 특이성을 벗어버리는 만큼 분명하게 드러난다. 그러나 연기설의 논리에 의하면, 현존의 세계와 수준들을 통해 드러나는 의식은 모든 경우 독특하여, '동일성(sameness)'으로 특성이 묘사되는 것이 아니라 '그러함(thatness, 如如)'이나 '이러함(suchness, tathatā, 眞如)'으로 묘사된다.

불교의 관점에서 보면, 현존의 모든 세계와 수준들은 의식으로

---

**29**    Sangarakshita, "Centrality of Man," p. 31f.

**30**    역주: 분별과 차별 없이 모든 존재에 대하여 갖는 慈·悲·喜·捨의 마음.

충만하지만, 인간의 정신성은 다른 생명의 영역과는 대조적으로 뚜렷이 구별되는 특징, 즉 선택할 수 있는 능력을 보여준다. 오직 인간만이 선택하고 변화할 수 있는 능력을 갖추고 있다. 따라서 그것은 드물고 가치 있는 인간 생명의 특권이다. 그 특권을 획득하기는 쉽지 않으며, 그것은 책임과 깨달음의 가능성을 동반한다. 이러한 생각은 일반시스템이론의 이해와 유사하다. 일반시스템이론은 자연적인 인지시스템의 자기 반성적 의식을 그 시스템의 평가하고 결정하는 기능에서 발생하고 있고, 그 기능으로 이루어지고 있는 것으로 본다. 불교인들은 인간 실존이 선사한 소중한 기회에 대한 명상을 통해 이런 종류의 의식이 형성하는 도전을 반복해서 상기한다.


## 물질에 대한 두려움을 넘어서

마음과 몸 사이에서 파악된 존재론적 관계는 그것들에 할당된 상대적 실재성과 가치를 결정한다. 여기에서 상호인과율의 관점은 일반적으로 선형적 사고의 특성을 이루는, 영혼과 육신을 가치론적으로 구별하는 것과 대조를 이룬다. 심리학적 태도와 평가에서의 이러한 차이는 우리가 불교의 관점을 힌두교의 관점과 대비하면 설명이 된다. 마음에 자율적이고 존재론적인 지위가 있음을 인정하지 않는 유물론자들을 제외하면, 힌두교의 전통은 실재를 물질과 구별되는 순수한 의식과 동일시했다. 우빠니샤드의 견지에서 보면 감각의 세계는 아트만(ātman)에 부수적인 현상이며, 그다지 참되지 못하며, 환상(māyā)이다. 쌍캬 철학의 견지에서 보면 쁘라크리띠(prakṛti, 자연 또는 물질)는 매우 참되지만 뿌루샤(puruṣa, 순수한 정신)와는 정반대로 미혹

붓다의 연기법과 인공지능

을 낳는다.

의식과 자연을 분별하는 이러한 이분법은, 쌍캬 철학과 베단따 철학이 입증하듯이, 마음을 물질의 속박에서 벗어나기 위해 애쓰는 어떤 것으로 보도록 이끌어 가는 경향이 있다. 물질은 창의력이 풍부한 마음의 본성을 더럽히고 속박하는 것으로서 변덕스럽고 종잡을 수 없는 매정한 어머니로 여겨지게 된다. 그 결과 마음의 측면에서는 뿌리 깊은 양면적 감정이 존재한다. 즉 마음은 물질과 깊은 애증(愛憎) 관계를 갖는다. 한 사람은 생물로서 그가 벗어나고자 하는 바로 그 구성 요소에 의존하고 있는데, 그 의존 관계가 그 구성 요소의 힘에 대해 원한의 감정과 병적으로 확대된 감정을 일으킨다. 물질과 몸에 대한 이러한 관계는 붓다가 거부했던 극단적인 고행, 즉 요가의 금욕 수행에 반영되어 있다. 고행 수행자들을 가리켜 붓다는 다음과 같이 이야기했다.

> 현재의 몸[또는 자신의 몸(sakkāya)]을 두려워하기 때문에,
> 현재의 몸을 혐오하기 때문에, 그들은 바로 그 현재의 몸
> 주위를 계속해서 빙빙 돌고 있다. 마치 튼튼한 말뚝이나
> 기둥에 사슬로 묶인 개가 계속해서 주위를 빙빙 돌듯이,
> 바로 그와 같이 이들 세속적인 사문과 브라만들은 현재의
> 몸을 두려워하기 때문에, 현재의 몸을 혐오하기 때문에,
> 바로 그 현재의 몸 주위를 계속해서 빙빙 돌고 있다.**31**

---

**31**    Majjhima Nikāya, Ⅱ. 232f.

붓다가 가르쳤듯이, 우리를 속박 속으로 얽어 넣는 것은 살과 피로 된 이 몸이 아니라 우리의 관점이다. 그 관점에서 보면 망상적이고 편향적인 마음의 속임수인 에고(ego), 즉 아견(我見, attādiṭṭhi)이 그 자신의 신체적 경험으로부터 자신을 소외시킨다. 지각을 곡해하고 욕망을 불태우면서, 에고는 에고를 먹여 살리는 대상과 관념에 집착한다. 결론적으로, 에고는 참된 것이 아니며, 에고가 요구하고 필요로 하는 것을 결코 만족시킬 수 없으므로 물질세계 그 자체가 점점 더 미치도록 불만스럽게 보인다. 세계는 길들이고 정복해야 할 적대자로 여겨지게 된다. 그러나 붓다가 지적했듯이 이런 노력은 반드시 좌절되게 되어 있다.

> 비구들이여, 어떤 사람이 삽과 바구니를 들고 와서 "나는 이 대지(大地)를 땅 아닌 것으로 만들겠다"고 말한다고 하자. 그래서 그가 여기저기를 파서 이리저리 던지고, 이곳저곳을 찌르고, 여기저기 말뚝을 박으면서 "너는 땅 아닌 것이 되고 있다. 너는 땅 아닌 것이 되고 있다"라고 생각한다고 하자. 그대는 어떻게 생각하는가? 그 사람은 이 땅을 땅 아닌 것으로 만들 수 있다고 생각하는가?
> 아닙니다, 세존이시여. 왜냐하면, 세존이시여, 이 대지는 깊고 측량할 수 없으며, 대지를 땅 아닌 것으로 만들기 전에 그는 지치고 좌절하게 될 것이기 때문입니다.**32**

---

**32**    Ibid., Ⅰ. 127.

흥미롭게도 불교학자 호너(I. B. Horner)는 마지막 구절의 보다 축어적인 번역은 "그는 피로와 살육의 분담자(partaker)가 될 것이다"라고 언급한다. 이것은 우리가 자연과 몸에 가하는 폭력에 의해 인과응보(因果應報)적으로 우리 내부에서 폭력이 자라난다는 것을 시사한다. 자연을 공격하는 우리는 우리 자신을 공격하는 것이다.

그런데 상호인과율의 관점은 우리가 자연과 몸에 대해 취해야 할 태도에 관한 심리학적·윤리학적 의미를 함축하고 있다. 이 관점은 자연과 몸을 적대시하며, 또 두려움과 경멸을 통해 학대하는 경향을 근원적으로 거부한다. 현상 세계에 대한 존중은 진여(眞如, tathatā)라는 개념에 내포되어 있으며, 올바른 삶에 가장 중요한 의미를 지닌 한량없는 자비의 마음을 위한 불가결의 요소다. 우리는 이 점에 대해 10장에서 보다 자세히 살펴볼 것이다. 이러한 존중은 시스템 철학의 견해에도 함축되어 있다. 시스템 철학에서는 몸과 자연을 고도의 복잡성과 균형을 갖춘, 자기 조직적인 열린 시스템으로 본다. 폰 베르탈란피와 래즐로에 의하면 존중은 이러한 시스템적 세계에 대한 적절한 대응이다.

베이트슨이 입증했듯이, 시스템적-인공두뇌학적 견해는 우리들의 가치가 마음과 몸에 대한 이원론적 인식들에 의해 왜곡되는 방식을 밝힐 수 있다. 그는 이 이원론적 인식들이 우리가 더 이상 충족시킬 수 없는 근시안적 자존심과 일종의 도덕적 무지를 일으킴으로써 자아(ego)와 비자아(nonego) 사이에 적대 관계를 만든다고 말한다.

만약 우리가 계속해서 마음과 몸을 대립시키는 데카르트적 이원론에 의거해 행위한다면, 우리는 아마 계속해서

세계를 신과 인간, 엘리트와 서민, 선택된 인종과 여타의
인종, 민족과 민족, 인간과 환경이 대립하는 구도로 세계
를 이해할 것이다. 진보한 기술과 그 세계를 보는 이렇게
이상한 방식을 공유하고 있는 종족이 지속될 수 있을지
의심스럽다.[33]

마음은 개인의 의식 너머로 확장하여 "보다 큰 시스템, 즉 인간 + 환
경 속에 내재한다"[34]는 것을 인정함으로써, 사물과 사람을 조작의 대
상으로 바꾸어버리는 이 '대립적(versus)' 사고가 약화된다는 것을 베
이트슨은 시사한다.


## 마음쓰기

만약 마음과 물질이 서로 의존하는 것이라면 물질과 구별되는 마음
의 영역은 무엇일까? 물질적 유혹으로부터 벗어나려는 의식을 키우
려는 우리의 노력은 부당하고 무의미한 것일까? 그렇지 않다. 불교
인들에 의하면, 자유(해탈)는 마음의 자유다. 왜냐하면 사로잡혀 있는
것은 마음이기 때문이다. 마음은 현상성(phenomenality)으로부터 마음
자신을 떼어놓음으로써 자유로워지는 것이 아니라, 현상성에 대한
마음의 알아차림(awareness)을 증대시킴으로써 자유로워진다. 이 세
심한 주의가 현상들은 의존적으로 상호발생하며(연기하며), 그 과정에

---

**33**    Bateson, *Steps to Ecology of Mind*, p. 337.

**34**    Ibid., p. 317.

는 마음 자신이 참여하고 있다는 통찰을 가져다준다. 마음의 지각하는 능력은 스스로의 지각에도 개입하여, 마음의 움직임과 구성 바로 그것이 단지 현재 일어나고 있는 다르마들이라는 것을 알게 된다. 마음의 알아차리는 힘을 이용하고 마음의 요구를 포기함으로써, 마음은 독자적으로 스스로 존재하는 실체로서의 마음 스스로의 장례식에서 주인 노릇을 한다. 그리하여 격리하는 벽, 즉 마음을 방어하고 고립시키는 장벽들이 무너지고 사라지며, 훨씬 광대한 삶의 전경이 지혜의 빛과 자비 속에서 드러난다. 우리를 속박 속에 가두고 있는 마음은 해방을 가져다주는 마음이 된다.

　시스템적–인공두뇌학적 견해에서는 물질성과 대립하고 있는 마음의 역할이 아마 달리 표현될 것이다. 에버렛은 마음, 보다 엄밀하게 말해서 '마음쓰기(minding)'는 열린 시스템의 궁극적인 목적과 열린 시스템의 지속성의 본성을 의미한다고 생각한다.**35** 열린 시스템의 물질적 구성 요소들은 신진대사의 불길 속에서 에너지와 정보의 전환 속에서 나타났다가 사라져 소멸된다. 물질적 구성 요소들을 처리하는 코드와 가치들이 그 시스템의 지속적이고 진화적인 패턴을 구성한다. 이 형체 없는 것들(코드와 가치)이 함께 세계의 지도를 그리며, 세계에 투사된다. 그것들이 물리적 세계의 지각 내용을 정신적 상징과 구성 개념으로 전환시키며, 한편으로는 이들 상징과 구성 개념을 세계의 요소로 구체화한다.

　이 과정에서 인지 시스템의 생존은 어떤 주어진 시간에 그 시스

---

**35**　　Everett, *Cybernetics*, p. 106.

템의 패턴을 구성하는 물질적 요소나 개념적 요소에 의존한다기보다는 정보를 처리하는 바로 그 능력에 의존한다. 에버렛이 시사하듯이, 이 마음쓰기가 인지 시스템의 본성과 목적을 나타낸다.

> 살아 있는 '그 무엇'은 전적으로 자율적이고 자발적인 행
> 위다. 살아 있다는 것은 어떤 의미에서 자기 통제를 하고
> 있다는 것을 의미한다. 인공두뇌학에서 이것은 정보 처리,
> 간단히 말해서 마음쓰기 활동의 유지를 의미한다. 물질적
> 구조인 몸은 자율적인 과정인 마음 속으로 흡수된다.[36]

이 '마음속으로 흡수하기(taking up into mind)'는 마음과 몸의 상호의존적 본성에 의해 가능해진 과정이다. 이러한 관점에서 볼 때, 의식은 의식이 의존하고 있는 것을 ─ 그것이 아무리 하찮을지라도 ─ 실체 없이 지속하는 패턴으로 변환시키고, 삶에 의해 주어진 것을 그러한 패턴으로 변화시키는 연금술과도 같은 행위에 종사한다.

릴케(R. M. Rilke)는 『제9 두이노의 비가(Ninth Duino Elegy)』라는 시에서, 이러한 종류의 행위, 즉 이러한 의식의 연금술적인 일을 다음과 같이 표현한다.

> … 우리들은 아마도 말하기 위해 여기에 있는 것이리라.
> 집, 다리, 분수, 성문, 항아리, 과실나무, 창문이라고 ─

---

**36**    Ibid., p. 106.

기껏해야 기둥, 탑이라고 … 하지만 이해해다오, 또한 이
렇게 말하기 위해,
스스로 존재한다고, 사물들이 한 번도 더 은밀하게 말한
일 없었을 정도로,
오! 그렇게 말하기 위해
… 이 무상함에서 살고 있는 사물들은
이해한다, 그대가 그것들을 찬양함을.
허무하게도, 그것들은 우리에게, 제일 무상한 우리에게
구원을 기대한다.
보이지 않는 마음속에서 변용해 주기를 바란다. − 오, 무
한하게! − 우리의 내부에
우리가 결국은 무엇이든 상관없이.
대지여, 그대가 원하는 일이 이것이 아닌가?
… 변용이 아니라면 그대의 간절한 당부는 무엇인가?**37**

이러한 작업은 자기 반성적 마음이 자만과 두려움에서 몸과 그것이
보는 사물로부터 그 자신을 떼어놓으면 강화되지 않는다. 오히려 경
멸과 부끄러움에서 벗어나게 될 때, 즉 마음이 몸과 사물들을 사랑하
는 마음으로 주목할 때 이러한 작업은 의미를 동반한다.

  '형태를 가진' 사물에 대한 이러한 사랑은 붓다가 이야기했듯이,
진정한 수행자가 지녀야 할 자세다.

---

**37**    Rilke, *Duino Elegies*. (역주: 한글 번역은 구기성의 앞의 책, pp. 53-56을
      본문과 대조하여 인용.)

와쎗타(Vasettha)여, 훌륭한 나팔수가 자신의 소리를 어려움 없이 온 사방에 들리게 하듯이, 형태나 생명을 지닌 모든 사물 가운데 그가 지나치거나 저버리는 것은 하나도 없다. 그는 해탈한 마음으로, 가슴 깊이 느끼는 사랑이 충만한 마음으로 그것들 모두를 대한다.**38**

실제로 물질의 특성, 즉 사물의 객관적 실재성은 마음이 그것을 경험의 직접성으로 되돌리는 데 도움이 된다. 왜냐하면 마음이 계발되는 것은 기만적인 마음의 상상을 통해서도 아니고 마음이 완강하게 집착하는 개념을 통해서도 아니며, 여기 지금에 대한 마음 집중을 통해서이다. 마음은 마음이 꾸며낸 것에서 벗어난 것을 경험하는 직접성 속에서, 그의 오래된 자기 폐쇄적(self-enclosing) 구조를 뛰어넘어, 그것이 한 부분을 이루고 있는 살아 있는 과정을 지각할 수 있는 것이다.

---

**38**  Dīgha Nikāya, Ⅱ. 443. (역주: 표기 오류. Dīgha Nikāya, Ⅱ.에는 443쪽이 없음. 역자가 확인한 바에 의하면 Dīgha Nikāya, Ⅰ. 251.에 이에 상응하는 내용이 있음.)

# 제9장

## 행위자와 행위의 연기

내가 살아가는 하루하루는 내가 결코
그것들의 이름을 알려고 하지 않는 대칭들에 의해
은밀하게 이루어진 것이다.

＿마크 반 도렌(Mark Van Doren)♦

♦  Van Doren, "Undersong," p. 25.

## 자기 동일성과 책임

만약 인과관계가 상호적이라면 자아는 우리가 인습적으로 가정하는 것처럼 아는 자나 행위자가 아니라 오히려 일련의 사건들, 즉 알기와 행하기의 발생들이다. 시스템 이론가들과 초기불교인들은 다 같이 자아를 끊임없이 흐르면서 변화하고 있는 개울과 불꽃에 비유했다. 만약 그것이 사실이라면, 우리는 자기동일성의 문제, 나아가 책임의 문제에 봉착한다. 만약 내가 사건들의 연속일 뿐이라면, 어떤 일정한 순간에 나는 누구이며, 나의 연속성은 무엇 속에 깃들여 있는 것일까? 만약 나의 내적 유기체 속에 독립적이고 지속적인 행위를 결정하는 그 어떤 행위자도 없다면, 나는 나의 행동에 대해 책임이 있을 수 있을까? 내가 무엇을 하든 문제가 될까?

따라서 근본 문제는 우리의 행위와 우리의 존재 사이의 관계다. 다시 말해서 만약 우리가 우리의 존재를 우리가 실재에 의식적으로 참여하는 것으로 이해한다면, 문제는 우리의 행위가 그 참여에, 즉 우리의 인식하고, 선택하고, 즐기는 능력에 영향을 주는지의 여부다. 만약 그렇지 않다면 책임이라는 개념은 고상하기는 하지만 불합리한 것으로서 한 개인의 삶과 무관하게 될 것이다. 만약 그렇다면, 실용적인 것과 윤리적인 것의 구분은 와해될 것이다. 상호인과율의 관점에서 보면 이것은 사실이다.

인과 과정에 대한 이러한 견해에서 보면, 우리가 시스템 사상과 초기불교 사상에서 보게 될 것처럼 행위와 행위자는 상호 조건이 되어 나타나며, 붓다의 업설(業說)에 핵심이 되는 생각이 긍정된다. 우리가 무엇을 행하는가는 중요할 뿐만 아니라 그것이 우리를 형성한다. 이러한 견해 속에서 자기동일성의 문제와 책임의 문제는 해소된다.

## 환생의 문제

까르마(karma, 業)라는 관념은 인도 사상에 널리 퍼져 있는 환생이나 재생에 대한 신앙과 연결되어 있다. 그러나 붓다의 업 개념, 즉 행위(신체적, 정신적, 언어적인 모든 행위)의 결정성은 윤회(輪廻)와는 상관없이 접근되고 이해될 수 있다. 그리고 앞으로 설명하겠지만 그렇게 하는 것이 붓다가 가르친 업설의 취지에 부합한다. 이렇게 환생의 문제를 제외한 것은 환생의 정당성을 판정하려고 해서가 아니라, 그것이 이 책의 주요 관심사가 아니기 때문이다.

업설에 대한 우리의 고찰은 초기경전인 빠알리 성전에 의지하고 있다. 여기에서 조건이 되는 요인들, 즉 니다나(nidāna)들의 상호발생(co-arising)으로서의 연기(緣起, paṭicca samuppāda)는 연속하는 삶(윤회)의 의미로 설해지지 않는다. 3장에서 지적했듯이 그런 해석은 후에 아비다르마와 함께 나타났다. 인도 문화 특유의 환생에 대한 신앙이 초기경전 전반에 걸쳐 용인된 것으로 보이기는 하지만, 초기경전의 인과율에 대한 가르침은 그것에서 파생되거나 의존하는 것으로 나타나지는 않는다.

윤회에 대한 신앙은 붓다 당시의 문화 속에서 거의 전반적으로 신봉되었다. 사후에 생존한다는 견해는 다양했다. 내생은 한 번뿐이라는 견해에서 천문학적으로 환생이 이어진다는 견해까지 있었으며, 대부분 윤회하는 정신적 실체를 가정했다.[01] 이러한 신앙의 맥락에서 사람들은 붓다에게 정신적인 삶의 행로에 대한, 그리고 특

---

**01**　　　Jayatilleke, *Survival and Karma*, p. 32.

히 사람의 연속성의 본질과 행위의 도덕적 효력에 대한 많은 질문들을 던졌다. 붓다는 환생, 엄밀히 말하면 재생(punabhava)의 입장에서 대답했을 뿐만 아니라, 그가 정각을 성취한 날 밤에 사람의 전생을 회상하는 능력[宿命通]을 얻었다고 한다.**02** 깔루빠하나가 '퇴행인지(retrocognition)'라고 명명한 이 회상(pubbenivāsanussatiñaṇa, 宿命通)은 천안통(天眼通), 천이통(天耳通)과 더불어 경전이 인정하는 '신통(神通, abhiññā)' 가운데 하나다.**03** 붓다와 이 능력을 개발한 이후의 아라한(arahant)들이 행위의 결과[業報]를 직접 지각할 수 있었던 것은 이 숙명통 때문이었다고 한다.

불교인들이 재생에 접근하는 방식은 무아설(無我說)로 인해 환생에 대한 여타의 신앙들과 근본적으로 달랐다. 무아설의 관점에서 보면, 사후에 살아남을 영혼은 결코 존재하지 않고 단지 잠재적인 에너지의 다발(suddha-saṅkhārā-puñja)만이 있을 뿐이다.**04** 개념상으로 무아와 전생을 회상한다는 생각을 화해시키기 어려웠기 때문에, 이 문제는 계속해서 후대의 철학적 사색의 원천이 되었다. 만약 자아가 무상하다면 그것이 어떻게 한 생에서 다음 생으로 갈 때 생존할 수 있을까? 초기경전에서 이와 관련된 문장들을 연구한 폴 드미에빌(Paul Demiéville)은 전생의 기억에 대한 일관된 이론이 없다는 것을 알고 애석해한다.**05** 『니까야』에서는 단지 그것이 삼매(三昧)를 통

---

**02**　Dīgha Nikāya, Ⅰ. 82.

**03**　Ibid., p. 104f.

**04**　Jayatilleke, *Survival and Karma*, p. 32.

**05**　Demiéville, "Le Mémorie," pp. 283-298.

해 개발될 수 있는 능력이라고 이야기할 뿐이다.『브라흐마잘라 쑤따(Brahmajāla Sutta, 長阿含 梵動經)』에서 이야기하듯이, 숙명지는 수행자를 속여 상견(常見)에 빠뜨릴 수 있기 때문에 이 경험에 대한 해석은 주의를 요한다.**06**

붓다는 그것이 다른 존재들(other existences)의 가능성이나 특성을 성찰하는 데 적절하거나 유용하다고 생각하지 않았다. 붓다는 인과적 발생의 본성을 바르게 아는 제자는 결코 다음과 같이 생각하면서 과거를 회상하려고 하지 않을 것이라고 이야기했다.

> '과거세(過去世)에 내가 존재했을까? 아니면 그렇지 않았을까? 과거세에 나는 무엇이었을까? 그때 나는 어떠했을까? 나는 무엇이었다가 무엇이 되는 것일까?' 그는 결코 다음과 같이 생각하면서 미래세(未來世)를 궁금해하지 않을 것이다. '미래세에 나는 다시 태어나게 될까? 아니면 그렇지 않을까? 미래세에 나는 무엇이 될까? …' 또는 그는 결코 다음과 같이 생각하면서 현재에 관해 혼란에 빠지지 않을 것이다. '실로 나는 존재하는 것일까? 나는 사실은 존재하지 않는 것일까? 실제로 나는 무엇일까? 실제로 나는 어떠한가? 나라고 하는 이 사람은 어디에서 와서 어디로 가는 것일까?' 왜 이러한 생각이 [그에게] 일어나지 않는 것일까? 그 까닭은, 법우들이여, 그 제자는 바른 통

---

**06**　Dīgha Nikāya, Ⅰ.17-18.

찰에 의해서 자신이 사실은 연기하고 있으며 연기한 것이
라는 사실을 여실하게 알았기 때문이다.**07**

붓다의 말씀과 같이, 우리는 다음 생에 태어나는 문제들에 대해서는
생각하기를 거부하고, 『니까야』의 업설이 우리에게 행위자에게 행위
가 미치는 영향에 관해 이야기해 줄 수 있는 것이 무엇인가를 우리에
게 친숙하고 우리가 알 수 있는 경험의 맥락에서 알아보려고 한다.


### 까야(身)와 까르마(業)

깟싸빠(Kassapa)와 띰바루까(Timbaruka)가 우리가 겪는 괴로움과 즐
거움에 대한 책임은 누구에게 있는가에 대해 질문했을 때, 붓다는 그
것이 어떤 다른 사람, 즉 우리와 아무런 관련이 없는 과거의 행위자에
의한 것이라는 답을 거부했다. 우리는 그 결과를 경험하는 '나'를 그
것을 실행한 '나'로부터 분리할 수 없다. 그들은 단절되어 있지 않기
때문이다. 붓다는 그들을 동일시하는 것도 거부했다. 우리는 "하나의
동일한 사람이 행위하고 그 결과를 경험한다"고 할 수 없다. 왜냐하
면 그들은 달라졌으며 변했기 때문이다.**08** 빤데(Pande)가 지적했듯이
붓다는 행위를 행한 자와 그 결과를 경험하는 자를 동일시하는 것도
거부했고 분리하는 것도 거부했다.**09** 연속성은 있지만, 그것은 다른

---

**07**      Saṃyutta Nikāya, Ⅱ. 26.

**08**      Ibid., Ⅱ. 19.

**09**      Pande, *Studies in Origins of Buddhism*, p. 420.

것과 구별되어 지속하는 존재로서의 어떤 행위자의 연속성은 아니다. 그 연속성은 의존적으로 상호발생(緣起)하는 가운데 의식과 느낌의 조건이 되는 행위 그 자체 속에 깃들여 있다. 그 연속성은 행위의 재귀적인 힘 속에 그 연속성을 드러내는 것을 형성하면서 내재한다.

'까르마(karma, 빠알리: kamma, 業)'라는 용어는 행위를 의미한다. 이 말은 원래 불교 이전의 문헌 속에서 제사 행위를 의미했다. 그러다가 의미가 확장되어 종교적으로 제정된 사회적 의무를 의미했다. 불교 경전 속에서는 모든 의지적 행위를 내포하는 개념으로 확장되어 세 가지 형태, 즉 신체적 행위(kāya-kamma, 身業), 언어적 행위(vacī-kamma, 口業), 심적 행위(mano-kamma, 意業)로 나타난다. 초기불교의 철학적 맥락 속에서 우리가 "있다"는 것은 이것이다. 무아설을 전제로 할 때, 우리의 자기 동일성과 지속성을 이루는 것은 까르마이다. 올란 리(Orlan Lee)는 초기불교의 견해에 관해, "어떤 사람의 구원은 그가 한 일에 달려 있다. 만약 영혼이 존재한다면, 그가 한 일들이 실로 그 자신의 '영혼'이다"[10]라고 이야기한다. 마찬가지로, 리스 데이비스(T. W. Rhys Davids)는 "다른 사람들이 '영혼'이라고 부르는 것을 고따마 붓다는 일상적으로 '행위'라고 부른다"[11]라고 지적했다.

우리가 기억하는 경험과 우리가 드러내는 구조를 형성하는 것은 지속적인 '나'이거나 외부의 운명이 아니라 바로 이 행위다. 우리 자신의 행동이 우리를 형성하며, 고따마는 그것을 깨달음을 성취하던 날 새벽에 알아차렸다. 그때 그가 깨달은 것은 우리가 어떤 일정한 순

---

**10**　　Lee, "From Acts to Acts."

**11**　　Rhys Davids, T. W., *Dialogues of Buddha*, II, p. 189.

간에 나타내는 남과 구별되는 특성은 영원한 것도 아니고, 허망한 것이거나 우연한 것도 아니며, "인간들이 잘나고, 못나고, 아름답고, 추하고, 형편이 좋고, 형편이 나쁜 것은 모두가 행위의 결과[業報]에 의한다"**12**는 것이다.

현재의 우리의 심리-물리적 구조는 지속하고 있는 자기동일적 실체의 구조도 아니고, 과거의 우리 자신과 단절된 것도 아니다.

> 이 몸(kāya)은, 형제들이여, 그대들의 것도 아니고 다른 사
> 람의 것도 아니다. 그것은 과거의 행위에 의해, 의도에 의
> 해, 의지에 의해, 느낌에 의해 이루어진 것이라고 생각해
> 야 한다.**13**

흔히 '몸(身)'으로 번역되는 '까야(kāya)'는 '쌓아 올리다'는 의미의 동사 찌(ci)에서 파생된 것으로 생각되며, 축어역으로는 '회합, 집합, 갖가지 요소들의 집합체'를 의미한다는 것을 알아두는 것이 좋다. 그것은 교리의 집성(集成)뿐만 아니라 집단·군중을 가리키는 데 자주 사용된다. 사람과 관련해서 그것은 흔히 말(vacī), 생각(manas)과 더불어 3개 1조를 이루어 나타난다. 그것은 세 기능 모두를 집합적으로 표현하는 데 쓰이기도 한다.

따라서 이 문장과 이와 유사한 문장을 고찰할 때, 까야(kāya)는 두 가지 점에서 까르마(karma, 業)의 결과를 의미한다고 할 수 있다.

---

**12**    Majjhima Nikāya, Ⅰ. 22.

**13**    Saṃyutta Nikāya, Ⅱ. 62.

하나는, 까야가 여기에서 말과 생각을 포함해서 특성을 드러내는 세 가지 양식 모두를 의미한다는 것이다. 다른 하나는 특히 그것의 본성이 '집합된' 것이라는 점이다. 그것의 어원 설명과 여타의 용법이 함축하는 의미를 볼 때, 그것은 자아를 합성된 구조물로 보는 시스템 철학의 생각과 마찬가지로 사람을 복합체나 조직체로 보는 생각을 나타낸다.

따라서 이러한 구조물, 즉 까야(kāya, 몸)는 까르마(karma, 業)의 결과로서 나타난다. 이러한 까르마의 결과[業報]는 피할 수 없다. 왜냐하면 우리는 그것을 우리 자신 속에 지니고 있기 때문이다. 『담마빠다(Dhammapada, 法句經)』에서는 다음과 같이 이야기한다.

> 하늘도 아니고 바닷속도 아니다. 산속의 바위틈에 들어간
> 다고 해도 벗어날 수 없다. 악업(惡業)에서 벗어날 수 있는
> 곳은 온 세상에 한 곳도 없다.[14]

업보(業報)는 벗어날 수 없다. 신이 내려다보고 기록하거나, 천사가 우리의 행위를 원부(原簿)에 표시해놓기 때문이 아니라, 의존하여 함께 발생하는 가운데 우리의 행위가 우리가 무엇이 될 것인가를 상호적으로 결정하기 때문이다.

우리의 행위는 '쌍카라(saṇkhārā, 行)'들의 형성과 작용을 통해서 우리가 무엇이 될 것인가를 결정한다. 이 잠재의식의 충동과 경향이

---

[14]    Dhammapada, p. 139.

우리가 현상을 해석하고 대응하는 방식의 조건이 된다. '쌍카라'도 '까야'와 마찬가지로 합성된 것이다. 즉 그 말은 '결합시켜 만들다(put together)'를 의미하는 것으로서, 복합된 것이며, 조직된 것을 의미한다. 쌍카라는 과거에 해석하고 반응한 의지적 행위에 의해 그 결과 생겨나 무리를 지은 것이다. 호너(I. B. Horner)는 쌍카라를 정의하면서, '잠재적 에너지'라는 말을 사용한다.**15** 그것들의 잠재력은 의식[識]뿐만 아니라 지각[想]과 느낌[受]까지도 형성한다. 쌍카라가 심리-물리적 행동과 갖는 상호적(인과응보적) 관계로 인해 올덴베르크(H. Oldenberg)는 쌍카라를 행위 그 자체와 전적으로 동일시하려고 하게 되었다. 그는 "만약 우리가 행위라는 단어를 내적인 '행위', 즉 의지와 기대까지도 동시에 내포하는 넓은 의미로 이해한다면, 우리는 쌍카라를 곧바로 '행위'로 번역해도 좋을 것이다"**16**라고 한다. 보다 엄밀히 말하면, 쌍카라는, 칸다(khaṇḍa, 蘊)로서 그리고 12연기의 한 요인으로서, 모두 행위의 반사적이고 반동적인 결과, 즉 행위가 만든 경향, 행위가 형성하여 영속시키는 습관, 행위가 지니는 잠재적인 에너지를 의미한다.

어떤 사람의 경험의 성격은 이러한 쌍카라들의 형성에 영향을 받기 때문에, 그의 자기 동일성은 그가 행하고 생각한 것과 구별되지 않는다. 그는 이 행위들로부터 멀리 떨어져 있는 것도 아니고 피해자도 아니다. 거기에 그의 동일성과 지속성이 있으며 그의 재산도 그의 운명도 거기에 있다. 과거와 미래가 거기에 있으며, 오직 거기에만 있

---

**15**   Horner, *Middle Length Sayings*, Ⅰ, p. 67n. 4.

**16**   Oldenberg, *Buddha:Life,Doctrine,Order*, p. 242.

다. 『앙굿따라 니까야』에서는 다음과 같이 이야기한다.

> 나의 까르마(業)가 나의 소유요,
> 나의 까르마가 나의 유산이며,
> 나의 까르마가 나를 낳은 자궁이요,
> 나의 까르마가 나의 피난처다.[17]

## 구조와 작용

따라서 업(karma)과 몸(kāya)의 상호작용은 우리가 어떤 일정한 시점에 나타내는 심리-물리적 구조와 우리의 행동 사이의 상호적인 인과관계를 보여준다. 이 상호적인 관계는 일반시스템이론에서도 유사하게 표현된다.

래즐로가 지적했듯이, 자연의 이치를 고찰하는 방법은 두 가지가 있다. 하나는 공간적인 방법으로서 이때는 '구조'로 파악되고, 다른 하나는 시간적인 방법으로서 이때는 사건의 연속, 즉 '작용'으로 이해된다.[18] 하나의 유기체 속에서 구조는 그것이 어떻게 구성되었는가를 보여 주는 그 유기체의 '형태학'으로 여겨지며, 작용은 그것이 어떻게 활동하는가를 보여 주는 그 유기체의 '생리학'으로 여겨진다. 해부학자들과 역사가들은 일반적으로 구조를 생명이 없거나 고정된 재료의 상태에서 마치 그것을 작용과 분리할 수 있는 어떤 것으로 다

---

**17**    Oldenberg, 위의 책 p. 243에서 재인용.

**18**    Laszlo, *Introduction to Systems Philosophy*, p. 70f.

루었다. 사실 유기체가 움직일 수도 있고 움직이지 않을 수도 있는 부품들이 고정적으로 배열된 기계처럼 정적(靜的)으로 이해될 때, 구조는 작용과는 별개의 것처럼, 그래서 작용에 의해 변경되지 않는 것처럼 보인다.

그러나 자기 조직하는 열린 시스템 속에 그러한 구별이 있는지 의심스럽다. 왜냐하면 그 구조는 작용 이전에 미리 확립된 것이 아니라 작용과 상호발생하기 때문이다. 일례로, 심장의 형태는 율동적인 수축 작용을 형성하는 동시에 그 작용에 의해 형성되면서 진화했다. 따라서 구조는 정적인 어떤 것이 아니라 시간 속의 한 조각, 즉 어떤 일정한 순간의 그 시스템의 공간적 질서 또는 조직이다. 폰 베르탈란피가 이야기하듯이, "형태학에서 유기체의 모습과 구조로 기술된 것은, 사실은 시–공적인 패턴을 관통하는 순간적인 단면이다."[19]

이러한 관점에서 볼 때, 구조와 작용은 공간과 시간 속에서 그 유기체의 패턴이 서로 다르게 나타난 것으로서 각기 서로를 표현하는 것으로 보인다. 폰 베르탈란피가 인정하듯이, 일반시스템이론은 그 견해가 실재에 관한 기계론적 모형과 다르다는 것을 강조하기 위해 시간적·기능적 과정의 측면을 역설해 왔다. 그렇다고 해서 구조의 특이성과 현상이 발생하는 데 있어서 구조의 역할을 부정한다고 하기는 어렵다.[20] 왜냐하면 형태학과 생리학은 동일한 통합된 대상을 연구하는 상보적인 방법으로 여겨지기 때문이다. 그리고 실제로 이 상보성은 폰 베르탈란피에게 '구조와 작용의 변증법적 통일'을 의

**19**    Laszlo, 위의 책, p. 71에서 재인용.

**20**    von Bertalanffy, "General Systems Theory – Critical Review," p. 21.

미한다.[21]

  폰 베르탈란피가 주장하듯이 이러한 변증법적 상보성은 생물학
을 넘어서 모든 열린 시스템의 특징을 이룬다.


  구조와 과정의 대립은 살아 있는 유기체에서와 마찬가지
  로 원자에서도 무너진다. 원자의 구조는 동시에 물질과
  에너지의 끊임없는 흐름의 표현이며 운반자인 것이다.[22]


  결국, 구조(즉, 부분들의 질서)와 작용(즉, 과정의 질서)은 동일
  한 것일 수 있다. 물리적인 세계에서 물질은 에너지의 작
  용으로 귀착하며, 생물학적인 세계에서 구조들은 과정의
  흐름의 표현이다.[23]


래즐로는 구조와 작용의 관계를 그것이 불교의 까르마(業)라는 관념
과 연관되어 있음을 매우 명료하게 이해할 수 있도록 기술하고 있다.


  구조는 과거의 작용들의 기록이며, 새로운 작용의 원천이
  다. 한편 작용은 그 구조의 행동이며, 새로운 구조의 형성
  으로 이끄는 통로다. … 사물은 무엇(what)인가, 무엇으로
  만들어진 것인가, 무슨 목적으로 존재하는가? 라고 그것

---

21    Ibid.
22    von Bertalanffy, *General Systems Theory*, pp. 247-248.
23    Ibid., p. 27.

을 정의해서는 안 되고, 그것이 유기적으로 어떻게 조직
된 것인지를 알아야 한다.[24]

불교의 쌍카라(saṅkhārā, 行)와 까야(kāya, 身)라는 개념, 그리고 불교에
서 강조하는 우리의 본성은 조직되고 합성된 것, 즉 경험·의지·행위
에 의해 역동적으로 '하나로 결합된' 것이라는 점을 상기할 수 있다.
그리고 또한 5장에서 고찰했듯이, 이러한 내적 조직을 인정하는 점이
시스템 철학과 행동주의 심리학, 즉 자극-반응 이론의 근본적인 차
이라는 것을 상기하게 된다. 환경으로부터 받는 영향, 즉 입력(input)
이 단순한 선형적 인과관계 속에서 직접적으로 행동을 결정하는 것
이 아니다. 왜냐하면 그 시스템은 이 입력들을 그것의 내부 조직을 통
해 변형하기 때문이다. 그것이 파블로프의 종과 고깃덩어리이건 당
나귀 앞에 달아놓은 당근과 뒤에서 치는 회초리이건, 외부의 신호는
단지 부분적으로 행동을 수정한다. 왜냐하면 이 신호들은 그 시스템
의 내적 구조와 코드, 그리고 목적의 맥락 속에서 처리되고 해석되기
때문이다. 그것을 래즐로는 "시스템이 무엇을 하는가는 시스템에 전
달된 메시지에 의해서보다는 시스템 자신의 조직에 의해서 결정된
다"[25]고 이야기한다.

　이 조직된 구조는 우리의 반응과 행위의 원천이나 근거일 뿐만
아니라, 이전에 행한 행위나 작용의 기록이기도 하다. 이 과거의 작용
은 게슈탈트와 상징적 구조 속에, 즉 시스템이 피드백에 의해 경험을

---

**24**　Laszlo, *Strategy for the Future*, p. 17.

**25**　Laszlo, *Introduction to Systems Philosophy*, p. 252.

이해할 수 있고 운용할 수 있게 하는 습관과 목적 속에 기록된다.

　　신체적 관점에서 보면, 이전의 실행은 신경의 형태로 내면화된다. 인지 시스템의 활동은 그것의 뇌 구조에 반작용하고, 지각, 운동 근육, 그리고 내피질의 조직에 영향을 주며, 새로운 세포의 모임, 통로, 그리고 고리(loop)를 만든다.[26] 인지 시스템의 복잡화는 환경 속에서 그 자신의 실행과 상호작용하면서 그 시스템의 자율성을 증진하는 경향이 있다. 입력을 코드화하는 구조가 정교해질수록 인지 시스템의 반응은 보다 변화가 많아져서 예측하기가 점점 더 어려워진다. 그 과정 속에서 환경이 인지 시스템의 행동에 미치는 영향은 "점점 더 선형적 인과관계의 모습을 잃어간다"[27]고 래즐로는 이야기한다.

## 과거와 현재

피드백을 통해 과거의 경험은 인지 시스템의 심적 구성물과 신경망 속에 축적되고 변형되고 내재화된다. 인지 시스템의 구조는 어떤 시점에서도 그 시스템의 역사를 표현한다. 시스템 이론가 제임스 밀러(James G. Miller)는 다음과 같이 단언한다.

　　따라서 역사는 단순한 시간의 경과가 아니다. 역사는 인지 시스템 속에서 과거의 사건의 잔재 또는 효력의 축적(구조상의 변화, 기억, 학습된 습관)이다. 생명 시스템은 변화

---

**26**　　Ibid., pp. 181-182.

**27**　　Ibid., p. 252.

된 구조의 형태로, 그리고 그 결과로서 변화된 작용의 형
태로 그 시스템의 역사를 지니고 있다.[28]

기억은 과거가 변하지 않고 영구적으로 갇혀 있는 금고가 아니라 능
동적으로 재조직하는 과정이 된다. 우리가 과거에 의해 현재와 상호
작용하고 있을 때, 과거 그 자체는 새로운 패턴과 외관, 그리고 전망
속에 나타난다. 과거가 새롭게 조합되는 것이다. 에버렛은 다음과 같
이 주장한다.

> 마음은 기억의 과정이다. … 기억은 복합적인 구성단위들
> 을 그 단위의 개별적인 구성 요소로 분해하며, 그리하여
> 매우 다양하게 이 단위들을 새로운 형태로 재결합하는 일
> 을 도모할 수 있다. 이런 식으로 새로운 종류의 행위와 반
> 응과 목적을 위한 계획이 나타난다. 기억은 과거의 묘지
> 가 아니라 축적의 과정, 즉 지속적으로 상호작용하는 정
> 보 단위가 모아지고 있는 벌통이다.[29]

과거가 나타날 수 있는 새로운 외관, 즉 우리가 기억을 재축적하면서
과거에 붙이는 새로운 해석은 시스템 지향적인 정신과 의사들에게
환자가 보고한 내력이 사실은 현재에 관한 은유라는 것을 가르쳐준
다. 단일 방향적 인과 패러다임에서는 과거가 안전하게 우리 뒤에 있

---

**28**    Miller, "Living Systems," p. 84.

**29**    Everett, "Cybernetics," p. 101.

는 것처럼 나타나며, 따라서 고찰을 위한 객관적인 데이터를 산출할 수 있다. 즉 과거가 현재에 의해 변화하지 않고 현재를 설명하는 데 도움을 줄 수 있다. 돈 잭슨(Don Jackson)이 이야기하듯이, "선형적 인과(因果) 열차는 오직 한 번만 지나간다." 그리고 일단은 과거가 현재의 근심의 원천을 밝혀 준다고 생각될 수 있다. 그러나 실제로는,

> 잘 알려진 것처럼 환자 스스로가 보고한 경력은 신뢰할 수 없는데, 그 까닭은 인간의 기억이 제멋대로 선택하여 과거를 여과할 뿐만 아니라 현재를 통해서 과거를 여과하기 때문이다. 어떤 개인이 이러한 과거에 대해 하는 이야기는 모두 면담자에 대한 코멘트, 즉 면담자를 다루는 방식이기도 하다. 다시 말해서 그 '경력'은 현재의 관계에 대한 은유다.[30]

현재와 과거의 기억은 구조와 작용의 상호인과적 관계가 계속되기 때문에 서로를 수정한다. 이전 행동의 결과는 시멘트 속에 내던져지는 것이 아니라, 그것들이 새로운 방식으로 지각됨으로써 현재 속에서 바뀔 수 있는 것이다.

## 다르마와 결정론

까르마(業)에 대한 붓다의 견해와 보다 결정론적이고 선형적인 그 당

---

**30**    Jackson, *Individual and Larger Contexts*, pp. 319-320.

시의 까르마라는 관념의 가장 중요한 차이는 붓다가 과거와 현재의 상호작용이나 상호의존을 인정했다는 점이다.

당시의 자이나교 교리에 의하면 개개의, 그리고 모든 과거의 행위는 동기나 상황과는 무관하게 어김없이 그 과보(果報)를 가져다준다. 그리고 행위 주체는 개인적으로 그 과보를 모두 받지 않고서는 도덕적으로나 정신적으로 발전할 수 없다. 행위의 물리적 효력에 의해 일어난 까르마는 일종의 실체로서, 오직 보상(報償)을 통해서만 닳아지는, 진리를 가리는 축적물이다. 까르마를 소진(消盡)하는 과정은 신체적인 고행을 통해 단축될 수 있다. 역시 붓다 당시에 가르침을 폈던 사명파(邪命派, ājīvika)의 견해는 훨씬 더 결정론적이다. 사명파는 현재 겪는 모든 정신적·신체적 상황을 과거 행위의 결과로 간주함으로써 모든 인간의 노력을 헛된 것으로 본다.[31]

까르마를 이런 식으로 생각하여 과거가 기계적으로 강하게 현재를 지배한다고 보는 엄격한 숙명론은 라마승 고빈다(Govinda)에 의해 생생하게 환기된다.

> 정신적인 것이든 신체적인 것이든, 모든 행위의 과보(果報)는 최후의 한 조각까지 남김없이 받아야 한다는 생각, 그리고 그야말로 하찮은 행동만 해도, 지극히 경미하게 마음이 움직이기만 해도 헤어날 수 없는 운명의 그물에 한층 더 얽혀든다는 생각은 분명히 인류의 마음이, 보다

31  Jayatilleke, *Survival and Karma*, pp. 26-27; Kalupahana, *Causality*, pp. 38-40; Gomez, "Some Aspects of Free-will," pp. 81f.

정확하게는 인류의 지성이 지금까지 꾸며낸 망령 가운데
가장 무서운 망령이다.**32**

고빈다는 이러한 결정론이 '무생물들'에만 적용될 뿐 살아서 성장하
는 유기체에는 적용되지 않는다고 본다. 대조적으로 그는 붓다의 연
기설을 상호의존적인 요인들의 역동적인 과정으로 생각한다.

그리고 바로 이러한 해명 안에서 전체 연기의 연쇄는 매
순간, 그리고 모든 국면에서 제거할 수 있으며, '도달할 수
없는 먼 과거에 있는 원인들'에 속박된 것도 아니고, 언젠
가 이 원인들의 효력이 닳아 없어지게 될, 시야에서 벗어
나 있는 미래로 돌려진 것도 아니다.**33**

3장에서 고찰했듯이, 현존의 요인들은 상호의존하기 때문에, 그리고
특히 쌍카라(saṅkhārā, 行)의 본성은 조건이 되는 것이기 때문에, 연기
설은 까르마(業)에 의한 숙명론에서 벗어나 있음을 보여준다. 아마도
그 당시 결정론적 견해가 매우 강했기 때문이겠지만, 붓다는 그 인과
설(연기설) 속에 함축된 그의 입장을 포기하지 않고 거듭해서 분명하
게 이 견해들을 자신의 주장을 통해 반박했다. 다양한 방식으로 이성
과 경험에 호소하고 있는 붓다의 주장들은 결정론적 입장의 단일 방
향성을 공격하는 것이나 다를 바 없다.

---

**32**     Govinda, *Psychological Attitude*, pp. 56–57.

**33**     Ibid., p. 57.

행위의 결과는 선형적 인과의 고리 속에서 그 기원을 찾을 수 없다. 그것들은 너무나 복잡하게 뒤얽혀 있어서 쉽게 파악되지 않는다.[34] 과거의 사건과 현재의 사건을 일대일 상관관계로 파악하는 추론은 오해를 불러올 수 있다. 따라서 우리는 현재의 모든 사건과 조건에 대해 과거의 단일한 원인을 적시(摘示)할 수 없다.[35] 그러한 시도는 상식을 무시한 것이다. 왜냐하면, 우리가 잘 알고 있듯이 우리도 역시 다른 사건들, 즉 치밀어 오르는 화, 사회의 변천과 사고, 방위(方位), 기분, 계절 등에 종속되어 있기 때문이다.[36] 이 많은 인과적 요인들 가운데 까르마(業), 즉 행위는 단지 하나의 요인이다. 바꾸어 말하면 행동만이 경험을 결정하는 것이 아니다. 다른 사건들도 경험의 조건이 된다.

뿐만 아니라, 어떤 행위가 인간에 미치는 효과는 다른 행위에 의해 형성된 그 사람의 성격에 달려 있다. 붓다는 『마하깜마위방가 쑤따(Mahākammavibhaṅga Sutta, 中阿含 分別大業經)』에서 같은 종류의 행위라도 실행하는 사람이 다르면 다른 결과를 낳을 수 있으며, 다른 행위가 같은 결과를 낳을 수도 있다고 지적한다.[37] 명백히 못된 일을 한 사람이 끝에 가서 복락을 누릴 수도 있고, 훌륭하기로 소문난 사람이 종국에 불행을 겪을 수도 있다는 것이다. 이러한 이야기는 일반시스템이론에서 폰 베르탈란피와 마루야마가 했던 이야기와 비슷하다. 5

34    Aṅguttara Nikāya, Ⅱ. 80.

35    Majjhima Nikāya, Ⅲ. 207–215.

36    Saṃyutta Nikāya, Ⅳ. 228–230; Jayatilleke, *Survival and Karma*, p. 29.

37    Majjhima Nikāya, Ⅲ. 207–215.

장에서 살펴보았듯이 같은 조건이 다른 결과를 가져올 수 있으며, 다른 사건이 같은 결과를 가져올 수 있다는 인식, 즉 선형적 인과율과는 상충된다는 인식은 내부 조직에 의해 입력을 처리하는 열린 시스템의 역동적인 본성의 관점에서 이해될 수 있다. 불경들은 이러한 생각을 간단한 비유로 표현한다. 즉 씨앗의 성장은 그 씨앗의 본성에만 의존하는 것이 아니라 그것이 뿌려진 토양에도 의존한다는 것이다. 『로나까빨라왁가(Loṇakappalavagga, 中阿含 鹽喩經)』에서는 다음과 같이 이야기한다. 만약 소금을 조그만 컵에 넣으면 컵 속의 물은 마실 수 없게 될 것이다. 그러나

> 비구들이여, 어떤 사람이 소금 한 알을 갠지스강에 던졌다고 하자. … 이 갠지스강물도 이 소금 덩어리 때문에 짜서 마실 수 없게 되겠는가? … 마찬가지로, 비구들이여, 어떤 사람은 이 세상에서 조그만 악행을 저질러 그 과보로 지옥에 떨어질 것이다. 그러나, 비구들이여, 또 어떤 사람은 마찬가지로 조그만 악행을 저질러도 그 과보를 이 현생에 받게 되며, 그 과보는 덜 가혹한 것은 물론 가볍게 보이지도 않을 수 있다.**38**

그리하여 이전의 행동은 습관과 성향[saṅkhāra, 行]·지각에 영향을 주는 패턴·생각과 느낌을 형성함으로써 주관을 만들어낸다. 따라서, 자

---

**38**    Gomez, "Some Aspects of Free-will," p. 83에서 재인용.

야띨레께가 이야기하듯이, "까르마의 법칙은 필연적인 결과를 나타 낸다기보다는 성향을 나타낸다."**39**

결론적으로, 붓다는 결정론을 거부하고 과거의 결과들은 현재 의 행위에 의해 수정될 수 있다는 것을 거듭해서 강조했다. 지금까지 역설했듯이 쌍카라(saṇkhārā, 行) 자체가 변화될 수 있다는 것, 따라서 인간의 동기 부여가 변화하면 까르마의 유해한 효력을 파괴할 수 있 다는 것이 연기설의 전부다. 고따마 붓다는『데와다하 쑤따(Devadaha Sutta, 中阿含 尼乾經)』에서 이 문제에 관해 자이나교와 대결하면서, 그 들 자신의 현재의 체험은 자유롭게 선택된 것이지, 그들의 과거에 의 해 확정된 것이 아니라고 지적했다. 붓다는 자이나교도들에게 까르 마의 결과를 노력에 의해 변화시킬 수 있다고 생각하는지 어떤지를 물었다. 그들이 어떤 방법으로도 까르마는 변화시킬 수 없다고 부정 하자, 붓다는 그들을 노골적으로 비꼬았다.**40** 자이나교의 혹독하고 고통스러운 고행에 대해 언급하면서, 붓다는 다음과 같이 비판한다.

> 만약 중생이 겪는 즐거움과 괴로움이 이전의 행위를 원인
> 으로 한다면, 비구들이여, 자이나교도들(niganthas)은 전생
> 에 죄악을 행한 자들이다. 왜냐하면 그들은 지금 저렇게
> 통렬하고 가혹한 고통을 겪고 있기 때문이다.**41**

---

**39**   Jayatilleke, *Survival and Karma*, p. 40.

**40**   그런데 고메즈(L. O. Gomez)는 이 견해가 고전적인 자이나 교리와 일치
         하는 것으로 여겨지지 않는다고 지적한다("Some Aspect of Free-will," p.
         84).

**41**   Majjhima Nikāya, Ⅱ. 214f.

자이나교도와 불교도들은 다 같이 자신들을 인간의 행위를 인과적으로 효력이 없는 것으로 보는 업부정론자(業否定論者, akriyāvādinas)와는 반대로 인간의 행위에 과보가 있다고 믿는, 즉 행위와 존재 사이에 인과적으로 관련이 있다고 믿는 업론자(業論者, kriyāvādins 또는 karmavādins)로 생각했다. 그러나 자이나교도들은 까르마가 변화될 수 있다고 믿는 붓다의 견해를 들어 붓다와 그의 제자들을 업부정론자로 간주했다.**42** 그들은 이런 식으로 붓다가 ─ 원인 속에 결과가 이미 존재한다고 생각하는 ─ 선형적 관점[因中有果論]이 논리적으로 강요하는 결정론으로부터 벗어나 있다고 믿었다. 붓다는 자신이 결정론에서 벗어나 있음을 숨김없이 자인하고 강조했다. 왜냐하면 『데와다하 쑤따(Devadaha Sutta, 中阿含 尼乾經)』에서 붓다가 이야기하듯이, "만약 그대가 까르마를 변화시킬 수 없다면 모든 노력은 허사"**43**이기 때문이다. 붓다는 노력이 허사라는 것을 인정하지 않았다. 붓다는 까르마에 대한 양자택일적인 견해들을 거부했다. 왜냐하면, 붓다가 볼 때 그 견해들은

> 행하려는 욕구도, 행하려는 노력도, 이 행동은 해야 하고
> 저 행동은 해서는 안 된다는 윤리적 필연성도 제공해 주
> 지 못하며, 그리하여 진실로 해야 할 일과 해서는 안 될 일
> 에 대한 필연성이 드러나지 않기 때문이다.**44**

---

**42**　　Gomez, "Some Aspects of Free-will," p. 183.

**43**　　Majjhima Nikāya, Ⅱ. 214.

**44**　　Aṅguttara Nikāya, Ⅰ. 174.

## 선택의 결정성

이 '행하려는 욕구·행하려는 노력'이, 바꾸어 말하면 의지·의욕이 과거 행위의 결정성과 현재 노력의 범위에 영향을 준다. 이와 같이 의지를 강조한다는 점이 불교의 까르마(業) 개념의 가장 두드러진 특색이다. 고따마는 신중하게 과보를 받게 되는 행위는 선택된 행위로 한정했다. "행위를 하면, 아난다여, 인간의 기쁨과 괴로움이 그 행위 속에 있는 의지의 결과로 존재한다."[45] 결정력이 있는 것은 의지, 즉 쩨따나(cetanā, 意)다.[46]

> 법우들이여, 우리가 의도하는 것, 우리가 행하려고 하는 것, 우리가 종사하는 것, 이것이 식(識)을 지속하게 하는 조건이 된다.[47]

---

**45**  Saṃyutta Nikāya, Ⅱ.38.

**46**  빠알리에 엄밀하고 배타적인 형태로 우리가 사용하는 '의지(will)'라는 단어에 상응하는 개념은 없지만 쩨따나(cetanā)가 거기에 근접한다. "곰곰이 생각하여 의견을 가지고 있다"는 의미를 지닌 쩨따나(cetanā)가 파생된 동사 찐떼띠(cinteti) 속에는 선택의 개념이 들어 있다. 이와 같이, 쩨따나(cetanā)는 '능동적인 사고, 의도, 목적, 의지로서의 생각'으로 정의된다. (Rhys Davids and Stede, *Pali-English Dictionary*) 가까운 관계에 있는 개념 찌따(citta)와 쩨따스(cetas)도 역시 찐떼띠(cinteti)에서 파생된 것으로서 의도와 의지의 의미를 함축하고 있다. 이 개념이 나타내는 사고나 생각은 의지를 나타내면서 선택의 특징을 지닌 행동이다. 지금까지 강조했듯이, 상호인과관계에서 인식과 사고는 수동적인 데이터의 기록으로 이루어진 것이 아니라 상호작용하는 과정이며, 앞으로 11장에서 다루겠지만 우리의 윤리적 책임을 내포한다.

**47**  Saṃyutta Nikāya, Ⅱ.64.

따라서 우리의 의식과 지각의 조건이 되는 쌍카라(saṅkhārā, 行)는 의향(意向)들이 함께 무리를 이루어 충동의 형태로 의지라고 하는 에너지를 행사하는 '의도적인' 구성으로 이해된다. 이미 인용했던 바와 같이, 올덴베르크는 쌍카라를 "내적인 행위, 의지와 소망"**48**이라고 본다. 덧붙여서, 자야띨레께는 까르마(karma)를 "의도적인 행위"라고 정의한다.**49** 따라서 우리는 과거 행위가 어떤 과보를 결정하는 것은 그 행위를 일으킨 선택에 달려 있다고 말할 수 있다.

내가 여기에서 사용하는 선택(choice)이라는 단어는 선택된 대상이나 행동을 의미하는 것이 아니라 행위의 선택, 그것을 하려는 결심, 즉 동기를 의미한다. 경전에 의하면 까르마는 이러한 선택의 성질에 의해 성격이 규정된다.**50** 해로운 과보는 착하지 않은 행위로 인해 받게 되며, 착하지 않은 행위는 괴로움의 세 가지 뿌리[三毒心], 즉 탐욕(lobha, 貪), 화(dosa, 瞋), 어리석음(moha, 癡) 가운데 어떤 것에 자극된 것이다. 이것들과 대립되는 집착 없음(alobha, 無着), 관용(adosa), 지혜(amoha)는 착한 행위를 자극하여 유익하고 즐거운 결과를 가져오는 조건을 만든다. 위에서 거론한 것들 가운데 어떤 것에 의해서도 자극받지 않아서 사실상 중립적인 무기(無記, avyakata)라고 불리는 행위들도 있다.**51**

---

**48**   Oldenberg, *Buddha:Life,Doctrine,Order*, p. 242.

**49**   Jayatilleke, *Survival and Karma*, p. 17.

**50**   Aṅguttara Nikāya, Ⅰ. 188.

**51**   kusala와 akusala라는 개념을 '선(good)'과 '악(bad)'으로 의미 규정하는 것보다 축어역으로 '능숙한(skilful)'과 '미숙한(unskilful)'으로 하는 것이 그것들의 도덕적 평가보다는 해당 동기의 고유한 효력을 강조하는 것이

실제로 의도가 그렇게 중요하게 생각되고 선택이 그렇게 결정력이 있다고 생각되기 때문에, 인간 존재로 주어진 기회는 불교의 관점에서 볼 때 비교할 수 없이 귀중한 것으로 여겨진다. 마지막 장에서 이야기하겠지만 동물, 귀신, 신들도 괴로움과 즐거움을 겪지만 오직 사람만이 선택을 통해 그가 겪는 과보에 영향을 줄 수 있다. 자신의 운명을 결정하는 힘은 인간계의 특권이다. 천문학적인 수의 다른 형태의 생명이 존재한다고 할 때, 이러한 인간으로서의 기회는 엄청나게 희귀하고 가치 있는 것이다.**52**

의지가 행위의 결과를 즐거움 또는 고뇌로 결정하기 때문에 의지는 정화되고 수련되지 않으면 안 된다. 그것은 노력을 요하는 일이다. 초기경전에는 굳센 노력을 권유하는 내용이 풍부하다. 불선(不善)의 상태에서 상승하여 자신을 선의 상태로 확고히 세운 사람들은 '마음을 지키는 데 집중하는', '힘을 내는, 스스로 굳은 각오를 한, 마음챙김으로 깨어 있는', 열심히 노력하는 사람이라고 자주 거론된다.**53** 사람을 불선의 길로 빠뜨리는 가장 중요한 실패는 티나밋담(thīnamiddham), 즉 게으름 또는 혼침(昏沈)이다.**54** 덧붙여서, 정진(精進, viriya), 즉 에너지, 결의, 열정은 깨달음의 길(팔정도)에 필수적이며, 그 자체로 중요한 가치가 있는 것으로 여겨진다. [팔정도에] 정진이 나온다는 것은 [불교의 업설이] 통속적으로 까르마라는 개념이 연상시키

---

된다.

**52**   Saṅgharakshita, "Centrality of Man," p. 31.

**53**   Majjhima Nikāya, Ⅰ. 32.

**54**   Ibid., Ⅰ. 19.

는 수동성과 숙명론에 명백히 반대된다는 것을 의미한다.**55** 까르마에 대한 불교의 관점에서 볼 때, 의지가 가장 중요하며, 의지는 훈련될 수 있다.

> 법우들이여, 따라서 그대들은 이와 같이 그대 스스로를 훈련하지 않으면 안 된다. 우리는 의지의 자유를 자비를 통해 계발하리라. 우리는 자비를 자주 실행하리라. 우리는 자비를 수레와 토대로 삼아, 그 위에 자리잡고, 자비로운 마음을 쌓아, 그 마음을 움직여 나아가리라.**56**

초기불교의 관점에서 보면, 한 개인의 정체성은 어떤 지속적인 실체나 자아 속에 깃들여 있는 것이 아니라 그의 행위[業] 속에 깃들여 있다. 즉 개인의 정체성은 행위를 형성하는 선택(동기) 속에 깃들여 있으며, 선택은 쌍카라(saṅkhārā, 行)들의 조건 지우는 힘을 통해 그것을 형성한다. 이러한 인과 과정은 상호적이기 때문에, 즉 이전의 선택에 의해 형성된 성향들이 그것들이 영향을 끼친 현재의 행위에 의해 수

---

**55**  리스 데이비스는 불경의 몇몇 번역에서 'desire'라는 말을 무분별하게 사용하는 것, 그리고 그 말을 빠알리 taṇhā(愛, craving), tṛṣna(thirsty), kāmā(passion), upādāna(取, grasping) 같은 말에 도매금으로 적용하는 것은 desire의 긍정적인 역할을 곡해한 결과이며, 불교인들을 수동적이고 소극적이라고 생각하도록 한다고 평한다("On Will in Buddhism"). 그녀는 다음과 같이 이야기한다. "만약 불교윤리학에 뚜렷이 강조할 만한 하나의 특징이 있다면, 그것은 의지가 의지 자체로서, 욕구가 욕구 자체로서 억압되지 않을 뿐만 아니라, 의지와 욕구의 수양과 발전이 불교의 이상을 성취하기 위해 나아가는 데 절대적으로 필요 불가결하다는 것이다."

**56**  Saṃyutta Nikāya, Ⅱ. 264.

정되기 때문에, 선택하는 자(choice-maker)로서의 정체성은 유동적이며, 그것이 겪는 경험은 바뀔 수 있다. 정체성은 과거에 의해 영향을 받지만, 과거에서 벗어날 수도 있다.


## 결정 주체로서의 인지 시스템

일반시스템이론에서도 구조와 작용의 상호인과관계를 가정함으로써 선택은 어떤 행위가 행위자에 미치는 효력을 결정하는 핵심적인 것으로 드러난다. 사실 행위는 선택처럼 보이며, 정체성은 결심하는 과정 그 자체처럼 보인다.

열린 시스템은 자기를 조직하기 때문에, 그 활동은 외부로부터 지시되거나 직접적으로 수정될 수 없다. 외부의 압력이나 상황은 내부 조직과의 상호작용 속에서 작용할 수 있을 뿐이다. 그 시스템 속에 기억된 과거의 경험은 현재의 결정을 하는 데 피드백된다. 그 시스템은 조직이 증가함에 따라 환경에 의한 결정은 줄어들고 보다 자율적으로 된다. 시스템 철학의 관점에서 보면 자기-반성적(self-reflexive) 의식은 복잡성의 정도가 커져 모니터링이 엇갈리는 행위의 방향 사이에서 평가와 선택을 필요로 할 때 나타난다. 자유가 등장하는 것이다. 래즐로는 다음과 같이 이야기한다.

> 어떤 사람이 그의 경험적인, 그리고 상위 단계의 반성적 의식에 기초해서 행위한다면, 그는 항상 그가 했던 것과는 다른 식으로 행동할 수 있었을 것이다. 왜냐하면 그의 환경의 구성과 인지는 그의 환경에 의해 지시되는 것이

아니라 그의 현재의 인지(=피질의) 조직에 의해 지시되기 때문이다.**57**

이 현재의 인지 조직은 과거 작용들의 기록을 의미하기 때문에 그 시스템이 이용할 수 있는 선택의 여지는 과거로 한정된다. 왜냐하면, "인지 시스템은 그것의 과거의 환경과의 상호작용이 그것이 이용할 수 있도록 만들어 놓은 것만을 선택할 수 있기"**58** 때문이다. 과거는 현실을 해석하고 결과를 예상하는 방식들 속에 저장되는 동시에 그 방식들을 마련하기 때문에, 선택의 자유를 제공하는 동시에 선택의 자유를 한정한다. 이러한 과거는 행위를 고정된 형태로 만들거나 운명 지우지 않는다. 왜냐하면 과거는 현재와 상호작용하면서 기능하기 때문이다. 인지 시스템은 역동적으로 스스로를 조직하기 때문에, 칼 도이취(Karl Deutsch)가 이야기하듯이 "현재의 개개의 결심에 의해 변화하면서 개조하고 있다."

> 인지 시스템은 과거에 학습한 것 때문에 현재에 전적으로 종속되지는 않는다. 인지 시스템은 여전히 배울 수 있기 때문에 과거에 전적으로 종속되지는 않는다. 현재와 과거의 상호작용에 의해 개개의 새로운 도전에 대응하는 인지 시스템의 내적 재배열이 이루어진다.**59**

---

**57**    Laszlo, *Introduction to Systems Philosophy*, p. 249.

**58**    Ibid., p. 239.

**59**    Deutsch, "Toward a Cybernetic Model," p. 397.

도이취는 과거의 결정을 평가하고 현재의 선택을 넓히기 위해 과거의 결정에 대해 거리를 유지하는 우리의 능력에 대한 유비로 내적인 '회로 차단기(circuit breaker)'를 든다.**60** 이 회로 차단기는 또한 '습관 차단기(habit breaker)'로서 인지 시스템에 새로운 데이터를 제공하여 새로운 정보의 유입을 촉진한다. 우리가 학습에 관련된 7장에서 살펴보았듯이, 이러한 작용은 포지티브 피드백 과정 속에 있는 게슈탈트와 구성물의 탐색적인 자기 조직 속에서 분명하게 작용한다. 지각하고, 인식하고, 반응하는 낡은 패턴들은 새로운 선택의 자유를 허용하면, 즉 신선한 대안이 나타나게 되면 붕괴된다.

　우리가 낡은 행동 방식을 취할 것인가, 새로운 방식을 취할 것인가의 선택은 전적으로 어떻게 정보를 처리하고 반응하는가에 달려 있다. 왜냐하면 고등단계의 반성적 의식의 존재 바로 그것을 바탕으로, 인간은 "언제나 그가 했던 것과는 다른 식으로 행동할 수 있었기" 때문이다. 시스템-인공지능학의 관점 특유의 이러한 인식에서 도이취는 다음과 같이 이야기한다.

> 우리 각자는 현재의 자기에 책임이 있다. 왜냐하면 인격은 그의 과거의 행위에 의해 그 스스로 획득한 것이기 때문이다. … 우리는 전적으로 어떤 하나의 결심이나 어떤 하나의 경험의 포로가 아니다. 종교적인 언어로 말한다면, 그것이 파멸의 도시로 취해지든 구원의 도시로 취해

---

**60**　　Ibid., p. 397.

지든, 결국은 같은 도시로 인도하는 기억과 습관을 마음
에 저장하는 일이 대체로 매우 많이 반복된다.[61]

이 생각과 불교의 까르마(業)라는 관념, 그리고 쌍카라(saṇkhārā, 行),
즉 '마음에 저장하는' 그리고 우리를 앞으로 밀고 나가는 기억과 습관
이라는 관념과의 유사성은 명백하다.

　불교의 관점에서도 그렇듯이, 이러한 인공두뇌학의 관점에서 보
면 우리는 우리의 과거의 피해자, 즉 우리의 손이 미치지 않는 시간과
힘의 불운한 인질이 아니다. 그보다는 도이춰가 계속해서 이야기하
듯이,

　　그것은 결심하는 바로 그 순간에 지금까지 우리가 이미
　　되어 있는 것을 우리 자신과 타인에게 드러내고 있는 결
　　말(dénouement)만을 볼 뿐이다. 이러한 견해는 성 아우구
　　스티누스의 견해와 유사하며, 보다 최근에는 아마도 칼
　　야스퍼스와 그 밖의 실존철학자들의 견해와 유사할 것이
　　다. 그러나 그것은 외부의 운명을 수반하지는 않는다. 왜
　　냐하면 매 발걸음마다 그것이 천국의 길로 내디딜 것인가
　　지옥의 길로 내디딜 것인가, 즉 조화로운 자율로 향할 것
　　인가, 붕괴로 향할 것인가는 자유로운 결심에 의해 결정
　　되기 때문이다. … 우리의 행동을 결정하는 부분은 우리

---

**61**　　Ibid., p. 398.

의 과거의 자유로운 결정들이 모인 결과다.[62]

유전이나 질병에 의한 손상 때문에 정보의 유입을 제한하는 요인들을 제외하면서, 도이취는 이러한 자유롭고 결정적인 결정 과정 속에서 분명한 우리의 '도덕적 책임'을 찾는다.

이러한 선택이라는 개념, 그리고 선택과 선택하는 자의 상호인과관계는 시스템 철학에서 그것이 인간의 정의로 보일 정도로 근본적이다. 끊임없이 선택하고 가치 평가하는 "자아는 결정 주체"라고 에버렛은 이야기한다.[63] 시스템-심리학자 모우러(O. H. Mowrer)에 의하면 선택이 의식 자체를 한정한다. 의식이 조건화의 피동적인 수령자로 여겨지는 행동주의 이론의 개념적 약점을 지적하는 맥락에서 모우러는 다음과 같이 이야기한다.

> 나는 의식에 대해서 본질적으로 지속적 계산(continuous-computing) 장치 또는 과정이라고 감히 추정하고자 한다. "무엇을 할까? 어떻게 행동할까?"가 변함없는 물음이다. 그리고 내 생각에 의식이란 정보가 끊임없이 수용되고, 평가되고, '결심', '선택', '의도'의 형태로 요약되는 작용이다.[64]

---

62    Ibid., pp. 398-399.

63    Everett, "Cybernetics," p. 108.

64    Mowrer, "Ego Psychology," p. 338.

인공지능학의 견해는 업설을 다루는 불교학자들을 난처하게 할 수 있는 문제를 해결하는 데 도움이 된다. 고메즈(L. O. Gomez)는, 『니까야』 속의 자유 의지를 다룬 그의 논문의 결론에서 결정하는 자 없는 결정, 제어하는 자 없는 제어의 난해함을 토로한다.

> 근본적인 딜레마는 이렇게 이야기될 수 있다. "만약에 제어가 있다면, '반드시 스스로-존재하고' 있거나 '독립적인'(스스로 행동하는) 제어하는 힘이 있어야 한다. 그러나 이것은 불교인들에게는 자아를 인정하는 것에 가깝게 여겨진다. 한편, 제어가 있을 수 없다면, 제어가 없음(no-control)은 외부의 조건에 전적으로 의존하는 것을 의미하기 때문에 거기에는 결정론이 있게 된다.[65]

고메즈는 그가 파악한 문제를 불교인들은 인과관계를 '완전한 조건(total conditioning)'의 의미로 이야기하기보다는 '불충분한(weak) 조건'의 의미로 이야기한다고 함으로써 해결하려고 한다.[66] 이러한 태도

---

**65**    Gomez, "Some Aspects of Free-will," p. 88.

**66**    케이스(A. B. Keith)도 무아설(無我說)과 연기설을 자유 의지를 강조한 붓다의 말과 일치시키는 데 곤란을 느꼈다. 그리고 그것은 붓다가 '간단히 무시했던'결정론에 관해 불일치를 보이는 것이라고 결론지었다.

> 더구나 인간은 행동하는 능력이 있다. … 붓다는 외도들 가운데 막칼리 고쌀라(Makkhali Gosala)의 결정론이 가장 못된 것임을 추호도 의심하지 않는다. 경전과 후대의 논서 속에 있는 자아의 존재에 반대하는 논증 가운데 하나는, 세계 속에 있는 모든 것은 조건에 의존하며 인과적

는 요점을 이해하지 못한 것이며, 또한 논점을 흐린다. 그가 이야기하는 '딜레마'의 배후에 있는 분명한 논리, 즉 인과적 효력은 독립적인 행위자를 필요로 한다고 생각하게 하는 논리는 상호적인 인과관계에 꼭 필요하지도 않고 적절하지도 않다. 왜냐하면 행위자와 행위의 상호의존관계에는 결정이나 선택이 결심하는 과정 그 자체 외에 따로 행위자를 필요로 하지 않기 때문이다. 까르마는 본래 선택을 체화(體化, embodied)하는 작용이고, 개인이란 그 체화 자체, 아니 오히려 그 작용 자체이기 때문이다.

과정신학자 버나드 루머(Bernard Loomer)는 이러한 견해를 간결하면서도 명쾌하게 이야기한다.

> 그의 [개인의] 구체적인 삶은 그가 받아들인 것으로 무엇을 만들 것인가를 결정하는 과정으로 되어 있다. 이것이 그의 창발적(創發的, emergent) 자아성이다. 그가 받아들인 것으로 만든 것이 그의 존재다. 이것은 또한 그의 창발적 자유이기도 하다. 왜냐하면 그는 그의 결정이기 때문이

---

으로 결정된 것인데, 그러한 존재(자아)는 자율적이라는 이유에서 반대하기 때문에 그 입장은 보다 주목된다. 그러나 그 문제는 그 문제를 단순히 무시하는 식으로 해결되며, 불교는 도덕적 책임을 위협하는 결정론의 허물로부터 벗어나 있다. (Keith, *Buddhist Philosophy*, p. 116.)

케이스가 이렇게 명백히 모순이라고 표현하며 멸시하는 것은 분명히 선택은 당연히 독립적이며 조건에 의존하지 않는 자아를 필요로 한다고 생각하기 때문이다.

다. 그의 주체적인 삶은 그가 자기 존재를 결정하는 과정
이다.**67**

이 장의 서두에서 꺼냈던 문제로 돌아가 상호인과율의 관점에서 보면, 자기 정체성이란 바로 위에서 말한 결정하는 과정임을 알게 된다. 작용과 구조, 행위와 행위자는 상호의존하기 때문에 그 결정하는 과정은 또한 인간으로서의 우리의 연속성의 토대다. 그러한 인과적 흐름 속에 우리의 인격으로서의 일관성이 선택을 반복하는 특징을 가지고 자리잡고 있으며, 그 흐름은 현재의 개개의 의지의 작용에 의해 바뀌기 때문에 그 속에 우리의 자유도 있다. 여기에는 또 다른 물음, 즉 "우리가 행한 것이 의미가 있는가?"라는 물음에 대한 답이 함축되어 있다. 그것은 우리가 의미가 있는 한 의미가 있다. 왜냐하면 우리의 행위는 우리 속에 체현되며, 우리를 무엇인가로 만들기 때문이다.

　행위자와 행위가 상호의존하고 있다는 것은 비애인 동시에 희망이다. 왜냐하면 우리는 그 자아를 가정하는 경향이 있고, 일반적으로 그 자아를 위해 행동하기 때문이다. 그 자아는 현명한 행위든 어리석은 행위든, 겁에 질린 행위든 용감한 행위든, 개개의 행위에 의해 끊임없이 변화하고 있기 때문에, '결정하는 자(decision-maker)'로서의 자아조차도 지속하는 실체로서 항상 죽어가고 사라져가야 할 운명에 있다. 그러나 바로 그 덧없음[無常] 속에 희망과 약속이 자리잡고 있다. 왜냐하면 결정과 행위의 흐름 속에서 보다 폭넓게 지각하고 인

---

**67**　　Loomer, "Two Conceptions of Power."

식하는 혜안(慧眼)을 열어주고, 보다 폭넓게 사랑하고 행동할 수 있는
기회를 마련해 주는 선택이 이루어질 수 있기 때문이다.

# 제10장

## 자아와 사회의 연기

그 누구도 그 자체로 완전한 섬이 아니다.
모든 사람은 대양의 일부, 대륙의 한 조각이다.
흙덩이 하나가 바다에 씻겨나간다면,
유럽은 마치 갑(岬)이 씻겨나간 것처럼,
그대의 친구나 그대 자신의 영지(領地)가 씻겨나간
것처럼 적어지는 것. 어떤 사람의 죽음도
나를 손상하는 것, 나는 인류 속에 포함되니까.
그러므로 결코 누구를 위해 종이 울리는가 묻지 말라.
그 종은 그대를 위해 울린다.

__ 존 돈(John Donne)♦

♦  Donne, *Complete Poetry*, p. 441.

이 구절의 서두는 우리의 언어 구조에 스며든 평범한 격언이 되었다. 왜냐하면 그것은 우리의 실존에 관한 진실을 반영하기 때문이다. 우리 각각의 삶은 사회적 현실에 근거를 두고 있다. 마치 대륙이 대륙에 붙어 있는 갑(岬)들을 연결하고, 하나의 풍경이 여러 나무들을 연결하듯이 사회 구조는 우리의 삶에 영향을 미치며, 우리를 우리의 동료들과 연결시켜 준다. 우리가 고립되어 있을 때조차도 사회 구조들은 우리들의 사적 지향들의 조건이 되며, 다시 그것들을 반영한다.

우리가 사회 속에 고착되어 있다는 사실은 본래 억압적이며, 불가피한 이해의 대립과 자유의 억제를 수반하는 것일까? 아니면 그 반대로 우리의 성취를 촉진하고 선택의 장을 제공하는 것일까? 사회의 복지에 헌신하는 것은 우리의 개인적 인격을 침식하는 것일까, 고양하는 것일까? 우리가 이러한 물음에 어떤 대답을 하는가는 사회 구조를 낳는 인과적 원동력을 우리가 어떻게 이해하는가에 달려 있다.

상호인과율의 관점에서 우선 개인적 자아는 독자적인 동시에 그것의 자연적·사회적 틀로부터 분리 불가능하다는 것을 지적하는 데서 그 문제들에 대한 고찰을 시작해 보자. 복잡하게 얽힌 관계들의 무상한 회합처로서 그 본성은 매우 참여적이지만 그러나 그렇다고 해서 차별성, 즉 특성이 덜 주어지는 것은 아니다.


## 참여와 특수성

우리가 이미 6장과 그 뒤에도 고찰했듯이 개인적 자아는 과정, 즉 심리-물리적(psycho-physical) 사건들의 패턴이라고 생각된다. 그 자아는 환경과의 감각적·정서적·인지적 상호작용을 통해 형성되기 때문에 자연이나 사회와의 관계에서 분리될 수 없다. 불법(Buddha Dharma)에서는 이러한 견해가 오온설(五蘊說), 니다나(nidāna)들의 인과관계[十二緣起說], 그리고 무아설(無我說)의 핵심이다. 일반시스템이론에서는 그것이 열린 시스템이라는 개념의 기초다. 사람은 자연 세계로부터 음식물을 받아들여 처리하고 변형하여 스스로를 조직하듯이, 사회로부터 얻은 정보를 처리하고 변형하고 바꿈으로써 스스로를 조직한다.

시스템 사상가들이 인정했듯이, 이러한 견해는 나 아닌 것(nonself)으로부터 나(self)를 범주적으로 구분할 수 없게 만들며, '나'와 '남' 사이의 명시적인 서술은 그 어떤 것도 독단이다. 우리의 인습적인 자기 동일성의 범위를 벗어난 과정들을 의식해 가는 것이 그러하듯이, 우리가 '나'와 동일시하는 느낌·감각·의식은 '나'의 고유한, 독점적인 소유물이 아니다. 따라서 사람으로 존재한다는 것은 우리의 피부에 둘러싸여 있거나 우리의 이름과 관계되어 있는 것이 아니라, 훨씬 폭넓게 우리 존재의 매 단계에서 현실에 참여한다는 것이다.

사회적·언어적 관습으로서 '나'라는 개념은 유용하다. 그러나 그것이 고정되거나 분리할 수 있는 실체를 의미하는 것으로 간주된다면 그것은 허구다. 시스템 철학의 입장에서 보면 '나'는 인지 시스템이 외부 세계와 그 자신과의 관계에 대한 지각을 왜곡할 정도로 역기능적인 구성물이다. 불교인에게 영원하고 분리된 자아에 대한 신념은 근본적인 오류를 의미한다. 그것은 탐욕과 분노와 공격을 야기하기 때문에 우리가 겪고, 또한 다른 사람에게 가하는 괴로움의 뿌리가 되는 착각[無明]이다. 우리의 해탈이란, 그것이 그 어떤 수행이나 상황에 의해 수반되든, 그러한 편견을 없애는 것이다. 즉 실제로 옹호하거나 고양해야 할 개별적인 '나'는 없다는 것, 즉 우리가 그것의 종 노릇을 해야 하는 '나'가 우리의 노력을 제약한다는 것을 깨닫는 획기적인 변화가 바로 해탈이다.

그러나 이것은 개별적인 우리의 경험이 착각이라는 뜻이 아니다. 마음과 물질을 상호의존하는 것으로 보는 상호인과의 관점에서 볼 때, 형상(form)의 특성과는 별도로 실재가 파악되거나 의식이 경험될 수는 없다. 에고의 감옥에서, 혹은 자아에 대한 원자론적 견해에서 벗어난다는 것은 모든 차별이 사라지거나, 모든 차별이 비현실적이고, 쓸모없고, 무관한 것으로 여겨지는 획일적 전체 속에 매몰된다는 것을 의미하지 않는다.

원자론(atomism)과 전체론(holism)의 양자택일 사이에서 상호인과율은 양자가 내부적으로 관계를 갖는 융합을 제3의 선택으로 제시하는데, 거기에서는 다양과 통일이 다 같이 실재의 활동에 필수적인 것으로 여겨진다. 8장에서 살펴보았듯이, 마음과 물질의 상호관계는 내부와 외부의 관계와 같은 것으로 간주된다. 마음은 시스템의 내적, 즉 살았던(lived) 차원이고, 신체적인 것은 외적으로 관찰된 것이다. 그래서 우리를 훨씬 능가하여 확대되는 영적(靈的) 연속체에 우리가 의식 있는 인지적 자아로서 참여하는 가운데, 마음은 우리가 감각적으로 인지한 다양한 형상들과 떨어질 수 없이 긴밀하게 상호의존한다. 따라서 특수성에 대한 관심은 상호인과적인 견해에 필수적이다.

특수성에 대한 이러한 관심은 불교에도 뚜렷이 나타난다. 몸과 상호-발생하는(연기하는) 의식은 생명에만 고유한 것으로서, 인간을 다른 생명체와 관계를 맺게 하고 인간으로 하여금 비폭력과 화합과 자비 속에서 살아가도록 요구하는 영적 연속체 속에서 인간의 영역을 넘어서 확장되는 것으로 여겨진다. 다른 형태의 의식(다른 생명체)에 대한 이러한 불교의 인식은 온 세계는 브라흐만(Brahman)으로 충만하다고 믿거나 뿌루샤(Puruṣa)가 편재(遍在)한다고 믿는 힌두교의 믿음과는 전혀 다르다. 힌두교의 관점에서 보면 물질성은 특수성과 신체성을 상실하면 점점 더 분명해지고 존경받을 가치가 있게 되는 것을 가리고 있는 가면이나 덮개에 해당한다. 이와는 대조적으로 불법(Buddha Dharma)은 의식과 물질을 상호-발생하는(연기하는) 것으로 봄으로써, 생명의 여러 형태들에 내재한 정신성에 존재론적으로나 가치론적으로 어떤 차등도 두지 않는다는 특징이 있다. 생명의 이러한 여러 가지 형태들을 존중하고, 자비(metta)로 보호하고, 한계 없는 마음[無量心]으로 보아야 하는 것은 그것들이 근본적으로 우리와 동일하기 때문이 아니라, 그것들의 있는 그대로의 상태(tathatā, 眞如) 때문이다.

　　일반시스템이론은 개인적 특질의 이러한 개별적이면서 참여적인 본성을 이해하고 묘사하는 신선한 방법을 제공한다. 인간이 피드백이라고 불리는 과정을 통해 자신의 세계를 변형시켰던 말과 행동이 한편으로는 그 자신을 형성한다. 뿐만 아니라 그의 존재 자체가 생태적·사회적 관계의 연결망에 의해 형성되며, 그는 그 연결망 속에서 여타의 열린 시스템과 마찬가지로 '홀론(holon)' ─ 즉 완전한 전체이면서 동시에 보다 큰 전체에 속하는 부분 ─ 이다. 원자든 유기체든, 열린 시스템은 상호작용함으로써 보다 큰 자기 유지의 패턴을 형성하며, 한편으로는 그 패턴이 보다 포괄적이면서 보다 변화가 많은 형태를 만드는 데 관계한다. 각각의 단계는 환원될 수 없으며, 각각의 전체는 홀론 ─ 즉 하부 시스템을 포괄하고 있으면서, 그 자체가 보다 큰 시스템 속에 있는 하부 시스템 – 이다. 각각의 단계는 보다 큰 다양성과 비개연성(非蓋然性)을, 위너의 개념을 사용하면 보다 큰 반엔트로피(negentropy)를 드러내고 있다. 케슬러(A. Koestler)가 이야기하듯이, "사람은 결코 고도(孤島)가 아니다. 사람은 홀론이다."**01**

하나의 홀론으로서 인간의 현존은 다른 형태의 생명과 밀접하게, 복잡하게, 뗄 수 없이 뒤섞여 있다. 인간의 생명은 제약 없이 멋대로 돌아다니는 단자(單子, monad)가 아니라, 그의 몸을 형성하는 유기체적 하부 시스템으로부터 그가 작용하고 있는 보다 큰 사회 시스템과 자연 시스템에 이르기까지, 생태적인, 그리고 사회·문화적인 관계로 짜여진 비단이다. 인간은 개인적인 대가를 지불하지 않고서는 하부 시스템도 상부 시스템도, 즉 몸도 사회도 남용할 수 없다. 왜냐하면 그것들은 인간 실존의 원료를 이루기 때문이다.

따라서 자아는 상호인과관계 속에서 결코 독립적인 위치, 즉 다른 생명체들의 삶에 참여할 것인가 말 것인가, 또는 언제 참여할 것인가를 결정하는 기준이 되는 아르키메데스의 점에 도달할 수 없다. 인간은 이미 본성적으로 참여하고 있다. 이제 거기에 수반된 원동력, 특히 자아와 사회의 상호 창조적 상호작용으로 이야기의 방향을 바꾸어 보자.

---

**01**    Koestler, *Beyond Reductionism*, p. 209.

## 개인과 공동체의 상호의존

상호인과의 관점에서 보면 자아의 괴로움과 즐거움, 그리고 기획은 상호작용 속에서 형성된다. 그것들은 사적인 것이 아니다. 마음들이 상호작용하는 곳에서 그것들은 상호적으로 서로를 만든다. 자폐증 환자만이 영향을 받지 않는다. 헬렌 켈러(Hellen Keller) 같은 사람은 그녀 자신의 영혼의 풍요를 얻기 위해 다른 사람과의 소통을 필요로 한다. 구세주는 구세주를 갈망하는 사람들을 필요로 한다. 히틀러나 이디 아민 같은 흉악한 편집광조차도 그들의 몽상을 실행하고 환상을 실현하기 위해 그들의 몽상과 환상을 이야기해 줄 다른 사람들을 필요로 한다. 이러한 상호성이 일반시스템이론과 불법(佛法)에서 어떻게 묘사되는지를 살펴보기로 하자.

일반시스템이론에 의하면 자연계의 열린 시스템은 에너지와 정보를 처리함으로써, 그리고 이 입력들을 이전에 확립된 코드에 따라 변형함으로써 자신을 유지한다. 그 코드가 주변에서 일어나는 거센 변화에 반응하는 데 적절하지 못할 때, 그 시스템이 살아남으려면 그 코드들은 바뀌어야 한다. 열린 시스템은 적응하기 위해 스스로를 조직하며, 점점 복잡해지고 분화된다. 열린 시스템이 복잡해져서 시스템의 성공적인 적응을 위해 자기 감시와 결정이 필요해지면, 자각(self-awareness)이 생겨난다. 우리가 인간과 몇몇 고등 포유동물 속에서 보게 되는 인지 시스템은 창발(創發)하며, 동일한 방식으로 스스로를 유지하고 조직한다. 인지 시스템은 이전의 경험으로부터 의미를 추출하여 데이터를 처리하고 변형한다. 인지 시스템은 이런 식으로 그의 주위 환경을 구획하며, 그의 구성물들을 세계에 투사함으로써 그의 세계를 변화시킨다. 그리하여 인지 시스템은 지각된 것을 계속해서 늘 하던 식으로 해석할 수 있다. 새로운 데이터가 예상에서 벗어난 이례적인 것이고, 이 이례적인 것이 지속될 경우에는 경험을 해석하던 구성물 자체가 변화한다. 그 구성물들은 새로운 경험을 의미 있게 만들기 위해 복잡해지며, 새로운 관계를 만들어 적절하게 확장된다.

따라서 지적 존재의 생존과 번영은 분화와 기능적 통합을 수반한다. 인지 시스템이 훨씬 다양한 데이터를 처리할 수 있도록 발전한 회로와 구성물을 가지고 내적으로 보다 복잡해짐으로써 그것이 행하는 환경과의 상호작용은 보다 풍부해지고 다양해지고 개방된다. 인지 시스템이 주변 세계와 맺는 관계는 보다 많은 것을 고려할 수 있는 능력을 발달시킴으로써 증가한다. 인지 시스템은 적응성과 반응성이 증가함에 따라 구조적으로 안정성은 취약해지고, 행동은 예측하기가 어렵게 된다. 세포는 분자보다 불안정하고, 사람은 세포보다 훨씬 불안정하며, 예측할 수 없고, 개연성은 없으나 적응성이 있다. 이것은 시스템 사상가들이 인공두뇌학적 안정성(cybernetic stability)이라고 부르는 것으로의 진행을 나타낸다.

인공두뇌학적 안정성은 시스템의 측면에서는 훨씬 큰 취약성을 수반하지만, 시스템이 훨씬 큰 적응성을 가지고 적응하게 해 준다. 인지 시스템은 항상 보다 개방적이고 수용적이 됨으로써 시스템의 균형, 즉 시스템을 구성하는 요소들의 생성과 소멸 사이의 정교한 신진대사적 평형을 유지한다. 무형의 관계의 연결망이 짜여지는 그러한 상호작용의 과정 속에서 새로운 형태, 새로운 아이디어, 새로운 실재들이 생겨난다. 진화의 과정이 입증하듯이 고도로 다양하고 비개연적(非蓋然的)인 이것들은 엔트로피에서 벗어나는 운동을 형성한다.

이러한 관점에서 보면 분화와 통합은 함께 진행된다. 그것들은 서로를 부추기고 산출한다. 내가 이것을 강조하는 까닭은 우리가 흔히 조직은 통일성을 함축한다고, 즉 질서는 동일성을 요청한다고 가정하기 때문이다. 시스템 철학의 관점에서 보면 사실은 그 반대다. 우리는 우리 자신의 삶 속에서 관계가 우리 자신 속에 있는 특수한 것을 어떻게 요구하는지, 즉 교제가 어떻게 잠재적인 재능을 드러낼 수 있고 훨씬 더 다양한 행동을 하게 할 수 있는지를 자주 경험한다. 상호인과관계의 힘은 열린 시스템의 상호작용이 통합으로 귀결될 뿐만 아니라 다양으로 귀결되기도 하는, 즉 적응적인 통합으로만이 아니라 특수성으로도 귀결되는 그런 것이다.

이러한 생각은 본능과 문화 사이에는 본래 충돌이 있다는 생각과 상충된다. 프로이트(S. Freud)의 생각은 성욕과 공격성으로 집약되는 개인의 자기표현 충동은 질서를 바라는 사회의 요구와 필연적으로 상충될 수밖에 없다는 것을 시사한다. 이러한 대립이 안전과 수용에 반하는 만족감과 자율을 고려하면서 교류할 수밖에 없는 개인들 사이에서 비극적인 갈등을 야기한다.

시스템 철학의 관점은 여기에서의 단절과 갈등 대신 통합된 이류혼효(異類混淆)의 발현 속에서 하나의 연속체를 인식한다. 그러한 관점에서 보면 자기실현은 조화로운 상호작용과 어울리지 않는다는 생각은 잘못된 생각이다. 왜냐하면, 인간들이 다양성과 특수성을 표현하는 것은 관계 속에서 하는 것이지 고립 상태에서 하는 것이 아니기 때문이다. 우리 문화에 큰 영향을 미치고 있는 프로이트의 견해는 질서와 변화라는 개념을 양극화하는 데서 — 질서를 마치 신성한 것이든 세속적인 것이든 새로운 것을 금지하고, 우리가 독재적인 아버지에게 순종하는 착한 아들이 되어 따를 수밖에 없도록 미리 정해진 기본 계획이기나 하듯이 생각하는 데서 — 유래하는 것으로 생각된다.

우리가 사회와 자연을 이분법적으로 구분한다면, 우리는 자연을 해쳐서 사회에 봉사할 수밖에 없는 것처럼 여겨진다. 그러나 시스템 철학의 관점은 사회와 자연을 자기 조직을 위한 지속적인 추진의 발로로 봄으로써, 여기에 근절할 수 없는 갈등이란 존재하지 않는다고 시사하는 것으로 보인다. 조화로운 사회적 통합은 성욕이나 공격성만큼 심원한 본능이며, 실제로 인지 시스템이 '자아'와 '타자'를 나누는 독단적인 이분법에서 벗어나 보다 큰 동일화를 바라는 충동을 경험할 때는 우위를 차지한다.

이러한 충동은 프로이트의 양극성으로는 설명할 수 없는 헤아릴 수 없는 사랑의 행위와 영웅적 행위를 통해 입증된다. 공공의 복리를 위한 많은 사람들의 지속적인 노력은, 기쁨을 주는 가운데 기쁨이 발견되는 보다 단순하고 훨씬 세속적인 행위도 마찬가지로, 본래 우리는 서로 간에 상대의 부분이라고 보는 폭넓은 직관이 옳다는 것을 입증한다. 이러한 관점에서 보면 전쟁의 폭력과 그것이 야기할 수 있는 격정조차도 적개심의 폭발로만 간주되는 것이 아니라, 그것이 아무리 비극적이라고 해도 보다 굳건하게 함께 결속하려는 우리 개개인의 외로움을 극복하고자 하는, 그리고 응집력 있는 상호작용 속에서 보게 되는 고양된 활력을 경험하려고 하는 우리들의 충동의 표현으로도 간주될 수 있다.

## 사회 시스템의 다르마

개인과 공동체의 상호의존은 연기(緣起), 즉 의존적 상호발생이라는

붓다의 연기법과 인공지능

개념이 두루 퍼져 있는 초기불교 교리에도 나타난다. 여기에서도 자아는 세계와 신체적·인지적·의욕적 상호작용에 의해 형성된, 변화하고 있는 복잡한 과정으로 여겨진다. 연기설이라는 교리가 강조하듯이, 자아는 이러한 상호작용과 독립된 것으로 볼 수 있는 고정되거나 고립된 실체가 아니며, 자아의 사회적 상관관계는 고정되거나 예정되어 있지도 않다. 자아와 사회는 상호의존하며 상호 창조적이다. 이러한 가설은 붓다가 설립한 교단(Saṅgha)의 규칙 속에, 그리고 사회적·정치적·경제적 이상의 모형으로서 그 상징적 가치 속에 반영되어 있다. 개인과 공동체는 상호의존한다는 가설은 경장(經藏)과 율장(律藏) 속에 수록된, 카스트 제도와 사유재산, 그리고 고용과 정치적 과정을 다루는 붓다의 사회적 가르침 속에도 반영되어 있다. 그 가르침이 사회적 평등·경제적 분배·정치적 참여의 전형(典型)에 원리로 제공하는 것은, 인간 존재는 자연적·사회적 환경과 상호의존적으로 나타난다는 생각이다.

『악간냐 쑤따(Aggañña Sutta, 長阿含 世記經)』에는 불교인들이 여기에서 작용하고 있다고 생각하는 힘이 시스템 철학의 상호인과율적 관점과 놀랄 만큼 유사하게 묘사되어 있다. 『디가 니까야』, 『자따까(Jātaka, 本生經)』에 나오는 이것은 『마하와스뚜(Mahāvastu, 大事)』, 『위쑤디막가(Visuddhimagga, 淸淨道論)』, 그리고 후대에 성립된 저술에서 되풀이되는 유명한 가르침으로, 붓다가 농담 반 진담 반으로 세상의 초창기와 제도의 기원에 대해 언급한 기발한 창세기 이야기다. 이것은 몇몇 브라만이 붓다에게 사회제도로서의 카스트는 신에 의해 정해진 것으로서 현실의 질서로 고정된 영원하고 가치 있는 것이 아닌가라고 물었을 때, 이에 대응하면서 이야기된 것이다. 삼라만상을 상호발생하는 힘과 다르마에 대해 설명하는 이 이야기는 자아와 사회, 그리고 세계를 상호작용과 점진적인 분화에 의해 발전하는 것으로 이야기하기 때문에, 우리가 위에서 살펴보았던 시스템적 개념에 대한 유비 역할을 할 수 있을 것이다. 이 경의 요약문을 읽으면서 기억해야 할 것은, 붓다는 세상의 기원을 안다는 바로 그 주장 속에서 세상의 기원에 대한 형이상학적 사변을 조롱하고 있다는 사실이다.

세계 순환의 초창기에 사람들이나 그들의 세계는 확고한 형태나 뚜렷한 특징을 갖고 있지 않다. 무게 없이 가볍고 빛을 내는 똑같이 생긴 사람들이 어둡고 물이 가득 찬 수면 위를 떠돌아다닌다. 물 위에 거품 모양의 물체가 나타나자, 그들은 그것을 맛본다. 그것은 맛이 좋았으며, 달콤한 꿀맛 때문에 욕망이 생긴다. 사람들이 그것을 점점 더 많이 먹어치움에 따라, 그들과 그들의 세계가 변해서 점점 더 뚜렷한 구별이 생기게 된다. 사람들은 세상에서 그들이 똑같이 가지고 있던 광휘(光輝)를 상실하기 시작한다. 해와 달과 별이 나타나고, 밤과 낮이 교차한다. 사람들은 고체화되면서 모습이 달라지기 시작한다. 그들은 미모를 비교함으로써 교만심과 허영심이 생기며, … 맛있는 거품은 사라진다. 사람들은 그것의 상실을 슬퍼한다. "아, 그 맛!"[02] 그 대신, 이제는 더 단단해진 땅 위에 그에 버금가는 맛을 지닌 버섯 모양의 식물이 나타난다. 하지만 중생이 그것을 이용하여 사리사욕을 챙기면서 변화하자 그것은 사라진다. 버섯은 포도나무로 교체되고, 다시 포도나무는 벼로 교체된다. 단계마다 사람들의 환경 이용은 환

---

**02**    Ibid., Ⅲ. 86.

경을 변화시켜 보다 단단한 새로운 형태의 식물을 나타나게 하는데, 이러한 이용과 더불어 사람들 자신이 변화하면서 보다 뚜렷이 구별되는 특징을 갖게 된다. 이러한 상호작용 속에서 중생과 세계는 다 같이 점진적으로 차이가 생겨 저마다 점점 더 단단해지고 다양해진다.

벼가 처음 생겼을 때는 껍질이나 겨가 없었으며, 거두어들이면 하루 만에 다시 자랐다. 어떤 게으른 사람이 수고를 아끼려고 한 번에 두 끼 분을 수확하기로 작정했다. 그러자 사람들은 한 번에 이틀분을 수확하고, 다음에는 나흘분을, 다음에는 여드레분을 수확하게 되었다. 이렇게 쌀을 저장하자 벼가 변한다. 알곡 주위에 껍질이 생기고, 수확한 가지는 그루터기처럼 서 있을 뿐 다시 자라지 않는다. 그러자 사람들은 자신들의 식량의 터전을 확보하기 위해 땅을 분배하고, 울타리를 치고, 경계선을 긋는다. 그러다가 어떤 욕심꾸러기가 이웃집 논에서 벼를 훔친다. 다른 사람들이 훈계하자 그는 삼가기로 약속한다. 그러나 그는 거듭해서 훔친다. 훈계해도 소용이 없자, 그는 매를 맞는다. 이런 식으로 사유재산제도와 함께 도둑, 거짓말, 욕설, 폭력이 나타난다.

이런 행위들이 만연하고 상황이 크게 혼란스러워지자 사람들은 자신들 가운데서 그들을 대신해 분개해야 옳을 때는 크게 화를 내고, 비난해서 마땅한 것은 비난하며, 그 대신 그 일을 하는 대가로 그들의 쌀의 일부를 받을 사람을 하나 뽑기로 결정한다.**03** 그래서 마하쌈마따(Mahāsammata),**04** 즉 선출된 위인(偉人)이 나타났으며, 그의 통치

---

**03**    Ibid., Ⅲ. 95.

**04**    역주: 불교에서 이야기하는 인류 최초의 왕.

로 널리 질서가 잡힌다. 이것이 왕권과 크샤뜨리야(Kshatriya, 빠알리: khattiya) 계급의 기원이다. 그리고 각기 다른 역할을 맡음으로써 여타의 중요한 사회 계층인 브라만, 바이샤, 수드라 등의 계급이 나타난다.

카스트나 계급은 신의 명령에 의해 확립된 것이 아니라, 이 경전이 강조하듯이, 우리 자신들과 다를 바 없는 사람들의 행위에서, 그리고 담마(dhamma, 法), 즉 연기의 법칙에 따라 나타난 것이다.**05** 이 사회 제도들은 그 기원이 정황적(情況的)이다. 따라서 브라만들이 교단(Saṅgha)에 귀의한 브라만들을 욕하고, 붓다의 교단을 "천박한 부자, 피부색이 검은 사람, 하인들"이 포함되어 있다고 모욕하는 "브라만 특유의 수많은 욕설"은 근거 없고 오도(誤導)된 것이다.**06** 사회적인 지위는 사람들의 인생과 기능과 희망의 전제가 되지만, 그것이 사람들이 거룩하게 살고 깨달음을 성취하는 능력을 미리 결정하거나 방해하지 않는다고 그 경전(經典)은 단언한다.**07**

이 이야기가 은유적으로 표현하고 있는 인과적 힘이 우리가 경전에서 보는 사회적·경제적·정치적 교리와 실천의 토대를 이룬다. 붓다의 계급 차별 폐기와 만인 평등주의적인 교단 구성, 붓다의 사유재산 불신과 자발적인 무소유·공유·걸식이라고 하는 교단 안에서의 규칙, 공개적인 집회와 여론에 의한 정부에 대한 붓다의 옹호, 토론하고 투표하는 교단의 규칙, 그리고 불화의 화해. 이러한 이상과 실천은 불교문학 속에 잘 기술되어 있다.

---

**05**    Ibid., Ⅲ. 95.

**06**    Ibid., Ⅲ. 82.

**07**    Ibid., Ⅲ. 82.

여기에서 나의 주된 관심사는 그것들이 연기설과 깊은 관련을 갖는다는 점을 강조하려는 것이다. 저 연기라고 하는 실재에 대한 상호인과적 개념 안에는 자립 자존하는 존재는 하나도 없으며, 영원히 고정된 사회 제도도 없다. 사회 제도들은 무상하며, 실로 자연 자체의 모습이 그러하듯이, 우리의 탐욕을 반영한다. 우리의 행위와 함께 연기하는 사회 제도들은 우리와 마찬가지로 우리의 행위에 의해 바뀔 수 있다. 우리의 역동적인 과정들이 변형될 수 있듯이, 사회 제도들도 변형될 수 있는 것이다.

불교 저술들 속에서 매우 자주 되풀이되는『악간냐 쑤따(Aggañña Sutta, 長阿含 世記經)』에 나오는 이 이야기는 인도의 정치사상 가운데 최초로 표현된 사회계약론으로 인정받고 있다.[08] 사람들은 서로 결속하여 그들 자신의 정부를 만든다. 마하쌈마따(Mahāsammata)는 신이 지정하여 임명한 것이 아니라 그의 동료들이 그들을 대신해서 그들의 목적을 위해 일하도록 선출했다. 그 이야기가 표현하는 인과관계는 불교의 견해와 서양의 견해, 즉 루소의 사회계약 개념과 차이가 있을 것이다. 의존적 상호발생 속에서는 자아와 사회와 세계가 그들의 상호작용에 의해 그들의 관계를 형성하고, 역으로 그 관계에 의해 제약됨으로써 상호적으로 수정된다. 근본적으로 여전히 구별되고, 그러한 연합에 의해 변화되지 않는 개인들 사이의 자유로운 연합을 가정하는 한 서양의 생각은 이러한 견해와 대비가 된다.

이 장에서 우리는 사회가 생물 시스템이나 인지 시스템과 마찬

---

08    Ghoshal, *History of Indian Political Ideas*, pp. 66f; Ling, p. 53.

가지로 동일한 다르마에 의해 그것들과 함께 나타나는 시스템의 특성을 나타낸다는 것을 살펴보았다. 이러한 상호의존의 힘은 다양성도 통일성만큼이나 중요하다는 것을 보여준다. 이제 이 의존적 상호발생이 불러오는 윤리학적 규범들을 살펴보기로 하자.

# 제11장

## 상호 윤리

우리 자신의 맥박이 모든 타인의 목구멍 속에서 뛴다.

\_\_ 바바라 데밍(Barbara Deming)♦

♦   Deming, and Meyerding, *We Are All Part of One Another.*

상호인과율의 관점에서 보면 자아는 자신이 경험하는 세계와 그 경험을 해석하는 코드 사이의 상호작용에 의해 형성된, 유동적이고 변화하는 구조로 여겨진다. 이러한 관점에서 가치들은 형성적인 것으로 드러난다. 가치들은 자아가 그 행동을 평가하고 지도하는 기준을 형성한다는 점에서 — 말하자면 기술적인 의미에서 — 뿐만 아니라 규범적인 의미에서도 형성적이다. 왜냐하면 바로 이 상호인과율의 원동력은 생명의 조화와 연속성에 고유한 특정한 윤리적 가치들이 생명의 구조에 스며들어 있다는 것을 시사하기 때문이다. 이들 원동력은 우리의 의식적인 참여를 위해 우리가 일정한 방식으로 살아 갈 것을 요구하는 방식으로 구성된 현실을 제공한다.

물론 이 기준들은 — 의식적인 참여의 목적이 '행복의 추구'에서처럼 즐거움의 관점에서 비추어진 것이든, '깨달음'에서처럼 앎의 관점에서 비추어진 것이든 — 현실에 대한 긍정적인 평가를 전제한다. 이러한 참여가 바람직하다는 것을 입증할 논리는 없지만, 우리의 경험은 우리로 하여금 그 가설을 인정하는 쪽으로 이끌어 간다. 우리의 노력, 심지어는 우리의 갈등조차도 무지에서 앎으로·분리에서 연결로·무기력에서 효력으로 나아가는 추진력과 현존에의 보다 폭넓은 참여를 나타낸다. 인간의 종교에서는 분명히 그 추진력을 인정하고 그것을 긍정적으로 평가한다. 생명-형태들(life-forms)이 어떻게 생존하고, 적응하고, 상호 연결하는 능력을 키우면서 스스로를 조직하는지를 이해하는 시스템 사상가에게 그것은 분명한 사실이다. 래즐로(Ervin Laszlo)가 이야기하듯이, 막강한 적을 상대로 개연성이 거의 없는 상태에서 자신을 지탱하고 있는 이러한 열린 자연시스템(open natural system)들은 생명은 가치 있는 것이라는 전제 위에 프로

그램된다.**01**

　만약 그것만 인정된다면, 일반시스템이론과 초기불교 교리에도 나타나듯이 상호인과율을 토대로 일정한 규범적 가치가 명백하게 드러날 것이다. 생명이 살아가면서 따라야 할 방식들은 이러한 사물들의 질서에 본유적인 것으로 보인다. 이런 내용들은 이전의 장들에서 이미 암시되었지만, 나는 이제 그것들을 ─ 상호인과적 실재관이 부과하는 것으로 여겨지는 그런 류의 윤리의 관점에서 ─ 보다 직접적으로 살펴보고자 한다.


## 다른 존재들에 대한 관심

자아가 오온(五蘊)의 한 패턴, 즉 주변 세계와의 상호작용에서 나타나는 에너지와 정보의 변형이라면, 자아의 본성은 다른 존재들의 본성에 깊숙이 관계되어 있을 것이다. 그렇다면 이것은 두 가지 차원에서 사실일 것이다. 우리가 우리의 '나'를 구성하는 원료, 즉 음식물과 환상은 공유된 환경에서 유래할 뿐만 아니라, 우리가 그 원료로 만들어내는 바로 그 패턴들도 관계에 의해 조직되고 짜여진 것이다. 이러한 상황에서 우리는 같은 인간에게 진 빚으로부터는 물론 그들에 대한 의무로부터도 자유로울 수 없다는 점에서 문자 그대로 서로의 일부다.

　물론 우리는 우리가 타자들의 삶에 연루되어 있다는 사실을 모른 척하고 그들의 요구와 희망을 무시하는 선택을 할 수도 있다. 그러

---

**01**　　Laszlo, *Introduction to Systems Philosophy*, pp. 277-228.

나 그렇게 하는 만큼 우리는 우리 스스로를 불구로 만든다. 우리는 개인으로, 그리고 인류라는 종으로 적응하는 데 적절한 데이터뿐만 아니라, 우리의 의식이 현실에 참여하는 데 적절한 데이터도 그것의 목적이 행복이나 지식을 위해 가치가 있는지 없는지를 선별한다.

이러한 목적은 끊임없이 증가하는 개방성을 요청한다. 시스템 사상의 표현을 빌리면 이것은 보다 넓은 출처에서 얻은 데이터의 처리를 의미하며, 정보를 의미 있게 만드는, 보다 정교하면서도 포괄적인 구성물의 전개를 의미하며, 더 이상 쓸모없는 구성물 − 죽어 가는 구성물, 즉 너무 낡은 습관과 자기-정의(self-definition) − 의 폐기를 의미한다. 우리가 이미 고찰했듯이 인지 시스템의 인공두뇌학적 안정성을 지향하는 활동은 다른 시스템들, 그리고 시스템의 계급체계상 다른 수준의 것들과의 증가하는 의식적 상호작용을 필연적으로 수반한다. 생명이 의존하고 있는 미묘한 균형이 유지되는 가운데 이 활동은 이기적인 구성물의 확장을 포함하는데, 그 안에서 타인들의 요구는 자신의 요구와 동등한 가치로 나타나기 시작한다.

따라서 인공두뇌학적 안정성은 자아의식과 그 책임의 확장, 즉 − 존중과 자제(自制)를 모두 포함하는 − 타자와의 동일시를 요구한다. 기술이 더 단순했던 시대에는 이 요청이 지구적 생존이 아닌 개인적인 성숙의 대가로 무시될 수 있었을 것이다. 그러나 이제 분명해진 것은 우리 사회와 생태시스템들의 생존 능력 자체가 이러한 동일시에로의 변화를 강요한다는 것이다. 자유 의지와 기술적 능력을 함께 소유한 인간이라는 인지 시스템이 그 변화를 선택할 것인지는 의심스럽지만, 시스템적 불변성으로서의 자연은 인간이 변화를 선택하지 않는 한 살아남을 수 없다는 징후를 나타내고 있다.

따라서 우리는 우리가 여타의 시스템들, 그리고 시스템적 계급 체계상 다른 수준에 있는 것들과 맺고 있는 관계는 협력적인 것이지 경쟁적인 것이 아니라는 것을 인식해야만 한다. 뿐만 아니라, 래즐로 는 이러한 인식을 증진하기 위해 "자연 시스템에 대한 존경"이 효과 적인 이상이라고 제안한다.[02] 생명의 형태는 열린 시스템으로서 정 신적으로도 신체적으로도 놀라운 복잡성과 균형을 나타낸다. 그것들 을 보면서 우리가 그것들이 드러내는 질서정연한 과정들의 장엄함과 심원한 동족감(同族感)을 느낄 수 있는데, 그것은 우리 자신의 주체성 이 바로 그것들의 한 표현이기 때문이다. 따라서 우리는 이 질서의 한 부분으로서 감사와 자제의 태도로 행동하도록 요청받는 것이지, 산 업시대의 출현 이래로 서구 문명을 지배해 온 공리주의적이고 착취 적인 태도로 행동하도록 요청받는 것이 아니다.

불법(Buddha Dharma) 속에서 타자에 대한 관심은 함께 연기하 고 있는 현실의 본성을 파악하는 데 필수적인 것이며, 그것은 자비 (metta), 즉 '자애로운 친절'라는 말을 통해 가장 선명하게 표현된다. 자비는 우리가 우리 자신의 삶에 대해 느끼는 사랑을 다른 형태의 모 든 존재에게 확장하는 것을 의미한다. 래즐로의 '자연 시스템에 대 한 존경'과 마찬가지로, 자비는 다른 인간뿐만 아니라 여타의 모든 존 재를 향해 있다. 이 보편성은 붓다가 수많은 전생에 동물의 몸을 취 하고 있는 것으로 그려진 초기의 『자따까(Jātaka, 本生經)』에서 보살 (bodhisattva)이 최후의 풀잎 하나가 성불할 때까지 생사윤회에 머물

---

02    Ibid., pp. 282-290.

겠다고 서원(誓願)하는 것으로 그려진 대승(Mahayana)에 이르기까지 여러 경전 곳곳에 분명하게 나타난다.

> 어머니가 자기 생명의 위험을 무릅쓰고 외아들을 돌보듯이, 누구든지 모든 존재에 대해 한량없는 자애를 닦도록 하라. 모든 세계를 – 위로, 아래로, 주위로 – 향해 아낌없는 자애의 마음을 닦도록 하라. … 서거나, 가거나, 앉거나, 눕거나 이러한 마음에 전념하도록 하라. [왜냐하면 그것이] 이 세상에서 최상이기 때문이다.**03**

이 자애[慈]와 모습이 유사한 것으로 동정심[悲], 타인의 기쁨을 기뻐하는 마음[喜], 공평무사한 마음[捨]이 있다. 이들 네 가지 마음[四無量心]은 붓다의 거처를 의미하며, 동시에 특수한 명상 실천을 통해 성취되는 브라흐만신의 거처(Brahmāvihāras)로도 알려져 있다. 그것들은 모든 존재가 겪는 괴로움과 즐거움을 향해 가슴을 연다. 그리고 그렇게 함으로써 에고의 벽을 허물고 봉사와 교화를 하게 된다.

## 관용과 인습 타파

7장에서 살펴보았듯이 상호인과 패러다임은 아는 자와 알려지는 것이 상호의존적이라고 보는 인식론을 제시한다. 우리의 의식은 감각

---

**03**     Sutta Nipāta, Ⅰ, 8, 149-150.

적 데이터와 함께 나타나기 때문에 그것들에 의해 변형되며, 우리가 지각하는 세계는 역으로 우리의 기획과 조작에 의해 변형된다. 따라서 지각은 고도의 해석적 과정이며, 생각하는 마음 자체가 현상들이 발생하는 데 하나의 요인이다. 우리가 이미 살펴보았듯이 이러한 인과적 상호작용은 궁극적인 진리를 주장하거나 입증하는 일을 불가능하게 만든다. 우리의 모든 언설은 우리의 입장과 관점, 그리고 우리의 계획과 목적에 상대적이다.

이러한 인식론의 윤리적 의미는 매우 분명하다. 그것은 앎 자체의 윤리적 성격을 나타낸다. 데이터의 수집과 해석은 가치-중립(value-free)이 아니라 정서적 성향과 인지적 선입견이 실린 것이다. 우리는 우리 인생의 모든 단계에서 우리가 하는 주장에 연루되어 있으며, 또 그 주장에 대해 책임이 있다. 마찬가지로 이러한 견해는 우리에게 우리와 다른 의견들에 대해서는 관용하고 확실한 것들에 대해서는 의심하는 이중성을 가지고 살도록 요청한다. 궁극적인 해답, 즉 절대론자의 독단과 − 타자의 것이든 우리 자신의 것이든 − 이데올로기는 불안정한 것이며, 모든 해석은 결국 편파적이기 때문에 추정에 불과한 것으로 드러난다. 우리는 이러한 인습 타파가 일반시스템이론과 초기불교 교리에 확고하게 자리잡고 있음을 알 수 있다. 시스템이론의 창시자인 폰 베르탈란피가 볼 때에도, 시스템이론은 결코 궁극성을 주장하지 않는다. 왜냐하면 "어떤 진술이든 일정한 관점에서만 유효하며, 기껏해야 상대적 타당성만을 갖기 때문이다."**04** 최

---

**04**     von Bertalanffy, *General Systems Theory*, p. 248.

후의 명제는 아직 말해지지 않았으며, 인지의 한계를 감안한다면 결코 말해지지도 않을 것이다. 이후의 시스템 사상가들에게 이러한 인식은 매우 가치 있는 것으로 간주된다.

> 일반시스템이론의 가치를 그것이 갖는 관점주의적 (perspectivist) 성격 ─ 즉 시스템이론 스스로를 포함하여 어떤 세계관도 궁극적인 진리이거나 궁극적인 실재일 수 없다는 주장 ─ 의 관점에서 중시해야만 한다.**05**

시스템적-인공두뇌학적 인식론이 취하는 상대주의는 진리는 알 수 없다거나 모든 진술은 정확도에서 동등한 자격을 갖는다는 것을 의미하는 것이 아니라, 진리는 아는 자인 우리 자신를 포함한다는 것, 또 경험의 특수성에서 벗어난 진술은 하나도 없다는 것을 의미한다. 우리는 세계의 공동-창조자(co-creators)이기 때문에 세계에서 벗어나 우리 자신의 세계 참여와 상관없는 세계의 작용을 조망한다고 주장할 수 없다. 우리의 앎은 그것들의 관점주의적이고 참여적인 성질이 인정될 때 정보를 제공하는 패턴들, 즉 의미 있는 통찰들을 드러낼 수 있다. 그렇게 인정되지 않을 때, 폰 글라저스펠트(von Glasersfeld)와 바렐라가 인식론의 윤리적 함축을 지적하면서 강조하듯이, 앎은 왜곡되고 위험한 것이 될 수 있다.

---

**05**　　Gray, *et al. General Systems Theory and Psychiatry*, p. 33.

우리는 이제 아는 자와 존재론적 실재, 즉 알려지게 되어
있는 실재(reality-to-be-known)를 구분하는, 옛날부터 전
해오는 이분법은 확실히 위험한 착각이었다는 것을 깨닫
기 시작했다. 그것은 결론적으로 사람은 그가 인식하고
조종하게 된 세계에 아무런 책임이 없다는 신념을 조장함
으로써, 철학과 과학을 수립했던 인간을 그 자신이 수립
한 철학과 과학으로부터 지속적으로 배제하는 방향으로
철학과 과학을 이끌어 왔다.**06**

붓다는 다음과 같은 두 가지 이유에서 사물의 본성에 대한 독단적인
주장들을 거부했다. 첫째, 그것들은 원래 편파적이며, 둘째, 그것들은
집착의 대상이 된다. 많은 제자들의 실망에도 불구하고 붓다는 객관
적 실재를 궁극적으로 정의하기를 거부했다. 인간의 경험을 벗어나
신의 안목을 요구하는 이 물음들에 대해 붓다는 침묵을 지키거나 주
제넘고 위험한 것이라는 이유로 그것들을 물리쳤다. 왜냐하면 모든
앎은 의존적으로 상호발생[緣起]하는 지각·감정·인지로부터 비롯되
며, 인간 경험이 줄 수 있는 한도를 벗어나 확실성을 주장하는 독단적
인 언설은 위험하고 분파적이기 때문이다. 붓다가 볼 때, "이것만이
옳고 다른 것은 모두 거짓이다"라고 궁극적인 진리를 이야기하는 주
장들은 인류가 맞은 수많은 독화살들이었다.**07**

독자들은 붓다 자신의 가르침이 실재에 대한 그러한 최종적인

---

**06**     von Glaserfeld and Varela, "Problems of Knowledge," p. 22.

**07**     Aṅguttara Nikāya, Ⅱ. 24.

언명을 제시한다고 주장할 수도 있지만, 다른 사상과의 차이는 연기설(緣起說)과 사성제(四聖諦)가 관찰자를 벗어나서 실재를 규정하려고 하지 않는다는 점이다. 연기설과 사성제는 삼라만상의 궁극적인 '무엇(what)'에 초점을 맞추는 것이 아니라, "어떻게(how)에, 즉 삼라만상이 마음속에 어떻게 나타나며, 괴로움은 어떤 조건에서 나타나는가에 초점을 맞춘다. 연기설과 사성제의 모든 진술들은 경험에 관한 것이다. 실제로 붓다는 그의 제자들에게 어떤 것도 붓다의 권위에 의해 받아들이지 말도록 가르쳤고, 그의 가르침의 정당성을 제자들 스스로, 즉 그들 자신의 주의 깊은 알아차림에 의해 확정하도록 가르쳤다. 불교 윤리의 관용적 특성과 고따마가 독단론에 보여준 거의 꾸밈없는 경멸의 근저에는 인식의 한계와 확신의 위험에 대한 인식이 자리잡고 있다.

따라서 상호인과율에서 윤리의 영역은 행위를 넘어 해석으로, 행동을 넘어 이데올로기로 확장된다. 우리의 이론화는 객관적이거나 가치 중립적이 아니라 우리의 윤리적 책임을 안고 있는 상대적 구성물들에 근거를 두고 있다.


## 정치적 참여

상호인과 패러다임에서 사람과 사회는 상호의존적인 과정으로 여겨진다. 정치 구조는 사람들이 자신들의 존재를 적응시켜야 할 고정되고 예정된 구조도 아니고 (브라만적 사회 상황에서 붓다는 이것을 강조한다), 개인적인 일과 무관하거나 우연적인 것도 아니다. 정치 구조는 그 전개 속에 우리가 참여하고 있고, 한편으로는 그것에 의해서 우리

붓다의 연기법과 인공지능

의 삶이 제약되는 유동적인 시스템적 패턴이다. 정치 구조는 우리의 삶을 제약할 뿐만 아니라 다른 존재에 대한 우리의 관심을 전달하는 매개물로 작용하기 때문에, 정치 구조의 건전성을 지키기 위해 행동하는 것은 우리의 의무다. 우리는 그렇게 행동하면서도, 궁극적 진리나 지혜라고 할 수 있는 실재는 존재하지 않기 때문에, 절대적인 충성은 하지 않는다. 실로 적극적인 참여는 정치 제도들에 몸을 맡기는 것이라기보다는 그것들의 창조적인 변화에 기여하는 것이다.

따라서 국가와 상호의존하는 우리는 국가의 건전성에 책임이 있으며, 국가가 우리에게 책임을 이행하도록 촉진하는 정도 속에 국가의 건전성이 반영된다. 국가의 이익이 구성원들의 적절한 복리에 어긋날 때, 국가는 구성원들이 느끼는 요구와 정보의 소통을 왜곡함으로써 병적인 것이 된다. 국가의 건전성은 정책 결정에 있어서의 광범위한 공적 참여, 그러한 참여가 수반하는 다양성, 그리고 그것이 필요로 하는 분권화의 수단을 요구한다. 이러한 정치적 의의가 상호인과율에 함축되어 있다는 것은 초기불교 교리와 일반시스템이론 속에서 분명히 드러난다.

붓다는 그 당시 떠돌던 여타의 종교 사상가들과는 대조적으로 생애의 대부분을 도시 부근에서 지배층과 어울리며 정치 권력의 주변에서 보냈다. 그리고 사회적 계급은 신성으로 정해져서 영원불변한 정당성을 갖는다는 브라만교적 관념과는 대조적으로, 그의 가르침은 정치 제도를 [『악간냐 쑤따』에서처럼] 인위적이고 무상하며, 또한 연기법에 따르는 것이라고 말했다. 고따마는 그가 가르침을 편 군주국들의 북부에 있는 협의와 회합(saṅgha)에 의해 통치되는 부족 공화국에서 성장했다. 그가 설립하여 같은 이름[Saṅgha]으로 부른 교단은 처음부터 세속으로부터의 은신처라기보다는 대안 사회였다. '상가 (Saṅgha)'는 가르침을 전하는 매개체이며 명상을 통한 의식 개혁의 장소인 동시에 어떤 특정한 사회적 이상의 구현을 의미했다. 이와 같이 상가는 계급과 신분의 경계를 허물고, 또한 경제적 분배와 민주적 절차를 유지함으로써 사회적 평등의 모형으로 기능했다.

상가는 신분에 관계없이 사람들을 받아들였으며, 그 때문에 경멸과 조롱의 대상이 되기도 했다. 붓다의 교단에 가입한 사람들 가운데는 사회적으로 인정된 사제계급인 브라만뿐만 아니라 상인들도 있었으며, 좋은 가문 태생만 있는 것이 아니라 불가촉천민과 도주한 노예들도 있었다.[08] 예수도 그랬듯이 붓다는 사회적 지위를 자랑하는 것을 영혼을 위태롭게 하는, 일종의 속박으로 보았다. 붓다는 『암밧타 쑤따(Ambaṭṭha Sutta, 長阿含 阿魔晝經)』에서 다음과 같이 이야기한다.

> 누구든 … 출생이나 가문이라는 생각에 묶인 사람들, 즉 사회적 지위를 자랑하거나 혼인으로 맺어진 지위를 자랑하는 사람들은 최상의 지혜와 덕행의 구족과는 거리가 멀다.[09]

상가는 사회적 양상뿐만 아니라 정치적 조직 면에서도 브라만교의

---

**08** 붓다가 사회적 비난에 개의치 않은 것은 오늘날 최근 수십 년 동안에 그들의 지도자 암베드카르(Ambedkar)를 따라 불교에 귀의해 불가촉천민에서 벗어난 수백만의 인도의 '새로운 불교인들'에게는 특별한 의미가 있다.

**09** Dīgha Nikāya, I.99.

생각과 대조를 보인다. 상가라는 교단에 들어가면 책임이 따른다. 왜 냐하면 고래의 동맹 부족 회의를 흉내 낸 상가의 통치 방식에서 결정 은 '화합 속에서' 여론에 의해 이루어지는 것이기 때문이다. 아래와 같은 경전의 구절은 인도 사상 가운데 회의에 의한 통치를 최초로 언 급한 것이다.[10]

> 비구들이여, 법우들이 자주 모여서 그들 교단의 정식 모 임을 자주 갖는 한, 그들이 화합 속에서 회합하고, 화합 속 에서 교단의 의무를 세우고 화합하여 지키는 한, … 법우 들은 쇠퇴하지 않고 번영할 것이다.[11]

만장일치를 기대하기란 어려웠고, 신념의 억압은 허용되지 않았기 때문에 교단 분열, 즉 파승(破僧, Saṅghabheda)에 대한 계율이 제정 되었으며, 그 계율에 의해 의견을 달리하는 집단은 교단 내에서 새 로운 거주지를 형성했다.[12] 각각의 거주지 안에는 각각의 사법권 과 처분권(adhikarana-samathas, 滅諍)을 가진 선발된 그룹이나 위원회 가 설립되어 행정상의 문제와 교리상의 문제를 다루었다. 상가깜마 (Saṅghakamma)에서, 즉 의결을 위한 집회에서 비밀투표(salākā)를 택 함으로써 다양한 의견 표출이 용이했으며, 비밀투표를 사용한 이러

---

**10**      Ghosal, *History of Political Ideas*, Chapter Ⅳ.

**11**      Dīgha Nikāya, Ⅱ. 77.

**12**      Vinaya, Cullavagga Ⅳ, Ⅻ.

한 절차는 인도의 정치사에서 최초의 기록이다.[13]

그리하여 한편으로는 빈번한 회합과 여론에 의한 통치로 통합의 의의가 강조되었던 반면, 다른 한편으로는 소수 의견을 허용함으로써 다양성이 가능했는데, 침묵하도록 미리 결정된 조직 구조나 신념은 없었다. 그러한 목적을 위해 이념적 연대와 집중화된 권력은 희생되었다. 다른 신앙들을 특징짓는, 서로 죽고 죽이는 종교 전쟁은 피했지만, 상가 자체는 여러 부파와 학파로 나뉘었다. 그러나 그들이 상호 교류하는 에너지와 상호 간의 우호감을 감안할 때 이러한 부파의 확산은 약점이 아니라 강점으로 드러난다. 그리고 붓다의 다르마[佛法]가 2,500년 동안 지속되었다는 것은 그것이 종교적 교리와 수행의 보존에 필수적이라고 여겨지는 집중된 권위를 거의 필요로 하지 않았다는 것을 말해 준다. 상가에서 권위의 계층 구조는 다른 시기에 생겼는데, 이것은 다른 문화의 규범을 반영했다. 그리고 어떤 단일한 중심 인물이 나타나서 조직적 패권이나 교조적 지배력을 주장한 적은 한 번도 없었다. 불교의 현재 모습은 로마 교황청이나 예루살렘과 같은 성지가 없기 때문에 어느 정도 결집력은 상실했지만 다양한 형태로 전개되고 있으며, 붓다의 가르침 속에서 경전의 연구와 명상 수행을 통해 끊임없이 그 근본을 되살리고 있다.

국가의 건전성과 국가를 건강하게 할 수 있는 그런 종류의 참여와 통합을 위한 이종혼효(異種混淆, heterogeneity)의 가치는 시스템적-인공두뇌학에 의해서 분명해질 수 있다. 한 시스템의 발전, 즉 그 시

---

**13**    Dutt, *Buddhist Monks*, pp. 74-121.

스템의 적응성과 인공두뇌학적 안정성을 지향하는 활동은 분화와 기능적 통합을 동시에 요구한다. 기능적 통합은 하부 시스템이 목표 지향적인 상호작용에 관련되어 있음을 보여준다. 기능적 통합이 없이 스스로를 조직하는 개체는 존재할 수 없다. 그러나 이러한 자기 조직은 획일성을 통해 이루어지는 것이 아니다. 동일성은 시스템을 약화시키며, 그것이 세계를 지각하고 반응하는 범위를 제한한다. 사회 시스템의 건강, 즉 사회 시스템의 유연성과 적응성은 이종혼효에 의해 증진되며, 나아가 시스템의 다양성과 내적 소통을 제한하는 획일적 통제에 의해 위협받는다. 칼 도이취(Karl Deutsch)가 강조하듯이 하나의 시스템이 효과적으로 적응하기 위해서는 자유롭고 자발적인 정보의 흐름이 필수적이다.**14** 데이터를 조정하고 상이한 수준에서 우선성을 결정하는 데는 관료주의적 기제가 필요하지만, 사회 시스템이 스스로 필요한 것을 지각하고 유연성을 유지하기 위해서는 지방분권 또한 필수 불가결하다. 모든 구성원들의 역량은 다원적이고 지방분권적인 통합 속에서 결집될 수 있기 때문에 구성원들은 상호인과적 상호작용 속에서 그 사회 시스템의 적응성과 지성을 고양시킬 수 있다. 마고로 마루야마(Magoroh Maruyama)가 주장하듯이 이러한 종류의 상호작용은 공생적이며, 이종혼효는 집단적인 '공생화(symbiotization)' 능력을 증진시킨다.**15**

전체주의 사회는 아마도 자유주의 사회보다 더 통합적이고 정합적인 것으로 생각될 수 있으며, 명확한 원리를 통해 이념적인 '집단

---

**14**   Deutsch, "Toward a Cybernetic Model," pp. 398-399.

**15**   Maruyama, "Symbiotization," p. 127f.

의식'을 드러낸다고 생각될 수 있다. 그러나 그것이 하부 시스템들 사이의 차별화를 위축시키고, 정보의 자발적인 흐름을 방해하는 한, 인공두뇌학의 입장에서 볼 때, 그 사회의 정신적 상태는 자유주의 사회보다 원시적인 수준에 있다. 다른 하나의 극단에 있는, 개인과 집단이 개인 간의 신뢰와 책임을 받아들이지 않는 사회는 효과적으로 자기 조직을 할 정도로 통합되지 않는다. 분열되고 일관성이 없는 그 사회는 낮은 수준의 적응성과 의식성에 머문다.

'홀론(holon)'이라는 개념 ‒ 시스템적 층위들 사이의 공유 영역 ‒ 은 정치 제도와의 관계 속에서 개인에게 지워진 참여와 책임의 종류를 뚜렷이 제시할 수 있다. 개인의 현존은 시스템적 계층조직(hierarchy) 안에서 생겨난다. 이러한 계층조직에 의해 유지되는 개인은 역으로 계층조직을 형성하는데, 그 까닭은 개인은 이미 확립된 연쇄 속에 있는 연결 고리가 아니라 에너지를 변형하여 새로운 통합을 창조하는 존재이기 때문이다. 개인은 시스템 속에 있는 하나의 시스템으로서 모든 다른 형태의 생명에 관계되어 있으며, 그것들의 공생적 상호작용을 증진하도록 요구받고 있다. 개인은 그렇게 선택할 수도 있고 그것을 거부할 수도 있으며, 그렇게 함으로써 상위 시스템의 지성과 유연성을 제약할 수 있다.

이러한 책임에는 사회 시스템에 역기능이 나타날 때 교정(矯正) 수단과 함께 개입할 준비가 포함되어 있다. 사회 시스템의 건강의 전제적 조건들에 관한 논의를 감안할 때, 외부의 힘이나 그 구성원들의 무능력으로 인해 다양화와 정보 처리가 저해되면, 그 사회 시스템이 적응하지 못하는 것은 당연하다. 사회 시스템이 그 구성원들을 다른 사회나 생태계와 조화를 이루어 존재하도록 조정할 수 없을 때에

붓다의 연기법과 인공지능

도 역시 그 사회 시스템은 상위 시스템의 계층구조 속에서 역기능을 보인다. 만약에 사회 시스템이 주위의 현실들로부터 소외되면, 그 사회 시스템은 이러한 소외를 그 구성원들에게 강요한다. 래즐로가 이야기하듯이 "이러한 사회 시스템에 '적응'하려는 것은 바로 뇌종양에 적응하려는 것이나 마찬가지다." 나아가 이러한 경우에 그 사회 시스템이 생존에 필요한 적응성을 회복하기 위해서는 교정 수단을 필요로 한다.[16]

조정의 성질, 즉 그것이 개선인가 혁명인가는 그 조직체의 반응성에 달려 있다. 만약 그것들이 점진적인 치유를 할 수 없을 정도로 폐쇄적이면, 그것들이 포함하는 하부 시스템들이 상위 시스템의 계층구조에 다시 적응할 수 있다 할지라도 급진적인 개혁이 필요할 것이다.[17]

이러한 계층구조 속에서 개인의 의식은 생물학적 시스템과 사회적 시스템이 만나는 시스템적 경계면이다. 인지 능력은 엄청나게 높은 수준의 통합과 분화를 동시에 필요로 한다. 그리고 이 속성들은 생물의 세계와 사회적 세계 사이에서 연결 고리의 위치를 점하고 있는, 즉 이 속성들이 그렇게 나타나는 지점에 서 있는 인간 속으로 흡수된다. 인간은 한편으로는 자기-반성성(self-reflexivity)을 지닐 만큼 그 자체가 충분히 분화되지 않은 생물학적 시스템들, 즉 세포·선(腺)·기관들을 포함하면서, 다른 한편으로는 그러한 의식이 나타나기에는 아직 충분히 통합되지 않은 사회적 복합체에 참여하고 있다. 우리가

---

**16**      Laszlo, *Introduction to Systems Philosophy*, p. 273.

**17**      Ibid, p. 274.

직면하고 있는 그러한 종류의 위기를 감안할 때, 이 전 지구적 실험이 지속된다면, 우리는 사회적 형태의 의식들이 출현할 수밖에 없는 지점으로 접근하고 있는 것으로 보인다.

우리의 정치적·경제적 상호의존은, 우리가 아는 한, 아마도 세계가 생존하기 위한 집단적인 자각이 나타날 수밖에 없는 단계로 진행되어 왔을 것이다. 개인의 한계를 초월한 의식의 유형들에 대한 활발한 관심과 탐구는 이러한 인식이 널리 퍼져 있음을 말해 준다. 아무튼 우리가 함께 생활하는 정치 제도에 대한 우리의 책임은 관심의 증가와 정체성의 확장을 포함한다. 상호인과율의 관점에서 보면 생명력 있는 사회 질서의 전개는 개개의 개인적인 이익을 균등하게 조절함으로써 이루어질 수 있는 것이 아니다. 오히려 그것은 삶이 몸에 의해 한정되거나 개인의 요구와 동일시되는 것이 아니라, 그보다 더 넓은 영역에 뿌리를 두고 있다는 참여자의 인식을 수반한다.

마찬가지로 시스템 철학의 관점에서 볼 때, 우리가 적응하고 생존하기 위해서는 우리가 국가에 바치는 충성보다 더 큰 충성이 필요하다. 우리 모두가 그 속에 들어 있는 '세계 시스템(world system)'이 출현하고 있다. 시스템 지향적인 정치학자 찰스 데처트(Charles Dechert)는 "세계를 하나의 국제적 시스템으로 묶는 관계의 연결망이 … 조직적인 상호관계에 근거를 두고 지방과 국가와 직무상의 조직들 사이에서 급속히 성장하고 있다"[18]고 말한다. 시스템 철학에서 이종혼효를 조직체에 필수적인 것으로 본다는 전제에서, 데처트는 그러한 발

---

[18]    Dechert, "Integration and Change," pp. 136f.

전이 규격화나 획일성을 필요로 하지 않는다고 주장한다. 사실상 그것은 규격화와 획일성을 강요하려고 할 때 방해받는다.

> 아마도 이러한 유기체의 자유로운 합성에 가장 큰 적은
> 지나치게 단순화되고 형식적인, 즉 중앙 집중된 관료적
> 구조를 강요하는 조급한 노력일 것이며, 오늘날 우리가
> 가진 기술 능력은 그것을 위한 것이다.

우리와 우리 자녀들의 삶이 의존하는 관계의 연결망은 우리가 메타적 수준의 충성을 지향할 때 유기적으로 출현할 수 있다.


## 바른 삶(正命)과 경제적 분배

이러한 인식은 경제 제도와 경제 활동까지 확장된다. 8장에서 살펴보았듯이 상호인과율은 마음과 물질 사이의 상호의존관계를 인정하고 있는데, 그 까닭은 의식과 몸은 실존의 상관적인, 즉 의존적으로 상호 발생하는(연기하는) 측면을 드러내기 때문이다.

우리가 경제적 고려를 하는 데 영향을 미치는 윤리적 가치들은 두 종류의 상호의존에서 발생한다. 하나는 사람들 사이에 존재하는 것으로, 본성상 사회적이고 상호작용적이다. 다른 하나는 심리-물리적인 것으로, 마음과 물질 사이의 상호연관을 나타낸다. 이들 두 가지 형태의 변함없는 상호관계가 그렇기 때문에, 물질적인 요구를 만족시키는 일과 제품을 생산·소비·분배하는 방식들은 우리가 의식을 가지고 살아가는 데 없어서는 안 되며, 이 두 측면이 현재의 우리와

같은 인간을 반영하고 형성한다.

이러한 관점은 우리 시대의 지배적인 경제 전략을 형성해 온 선입견들과 다르다. 마음과 물질을 이원적으로 이해하는 견해에 영향을 받은 이 선입견들은 경제 활동을 인간이 자연과 수동적 물질에 대해 정당하게 지배권을 행사하는 것으로 보거나, 인간 존재를 결정하는 유일한 근거로 간주하려는 경향이 있었다. 인간을 보다 위대한 신의 영광을 위해 일하는 존재로 이해하든, 계급 없는 사회를 위해 일하는 존재로 이해하든, 그 자신의 지위와 복리를 위해 일하는 존재로 이해하든, 인간의 가치는 대부분 상품 생산이나 소비에 의해 평가되어 왔다. 단기적인 경제적 수익성을 고려하는 것은 정책 결정에 거의 공리(公理)가 될 정도로 중요했다. 이러한 고려들이 점점 의심받기 시작하고 있는 것은 주로 그러한 고려들이 생태 파괴와 사회 혼란을 야기하고 있다는 증거가 증가하고 있기 때문이다.

이러한 경제적 견해와는 대조적으로, 불교와 인공두뇌학의 관점은 상호인과율에 입각하여 경제 활동을 시스템적 상호의존이라는 보다 폭넓은 맥락 안에 놓는다. 위에서 살펴보았듯이 이러한 맥락의 구조는 이중적이다. 한편에는 우리의 삶을 자연환경 및 여타의 존재들과 서로 이어주는, 복잡하게 연결된 연결망 구조가 있고, 다른 한편에는 우리의 신체 조건과 신체 활동을 의식하는 데 상호 간에 영향을 주는 구조가 있다. 상호인과율에서 이 두 구조는 경제적 이익의 문제 이상으로 우리의 적응성과 생존을 결정하는 요인으로 주어진다. 사회로서뿐만 아니라 개인으로서 물질적 요구를 충족시키기 위해 우리가 하는 행동은 우리의 의식적인 현실 참여를 반영하고 규정한다. 그러한 의식적인 참여는 앎의 일종으로 계획되었건 즐거움의 일종으로 계획되었건, 결핍(needs)에 의해 방해받고, 일을 그르치는 무의미한 고용에 의해 왜곡되고, 다른 사람들의 요구를 거부함으로써 가로막힌다. 우리가 타인들의 요구를 알 수 없도록 세워놓은 벽은 마찬가지로 우리를 가로막음으로써, 이해하고 적응하는 우리의 능력을 질식시킨다.

초기불교 경전에 나타난 경제적인 실천과 가르침은 이 상호인과율적 가설들을 표현하는 유형의 윤리를 예시(例示)한다. 여기에서 중심이 되는 것은 무집착(無執着), 경제적 분배, 바른 삶이다.

괴로움은 갈망[愛]에서 생긴다는 붓다의 가르침(두 번째 성스러운 진리, 集聖諦)은 자기 절제와 적은 소비에 높은 가치를 둔다. 붓다를 본받은 비구(승려)들의 정통적인 탁발(托鉢)은 자유란 부나 욕구의 충족에서 오는 것이 아니라, 소유하고 소비하려는 끊임없는 욕망과 그러한 욕구를 자극하는 대상과 사상과 습관에서 벗어난 집착이 없는 곳에 존재한다는 신념을 강조한다. 뿐만 아니라 개인적인 취득은 '내 것(mamattā)'이라는 생각을 드러내고 악화시킴으로써 '나'라고 하는 소유하는 개인적 자아가 영속적으로 존재한다는 가설을 조장하는 한 위험하다. 『악간냐 쑤따(Aggañña Sutta, 長阿含 世記經)』에서 사유재산 제도는 도둑과 거짓과 폭력이 나타났기 때문이라고 이야기한다. 불교의 이러한 관점에서 보면 결핍감과 획득욕을 유발하려는 현대 광고의 목적은 부도덕하며, 별 필요도 없는 일용품과 가공상품의 대중적 소비의 끊임없는 확산에 의존하고 있는 경제 시스템도 마찬가지로 부도덕하다.

붓다는 집착과 집착이 야기하는 착각에서 벗어나는 수단으로 보시(布施, dāna)를 가르쳤으며, 사유재산을 포기하고 모든 물품을 공동으로 분배하는 공동체를 조직했다. 상가(saṅgha)는 그 구성원이 비구(比丘, bhikkhu)와 비구니(比丘尼, bhikkhuni)로 이루어져 있는데, 비구와 비구니는 축어역으로 '남승'과 '여승'을 의미하는 것이 아니라 '나누어 쓰는 남자', '나누어 쓰는 여자', 즉 나누어주는 것을 받는 사람을 의미한다. 그들이 보시를 구하는 탁발은 단순히 편리한 생계 수단이 아니다. 그것은 본질상 신성한 것으로, 그들이 개인적인 부를 포기하고, 그 대신에 사회에서 대중들이 베푸는 보시에 의존하고 있음을 나타낸다.[19] 비구들과 세속의 관계는 상호적이고 공생적인 것으로 비쳐졌다. 왜냐하면 물질적인 지원에 대한 보답으로 그들은 상담해 주고, 가르침을 베풀고, 도덕적 행위의 모범을 보였기 때문이다. 비구들은 또한 대중들에게 스스로 보시를 실천하고 경험할 기회를 주었다. 지난 수백 년 동안 상가의 사회 보답에는 비구들이 병원과 고아원을 후원하는 것과 같은 사회봉사가 포함되었으며, 또한 상가는 보시받은 것으로 탑, 도서관, 대학 등을 세움으로써 풍부한 예술과 학문을 창조해 후대에 남겼다.

붓다의 가르침 가운데서 경제적 분배는 비구들뿐만 아니라 속인들 사이의 관계를 위한 모범으로, 또한 건전한 사회의 전제 조건으로 제시되었다. 소비를 억제하는 것이 건전한 것으로 여겨지기는 하지만 빈곤한 상태가 건전한 것으로 여겨지지는 않는다. 우리는 붓다가 육체적 고행을 거부하고 '지수화풍(地水火風) 사대(四大)로 된' 이 몸의 정당한 요구를 긍정했다는 사실을 상기한다. 실제로 가난은 집착

---

**19**　　Ling, *The Buddha*, p. 123.

을 키운다. 붓다는 이를 가리켜 사람은 배가 고프면 다르마에 귀를 기울일 수 없다고 했다.[20]

자신의 구원을 이루어 가는 개개인에게 주어진 임무는 풍요의 경제학을 요구하며, 그것을 엠마누엘 사키샨즈(Emmanuel Sarkisyanz)는 그의 저서 『버마 혁명의 불교적 뿌리(The Buddhist Roots of the Burmense Revolution)』에서 지적했다.[21]

구원의 길에는 의식 개혁이 필수적이기 때문에, 그리고 남이 대신해서 구원해 줄 수 없기 때문에, 빠알리 성전에 나오는 이상적 사회질서는 각자에게 경제적 근거를 마련해 줄 것이다. 이러한 가설을 반영하고 있는 일련의 불경들과 『자따까(Jātaka, 本生經)』가 묘사하는 현명한 지배자는 널리 공공사업에 종사하여 가난한 사람에게 일자리와 음식과 주택을 마련해 준다.

이 경전들은 국가와 시민 사이에 존재하는 경제적 상호의존을 표현하고 있으며, 모든 국민의 행복도와 국가의 건강·안전도 사이에는 함수관계가 있다는 것을 보여준다. 『꾸타단따 쑤따(Kūṭadanta Sutta, 長阿含 究羅檀頭經)』에서 왕이 그의 장래의 번영을 위해 대왕의 제사를 바치려고 할 때, 도시를 약탈하고 거리를 불안하게 만드는 범죄가 그의 영토를 어지럽히고 있다는 것을 상기하게 된다. 붓다의 전생인 그 왕의 사제(司祭)는 악한에게 새로운 벌금을 부과하거나 구류하거나 처벌한다고 해서 혼란이 종식되지는 않을 것이라고 설득한다. 그것을 종식시킬 수 있는 유일한 방법은 생산적인 고용 기회의 창출이

---

20    Aṅguttara Nikāya, IV. 45.

21    Sarkisyanz, *Buddhist Background*, pp. 56f.

라는 것이다. 즉 농부에게는 음식과 종자를 주고, 상업에 종사하고자 하는 사람들에게는 자본을 주고, 정부의 공직에 들어오고자 하는 사람들에게는 음식과 급료를 준다는 것이다. 그러면 "그 사람들은 각기 자신의 일에 종사하느라 더 이상 그의 영토를 어지럽히지 않을 것이다."[22] 그리고 붓다의 이야기에 의하면 그것으로 그치지 않고 평화와 안전이 찾아왔으며, 국가의 수익이 증대되었다는 것이다.

『마하쑤다싼나 쑤따(Mahāsudassana Sutta, 中阿含 大善見王經)』에서 '최고로 영예로운' 왕은 다음과 같이 묘사되며, 그의 훌륭함은 백성들을 안락하게 하는 능력 속에 반영된다.

> 그리하여, 아난다(Ānanda)여, [그는] 그 연못 제방 옆에서 항상 보시를 베풀었다. 즉 배고픈 자에게는 음식을 주고, 목마른 자에게는 마실 것을 주고, 헐벗은 자에게는 옷을 주고, 탈것이 필요한 자에게는 탈것을 주고, 피곤한 자에게는 쉴 곳을 주고, 아내를 원하는 자에게는 아내를 주고, 가난한 자에게는 금을 주고, 돈이 필요한 자에게는 돈을 주었다.[23]

『자따까』의 많은 이야기는 현명한 지배자가 재물을 베풀어주면서 그의 영토를 다스리는 것으로 표현하는데, 그 제물은 인간에게만 베풀어지는 것이 아니라 짐승이나 새들에게도 베풀어지며, "그 은혜가 말

---

**22**    Dīgha Nikāya, Ⅰ. 135.

**23**    Ibid., Ⅱ. 180.

못하는 짐승에까지 미친다.〞**24** 모든 것이 함께 어울려 있기 때문에 왕이 사악해지면 사회, 즉 공직자·브라만·시민들로부터 부정이 발생하며, 태양과 달과 별조차도 상도(常道)를 벗어난다.**25**

공공복리에 관심을 갖는 이러한 이상은 불교도인 아쇼카(Asóka) 왕의 통치에서 가장 두드러지게 나타난다. 아쇼카 왕의 석주와 바위에 새겨진 칙령에 의하면, 역사상 최초의 사회복지 시설인 도로·우물·여행자 숙소·병원 같은 공공시설이 세워졌다.

> 뿐만 아니라, 나는 길에 보리수를 심어 사람과 짐승에게
> 그늘을 제공했다. 나는 망고 숲을 조성했으며, 길을 따라
> 8꼬스(kos)마다 우물을 파고 대피소를 세웠다. 내가 우물
> 을 판 것은 모두 사람과 짐승의 이익을 위한 것이다. 내가
> 한 일은 다르마를 따르기 위해서 행해진 것이다. (아쇼카의
> 제7 석주 칙령)**26**

'바른 삶[正命]'이라는 개념과 이것이 붓다의 팔정도(八正道)의 필요조건을 특징짓는다는 사실은 우리에게 보람 있는 일을 할 고유한 권리가 있다는 것을 시사한다. 한 사람의 인격은 그가 행하는 일 속에 표현되는 동시에 그것에 의해 수정되며, 따라서 이러한 일의 역할에 높

---

**24**   Jātakas 501, 540, cf. Ghoshal, *History of Indian Politics*, pp. 70f.

**25**   Aṅguttara Nikāya, Ⅱ. 74-76; Jātaka 334, cf. Ghoshal, *History of Indian Politics*, p. 72.

**26**   Stryk, *World of the Buddha*, p. 245.

은 가치를 두지 않을 수 없다는 것을 불교의 인과율은 인정한 것이다. 일은 피할 수 없는 필요악, 또는 고전 경제학자들의 안목에 비친 '비효용(disutility)'으로 간주되고 있는 것이 아니라, 우리가 자아라고 부르는 패턴을 조직하고 표현하는 수단으로 간주된다. 『꾸타단따 쑤따(Kūṭadanta Sutta, 長阿含 究羅檀頭經)』가 시사하듯이 의미 있는 고용은 고용이 창출하는 물품보다 훨씬 중요하다.

소비와는 달리, 고용은 사람을 그의 동료들과 호혜적 관계로 맺어 주며, 그의 존재의 기초가 되는 상호의존을 표현한다. 따라서 사람이 하는 일의 가치는 돈으로 환산할 수 없다. 이와 같은 일을 임금이나 이익의 측면에서만 보는 노동 정책과 생산 계획은 일의 가치를 떨어뜨리고 일에서 의미를 빼앗는다. 부품조립작업 기술이나 실직이 노동자로부터 기술을 익히고 즐기는 기회를 박탈할 때 발생하는 인간 상실을 높은 임금·높은 배당금·높은 생산·높은 실업 수당으로 보상할 수는 없다.

상호인과율이 우리의 경제 현실에서 갖는 윤리적 함축은 인공두뇌학의 개념 속에서도 찾아볼 수 있다. 그러나 이 점에 관한 일반시스템이론의 유용성은 그것이 거시경제의 사안보다는 미시경제의 대상에 훨씬 더 광범위하게 적용되었기 때문에 가려져 있다. 시스템 분석과 시스템 경영에서 그 유용성은 효율성이라는 목적을 위한 집합적 도구(corporate tool)로 활용되었을 뿐, 더 큰 생물-사회 시스템의 계층 조직 속에서의 '능률'의 가치와 목적은 거의 문제 삼지 않았다. 그러나 케네스 보울딩(Kenneth Boulding), 헤르만 댈리(Herman Daly), 하젤 헨더슨(Hazel Henderson), 슈마허(E. F. Schumacher), 군나 뮈르달(Gunnar Myrdal) 같은 사상가들이 시스템 패러다임을 우리의 경제 혼란의 근본적인 원인을 이해하는 데 적용하자, 시스템 패러다임은 산업 사회를 건설한 근본 가설에 대한 재평가, 즉 불교의 가르침에 나오는 낮은 소비·공평한 분배·일의 존엄성의 중요성을 강조하는 재평가가 필요하다는 것을 밝혀 주었다.

경제 패턴과 기획을 그것들이 영향을 주는 생태적·사회적 대가라는 보다 큰 시스템적 맥락에서 보면, 존 케인즈(John M. Keynes)와 밀턴 프리드만(Milton Friedman)의 전제는 진부하고 역기능적인 것으로 보인다. 물질 자원은 무한하게 이용할 수 있고, 출산율은 고정되어 있으며, 과학기술은 붕괴되지 않는다는 것을 가정하고 있는 그들의 전제는 경제적 건전성을 생산성으로 측정하며, 생산과 소비의 무제한적인 성장을 요구하도록 정치가와 고전적인 경제학자들을 끊임없이 설득한다. 이러한 정책이 인플레이션·실직·환경 파괴·자원 고갈의 측면에서 가져다주는 대가는 비용-효과 분석으로 계산되지 않는다. 그것들은 시스템적 사고가 '경제적'이라는 개념을 확장할 때 극적으로 나타난다.

헨더슨이 입증하듯이 이러한 부적절한 경제학적 가설에 대한 광범위한 불만은 그녀가 '역경제(counter-economy)'라고 부르는 영역에서 두드러지게 드러난다.[27] 협동조합운동이 부흥하고 노동자가 스스로 경영하는 실험이 확산되고, 소규모의 대안적 벤처산업이 증가함으로써 생산·소유·소비의 새로운 패턴들이 나타나고 있다. 그것들은 의미 있는 일·적은 소비·수입의 폭넓은 재분배, 즉 우리가 상호인

---

**27**　　Henderson, *Creating Alternative Futures*, pp. 381-399.

과율의 관점과 일치하는 것으로 알고 있는 가치들이 윤리적으로 정의롭다는 것을 강조한다. 이러한 가치들을 분명하게 드러내고 증명하는 일은 여전히 우리의 정치 산업적 기업 집단의 변방에서 산발적인 풀뿌리(민중)들의 노력에 한정되기 십상이며, 대부분 눈에 띄지 않는다. 그러나 상호인과율이라는 개념이 의미하듯이 근본적인 혁신은 위로부터 강요될 수 있는 것이 아니다. 그것들이 뿌리를 박으려면 개개인의 삶 속에서 실질적으로 시험되고 발견되어야 한다. 이제 그것은 나타나기 시작하고 있다.


## 목적과 수단

인류의 역사를 통해 반복적으로 확인되었듯이 윤리적으로 고려해야 할 문제는 우리가 성취하고자 하는 목적뿐만 아니라 우리가 그 목적을 성취하기 위해 노력하는 수단과도 관련되어 있다. 때때로 이러한 목적과 수단은 '모든 전쟁을 종식시키기 위한 전쟁'처럼 서로 화해하지 못하는 것처럼 보인다. 가치 있는 목적들은 원래 목적과 수단을 화해시키기 위해 나타난 행위들에 의해서만 획득될 수 있다고 여겨질 때, 우리 모두에게 친숙한 윤리적 고민이 발생한다.

　선형적 인과 패러다임 속에서 목적과 수단의 문제는 대개 바로 그러한 문제였다. 그 문제는 형상(또는 의도)과 질료(또는 행위)를 구분하는 인식론상의 이분법에서 유래하며, 그 이분법은 '밖에 있는' 목적이 우리 자신이나 우리가 사용하는 수단과 관계없이 독자적으로 존재한다고 가정한다. 아리스토텔레스는 목적인(目的因, telos) 개념으로 의지의 결정성을 인정했다. 왜냐하면 목적인은 어떤 행동이 지향하는 '~을 위해'를 의미하기 때문이다. 그런데 이러한 결정성은 일방적인 것으로 생각된다. 왜냐하면 비물질적이며 불변하는 형상의 성질을 가지고 있는 목적인은 유인력을 통해 단독으로 작용하기 때문이다. 그것은 "그 자신은 움직이지 않으면서 다른 것들을 움직이거나 변화하게 만든다."[28]

따라서 목적은 그것을 존재하게 하는 행위보다 참되고 가치 있는 것으로 여겨진다. 아리스토텔레스는 『니코마코스 윤리학』에서 "행위 이상의 어떤 목적이 그 자체로 있는 경우에는 목적이 행위보다 더 좋은 것임은 당연하다"고 이야기한다.[29] 이러한 가치의 등급 속에서, 인위적·자연적 행위의 연속적인 매 단계는 "그것이 추구하는 단계를 위한 것이다."[30] 따라서 행위 자체는 본질상 보다 궁극적이고 완전한 목적(teleios)의 수단이 된다. 아리스토텔레스에 의하면, 같은 이유에서, 목적, 즉 행복은 결코 수단으로 "선택되지 않는다." 그의 정의에 따르면 수단은 도구적이며 종속적이기 때문이다.[31]

아리스토텔레스보다 참신하지 못한 사람들의 머릿속에 자리잡은 이러한 가정은 도구주의적 사고방식으로 나아가게 되는데, 거기에서는 목적에 대한 관심이 수단의 윤리적 정당성에 대한 고려를 짓밟아버린다. 이러한 고려가 조화될 수 있을 때는 윤리적으로 우아한 것으로 여겨지고 환영받게 된다. 그러나 '밀기가 도가 지나쳐 밀어붙

---

**28**    *Aristotle:Natural Science*, p. 35.

**29**    Ibid., p. 109.

**30**    Ibid., p. 38.

**31**    Ibid., p. 119.

이기가 되면', 즉 의도하는 목적에서 벗어나면 목적의 성취는 보다 '실용적'이고 '현실적'인 선택을 요구할 것이다.

상호인과율은 그 인식론에 의해 이런 종류의 생각을 뒤엎어버린다. 상호인과율이 주장하는 것은, 실로 시대를 초월하여 많은 성자들과 스승들이 그러했듯이, 목적은 '밖에 있는', 우리의 음모로부터 초연한 어떤 것이 아니라, 오히려 수단 그 자체의 기능으로서 우리의 행위와 상호의존하고 있다는 것이다. 생각과 행동에 대한 자신의 반응에 의해 수정됨으로써 행위자가 행위와 함께 상호 결정되듯이, 그의 목적들도 그렇게 수정된다. 왜냐하면, 그가 제아무리 명확하게 표현한다고 해도 이러한 목적들은 현실에 대한 그의 현재의 지각과 해석을 – 모든 인지적 사태에 의해 조금이라도 변화된 지각과 해석을 – 반영하기 때문이다. 이러한 견해는 실용적인 것과 윤리적인 것을 구분하는 도구주의적 이분법을 깨뜨린다. 왜냐하면 상호인과율에서 수단은 목적에 종속되는 것이 아니라, 오히려 목적이 수단의 소산이기 때문이다. 즉 그것들은 형성되고 있는 목적들이다.

목적과 수단의 이러한 상호의존은 인공두뇌학 용어로 피드백 기능이다. 열린 시스템이 자기-지도적(self-guiding)이라는 사실을 발견함으로써 생겨난 피드백이라는 개념은 이전에 과학에서 비경험적이고 '주관적'인 것이라고 내쫓겼던 의도의 중요성을 확인해 주었다. 시스템이론가들에게 의도는 자기 유지적이고 자기 조직적인 열린 시스템들의 고유한 특성으로 드러난 것이다.

최우선적인 영향력을 지닌 유기체의 현재의 목적 구조를
간과하고서는 행동에 대한 어떤 합리적인 설명도 있을 수

붓다의 연기법과 인공지능

없다. … 그리고 의도를 무시하고서는 반응에 대한 어떠
한 기술도 하찮은 것이 아닐 수 없다.[32]

목적이 행동을 형성하는 반면, 목적은 역으로 행동에 의해 형성된
다. 즉 정보의 흐름과 시스템 속에서 일어나는 사건들에 의해 목적
이 수정되고 개선된다. 피드백 작용이란 이런 것이다. 로젠블루스(A.
Rosenblueth)와 위너(N. Wiener)가 이야기하듯이, 목적과 행동, 또는 결
과와 방법 사이에는 '쌍방적 관계'가 있다. 따라서 일반시스템이론에
서 의도는 본래 선재(先在)하거나 초시간적인 것이 아니라 창발적(創
發的)인 것으로 간주된다. 이러한 차이를 강조하기 위해, 래즐로는 의
도를 목적론적(teleological)이라고 정의하지 않고, 'telenomic' 또는
'telic(목적 지시적)'이라고 정의한다.[33]

목적이 창발적이라면, 즉 시스템이 환경과 맺는 역동적 상호작
용과 함께 나타나는 것이라면, 목적은 결코 완전하게 실현될 수 없다.
시스템이 작용하는 맥락 자체가 역동적이므로 완전한 적응과 이해라
는 목표는 언제나 도달 불가능하다. 폰 베르탈란피가 혈행정지(血行
停止, stasis) 개념이나 휴지-평형(rest-equilibrium) 개념을 확정하면서
인정했듯이, 시스템은 스스로 이러한 도달 불가능성에 묶여 있으며
또한 이용한다. 시스템이론가인 액코프와 에머리(R. L. Ackoff & F. E.
Emery)는 인지 시스템을 '이상 설정 시스템', 즉 결코 그것을 완전히
획득할 수 없다는 것을 알지만 그것의 추구를 통해 만족을 얻는, 그

---

**32**    Powers, "Feedback," p. 352.

**33**    Laszlo, *Introduction to Systems Philosophy*, p. 176.

러한 시스템으로 봄으로써 그것을 인정한다.**34** 이러한 불완전한 만족 속의 만족, 즉 도달 불가능 속의 만족은 유기체는 긴장 완화를 추구한다고 생각하는 행동주의 심리학자들에게는 저주일 것이다. 그것은 소설가 에디스 와튼(Edith Wharton)이 삶을 통해서 경험했던 좋은 것들에 관해 쓰면서 보다 멋지게 표현한다. "충족되지 않더라도 나는 기꺼이 떠날 것이다. 충족되었다니! 이 얼마나 빈약한 상태인가! 그 누가 충족되어 있는 것으로 만족하겠는가?"**35**

따라서 인공두뇌학의 관점에서 보면 목적은 개방적(open-ended)이다. 우리에게 목적은 무슨 일이 있어도 우리가 이룩해야 할 상태이거나 사람이나 대상을 다루는 청사진으로서 가치 있는 것이 아니다. 목적의 가치는 가치 있는 것에 대한 비전들을 끊임없이 펼쳐 주는 데 있다. 그 비전들을 실현하기 위해 우리가 채택한 수단은 이 비전들 때문에 취해진 조치들이다. 그리고 각각의 조치는 이 비전을 확장하고 변화시킨다. 왜냐하면 실현된 것, 즉 현실로 만들어진 것은 우리의 행위 자체이기 때문이다.

붓다가 이야기하는 구원의 길에서 다르마는 도달해야 할 목표가 아니라 하나의 길(magga, 道)로서 주어진 것이다. 이 길을 걷는 하나하나의 발걸음이 고유한 가치를 지닌, "처음도 좋고, 중간도 좋고, 마지막도 좋은" 다르마다.**36** 결론적으로 우리는 무엇이고, 우리가 무엇이 될 것인가를 나타내는 것은 행위(karma, 業)이기 때문에, 가치는 개개

---

**34**　Ackoff and Emery, "Ideal-Setting Systems."

**35**　Wolff, *Feast of Words*.

**36**　Vinaya, Ⅰ.113.

의 행위에 내재한다.

우리는 비록 노력할 것을, 즉 우리의 삶과 우리의 의식을 변화시킬 것을 요청받고 있지만, 그리고 비록 우리가 존재하고 싶은 곳에서 매우 멀리 떨어져 있다고 느끼고 있지만, "하느님 나라가 너희들 안에 있다"고 예수가 이야기했듯이, 우리는 이미 그곳에 존재하고 있으므로 도달해야 할 장소는 어디에도 없다는 역설적인 사실을 알면서 그렇게 노력하고 변화시키는 것이다. 많은 신앙 속에 나타나는 이러한 종교적인 역설은 인공두뇌학의 관점과 거의 같은 방식으로 목적과 수단의 문제를 뒤집어버린다. 왜냐하면 상호인과율에서는, 종교적인 것이든 과학적인 것이든, 우리가 가지고 있는 전망들은 시공간 속에서 우리와 떨어져 있는 것이 아니라 우리 현존의 핵심에서 밖으로 드러나고 있으며, 지금 이 순간 변화시킬 수 있는, 지금 여기에 있는 현실이다.

노자와 공자, 넓게는 예수와 마찬가지로 붓다는 윤리적 행위를 자체적으로 타당한 것으로 이야기했을 뿐 그 행위 밖에 있는 어떤 기준에서 그 가치가 나오는 것으로 이야기하지 않았다. 자비·마음챙김·자제의 성격을 띤 행위들은 그 행위 이외의 다른 목적을 위한 수단으로서가 아니라 그 자체로 선(善)으로 간주된다. 이는 열반이라는 목적도 마찬가지다. 불교학자 베스토우(David Bastow)는 그것을 다음과 같이 표현한다. "불경 속에 나오는 도(道)에 대한 이야기들은 결코 윤회로부터 해탈을 성취하기 위한 수단으로 소개된 것이 아니다. 그보다는 보다 고상한 삶을 사는 바른 길로서, 즉 참된 정의와 참된 지혜에 대한 설명으로 소개된 것이다."

붓다와 그의 초기의 제자들은 "도를 자기 절제와 그 귀결인 해탈

가능성의 점진적인 계시(啓示)"로 이해했다.**37** 불교의 윤리적 가르침 속에 우리가 그것을 위해 행동하는 그 어떤 초월적인 대상도 없다는 것이 전통적인 서양의 용어로 불교 윤리학의 형이상학적 토대를 규정하기 어렵게 만들었다. 그도 그럴 것이 불교에는 그 어떤 초자연적인 상벌(賞罰)이 없다. 선의 척도가 되거나 또는 선이 즐겁게 하려고 하는 대상이 되는 궁극적 실체도 지속적인 자아도 없다.

　　이러한 주장에 동의하지 않는 독자는 불교 윤리학이 열반이나 깨달음 또는 괴로움의 소멸이라는 목표를 지향하고 있다고 주장할지 모른다. 그러나 잊지 말아야 할 것은 열반이나 깨달음이 자아가 도달할 수 있는 외적인 대상이나 자아가 습득할 수 있는 일련의 지식을 의미하지 않는다는 것이다. 오히려 그것들은 자아의 소멸 바로 그것을 의미한다. 즉 그것은 '독립된 나'라는 환상을 버렸을 때 나타나는 근본적인 변화를 의미한다. 그리고 이것은 목적이라는 관념 자체를 변화시킨다. 왜냐하면 우리가 지금 경험하는 자아가 얻으려고 하는 것은 존재하지 않으며, 자아가 가려고 하는 곳은 어디에도 없기 때문이다. 만약 그런 것이 있다면 그것은 불어서 꺼져버린 촛불 같은 '종식(out)'뿐일 것이다. 우리는 노력하도록 요구받고 바른 길을 가도록 요구받지만, 이러한 의지의 발휘는 갈망했던 목표를 붙잡기 위한 것이 아니라 갈망하고 있는 에고 자체의 집착을 완화하기 위한 것이다.

　　도덕적 행위(śila, 戒)가 상위의 목적을 위한 도구적인 것은 아니지만, 그렇다고 무관한 것도 아니다. 왜냐하면 행위가 행위자를 형성

---

**37**　　Bastow, "Buddhist Ethics," pp. 195–206.

하기 때문이다. 예를 들면 자비(metta)의 실천이 에고의 속박을 풀어 주듯이, 도덕적 행위는 행위 스스로의 타성에 의해 우리를 도덕적 삶의 길로 옮겨놓는다. 계(戒)는 지혜 그 자체, 즉 실재의 본성에 대한 통찰력 바로 그것과 동등한 가치를 지닌다. 경전에 나타나듯이 계율과 지혜는 우리의 두 손과 같이 동등하며 서로에게 필수적이다.

> 덕행으로부터 지혜가 나오고, 지혜로부터 덕행이 나온다.
> … 비유하면 한 손이 다른 손을 씻듯이, … 그와 같이 덕행
> 은 지혜에 의해 청정해지고, 지혜는 덕행에 의해 청정해
> 진다.**38**

행위와 통찰력의 이러한 상호작용은 수단과 목적의 상호작용과 유사하다. 수단이라는 의미의 빠알리는 우빠야(upāya, 方便)이며, 초기경전에서는 다르마를 현시(顯示)하는 우빠야-꼬쌀라(upāya-kosalla, 善巧方便, 수단의 능숙한 사용)은 훌륭한 스승의 징표로 인식된다.**39** 대승불교에서 우빠야-꼬쌀라(산스크리트: upāya-kausalya)는 보살(bodhisattva)의 특징 가운데 하나로서 지혜와 동등한 가치를 지닌, 깨달음에 필수적인 것이다.**40** 그것은 자비의 현시(顯示)로 간주되며, 자비를 나타내는 데 필수적인 것으로 간주된다. 후대에 불교의 밀교(密敎)에서 방편은

---

**38**   Dīgha Nikāya, Ⅰ. 124.

**39**   Ibid., Ⅲ. 220.

**40**   Conze, *Perfection of Wisdom*.

지혜의 배우자로 나타난다. 지혜와 방편의 부부 합환상(合歡像)**41**은 사고와 행위의 상호작용, 즉 통찰력과 그 통찰력을 세계 속에서 현시 (顯示)하는 것 사이에 상호의존관계가 있음을 상징한다. 방편은 단순히 도구적인 것이 아니라 행동하는 지혜이며, 그 행동은 상호관계 속에서 통찰력을 드러내는 동시에 통찰력을 심화시킨다.

상호인과율이 수반하는 윤리를 고찰하면서 다른 존재의 행복에 대한 지극한 배려 속에서 자기 이익(self-interest)을 확장하는 것이 중요하다는 것을 살펴보았다.

호혜적 관계의 인정은 우리의 정치와 경제에 그 맥락을 제공한다. 우리가 설정한 목표와 그 목표를 지향하는 우리의 태도는 독단적이 아니라, 다른 사람의 견해에 대해 관용하고, 우리 자신의 견해에 대해 스스로 의심하는 특징을 지닌다. 이러한 목표들을 효과적으로 추구하면, 그 목표들은 우리의 행위와 별개의 것이 아니라 목적과 수단이 지속적으로 상호발생하는 가운데 우리의 행위에 의해 조절된다는 것을 반드시 깨닫게 된다.

우리가 살펴본 윤리적 규범들은 명령에서 유래하지도 않고 어떤 절대적 존재의 승인을 요구하지도 않는다. 뿐만 아니라 그 규범들은 그 권위를 절대적 존재로부터 이끌어내지도 않는다. 상호인과율의 관점에서 보면 그 규범들은 모든 존재의 조건이 되는 관계성 바로 그 자체에 근거를 두고 있다. 이 규범들과 가치들은 개인의 해방과 그가 살고 있는 사회의 건강이 불가분한 것임을 드러낸다. 실로 이 규범들

---

**41**    역주: 남녀가 포옹하고 있는 모습의 불상.

과 가치들은 개인적 변화와 사회적 변화 사이에 깊은 상호의존 관계가 있음을 시사한다.

# 제12장

## 개인과 사회 변화의 변증법

길을 떠나라. 대중의 이익을 위해,
대중의 행복을 위해, 모든 중생의 복지와 이익과
행복을 바라는 자비심에서.

＿붓다◆

◆　Vinaya, I.21.

윤리적 가치는 지성적 동의만으로 획득되는 것이 아니며, 많은 종교적 스승들이 인정하는 것처럼 인간성의 개조를 함축한다. 뿐만 아니라 윤리적 가치가 행위자 자신을 변화시키지 않고서는 사회를 변화시키지 못한다. 그렇지 않으면 제도적 개혁이나 혁명은 소외 계층이 그들을 억압한 자들과 마찬가지의 무지와 사리사욕으로 권력을 잡는 '똥 덩어리 뒤집기'일 뿐이다. 우리는 자기 이익이라는 관념에 집요하게 집착하기 때문에 심지어는 가장 고귀한 이상과 이념마저도 사사로운 목적에 의해 전복될 수 있다.

사회적 형평과 우리 자신의 괴로움의 소멸을 위해 자기중심이라는 속박을 끊어야 할 필요가 있다는 것이 우화와 강령으로 표현된 세계 여러 종교들의 핵심적 메시지였다. 이 아우성치고 있는 에고, 즉 우리의 지각을 왜곡하고 우리의 노력을 편벽되게 하는 이 거만한 '나'를 어떻게 할 것인가? 종교적 신념은 그러한 나를 보다 폭넓게 조망함으로써 그것을 초월하는 방법을 제시한다. 에고의 극복이란 그것이 희생으로 형상화되든, 십자가에 못 박힌 그리스도상으로 형상화되든, 하나님 아버지와 하나됨으로 형상화되든, 공통적으로 의식이 실재의 보다 넓은 차원과 만나 그곳을 향해 마음을 열 때 나타나는 변화다.

상호인과율의 관점이 시사하는 것은 비록 그러한 영상들이 영향력과 심원함을 갖는다 할지라도, 결국 희생되거나 십자가에 못 박히는 영속하는 자아는 존재하지 않는다는 것이다. 그 까닭은 자아는 자립적으로 존재하는 실체가 아니라 흐르고 변화하는 패턴, 즉 전 우주와 상호 연결되어 함께 나타나고 있는 과정이기 때문이다. 극복되어야 할 것, 아니 그보다는 '꿰뚫어보아야 할 것'은 사건들의 이러한 흐름, 즉 생각과 느낌의 근원이 아니라, 그 흐름에 우리가 부과한 '나'의 구조와 '나'는 다른 존재와 개별적으로 존재한다는 가정이다.


## 재결합의 자유

열린 시스템은 보다 포괄적이고 융통성 있는 전체로 개조되기 전에 '긍정적 붕괴'의 단계를 거친다. 이 지속적인 자기 조직은 인지 시스템의 편에서 끊임없이 증가하는 개방성과 더 이상 효력이 없는 구성물의 포기를 요구한다. 그 패턴, 즉 인격은 이러한 코드들에 의해 조직되므로 이러한 움직임은 낡은 습관과 자기규정을 포기하는 일종의 죽음 – 혹은 최소한 죽을 준비가 되어 있는 상태 – 을 의미한다. 우리는 열린 시스템으로서 끊임없는 변형 속에 있으며, 만약 우리가 열린 시스템의 적응력과 생존력을 우리의 자유 의지에 따라 유지한다면, 이 변형은 우리 자신의 개별성에 대해서는 점점 무감각해지고, 다른 사람들의 욕구와 기쁨에 대해서는 더욱 크게 마음에 새기는 결과를 초래할 것이다. 이러한 진행, 즉 포지티브 피드백 작용은 진화에서 분명히 드러나는데, 거기에서 새로운 생명은 쓸모없게 된 방식들을 버림으로써 나타난다. 인지 시스템의 경우, 그러한 쓸모없게 된 방식들은 자아를 개별적이라고 생각하는 착각이다. 왜냐하면 이러한 자아의 욕구와 확실성과 소유를 추구하는 것은 인지 시스템 자신에게도 해롭고, 보다 큰 시스템의 계층구조에도 해롭기 때문이다.

　　우리는 그러한 관점이 불교 용어에 어떻게 나타나 있는가를 살펴보았다. 사성제(四聖諦), 오온설(五蘊說), 무아설(無我說), 그리고 이것들의 핵심을 이루는 연기설(緣起說) 등 모든 교리는 우리가 결박되어 있는 에고(ego)는 허구라고 선언하고 있다. 우리가 명상 수행 속에서 우리 스스로 경험하도록 촉구되듯이, 실제로 우리가 경험하는 상태와 별개의 자아는 없다. 지키거나, 처벌하거나, 향상해야 할 자아는 없으며, 희생해야 할 자아마저도 없다. 착각의 상태에서는 결코 자아의 보존 욕구를 억누를 수 없다. 이러한 자각이 에고가 윤회하고 있는 고통과 공허의 수레바퀴로부터 해방시켜 준다.

그러나 그러한 자각은 우리의 내면에서 자라나 작용하고 있는 가정들과 크게 어긋나기 때문에 괴로움과 고통을 털어 내고 우리의 탐욕과 화를 일으키는 장애를 제거하기 위해서는 부지런히 수행해야만 한다. 에고의 작용과 요구는 억제되는 것이 아니라 명상을 통한 알아차림의 청정하고 강한 광명 속에서 녹아버린다. 실체적 자아가 깃들여 있다고 생각했던 곳이 비어 있다는 사실에 직면하는 것이 두려울 수도 있겠지만, 이러한 처음의 두려운 공허는 문을 통과하듯이 통과하고 나면 중생의 현상세계와 보다 밀착된 관계로 통한다.**01** 본래부터 관련되어 있다는 의식은, 우리가 그 의식 속으로 옮아가면, 사랑의 근거가 됨과 동시에 방법이 된다.

따라서 이것을 가능하게 만드는 명상 수행은 인간으로서 피할 수 없는 사회적 활동과 상충되지 않는다. 또한 깨달음의 추구(search for enlightenment)와 대립하는 제도적 변화를 위한 노력과도 대립적이지 않다. 명상의 관조적인 양상 속에서 가끔은 사회적 약속과 책임으

---

**01** 불상(佛像)의 수인(手印)에 나타나는 시무외인(施無畏印, ahaya)과 후대의 공(空)을 관하는 지혜를 의미하는 반야바라밀다(Prajñāpāramitā)의 수인은 자신의 존재의 공성(空性)에 직면하는 것이 놀라움일 수 있다는 것을 인정하고 있음을 시사한다.

붓다의 연기법과 인공지능

로부터 도피하는 것이 정신적 발전처럼 보인다. 관조의 내적 대상이 외부의 세계보다 가치 있거나 참되다고 생각될 때, 그렇게 보인다. 그러나 우리 자신의 착각과 망상에 직면하는 광야 속으로 여행을 떠나는 능숙한 명상은, 머뭇거림 없이 순수하게 동료 존재들에게 대응하도록 우리를 해방시킴으로써 사회활동을 할 힘을 줄 수 있다. 여기에 시간적 순서는 없다. 즉 행동할 준비가 되어 있거나 행동할 가치가 있기 전에 '우선' 구원받거나 깨달아야 한다거나 심지어 우리의 생각을 바르게 해야 한다는 것조차 문제되지 않는다. 왜냐하면 행동과 앎은 상호의존적이기 때문이다.

에고의 집착은 명상에 의해서만 약해지는 것이 아니라 타인을 위한 행동을 통해서도 약해진다. 도덕적 행위가 자주 요구하는 위험을 무릅쓴 행위와 용기는 개인적 이기주의의 구성물 너머로 우리를 날려보낼 수 있다. 우리는 낡아빠진 자아의 벽이 허물어진, 그리고 모든 형태의 생명들이 상호의존적이라는 사실에 선명하게 초점이 맞추어진, 보다 넓은 공간으로 내던져지는 것이다. 이러한 행위와 통찰의 변증법은 우리가 위에서 언급한 밀교의 불상(佛像), 즉 지혜와 자비롭고 능숙한 지혜의 실현 방법인 지혜의 배우자의 합환상에 의해 표현된다. 지혜는 냉담하고 조용하며, 자비로운 실현 방법은 활발하고 역동적이다. 이들은 서로 다르지만 어느 쪽도 고립되어 있지 않다. 그것들은 서로에게 힘을 주는 것이다. 이들은 이와 같이 상호인과관계를 맺으면서 연기하는 우주의 복판에서 양성(兩性)이 추는 춤을 상징한다.

## 나무와 불꽃

일반시스템이론과 초기불교 교리의 상호인과율적 시각을 나타내는 가운데 두 개의 이미지가 나타난다. 나무와 불꽃이 그것이다.

우리는 일반시스템이론 속에서 나무의 이미지를 만났다. 시스템과 하부 시스템이 계층조직적으로 자신들을 구성하는 방식을 상징하는 나무는 몸통과 줄기와 가지처럼 상호 간에 자라 나오고 자라 들어가는 관계를 의미한다. 그것은 원자에서 사람, 사회, 생태계에 이르는 홀론(holon)으로서 우리가 갖는 상호 연관성의 다양성과 통일성을 상징한다.

나무는 또한 초기불교의 이미지 가운데 가장 지배적인 특징이다. 초기불교에서 그것은 붓다가 그 아래 앉아 깨달음을 성취하는 보리수로도 나타나고, 우리의 욕망을 성취시켜주는, 삶에 필요한 좋은 물건이 달린 마법의 나무(wishing tree)로도 나타난다. 고대 인도의 나무 숭배의 주제에서 비롯된 나무는 불교의 세계에서 지혜와 풍요, 그리고 의식과 자연을 모두 상징하게 되었다. 나무는 돌문, 돌기둥, 돌난간 등에 흔히 새겨져 있다. 때로는 붓다의 깨달음을 나타내는 보리수로, 때로는 풍요로운 가지에서 물병, 빵, 심지어는 사랑스러운 사람 형태가 달린 마법의 나무로, 때로는 싼치(Sanchi) 대탑(大塔)에서처럼 뿌리나 가지에서 불이 타오르는 불꽃이 되어 나타난다.

이것이 우리의 두 번째 이미지인 불꽃이다. 불꽃의 비유는 6장에서 언급했듯이 일반시스템이론의 초창기에 나타났다. 폰 베르탈란피, 브릴로우인(L. Brillouin), 위너(N. Wiener) 등은 열린 시스템이 신진대사 작용에 의해 끊임없이 변화하면서도 어떻게 형태를 유지하는지를 보여 주기 위해 이 이미지를 사용했다. 열린 시스템은 그 시스템을 통과하는 물질을 태워서 소비하듯이, 그와 비슷하게 정보를 처리한다. 즉 끊임없이 무너지고 세워지면서 새로워진다. 열린 시스템은 마치 불처럼 그것이 흡수한 것을 변형하고, 아울러 흡수한 것에 의해 변형된다. 따라서 불꽃은 생명의 신진대사적 본성, 그리고 우리의 자아로서의 정체성의 본질을 상징한다.

이러한 은유는 불법(佛法) 가운데 붓다가 가야(Gaya)에서 행한 최초의 설법, 즉 불의 설법에도 등장한다. "비구들이여, 모든 것은 불타고 있다…."**02** 후에 붓다가 의식의 발생을 설명할 때에도 불꽃의 비유가 사용된다. 건초나 장작으로부터 타오르는 불처럼 마음은 감각으로 지각한 것을 태우면서 먹고 자란다는 것이다.**03** 그리고 자아성(selfhood)이 소멸될 때, 그것은 꺼진 촛불과 같다. '꺼짐(blowing-out)'은 어원상으로 '열반(nibbāna)'이라는 말의 어원 역할을 한다. 불경에서 불은, 에고를 추구하는 욕망의 불길을 식히는 열반의 서늘함과 대조를 이루어, 보통 부정적인 색채를 띠고 나타나지만 항상 그런 것만은 아니다. 사리뿌뜨라가 이야기하듯이 행복과 평화와 열반의 지각조차도 우리에게 불꽃처럼 발생하는 것이 우리의 본성이다. "법우여, 비유하면 장작불이 탈 때 하나의 불꽃이 생기면 다른 불꽃은 사라지듯이, 그와 같이 '생성(becoming)의 소멸이 열반이다'라는 하나의 지각이 나에게 생기면, '생성의 소멸이 열반이다'라는 다른 지각은 사라진다."**04** 부정적으로 평가되든 긍정적으로 평가되든, 우리가 세계

---

**02**　　Vinaya Ⅰ, 21.

**03**　　Majjhima Nikāya, Ⅰ, 259-260.

**04**　　Aṅguttara Nikāya, V.9f.

와 함께 나타나는 현상은 불꽃처럼 무상하고, 먹는 것에 의존하고 있는 하나의 불타기(an igniting)다.

나무와 불꽃은 다른 신앙들에서도 중심적 이미지이다. 많은 학자들과 심층심리학자들은 그것을 인간 정신에 원형적인 어떤 것으로 간주한다. 이그드라씰(Iggdrasil)과 아버 바이티(arbor vitae), 즉 지식의 나무와 예수가 못 박힌 나무처럼, 나무는 우리가 사는 세상의 여러 계층들을 가르기도 하고 서로 연결시키기도 한다. 나무는 세계의 중추(Axis Mundi)**05**를 상징한다. 이와 같이 서로 연결된 세계의 본질이 불과 같다는 것은 그것을 직접적인 신비 체험을 통해 알게 된 많은 사람들도 확인한다. 『바가바드 기따(Bhāgavad Gīta)』에서 크리쉬나(Krishina)가 비쉬누(Vishnu)신으로서 그의 참모습을 드러낼 때 그는 불꽃으로 변한다. 입과 귀가 타올라서 그의 휘황찬란한 광채가 세상을 가득 채우고, 살아 있는 용광로 속으로 끌려 들어가듯이 모든 존재가 그 속으로 끌려 들어간다. 여호와는 불타는 숲과 불기둥으로 유대인들에게 나타났으며, 기독교인들에게는 성령강림절에 성령(聖靈)이 불꽃의 혓바닥 속에서 쏟아져 나온다. 그의 삶을 변화시킨 안목이 열리던 날 밤 파스칼(Blaise Pascal)이 서술하기 위해 쓸 수 있었던 단어는 '불'이 전부였다. "불이다. … 아브라함의 신, 이삭의 신, 야곱의 신, … 확신, … 기쁨."**06**

---

**05**    역주: 세계의 중추(Axis Mundi)는 신비적 의식의 한 표현으로 세계·우주·건축물·인간의 몸·인간의 내면·숫자 등의 각 영역에서 그 핵심을 표현하는 도구를 말한다. 그것은 예컨대 만달라·척추·쿤달리니 등에 의해 표현된다.

**06**    Pascal, *Pensees*, pp. 309-310.

나무와 불꽃이 상호인과율의 윤리학과 무슨 관련이 있는가? 일 반시스템이론과 초기불교 가르침 모두에서 중요한 이 이미지들은 우 리들의 삶이 상호의존하고 있음을 보여 주는 동시에 변형이 일어나 는 과정도 보여준다. 바꾸어 말하면, 그것들은 구조와 과정의 호혜적 상호작용을 상징한다. 뿌리와 줄기와 가지처럼 우리 인간 존재들은 타인과 서로 연결되어 있으며 타인의 부분이다. 우리의 불행과 희망 은 개별적인 것이 아니고, 우리의 성취도 개인적일 수 없다. 왜냐하면 우리는 나무처럼 유기적으로 연결되어 있기 때문이다. 이러한 지식 을 가지고 행동하고, 그것을 반영하여 우리의 삶과 제도를 만들기 위 해서는 우리의 무사안일(無事安逸)을 위협하는 변화가 요청된다. 그 것은 낡은 삶의 방식을 버릴 것을 요청하는 것이다. 불꽃처럼 끊임없 이 죽어가면서 새로워지고 있다는 사실을 깨닫는다면, 우리는 더욱 쉽게 그것을 받아들이고 대처할 수 있다. 왜냐하면 그것은 삼라만상 의 본성이기 때문이다.

조지아주의 올바니(Albany)에서 그의 집회에 모인 대중들에게 감옥을 향한 민권 행진을 부르짖었던 흑인 전도사가 그러한 비유를 사용했다. 그는 말했다. "모든 것은 사라져가면서 빛을 냅니다." 그는 그의 대중들에게 어차피 불려나오지 않으면 경찰견이 기다리고 있다 고 경고하면서 말했다. "태양은 상상도 할 수 없는 속도로 에너지를 써버립니다. 양초도 빛을 내면서 그렇게 사라져갑니다. 여러분과 저 도 그렇습니다. 우리 모두는 사라져가면서 빛을 냅니다."**07**

---

**07**　　SNCC, *Freedom in the Air*.

눈을 감고 이 두 이미지를 합쳐보자. 아더 케슬러(Arther Koestler)는 열린 시스템의 구조와 과정을 기술하면서 이것들을 한데 결합한다. 케슬러는 『나무와 양초(The Tree and the Candle)』라는 논문에서 폰 베르탈란피의 업적에 경의를 표하면서, 나무와 촛불이 자연 인지 시스템으로서의 우리의 본성을 상징한다고 주장한다. 하부 시스템들 속으로 그물 모양을 이루면서 보다 큰 가지 속으로 빨려 들어가는 홀론 구조(holonic structure)는 나무의 구조이며, 에너지와 정보의 변환을 통해 그 구조가 나타나는 과정은 불꽃과 비슷하다.**08**

이것이 상호인과율이 제시하는 실존에 대한 관점이다. 우리는 불꽃처럼 덧없으며, 또한 나무의 부분들처럼 서로 밀접한 관계가 있다. 우리는 얽히고설킨 그 관계들로부터 벗어날 수 없다. 왜냐하면 우리는 그 관계들이기 때문이다. 바로 우리가 밝게 타오름으로써 우리는 서로 연결되어 있음을 느낄 수 있으며, 그러한 관계들이 가능하게 해 주는 지식과 관심이 우리 안에 뿌리내리도록 할 수 있다. 붓다의 가르침이 입증하듯이, '덧없음[無常]'과 '관계되어 있음[緣起]'의 자각은 에고의 벽을 허문다. 이 자각은 저 불안의 감옥으로부터 우리를 해방시킴으로써 우리의 마음을 자애를 향해, 우리의 의지를 절제와 나눔을 향해 열어 준다. 그렇게 되면 조건에 의해 상호발생하는(연기하는) 불꽃인 마음은 모든 현상들과의 상호의존으로부터 도피하려 하지 않고, 오히려 깨달음과 기쁨 속에서 스스로가 불가분의 일부를 이루고 있는 그 현상을 향해 열리게 된다.

---

**08**    Koestler, "Tree and Candle," pp. 287f.

이 책은 2004년 5월에 도서출판 불교시대사에서 처음 출간했는데, 이후에 불교시대사가 문을 닫아 절판되었다가 이번에 불광출판사에서 다시 펴낸 것이다. 그래서 첫 출판본에 실었던 '옮긴이의 말'을 약간 첨삭하여 역자 후기로 삼고자 한다.

역자가 이 책을 접한 것은 2000년 봄, 지금은 고인이 된 안옥선 교수의 추천에 의해서다. 오늘날 우리 사회에서 제기되고 있는 생명·환경·생태·윤리 등의 제반 문제에 대한 불교의 입장을 밝혀 보고자 하는 역자에게 안 교수가 이 책을 주면서 일독을 권했다. 나는 이 책을 읽으면서 저자의 혜안에 감탄을 금할 수 없었고, 많은 점에 공감했다.

그해 전남대학교 대학원에서 이 책을 교재로 강의하면서 무엇보다도 이 책이 불교를 바르게 이해하는 데 큰 도움이 된다는 것을 느꼈다. 불교는 어렵다고들 말한다. 그런데 이 책은 불교가 어렵게 느껴지는 이유를 분명하게 밝히고 있다. 불교는 우리 대부분이 가지고 있는 사유구조와는 다른 사유체계에 토대를 두고 있다는 것이다. 그것을 저자는 상호인과율이라고 이야기한다. 우리는 선형인과율에 의지해서 세계를 이해하고 있는데, 불교는 세계를 상호인과율로 설명한다는 것이다. 따라서 불교의 연기법은 상호인과율의 관점에서 이해해야 하며, 그렇게 하면 불교를 명쾌하게 이해할 수 있음을 이 책은 보여 준다.

저자는 이 책에서 우리 시대를 패러다임의 전환이 요청되는 시대로 진단하고, 불교와 일반시스템이론의 상호인과율을 새로운 패러다임으로 제안한다. 그리고 불교를 활용해서 시스템이론을 해석하고, 시스템이론을 이용해서 불교를 해석한다. 그는 이 책에서 불교와 현대의 시스템이론은 그 기원과 목적의 명백한 차이에도 불구하고 상호해석이 가능하며, 상보적인 해석을 통해 두 사상이 보다 확실하게 이해된다는 것을 보여 준다. 이러한 상보적인 해석을 통해서 인문학과 자연과학을 포괄하는 원리들이 드러나며, 그것들이 우리 시대에 출현한 생태학적 세계관의 철학적 토대와 윤리적 근거가 된다는 것이 이 책의 요지이다.

역자가 이 책을 번역하기로 마음먹은 것은 이 책이 불교의 이해에 바른 관점을 제공할 뿐만 아니라, 우리 시대의 실천원리를 불교와 현대의 과학사상을 토대로 설득력 있게 제시하여 그것을 사회적 실천으로 연결하고 있기 때문이다. 불교가 우리 시대의 문제들에 주는 답은 무엇이며, 우리는 어떻게 실천해야 할 것인지를 이 책은 분명하게 이야기한다. 그리고 저자는 난해한 불교 용어를 일반적인 말로 알기 쉽게 설명한다. 따라서 이 책은 불교를 전공하는 사람은 물론 일반인도 쉽게 읽을 수 있으며, 특히 현대의 여러 문제에 대하여 답을 구하는 사람은 반드시 읽어야 할 책이다.

번역을 시작했을 때 주변에서 많은 염려를 했다. 번역은 생각보다 쉽지 않은 일이라는 것이다. 영문과 교수들조차 번역의 어려움을 이야기하면서 기대와 우려를 함께 보내주었다. 불교학을 전공하는 역자는 영어가 서툴 뿐만 아니라, 처음 하는 일이라서 주저되기도 했지만, 이 책을 많은 이들에게 읽히고 싶은 욕심에서 용기를 냈다. 특히 이 책의 내용이 불교를 전공한 사람이 아니면 번역하기 어려울 것으로 생각되어, 어려움이 있으면 주변의 도움을 받을 생각으로 번역을 시작했다.

번역하는 과정에 실로 많은 분의 도움을 받았다. 먼저 이 책을 만나게 한 고 안옥선 교수에게 감사드린다. 책을 소개했을 뿐만 아니라 저자와의 교신도 대신 해 주었고, 번역문 초고의 교정까지 해주었다. 번역의 과정에 전남대 영문과의 성길호 교수와 윤정묵 교수의 도움이 컸다. 특히 성길호 교수는 역자의 청에 수시로 연구실로 찾아와서 시간을 아끼지 않고 도움을 주었다. 철학과의 노양진 교수는 번역 원고를 전체적으로 원문과 대조해서 읽고 번역의 완성도를 높일 수 있도록 많은 제안을 해 주었다. 조윤호 교수는 마지막 교정을 해 주었다. 이와 같이 이 책은 역자 한 사람의 작품이 아니라 도움을 주신 여러분의 합작이다. 도움을 주신 여러분께 감사드린다.

당시 출판사의 어려운 여건에도 불구하고 번역서의 출간을 결정하고 책이 나오도록 애쓰신 불교시대사와 이제는 고인이 된 고광영 부장에게 감사드린다. 아울러 이미 절판된 책을 다시 세상에 내보내 준 불광출판사와 편집진 여러분께 감사드린다.

2019년 12월
불국원 장주선실(壯宙禪室)에서
이중표 합장

# 참고문헌

- Ackoff, R. L. & F. E. Emery. "Ideal-Setting Systems," *General Systems* XVII, SGSR, 1972.
- Allport, Gordon. "The Open Systems in Personality Theory," Buckley, Walter 편. *Modern System Research for the Behavioral Scientist.* Chicago: Aldine Publishing Co., 1968.
- *Aṅguttara Nikāya*, Morris & Hardy 편. PTS 1885-1900. F. L. Woodward 옮김. *Gradual Sayings*, PTS. London: Luzac & Co., 1960.
- Areiti, Silvano. "Toward a Unifying Theory of Cognition," Gray, William 외. *General Systems Theory and Psychiatry.* Boston: Little, Brown & Co., 1969.
- Aristotle: Natural Science, Psychology and Nicomachean Ethics, P. Wheelwright 편역. New York: Odyssey Press, 1935.
- Ashby, W. Ross. "Principles of the Self-Organizing System," Buckley, Walter 편. *Modern Systems Research for the Behavioral Scientist.* Chicago: Aldine +Publishing, 1968.
- ____ . "Variety, Constraint, and the Law or Requisite Variety," Buckley, Walter 편, *Modern Systems Research for the Behavioral Scientist.* Chicago: Aldine Publishing, 1968.
- Bastow, David. "Buddhist Ethics," *Religious Studies* Ⅴ.
- Bardwell, Stephen. "Nonlinearity and the Biological Sciences," Fusion Energy *Foundation Newsletter* Ⅱ/4 (1977, 5월호).
- Barks, Coleman, & Moynes, John. *Open Secrets, Versions of Rumi.* Putney, Vermont: Threshold Books. 1984.

- Bateson, Gregory. *Steps to an Ecology of Mind*. New York: Ballantine Books, 1972.
- Berne, Eric. *Games People Play*. New York: Grove Press, 1964.
- von Bertalanffy, Ludwig. *General Systems Theory*. New York: George Braziler, 1968.
- ____. "General Systems Theory-A Critical Review," Bucley, Walter 편. *Modern Systems Research for the Behavioral Scientist*. Chicago: Aldine Publishing, 1968.
- ____. "General Systems Theory-An Overview," Gray, William 외 편. *General Systems Theory and Psychiatry*. Boston: Little, Brown & Co., 1969.
- ____. *Perspectives on General Systems Theory*. New York: George Braziller, 1975.
- ____. *Robots, Men and Minds*. New York: George Braziller, 1967.
- *The Bhagavad Gita*, Franklin Edgerton 옮김. N.Y.: Harper Torchbooks, 1964, XI장, pp. 55ff.
- Boulding, Kenneth. "Business and Economic Systems," Milsum, John H. *Positive Feedback*. London: Pergamon Press, 1968.
- ____. "Economics and General Systems," Laszlo, Ervin. *The Relevance of General Systems Theory*. New York: George Braziller, 1972.
- ____. "General Systems Theory-the Skeleton of Science." *General Systems* I, SGSR, 1956.
- Brand, Stewart. II *Cybernetic Frontiers*. New York: Random House, 1974.
- Brillouin, Leon. "Life, Thermodynamics and Cybernetics," Buckley, Walter 편. *Modern Systems Research for the Behavioral Scientist*. Chicago: Aldine Publishing, 1968.
- Brown, George Spencer. *The Laws of Forms*. New York: Julian Press, 1972.
- Buckley, Walter 편. *Modern Systems Research for the Behavioral Scientist*. Chicago: Aldine Publishing, 1968.

- Buddhaghosa, *Visuddhimagga*. Ñanamoli 옮김. *The Path of Purification*. Colombo: R. Semage, 1956.

- Bunge, Mario. *Causality: The Place of the Casual Principle in Modern Science*. Cambridge: Harvard Univ. Press, 1959.

- Burhoe, Ralph W. "Civilization of the Future." *Philosophy Forum*. 1973.

- Burnouf, Eugene. *Introduction à l'hiostoire du bouddihisme indien*. Paris: Imprimerie Royale, 1844.

- Capra, Fritjof. *The Turning Point*. New York: Simon & Schuster, 1982.

- Conze, Edward. *Buddhist Thought in India*. Ann Arbor: Univ. of Michigan Press, 1970.

- ____. *The Perfection of Wisdom in Eight Thousand Lines and Its Verse Summary* (*Aṣṭasāhāsrikāprajñāpāramitā*). Berkeley: Bookpeople, 1973.

- ____. *Thirty Years of Buddhist Studies*. Columbia, S.C.: Univ. of South Carolina Press, 1968.

- Coomaraswamy, A. K. *Buddha and the Gospel of Buddhism*. London: George C. Harrap, 1928.

- Copleston, Frederick, S. J. *A History of Philosophy*. New York: Doubleday, 1946.

- Corrigan, Theresa & Hoppe, Stephanie 편. *With a Fly's Eye, A Whale's Wit and a Woman's Heart*. San Francisco: Cleis Press, 1989.

- Dechert, Charles R, "Integration and Change in Political and International Systems," Milsum, John H. *Positive Feedback*. London: Pergamon Press, 1968.

- Demiéville, Paul. "Le Mèmoire des vies anterieurs." BEFEO, XXVII, 1927.

- Deming, Barbara & Meyerding, Jane. *We Are All Part of One Another*. Philadelphia: New Society Publishers, 1984.

- Deutsch, Karl, "Toward a Cybernetic Model of Man and Society," Buckley, Walter 편, *Modern Systems Research for the Behavioral*

*Scientist.* Chicago: Aldine Publishing, 1968.

- *Dīgha Nikāya, Dialogues of the Buddha* Ⅰ. T. W. Rhys Davids 옮김. London, PTS 1899 (1977년 판), *Dialogues of the Buddha* Ⅱ & Ⅲ. T.W. & C. A. F. Rhys Davids 옮김. London PTS 1910, 1921 (1977년 판).

- *Dhammapada and Khuddakapatha,* C, Rhys Davids 편역. SBB Ⅶ. London: Oxford Univ. Press, 1931.

- *Dhammasangani.* J, Kashyapa 편. Nalanda-Devanagari Pali Ganthamalaya, 1960. C. Rhys Davids 옮김. *Buddhist Manual of Psychological Ethics.* London: Royal Asiatic Society, 1923.

- Donne, John. *The Complete Poetry and Selected Prose of John Donne.* Charles M. Coffin 편. New York: Time-Life Books, 1962.

- Dubin, Robert. "Causality and Social Systems Analysis." IJGS, Ⅱ, 1975.

- Dudley, Guilford, Ⅲ. "Mircea Eliade as Anti-Historian of Religion." *Journal American Academy of Religion,* XLIV, June 1976.

- Dutt, Nalinakasha. *Early Monastic Buddhism.* Calcutta: Calcutta Oriental Book Agency, 1960.

- Dutt, Sukumar. *The Buddha and the Five After-Centuries.* London: Luzac & Co., 1957.

- ____ . *Buddhist Monks and Monasteries of India.* London: George Allen & Unwin Ltd., 1962.

- Engle, Paul, & Langland, Joseph 편. *Poet's Choice.* New York: Time Life Books, 1962, p. 25.

- Everett, Wiliam W. "Cybernetics and the Symbolic Body Model." Zygon Ⅶ (1972).

- Fischer, Roland. "A Cartography of the Ecstatic and Meditative States." *Science* 174, No. 4012, 1971.

- Frankl, Viktor E. "Beyond Pluralism and Determinism," Buckley, Walter 편. *Modern Systems Research for the Behavioral Scientist.* Chicago: Aldine Publishing, 1968.

- ____ . "Reductionism and Nihilism," Koestler, Arthur 편. *Beyond*

*Reductionism: New Perspectives in the Life Sciences.* The Alpbach Symposium. London: Hutchinson & Co., 1969.

- Fuller, R. Bucminster. *I Seem to be a Verb.* New York: Bantam Books, 1970.

- ____. *Synergetics.* New York: Macmillan Publishing Co., 1975.

- Ghoshal, U. N. *A History of Indian Political Ideas.* London: Oxford Univ. Press, 1959.

- von Glasersfeld, Ernst & F. Varela. "Problems of Knowledge and Cognizing Organisms," SGSR/AAAS Proceedings. Denver 1977.

- Gomez, L. O. "Some Aspects of Free-will in the Nikāyas." *Philosophy East and West* XXV/i

- Govinda, Anagarika. *The Psychological Attitude of Early Buddhist Philosophy.* New York: Samuel Weiser, Inc., 1971.

- Gray, William. "Bertalanffian Principles as a Basis for Humanistic Psychiatry," Laszlo, Ervin. *Relevance of General Systems Theory.* New York: George Braziller, 1972.

- ____ ., F. Duhl, and N. Rizzo. *General Systems Theory and Psychiatry.* Boston: Little, Brown & Co., 1969.

- ____. & N. Rizzo. *Unity in Diversity.* New York: Gordon and Breach, 1973.

- Griffin, Susan. *Woman and Nature: The Roaring Inside Her.* New York: Harper & Row, 1978.

- Guenther, Herbert. *Buddhist Philosophy in Theory and Practice.* Baltimore: Penguin Books, 1972.

- Hartshorne, Charles. *Philosophers Speak of God.* Chicago: Univ. of Chicago Press, 1953.

- Henderson, Hazel. *Creating Alternative Futures*: The End of Economics. New York: Berkley Publishing Co., 1978.

- Horner, I. B. 편역. *Middle Length Sayings* (Majjhima Nikāya), PTS. London: Luzac & Co., 1954-1959.

- Hume, Robert E., 옮김. *The Thirteen Principal Upanishads.* London: Oxford Univ. Press, 1877.

- Jackson, Don D., "The Individual and the Larger Contexts," Gray 외. *General Systems Theory and Psychiatry*. Boston: Little, Brown & Co., 1969.

- *Jātakas or Stories of the Buddha's Former Births*, E. B. Cowell 등 편역. Cambridge 1895-1907, PTS 재판본, London 1957.

- Jayatilleke, K. N. *Early Buddhist Theory of Knowledge*. London: George Allen & Unwin, 1963.

- ____. *Survival and Karma in Buddhist Perspective*. Kandy: Buddist Publication Society, 1969.

- Kalupahana, D. J. *Buddhist Philosophy of Buddihism*. Honolulu: Univ. of Hawaii Press, 1975.

- Karunaratne, T. B. *The Buddhist Wheel Symbol*. Kandy: Buddhist Publication Society, 1969.

- *Katthāvatthu*, C. Rhys Davids & S. Z. Aung 옮김. *Points of Controversy* PTS. London: Luzac & Co., 1960.

- Keith, A. B. *Buddhist Philosophy in India and Ceylon*. Varanasi, Chowkhamba Sanskrit Series, 1963.

- Koestler, Arthur. *The Ghost in the Machine*. London: Hutchinson, 1967.

- ____. "The Tree and the Candle," Gray 외. *General Systems Theory and Psychiatry*. Boston: Little, Brown & Co., 1973

- ____ 편. *Beyond Reductionism: New Perspectives in the Life Sciences*, The Alpbach Symposium. London: Hutchinson & Co., 1969.

- Kramer, Ernest. "Man's Behavior Patterns," Milsum, John H. *Positive Feedback*. London: Pergamon Press, 1968.

- Kuhn, T. S. *The Structure of Scientific Revolutions*. Chicago: University of Chicago Press, 1970

- Lamotte, Etienne. *Histore du bouddhisme indien*. Louvain: Museon, 1958.

- Land, T. George Lock. *Grow or Die, the Unifying Principle of Transformation*. New York: Random House, 1973.

- Laszlo, Ervin. *Essential Society: An Ontological Reconstruction*. The Hague: Nijhoff, 1963.

- ＿＿ . *Introduction to Systems Philosophy*. New York: Harper Torchbook, 1973.

- ＿＿ . *Strategy for the Future*. New York: George Braziller, 1974.

- ＿＿ . *System, Structure and Experience*. New York: Gordon and Breach, 1969.

- ＿＿ . 편. *The Relevance of General Systems Theory*. New York: George Braziller, 1972.

- Lee, Orlan. "From Acts-to Non-Action-to Acts." *History of Religions* Ⅵ/4 (May 1967).

- Ling, Trevor. *The Buddha: Buddhist Civilization in India and Ceylon*. New York: Charles Scriber's Sons, 1973.

- Loomer, Bernard. "Two Conceptions of Power." *Process Studies*, Spring 1977.

- Macy, Joanna. *Despair and Personal Power in the Nuclear Age*. Philadelphia: New Society Publishers, 1983.

- ＿＿ . *Dharma and Development*. West Hartford, Connecticut: Kumarian Press, 1983.

- *Majjhima Nikāya*, Trenckner & Chalmers 편, PTS. Oxford Univ. Press, Geoffrey Cumberledge, 1948-1951. I. B. Horner 옮김. *Middle Length Sayings*, PTS. London: Luzac & Co., 1954-1959.

- Makridakis, Spyros. "The Second Law of Systems." *International Journal of General System* Ⅳ/1 (1977.9월호).

- Maruyama, Magoroh. "Mutual Causality in General System." in Milsum, John H. *Positive Feedback*. London: Pergamon Press, 1968.

- ＿＿ . "Paradigmatology and its Application to Cross-Disciplinary, Cross-Professional and Cross-Cultural Communication." *Cybernetics* XVII (1974).

- ＿＿ . "The Second Cybernetics: Deviation-Amplifying Mutal Causal Processes," Buckley, Walter 편. *Modern Systems Research for the Behavioral Scientist*. Chicago: Aldine Publishing, 1968.

- \_\_\_\_. "Symbiotization of Cultural Heterogeneity." *General Systems* XVIII, SGSR, 1973.

- Meyerding, Jane 편. We Are All Part of One Another. Philadelphia: New Society Publ, 1984.

- *Milindpanha*, Trenckner 편. London: Royal Asiatic Society, 1928. T. W. Rhys Davids 옮김, SBE, vol. 35-36. Oxford: Clarendon Press, 1890-1894.

- Miller, James G. "Living Systems: Basic Concepts," Gray, William 외. *General Systems Theory and Psychiatry*. Boston: Little, Brown & Co., 1969.

- Milsum, John H. *Positive Feedback*. London: Pergamon Press, 1968.

- Mizuno, K. *Primitive Buddhism*, K. Yamamoto. Ube 옮김. Japan: Karinbunko, 1969.

- Mowrer, O. H. "Ego Psychology, Cybernetics and Learning Theory," Buckley, Walter 편. *Modern Systems Research for the Behavioral Scientist*. Chicago: Aldine Publishing, 1968.

- Myrdal, Gunnar. *Economic Theory and Underdeveloped Regions*. London: Duck-worth, 1957.

- Ñāṇananda 스님. *Concept and Reality in Early Buddhist Thought*. Kandy: Buddhist Publication Society, 1971.

- \_\_\_\_. *The Magic of the Mind*. Kandy: Buddhist Publication Society, 1974. New Settler Interview, The, Willetts, California, July 1989.

- Nyanatiloka 스님. *Guide through the Abhidharma Pitaka*. Colombo: Lake House, 1938.

- Oldenberg, Hermann. Buddha: *His Life, His Doctrine, His Order*. Delhi: Indological Book House, 1971.

- Pande, G. C. *Studies in the Origins of Buddhism*. Allahabad: Dept. of Ancient History, Culture and Archeology, 1957.

- Pascal, Blaise. *Pensees*, A. J. Crailsheimer 옮김. Baltimore: Penguin Books, 1966.

- Pattee, Howard 편. *Hierarchy Theory*. New York: George Braziller, 1973.

- Plotinus. *Ennead* 5.21.1 & 5.1.6, William R. Inge의 *The Philosophy of Plotinus*에서 인용. London: Longmans, Green & Co., 1929.
- Poussin, Louis de la Vallèe. *Thèorie des Douze Causes*. London: Luzac & Co., 1913.
- Powers, W. T. "Feedback: Beyond Behaviorism." *Science*, Vol. 179, 1973.
- Rapoport, Anatol. "A Philosophic View." Milsum, John H. *Positive Feedback*. London: Pergamon Press, 1968.
- Rahula, Walpola. *What the Buddha Taught*. New York: Grove Press, 1974.
- Reese, William L. *Dictionary of Philosophy and Religion: Eastern and Western Thought*. New Jersey, Humanities Press, 1980.
- Rhys Davids, Caroline A. F. "On the Will in Buddihism." *Journal of the Royal Asiatic Society*, 1898.
- ____ . "Paticca Samuppada." *Hasting's Encyclopedia of Religion and Ethics*, vol. XI. New York: Charles Scribner's Sons, 1924-1927.
- ____ , 편역. *Book of the Kindred Sayings* (Saṃyutta Nikāya), PTS. London: Luzac & Co., 1960.
- ____ , & Wm. Stede. *Pali-English Dictionary*, PTS. London, 1947-1949.
- Rilke, Rainer Maria. *Duino Elegies*, C. F. MacIntyre 옮김. Berkeley: Univ. of California Press, 1968.
- Rosen, Robert. "Complexity as a System Property." *International Journal of General Systems* III/IV (1977, 5월호).
- Rosenblueth, Arturo. *Mind and Brain*. Cambridge: Harvard Univ. Press, 1970.
- Rothschuh, K. E. "The Mind-Body Problem." Gray, William & N. Rizzo. *Unity in Diversity*. New York: Gordon and Breach, 1973.
- Russell, Bertrand. *Our Knowledge of the External World*. Chicago: Open Court Publishing Co., 1914.
- *Saṃyutta Nikāya*, Leon Feer 편, PTS. London: Luzac & Co., 1960. C. A. F. Rhys Davids & F. L. Woodward 옮김. *Book of Kindred*

붓다의 연기법과 인공지능

*Sayings*, PTS. London: Luzac & Co., 1952.

- Saṅgharakshita 스님. "The Centrality of Man," *World Buddhism*. Vesak, 1967.

- Sarathchandra, E. R. *Buddhist Psychology of Perception*. Colombo: Ceylon Univ. Press, 1958.

- Sarkisyanz, Emmanuel. *The Buddhist Background of the Burmese Revolution*. The Hague: Martinus Nijhoff, 1965.

- Sayre, Kenneth. *Cybernetics and the Philosophy of Mind*. Atlantic Highlands, N.J.: Humanities Press, 1976.

- Schumacher, E. F. *Small is Beautiful: Economics as if People Mattered*. New York: Harper & Row, 1975.

- Seed, John, Pat Fleming, Joanna Macy & Arne Naess. *Thinking Like a Mountain: Toward a Council of All Beings*. Philadelphia: New Society Publishers, 1988.

- Simon, Herbert A. "The Organization of Complex Systems." Patte, 1973.

- SNCC. *Freedom in the Air*. A Documentary on Albany, Georgia 1961-1962. Student Non-Violent Coordinating Committee, 135 Auburn Ave. N. E., Atlanta, GA.

- Stcherbatsky, Theodor. *Buddhist Nirvana*. Varanasi: Bharatiya Vidya Prakashan, 1968.

- Stewart, Ian. *Does God Play Dice? The Mathematics of Chaos*. Oxford: Basil Blackwell, 1989.

- Streng, Frederick. "Reflections on the Attention Given to Mental Constructions in the Indian Buddhist Analysis of Causality." *Philosophy East and West* XXV, 1 (Jan. 1975).

- *Sutta Nipāta*, R. Chalmers 편역. *Buddha's Teachings*, Harvard Oriental Series, vol. 37, Cambridge, Mass., Harvard Univ. Press, 1932.

- Thayer, Lee. "Communication-Sine Qua Non of the Behavioral Sciences." *Vistas in Science*. Univ. of New Mexico Press, 1968.

- Thomas, E. F. *The History of Buddhist Thought*. New York: Barnes and Nobles, 1971.

- Udāna, F. L. Woodward 옮김, SBB, Vol. Ⅷ. London, 1935.
- *Upanisads, The Thirteen Principle*, R. E. Gume 옮김. Oxford Univ. Press, 1877.
- Varela, Francisco, & Ernst von Glasersfeld. "Problems of Dnowledge and Cognizing Organisms." *SGSR/AAAS Proceedings*, 1977.
- ___ & Joseph Goguen. "Systems and Distinctions: Duality and Complementarity." IJGS, 1978.
- *Vinaya*, I. B. Horner 옮김, SBB, Vols. 10, 11, 13, 14, 20, 25. London: H. Milford, Oxford, 1938-1966.
- Warder, A. K. *Indian Buddhism*. Delhi: Motilal Banarsidass, 1970.
- Wiess, Paul A. "The Living System: Determinism Stratified." Koestler, Arthur 편. *Beyond Reductionism: New Perspectives in the Life Sciences*, The Alpbach Symposium. London: Hutchinson & Co., 1969.
- Whyte, Lancelot L. "The Structural Hierarchy in Organisms." Gray, William and N. Rizzo. *Unity in Diversity*. New York: Gordon and Breach, 1973.
- Wiener, Norbert. *The Human Use of Human Beings: Cybernetics and Society*. New York: Avon Books, 1967.
- Wolff, C. G. *A Feast of Words: The Triumph of Edith Wharton*. Oxford Univ. Press, 1977, New York Times에서 인용, 1977년 5월 7일 판.
- Yeats, W. B. *A Vision*. New York: Macmillan & Co., 1937.

# 색 인

붓다의 연기법과 인공지능

# 붓다의 연기법과 인공지능

일반시스템이론은 생명·생태·윤리
문제를 어떻게 해결하는가

2020년 2월 19일 초판 1쇄 발행

지은이 조애너 메이시 • 옮긴이 이중표
발행인 박상근(至弘) • 편집인 류지호 • 상무이사 양동민 • 편집이사 김선경
책임편집 주성원 • 편집 이상근, 김재호, 양민호, 김소영
디자인 쿠담디자인 • 제작 김명환 • 마케팅 허성국, 김대현, 정승채, 이선호 • 관리 윤정안
펴낸 곳 불광출판사 (03150) 서울시 종로구 우정국로 45-13, 3층
　　　　대표전화 02) 420-3200 편집부 02) 420-3300 팩시밀리 02) 420-3400
　　　　출판등록 제300-2009-130호(1979. 10. 10.)

ISBN 978-89-7479-779-9 (03220)

값 22,000원

이 도서의 국립중앙도서관 출판예정도서목록(CIP)은
서지정보유통지원시스템 홈페이지(http://seoji.nl.go.kr)와
국가자료종합목록 구축시스템(http://kolis-net.nl.go.kr)에서 이용하실 수 있습니다.
(CIP제어번호: CIP2020002616)